作者简介

孙 瑜  山西阳高人，首都师范大学历史学博士，山西大同大学历史
与旅游文化学院副教授、历史系主任，专门史学科带头人，历史学及文物
保护技术专业带头人。主要从事中国中古社会文化史、大同地方史及文化
遗产保护（石质文物方向）研究，已发表论文四十余篇，出版著作三部，
并获得多项荣誉及奖励。

山西省社科联2017-2018年度重点课题"丝路精神与长城意识二元变奏下的大同军与边疆社会"（SSKLZDKT2017119）

2017年大同市科技局软科学研究项目"京津冀协同发展战略背景下大同长城石刻的整理与旅游开发研究"（2017152）

2015年山西省姚奠中国学教育基金项目"高校国学教育教材内容研究"（2015GX10）的研究成果。

山西大同大学优秀著作出版资助、山西大同大学博士科研启动经费资助、山西大同大学重点扶持建设学科——专门史学科研究成果。

当代人文经典书库

Datong Army and Yanbei society

# 大同军与雁北社会

孙 瑜◎著

光明日报出版社

**图书在版编目（CIP）数据**

大同军与雁北社会 / 孙瑜著．--北京：光明日报
出版社，2017.12

ISBN 978 - 7 - 5194 - 3772 - 5

Ⅰ.①大… Ⅱ.①孙… Ⅲ.①军事史—研究—大同—
古代 Ⅳ.①E289.253

中国版本图书馆 CIP 数据核字（2017）第 313185 号

**大同军与雁北社会**

DATONGJUN YU YANBEI SHEHUI

著　者：孙　瑜

责任编辑：曹美娜　朱　然　　　　责任校对：赵鸣鸣
封面设计：中联学林　　　　　　　责任印制：曹　净

出版发行：光明日报出版社

地　　址：北京市西城区永安路 106 号，100050

电　　话：010 - 67078251（咨询），63131930（邮购）

传　　真：010 - 67078227，67078255

网　　址：http://book.gmw.cn

E - mail：caomeina@ gmw.cn

法律顾问：北京德恒律师事务所龚柳方律师

印　　刷：三河市华东印刷有限公司

装　　订：三河市华东印刷有限公司

本书如有破损、缺页、装订错误，请与本社联系调换

开　　本：710×1000　1/16

字　　数：359 千字　　　　　　　印　　张：20

版　　次：2018 年 1 月第 1 版　　印　　次：2018 年 1 月第 1 次印刷

书　　号：ISBN 978 - 7 - 5194 - 3772 - 5

定　　价：78.00 元

# 目 录
## CONTENTS

**附图**

# 绪　言

**一、问题的提出及研究现状**

　　自古以来,雁门关以北地区①既是胡汉民族交融、中西文化交流之地;又是中原汉族针对胡族的军事防御要地,融合共赢的丝路精神、防御对抗的长城意识是该地域的两个历史特征。大同军是 7 世纪末至 11 世纪中叶,唐、后唐及辽朝在雁北设置的边防军镇。本书拟以大同军为视角,探究雁北社会的历史变迁,以及"多元一体"边疆社会的形成过程及特点,并对"多元一体"民族形成的相关理论进行检视和反思。相关学术史可分为两方面:唐至辽代雁北社会的研究;围绕"中华民族多元一体格局"的相关理论研究。

　　唐至辽代雁北社会研究。唐代的雁北地区是雁北历史上的沉寂期,雁北历史上所谓的"三代京华、两朝重镇"的辉煌历史,刚好把盛唐近三百年的历史抛在了一边。因此,相关研究较少,孙瑜的《唐代代北军人群体研究》是目前与该域相关的专门研究成果,该书以代北军人为研究对象,对这一群体的地缘、业缘、社会文化属性及其历史作用进行分析,建构了"代北军人"的概念,通过代北军人群体的变迁,间接地揭示了北方军事政治集团以及北方边地在王朝建构及嬗代中的作用。五代的雁北,因沙陀的历史表现成为研究的焦点,代表性成果是樊文礼的《唐末五代的代北集团》及《李克用评传》,前者创立了"代北集团"的概念,并对这一集团的形成、发展,及其在唐末五代政治军事史上的作用进行了分析和总结;后者对沙陀三部落的领军人物——李克用的一生进行了总结和评价。辽代雁北的研

---

　　① 本书中雁门关以北地区指恒山以西、黄河以东、代州雁门山以北、唐代单于都护府所控地区以南之区域。为行文方便,省称为"雁北"。雁北为代北之核心区,按照现在的行政区划建制,包括今山西大同、朔州;内蒙古呼和浩特、乌兰察布南部及河北张家口西部等地区。

究,大多以重熙以后的西京为核心展开。重熙十三年(1044年)前的相关研究,集中于两点——墓葬、佛寺。墓葬研究以考古学研究为主,成果相对较多,如:王银田《大同辽代壁画墓刍议》、曹彦玲《辽许从赟墓志略考》等。佛寺的研究多以华严寺、金河寺为主题,如:刘翔宇《大同华严寺及薄伽教藏殿建筑研究》、雷生霖《河北蔚县小五台山金河寺调查记》等。

"多元一体"相关理论研究。目前,相关理论以中国特色社会主义民族理论的丰富和发展为中心,可分四方面。其一,"中华民族多元一体格局"的理论。该理论自费孝通先生提出后,不断丰富和完善,如:陈连开在中华民族统一认同的基础上,提出了民族认同意识的多层次论;金炳镐《习近平总书记关于中华民族的新论述初探》,主要从命运共同体、多元一体、中华文化等三方面,梳理了习总书记关于中华民族的新思想。其二,以华夷之辨为主题的儒家民族观。华夷之辨是儒家民族观的核心理念,它既强调区别,也重视认同,是历久弥新的话题,如:张志强《超越民族主义:"多元一体"的清代中国》,从民族融合的角度分析了清朝的模式不是"多元"而是"多元一体",对"新清史"的"内亚史观"做出了回应,重申了"大一统"作为中华文明核心价值的地位。其三,人口流动与民族关系。该理论是社会史视野下民族关系的重要理论,如:马戎《中国人口跨地域流动及其对族际交往的影响》,就相关问题提出了看法和建议。其四,民族及其相关问题研究的"边缘理论"。边缘视角是民族研究的新方法、新理论,如:王明珂《华夏边缘:历史记忆与族群认同》,从人类学的角度提出了民族形成及认同的边缘理论。

总之,目前的相关研究,涉及民族及民族融合问题的不多;针对雁北地域的长时段研究较少。雁北地区自古即是胡汉交流与交融的重要孔道,唐、五代、辽代尤甚。本书拟以雁北地域为视野,以"中华民族多元一体"的形成历史为主题,展开研究。

## 二、选题意义和价值

(一)学术意义和价值

边疆学,历史时期中原王朝北部边疆的显著特点是长城意识与丝路精神的二元性交织,本书以此为切入点,对边疆社会的历史变迁展开研究,对于边疆历史书写范式的创新、边疆学的发展具有一定促进作用。

"多元一体"理论,本书从区域社会文化史的角度,针对中华民族多元一体的历史形成过程展开研究,就"中华民族多元一体格局"理论而言,是基于区域视角的实践性检验,对于该理论的发展和完善具有一定的方法论价值。

(二)应用意义和价值

1. 地方史教学

本书是唐至辽代,以民族的多元与融合为主题的雁北区域史,可作为地方史教学的教材。

2. 地方文化及经济

通过对雁北地区"多元一体"历史过程的专门研究,可进一步明确雁北在民族融合及文化交流史上的历史地位,体现山西优秀传统文化的时代价值,促进地域文化及经济的发展。

### 三、研究内容、思路及方法

(一)研究内容

本书是关于"多元一体"的边疆社会及"中华民族多元一体格局"理论的实证研究,以唐至辽代(7世纪70年代末至11世纪中叶)的边疆——雁北地区为视野,研究内容分两个层次——雁北社会"多元一体"的形成过程、边疆视野下"多元一体"理论反思。

(二)基本思路

本书的研究目的是通过唐至辽代雁北社会的历史变迁,展示边疆地区"多元一体"社会中民族融合的自然历程,并对"中华民族多元一体格局"的相关理论进行反思。

1. 雁北社会的历史变迁

以大同军的历史沿革为横线;以边疆地区"长城"意识与"丝路"精神二元交织的特点为纵线,谋篇布局。大同军是唐代边防体制发展的第二个阶段——节度使时期,设立于雁北地区的边地军镇。大同军始建于唐调露元年(679年),按照唐至辽代以民族关系为中心的政治军事发展脉络,其历史沿革可分为三个阶段:第一阶段(679—894年),唐中央控御下的北方边地军镇。大同军的经历分唐前、后两个时期,唐前期,调露元年(679年)十月,后突厥汗国开始复兴,自7世纪中叶唐平定东突厥以来,"三十年无戎马警"的北方边地烽烟又起,大同军先后作为天兵军、河东军节度下的军镇,参与讨伐契丹、后突厥的战争;安史之乱期间,作为安史叛军驻扎在雁北的劲旅,在历史上留下了叛乱的印记。唐后期,盗贼及藩镇叛乱从江淮一带兴起向全国蔓延,以沙陀为首的胡骑开始重写大同军的历史,平定庞勋、黄巢之乱;对抗河朔藩镇;清除吐谷浑、收复雁北,成为唐末一支多民族统一的武装力量。第二阶段(894—936年),沙陀控制下的边军。自乾宁元年(894年)李克用平灭赫连铎,收复云州以后,大同军即基本脱离了唐中央的控制,成为

3

沙陀领导下的边军,在唐末五代的政治军事舞台上纵横驰骋,渐执唐末藩镇割据势力之牛耳,雄踞河东,与朱温在西起关中东至魏博长达一千公里的战线上展开厮杀,使李唐江山在晋汴争霸中走向灭亡。第三阶段(936—1044年),契丹统治下的边军。后唐清泰三年(936年)十一月,后唐之河东节度使石敬瑭,以燕云十六州之地献与契丹,缔建后晋。大同军遂成为辽朝南边之节镇,在后晋、后汉、后周、北宋与辽朝的战争史上续写篇章。

此部分由三章构成,其中每一章的内容,根据边地社会"长城意识"及"丝路精神"的二重性分为两部分。第一章,唐朝的北疆(679—894年)。前两节,论述大同军的建立及大同军视野下的雁北历史。第三节,以雁北军人与东南地区的关系为例,揭示雁北社会流动而多元的人口结构特点。第四节,以佛寺为视角,展现雁北社会的佛教信仰形态。第五节,分别以大同军、朔州尚德府及横野军等军镇为切入点,探究雁北视域下的北疆生活面貌。第二章,沙陀的根据地(894—936年)。前两节,续写大同军的历史,分晋汴争霸背景下的大同军、后唐河东节度下的雁北藩镇等两点。第三节,通过大同军节度使的任用,探讨云州及雁北对于沙陀而言的重要性。后两节,分别以墓葬及两《五代史》所载史料为依据,再现晚唐五代雁北社会多民族共生的生活图景。第六节,主要依据方志所载,展示雁北地域有关沙陀的历史记忆。第三章,契丹的桥头堡(936—1044年)。前两节,叙述大同军的易帜及后晋至北宋以大同军为线索的南北战事。第三节,展现契丹统治下的雁北社会,分雁北的行政区划、吐谷浑部族迁徙所见雁北社会的多元与流动、释教的繁荣及节度使视角下仕宦阶层的生活等四点。第四节,以葬俗为视角,再现7世纪中叶以降至辽代前期,雁北社会的融合及变迁。

2. 边疆视角下"多元一体"理论反思

共分两章,第四章,华夷之辨场域下的国家认同与民族认同。第一节,以李克用为例,探究雁北胡人在他族认同及我族认同上的角色变换及矛盾心理。第二节,以沙陀三部落为对象,通过他们在族际认同及自我认同中的矛盾和变化,探究民族认同意识的层次性和多变性。第三节,从后唐清泰三年(936年),燕云十六州之地自后唐易主契丹之际,沙彦珣、吴峦、翟璋等军将的抉择,探究王朝嬗代背景下,汉人仕宦阶层的民族心理,以及国家认同与民族认同的关系。第五章,文化认同——民族融合的重要途径。第一节,通过晚唐五代康福以"烂兮"为"烂奚"的故事,探究文化认同的差异、歧视及其在民族融合中的作用。第二节,以相关墓志为主要史料依据,再现文化认同的自然过程。第三节,以石敬瑭家族为例,展开个案研究,探究婚姻视角下的文化认同与民族融合。

（三）研究方法

本书拟使用的研究方法有区域史、日常生活史、形象史、记忆史、实地调查、学科交叉、比较个案及文史互证等研究法，这些方法均是基于史料的特点而采用的。本书是将民族融合置于区域的研究，大部分史料是雁北地方性史料，以考古学为基础的墓葬壁画、出土器物所展现的大多是时人的日常生活场景。儒释道造像、碑刻等图像及文物，是开展形象史学研究的主要史料。

**四、重点、难点、主要观点及创新点**

重点：地方性新史料的搜集。新史料是本书立足的根本，就其类别而言，主要指地方性的碑刻及考古史料的搜集。

难点：多学科知识的综合应用。本书是涉及历史学、军事学、考古学、文物及文物保护学、宗教学、艺术学等多门学科的交叉性研究，难点在于如何将多学科知识融会贯通地综合应用。

主要观点：其一，宗教信仰的认同是民族融合的重要途径。从唐至辽代，雁北地区佛教信仰繁荣发展的历史过程来看，佛教信仰作为各民族共同的信仰认同，不仅在促进社会稳定方面起到了一定的积极作用，而且在不知不觉中成为了民族融合的纽带。比如：唐末五代及辽代前期时期，雁北地区流行的骨灰葬俗，已很难说清是受佛教还是契丹、库莫奚葬俗的影响。其二，国家认同是民族认同的重要手段。就北族国家而言，其上层建筑是以对儒家文化的认同为基础建构的，其目的是通过文化认同达到国家认同，这一过程既符合马克思所提出的"野蛮的征服者，本身被他所征服的臣民的较高文明所征服"的理论，客观上也是北族国家民族认同的重要手段。

创新之处：其一，学术思想创新——"土风"见融合。近代史家刘咸炘提出了"察势观风"之史观和范式，并在纵横两个维度上定义了时风和土风的概念，所谓土风即一定区域空间的风气、风俗。民族融合是长时段空间定位的历史现象，土风是民族融合的良好视角。如：晚唐五代至辽代前期，雁北地区墓葬出土器物中的一个常见现象——枭首塔式壶及塔式罐组合，即是民族融合的印证。因此，民族融合研究应以空间定位展开。其二，研究方法创新。本书在研究方法的使用上，有三个特色及创新：第一，社会文化史角度的民族理论研究，将"多元一体"理论置于雁北这一特定区域之内进行检视和反思。第二，日常生活视角下的社会变迁，以墓葬及碑刻史料为主要依据，从日常生活中观察社会变迁的历史过程。第三，边疆历史的书写范式，抓住"长城"意识与"丝路"精神二元性交织这一边疆历史的特点，建构边疆历史，就边疆历史的书写范式而言，具有一定的新意。

# 第一章

# 唐朝的北疆（679—894）

## 第一节　大同军及雁北边防体系的建立

### 一、大同军建立的背景

（一）唐高宗朝的外交形势

自 7 世纪中叶始，唐朝与周边族群的外交关系开始进入全面发展时期。东面，朝鲜半岛上的高丽王朝，自武德年间起开启一国独大的模式，阻隔百济、新罗与唐朝的交往，并渐行跋扈，欲摆脱唐王朝的控制。贞观十九年（645 年）、二十一年（647 年），唐太宗两次东征高丽，都没有达到预期的效果。高丽王盖苏文虽仍遣使长安，但并不服从唐朝的意志。唐高宗即位后，自永徽六年（655 年）二月，开始三征高丽。至总章元年（668 年）九月，经过十三年又七个月的时间，平定了高丽，在平壤设置安东都护府，以管理其民众。然其后高丽仍不时叛乱，限于西南吐蕃势力的东侵，唐王朝于仪凤二年（677 年），将安东都护府移至辽东。唐朝与朝鲜半岛的关系，以唐朝为矛盾的主要方面，属于对外侵略性扩张，受西面吐蕃势力的牵制，唐朝在东向的攻势渐变为守势。生活在唐王朝东北边境的奚和契丹两支游牧族群与唐的关系成为王朝东向的主要矛盾点。贞观二十年（646 年），契丹请求内附，唐在其地置松漠都督府。高宗朝，契丹与奚联合，不时有扰边之举。

西面，吐蕃势力强大，是唐朝最为强劲的对手，唐吐战事终高宗一朝未曾间断。永徽元年（650 年），主导唐蕃关系友好发展的松赞干部去世，吐蕃开始进入其大相禄东赞主政的扩张期。吐蕃与唐朝争夺的主要对象是吐谷浑和西域。"对吐蕃来说，控制吐谷浑，可以继续往东北发展，进而控制整个青藏高原，与大唐一争高下；再是可断丝绸之路，将唐朝的势力从西域地区挤压出去，为控制西域打下基础。"①于是,吐蕃首先开始用兵吐谷浑。显庆四年(659年),吐蕃发兵吐谷浑。唐遣大将苏定芳败之。龙朔三年(663年),吐蕃再次兴兵吐谷浑,吐谷浑亡国。总章二年(669年),吐蕃始用兵西域,引发唐蕃大非川之战。咸亨元年(670年)八月,经过四个月的激战,唐军败北,结果是唐朝不仅失掉了安西四镇,而且失去了唐蕃对峙的军事主导权。

南部诸族相对东、西两面的民族势力来讲,实力较弱,与唐朝的关系仍然处于入贡、被扶持阶段。

北面,主要有三支势力,分别是西突厥、东突厥和铁勒诸部。永徽元年(650年)十二月,曾经降服于唐朝的瑶池都督阿史那贺鲁叛唐。唐朝于永徽二年(651年)、六年(655年)、显庆二年(657年)三次大规模征讨西突厥,终于平定了阿史那贺鲁之乱。次年(658年),唐朝在其地设置濛池、昆陵两大都护府。铁勒诸部居于突厥之北,7世纪中叶之前,基本与唐王朝保持友好关系。高宗龙朔元年(661年),始屡犯边塞,唐朝先后遣郑仁泰、薛仁贵及契苾何力率军征讨并安抚其部众。自永徽元年(650年)六月,唐朝平定阿史那车鼻部后,东突厥汗国之部众悉为唐王朝的封内之臣,唐朝于其地设置了单于、瀚海两都护府。调露元年(679年),单于都护府治下东突厥之阿史德温傅、奉职二部起兵反唐,唐与东突厥之间烽烟再起。

综上,唐高宗时期,唐王朝对外关系的主要压力来自于东北的奚与契丹、北面的东突厥及西面的吐蕃。其中,唐吐矛盾为主要矛盾。这种形势至唐玄宗开元年间表现得更加明晰,天宝元年(742年),唐王朝缘边十镇节度使、经略使的设置及兵力分布亦显示了这一特点。范阳节度抗御东北之奚和契丹,兵力91400人;河东节度配合朔方节度捍御突厥,兵力119700人;河西、陇右、剑南节度分别从西北、西、西南三个方向上防备吐蕃,总兵力178900人。

表一:天宝元年十镇节度使设置及分布表②

| 分布方向 | 防御对象 | 节度 | 治所 | 作用 | 兵力 |
|---|---|---|---|---|---|
| 东北 | 奚和契丹 | 范阳节度 | 幽州 | 临制奚、契丹 | 91400 |
| 西北 | 吐蕃 | 河西节度 | 凉州 | 断隔吐蕃、突厥 | 73000 |
| 西 | | 陇右节度 | 鄯州 | 备御吐蕃 | 75000 |
| 西南 | | 剑南节度 | 益州 | 西抗吐蕃、南抚蛮獠 | 30900 |

① 卢勋等:《隋唐民族史》,四川民族出版社1996年版,第411页。
② (宋)司马光:《资治通鉴》卷215,中华书局1956年版,第6847–6851页。

| 分布方向 | 防御对象 | 节度 | 治所 | 作用 | 兵力 |
|---|---|---|---|---|---|
| 北 | 突厥 | 朔方节度 | 灵州 | 捍御突厥 | 64700 |
| | | 河东节度 | 太原府 | 与朔方掎角以御突厥 | 55000 |

(二)景云年间唐朝边防体制的变革

唐初,沿周隋旧制,在重要府州设置总管,主管军事。武德七年(624年),改总管为都督。都督府即为羁縻府州、都护府之外的第三层边防设置。都督府的主要兵源是府兵,在唐王朝关中本位的军事战略部署下,全国的府兵以京师长安为中心渐次扩散,形成拱卫之势。高宗、武周以降,随着府兵制度的衰落,都督府之兵额严重不足。与此同时,唐朝周边之民族矛盾连环相扣,边防压力不断上升。于是,与募兵制相对应的军镇体制逐渐诞生。边防地区的都督渐加"使持节"之名义,成为地方军镇的统帅。景云元年(710年),以幽州镇守经略节度大使薛讷为左武卫大将军兼幽州都督,以"节度使"名义为标志的地方藩镇边防体制开始确立。

**二、大同军的建立及其沿革**

(一)行军屯驻

河东节度使所统大同军,雁门郡北三百里。调露中,突厥南侵,裴行俭开置。①

大同军,置在朔州,本大武军。调露二年,裴行俭改为神武军。天授二年,改为平狄军。大足元年五月十八日,改为大武军。开元十二年三月四日,改为大同军。②

以上是关于大同军建置最早的两条历史记录,由此,大同军建置的时间至晚在调露二年(680年),且与其时突厥南侵相关。调露元年(679年)十月,唐单于都护府管辖的突厥阿史德温傅奉职二部落起兵反唐。十一月,唐廷以礼部尚书裴行俭为定襄道行军大总管,统兵讨伐。行军,是唐代在战争状态下组建的野战军团。唐代前期的野战军有两类,一为行军,一为镇军。行军见于唐初至武周时期,之后以镇军为主。"行军是临时的野战军,镇军是常备的野战军。行军是形成镇军的来源和前身,镇军是行军转入屯驻的必然结果。"③大同军或系由行军转为屯驻的

---

① (唐)杜佑:《通典》卷172《州郡二》,中华书局1988年版,第4481页。
② (宋)王溥:《唐会要》卷78《诸使中》,上海古籍出版社2006年版,第1687页。
③ 孙继民:《唐朝行军制度研究》,文津出版社1996年版,第20页。

镇军。

大同军作为雁门以北之军镇，自开元六年（718年）起，隶属于天兵军节度。① 开元十八年（730年），天兵军节度更为河东军节度，"自后节度使领大同军使"。② 实际上，自开元以后，大同军使多以刺史兼任。如开元年间，周钊，以平州刺史兼大同军使。③ 陈福，以蔚州刺史兼大同军使。④ 元和年间，吴卓以云州刺史兼特派大同军使。⑤ 大同军与大武军、平狄军及神武军的关系，因史料所限，暂不作探讨。

（二）北迁

大同军城初置于朔州。"开元五年，分鄯阳县，于东三十里大同军城内置马邑县。"⑥云州，自调露年间突厥南侵后，建置撤销。永淳元年（682年），唐徙其民于朔州。开元十八年（730年），复置。⑦ 天宝元年（742年），河东节度使兼大同军使王忠嗣自朔方至云中缘边数千里，据要塞修筑城堡以御边。大同军城自朔州北迁云州。⑧

（三）升镇

史载大同军升为节镇始自开元十一年（723年），"罢天兵、大武等军，以大同军为太原以北节度使，领太原、辽、石、岚、汾、代、忻、朔、蔚、云十州。"⑨此说与诸多史实相矛盾，⑩故大同军首升节镇的时间待考。大同军地位的变化与唐王朝的内政外交紧密相联。会昌年间，由于回纥内乱，进扰王朝北境，三年（843年），唐廷诏令河东节度使罢领云、朔、蔚三州，以云、朔、蔚三州置大同都团练使，治云州。以强化北部边防力量。四年（844年），又升大同都团练使为大同都防御使。⑪ 咸通九年（868年），庞勋变乱，唐廷调沙陀军征讨。次年（869年），乱平，升大同军防

①　（宋）司马光：《资治通鉴》卷212，第6732页。

②　（宋）欧阳修、宋祁：《新唐书》卷65《方镇二》，中华书局1975年版，第1798页。

③　吴纲：《故幽州卢龙节度都押衙银青光禄大夫检校太子宾客使持节檀州诸军事檀州刺史兼殿中侍御史充威武军团练等使汝南周府君（元长）墓志铭》，《全唐文补遗》第四辑，三秦出版社1997年版，第145页。

④　吴纲：《大唐故大理评事陈府君（居）墓志铭并序》，《全唐文补遗》第八辑，三秦出版社2005年版，第49页。

⑤　周绍良、赵超：《唐故正义大夫持节都督云州刺史充大同军使兼侍御史赐紫金鱼袋长乐郡王食邑三千户渤海吴府君墓志铭并序》，《唐代墓志汇编续集》，上海古籍出版社2001年版，第839－840页。

⑥　（唐）李吉甫：《元和郡县图志》卷14《朔州》，中华书局1983年版，第117页。

⑦　（宋）欧阳修、宋祁：《新唐书》卷39《地理志三》，第1007页。

⑧　（宋）欧阳修、宋祁：《新唐书》卷133《列传第五十八·王忠嗣》，第4553页。

⑨　（宋）司马光：《资治通鉴》卷212，第6755页。

⑩　孙瑜：《唐代代北军人群体研究》，社会科学文献出版社2012年版，第290－293页。

⑪　（宋）欧阳修、宋祁：《新唐书》卷65《方镇二》，第1819页。

御使为大同军节度,以朱邪降赤心为大同军节度使,并赐姓名李国昌,以彰其功。① 此后,复降为大同都防御使。咸通十三年(872年),段文楚为大同军防御使。乾符五年(878年)二月,段文楚为沙陀所杀害。三月,唐廷为息事宁人,复大同防御使为节度使,并诏令李国昌为大同军节度。② 事实上,李国昌并未赴任。六月,支谟奉旨为大同军宣谕使,赴云州。乾符六年(879年)十二月,支谟亡于任上,其墓志所书职官名为"唐故大同军都防御营田供军等使朝请大夫检校右散骑常侍使持节都督云州诸军事云州刺史"。③ 由此,乾符年间,大同军之升镇系一纸空文。

(四)地方化

中和二年(882年),更大同节度为雁门节度,徙治代州;次年(883年),赐雁门节度为代北节度。④ 此番大同军的更名及相关变化与沙陀有必然之联系,是大同军地方化的开始。乾符五年(878年)斗鸡台事变后,唐廷集重兵讨伐沙陀,广明元年(880年)七月,沙陀军败北,李克用及其父李国昌北逃达靼。唐廷以吐谷浑酋长赫连铎为云州刺史、大同军防御使。十一月,黄巢军攻破潼关,十二月,进犯长安。沙陀军复受重用,中和元年(881年),"天子乃以武皇为雁门节度使,仍以本军讨贼。"⑤ 故有中和二年(882年),更大同节度为雁门节度之举,此举与乾符年间升大同都防御使为节度使同样为笼络沙陀之政治举措。其时,雁门节度与大同都防御使共存。中和三年(883年)七月,李克用因平定黄巢之功任河东节度使,大同防御使隶于其治下,但此时大同军之执牛耳者为吐谷浑首领赫连铎,与沙陀不是一条心。大顺元年(890年)春,李克用夺得邢州(治今河北邢台)之后,始用兵云州。次年(891年)七月,赫连铎兵败,自云州逃奔吐谷浑部。李克用上表朝廷任其手下将领石善友为大同军防御使。乾宁元年(894年)六月,李克用大破吐谷浑,杀赫连铎,以其将薛志勤为大同防御使。至此,大同防御使成为沙陀掌控之下的一支地方军,雁北遂成为其南下争雄的根据地。

### 三、九世纪末雁北军镇边防体系的构成

据现有史料,节度使统兵时期,其辖下军队的编制单位有军、守捉、城、镇、栅

① (宋)《资治通鉴》卷251,第8150页。
② (宋)《资治通鉴》卷253,第8202页;(宋)欧阳修、宋祁:《新唐书》卷65《方镇二》,第1824页。
③ 董延寿、赵振华:《唐代支谟及其家族墓志研究》,载《洛阳大学学报》,2006年第2期。
④ (宋)欧阳修、宋祁:《新唐书》卷65《方镇二》,第1825页。
⑤ (宋)薛居正:《旧五代史》卷25《唐书一·武皇纪上》,中华书局1976年版,第335-336页。

等。雁北地区军一级边军的规模较大,而守捉、城、镇、栅等相对较少,故本书对雁北军镇的考订拟以军级为主,余者因史料所限不作量化分析。

奉诚军。奉诚军最早出现于开元末年。唐故奉诚军同十将李某之父李天德,曾任奉诚军十将。李某于贞元九年(793年),故于云州城北平坊之私第,年五十三岁。志言其为长子,"自幼从仕……以父仕边塞,不愿离违……遂转授同十将,复行同军籈仕。"①设若其生年其父任职奉诚军,则开元末云州即有奉诚军。唐末,奉诚军仍然存在,李克用麾下将领李克宁、孙考老、李克修等均曾任奉诚军使。②

遮虏军。乾符五年(878年)斗鸡台事变后,唐廷为安抚沙陀,下诏以原振武节度使李国昌为大同军节度使。李国昌拒不奉诏,与其子李克用合兵攻陷遮虏军。"遮虏军在洪谷东北,亦曰遮虏平。"③洪谷位于岚州岚谷县东南(今岢岚县、静乐县之间)。《资治通鉴》载,是年四月,河东副将康叔谭恃酒作乱,遮虏军及代州告急。④ 由此,遮虏军临近代州,在代州西北。有学者认为,遮虏军位于今山西省五寨县西北20公里处。⑤ 大顺元年(890年)九月,赫连铎联合吐蕃、黠戛斯数万众进攻遮虏军,"太祖御亲军出塞,营于浑河川之田村。李存孝引前锋与贼战于乐安镇,贼军大败遁走。"⑥据清《代州志》载,乐安镇,"在州北七十里,今伪为安乐镇。"⑦由此,遮虏军应在今忻州代县北。

清塞军。《新唐书》载:"(蔚州)西有清塞军,本清塞守捉城,贞元十五年置。"⑧天宝元年(742年),王忠嗣任河东节度使、大同军使,于云州筑大同、静边二城,并徙清塞、横野军实之。⑨ 由此,清塞军升自清塞守捉,始置于贞元十五年(799年),其地原处蔚州西,天宝元年(742年)由王忠嗣徙至云州。《唐故宣州左

① 张焯:《唐故同十将冠军大将军守左金吾卫大将军李君墓志铭并序》,《云冈石窟编年史》,文物出版社2006年版,第209页。
② (宋)薛居正:《旧五代史》卷50《李克宁传》、卷53《李克修传》,第685、716页;(宋)欧阳修:《新五代史》卷14《李克修传》,中华书局1974年版,第148页。
③ (宋)司马光:《资治通鉴》卷253,乾符五年五月条,第8206页。
④ (宋)司马光:《资治通鉴》卷253,乾符五年四月条《唐末见闻录》载,第8202页。
⑤ 樊文礼:《李克用评传》,山东大学出版社2005年版,第44页。
⑥ (宋)司马光:《资治通鉴》卷258,大顺元年九月条,第8404页。
⑦ (清)周景桂:《代州志》卷3《地理志》,载《中国地方志集成·山西府县志》辑11,凤凰出版社2005年版,第307页。
⑧ (宋)欧阳修、宋祁:《新唐书》卷39《地理志三》,第1007页;(宋)王溥:《唐会要》卷87,第1687页。
⑨ (宋)欧阳修、宋祁:《新唐书》卷133《王忠嗣传》,第4552页;(清)王昶:《金石粹编》卷100《王忠嗣碑》,北京市中国书店1985年版,第1页。

押衙、检校国子祭酒、充左教练使、诸水军营使兼侍御使赵郡李公夫人汝南郡殷氏墓志》的出现，可进一步证实天宝后，清塞军之地望在云州而非蔚州。该志载，殷氏本贯汝南，"自令胤离乡，官从他国……遥辞云水之乡；舍舸乘舆，远届风沙之塞……三十年来，解愁颜于陶母……以乾符三年正月廿二日，奄终华帐，令嗣，大同军都防御左押衙、银青光禄大夫、检校国子祭酒，兼殿中侍御史，充清塞军使，曰温让……以其年十一月十七日，安厝于云州城西南。"①殷氏夫人因子任职北塞，迁居云州三十年，并葬于云州。其子为大同军都防御左押衙兼清塞军使，则清塞军应在云州界。至于其具体位置，据严耕望考证，在今山西省大同市阳高县南。② 20世纪80年代末，在今山西省朔州市右玉县右卫镇北辛窑村，发现《唐故清塞军副使骠骑大将军试少府监太原王公（液）墓志》，志言"公讳液，太原人……东都游击副使……改迁清塞知军……元和十年四月十七日，疾倾于清塞军官舍。"③据该志，清塞军应位于今山西省朔州市右玉县境内（其地唐属云州）。该军在唐末五代仍然存在，据《旧五代史》载，唐末李克用麾下之将名白奉进者，系"云州清塞军人"④。前述乾符年间清塞军使李温让亦是一例证。

横野军。据《唐会要》载，横野军初置于蔚州飞狐县，开元六年（718年）移于古代郡大安城南。⑤ 关于横野军的初置地，仅见于《唐会要》所载；而其开元六年（718年）移至古代郡一事，在《全唐文》《册府元龟》《资治通鉴》《通典》等史书中均有记载⑥，且内容略同，其具体位置在唐蔚州安边县（今河北蔚县东北约一百四十里处）。横野军始置时间史载不详，但据河东军节度散将武青墓志所记推测，其最早可能置于高宗上元年间。志载武青祖父武令珣曾任蔚州刺史、兼横野军使。武青于贞元九年（793年）终于大同军私第，年七十九岁。⑦ 以20岁间隔推算，武令珣任职横野军史的最早时间约在高宗上元年间。《新唐书》载，乾元元年（758

---

①  张焯：《云冈石窟编年史》，第217–218页。
②  严耕望：《唐代交通图考》第一卷《京都关内区》、第五卷《河东河北区》，上海古籍出版社2007年版，第1387页。
③  雷云贵：《三晋石刻总目·朔州市卷》，第68页。《三晋石刻总目》中仅列其简介，不录志石内容。该志石现存于山西省朔州市右玉县博物馆。
④  （宋）薛居正：《旧五代史》卷95《白奉进传》，第1263页。
⑤  （宋）王溥：《唐会要》卷78《诸使中》，第1687页。
⑥  （清）董诰等：《全唐文》卷21，第1487页；（宋）王钦若：《册府元龟》卷992《外臣部·备御第五》，第11488–11489页；（宋）司马光：《资治通鉴》卷212；（唐）杜佑：《通典》卷172，第4481页。
⑦  《故河东节度散将、守左金吾卫宁州三会府左果毅都尉员外置同正员上柱国武君墓志铭并序》，张焯：《云冈石窟编年史》，第206–207页。

年)横野军与天成军合,废横野军。① 经严耕望研究,乾元元年(758 年),天成军曾南徙至蔚州之东北,其后天成军、横野军各恢复建置,横野军并未废止。② 马旰、梁希逸先后于贞元十四年(798 年)及元和年间任蔚州刺史,并领横野军使③;满存于中和三年(883 年)任横野军使④进一步证明了乾元后横野军的存在。

岢岚军。《旧唐书》载:"岚州,在太原府西北二百五十里,管兵三千人。岢岚军,在岚州北百里,管兵千人。"⑤"岚谷,旧岢岚军也,在宜芳县北界。长安三年,分宜芳于岢岚旧军置岚谷县。神龙二年,废县置军。开元十二年,复置县。"⑥《通典》卷172《州郡典二》与《元和郡县图志》卷13《河东道二》所记略同。由此,岢岚军的位置,应确定在岚州岚谷县境,南距岚州治所宜芳约一百里。关于岢岚军的沿革,《新唐书》载:"(岚谷县)长安三年析宜芳置,神龙二年省,开元十二年复置。有岢岚军,永淳二年以岢岚镇为栅,长安三年为军。景龙中,张仁亶徙其于朔方,留者号岢岚守捉,隶大同。"⑦《唐会要》载:"岢岚军,武德中为镇,永淳二年,改为栅,隶平狄军。长安三年,李迥秀改为景龙中军。张仁亶移军朔方,留一千人充守捉,属大武军。开元十二年,崔隐甫又置军。十五年,李暠又废为镇,其后又改为军。"⑧冻国栋又依据敦煌所出《诸道山河地名要略》中相关记载,在《唐代前期的岢岚镇与岢岚军》一文中,对唐前期岢岚军的建置沿革作了如下的考证:长安中至景龙中,为岢岚军;景龙中至开元十二年,为岢岚守捉;开元十二年至开元十五年,为岢岚军;开元十五年至开元十八年,为岢岚镇;开元十八年至开元末,又为岢岚军。⑨《河东节度经略副使九州都知团练兵马使开府仪同三司试太子詹事御史中丞建康郡王张公墓志铭》载,志主张嘉宾,"天宝中,早登□职,由是攻城野战,斩将夺旗"。后曾历职天成、岢岚等军使。⑩《唐故朝散大夫使持节龙溪郡诸军事守龙溪郡太守上柱国梁府君(令直)墓志铭并序》载,志主梁令直,因河东采访使王翼表奏,充岢岚军副使。天宝十四载(755 年)终弃,时年六十七岁。⑪ 唐玄宗于开元二

① (宋)欧阳修、宋祁:《新唐书》卷39《地理志三》,第1007页。
② (台湾)严耕望:《唐代交通图考》第五卷《河东河北区》,第1388页。
③ 桂齐逊:《唐代河东军研究》,私立中国文化大学史学研究所硕士论文,1997年,第167页。
④ (后晋)刘昫等:《旧唐书》卷19下《僖宗纪下》,中华书局1975年版,第715页。
⑤ (后晋)刘昫等:《旧唐书》卷38《地理志一》,第1387页。
⑥ (后晋)刘昫等:《旧唐书》卷39《地理志二》,第1485页。
⑦ (宋)欧阳修、宋祁:《新唐书》卷39《地理志三》,第1005页。
⑧ (宋)王溥:《唐会要》卷78《诸使中》,第1687页。
⑨ 冻国栋:《唐前期的岢岚镇与岢岚军》,武汉大学三至九世纪研究所:《魏晋南北朝隋唐史资料》第14辑,武汉大学出版社1996年版,第100-107页。
⑩ 周绍良、赵超:《唐代墓志汇编续集》,第736-737页。
⑪ 吴纲:《全唐文补遗》第一辑,三秦出版社1994年版,第171页。

十一年(733年)析贞观十道为十五道,并设诸道采访使,检举非法。则梁令直任岢岚军副使,约在开元二十一年至天宝十四载(733 – 755年)间。张嘉宾及梁令直的职任情况,进一步证实了开元十八年(730年)至天宝后,岢岚军的存在。

唐后期甚至于五代时期,史书中仍然有关于岢岚军的记载。乾符五年(878年)斗鸡台事变后,李克用父子以武力对抗朝廷,八月,"沙陀陷岢岚军……十二月,季康与北面行营招讨使李钧,与沙陀李克用战于岢岚军之洪谷,王师大败。"① 后唐清泰三年(936年)十一月,"以岢岚军为胜州"②;后周广顺元年(951年)正月,刘崇所部岢岚军为折德扆所取。③

静边军。据现有史料,静边军系开元末天宝初,时任河东节度使王忠嗣所置,位于云州治所西一百八十里处(今山西朔州右玉县境内)。④ 天宝十四载(755年)十二月,朔方节度使郭子仪与安禄山将高秀严、薛忠义激战于雁北,时静边军在安史一方。高秀严寇振武军,郭子仪败之,并乘胜拔静边军。薛忠义复寇静边军,被李光弼等击败,坑其骑兵七千。⑤ 元和八年(813年)十月,振武节度使李进贤,因不恤士卒,引发兵变。军士攻入军城,屠其家,李进贤逃奔静边军。⑥ 唐末仍见静边军,乾符五年(878年)大同军变后,沙陀首领李尽忠寇石穴、白泊,至静边军。⑦

天成军。据桂齐逊考证,天成军系贞元十一至十六年(795 – 800年)李说节度河东时所置,⑧位于蔚州北一百八十里处(今山西大同天镇县境内)。⑨ 今据相关史料,桂氏所说天成军始置时间有误。理由有三:其一,《新唐书》载:"蔚州东北有横野军,乾元元年,徙天成军合之,而废横野军。"⑩其二,据张嘉宾墓志载,其于贞元元年(785年)亡故,生前曾任天成军使。⑪ 其三,《新唐书》载:"(李)说以荫

---

① (后晋)刘昫等:《旧唐书》卷19下《僖宗纪下》,第702页。

② (宋)薛居正:《旧五代史》卷48《末帝纪下》,第666页。

③ (宋)薛居正:《旧五代史》卷135《僭伪列传第二》,第1812页。

④ (宋)欧阳修、宋祁:《新唐书》卷133《王忠嗣传》,第4552页;(唐)李吉甫:《元和郡县图志》卷第14《河东道三》,第409页。

⑤ (宋)司马光:《资治通鉴》卷217,天宝十四载十二月条,第6944页。

⑥ (宋)司马光:《资治通鉴》卷239,元和八年八月条,第7702页。

⑦ (宋)司马光:《资治通鉴》卷253,乾符五年正月条,第8198页。

⑧ 桂齐逊:《唐代河东军研究》,第224页。

⑨ (唐)李吉甫:《元和郡县图志》卷第14《河东道三》,第404页;(台湾)严耕望:《唐代交通图考》第一卷《京都关内区》第五卷《河东河北区》,第1388页。

⑩ (宋)欧阳修、宋祁:《新唐书》卷39《地理志三》,第1007页。

⑪ 周绍良、赵超:《河东节度经略副使九州都知团练兵马使开府仪同三司试太子詹事御史中丞建康郡王张公墓志铭》,《唐代墓志汇编续集》,第736 – 737页。

补率府兵曹参军。马燧节度太原，辟署少尹，迁汾州刺史。李自良代燧，复奏为少尹……擢说检校礼部尚书、节度使……说精于职，筑天成军，边备积完。"①由此，天成军早在乾元元年（758 年）之前已置。李说贞元年间"筑天成军"只可能是在原有基础上的修缮。唐末，天成军仍存。景福元年（892 年）八月，李匡威、赫连铎合兵八万进攻云州，李克用将李君庆发兵晋阳，与李克用联兵退敌，追至天成军，斩获不可胜计。②

天宁军。据周望墓志，天宁军位于朔州。该志于 20 世纪 80 年代出土于今山西朔州市城区。志主名周望，兰陵郡人，乐道遥，不贪荣禄。长庆三年（823 年）亡于私第，窆于朔州天宁军城西北三里平原。③ 另据张嘉宾墓志载，张故于贞元元年（785 年），其嗣子张令贲时任天宁军副将。④ 由此，天宁军应置于贞元元年之前。李克修父李德成，咸通年间曾为天宁军使。⑤ 中和二年（882 年），置天宁镇遏观察使，属大同军节度。⑥ 景福元年（892 年）八月，李克用曾北巡至天宁军。以上史料说明天宁军使唐末亦存。

天安军。史载天安军置于天宝十二载（753 年），位于代州西。⑦ 唐长孺认为，史书记载有误，天安军并不存在。⑧ 桂齐逊认为，天安军与天宁军实为一军，天安即宁之前身。⑨ 本书对此持保留意见。

沙陀军。《新唐书》载："希朝镇太原，因诏沙陀举军从之。希朝乃料其劲骑千二百，号沙陀军，置军使，而处余众于定襄川。执宜乃保神武川之黄花堆，更号阴山北沙陀。"⑩《新五代史》载："希朝徙镇太原，执宜从之，居之定襄神武川新城。其部落万骑，皆骁勇善骑射，号阴山北沙陀。"⑪由此，沙陀军系范希朝元和八年

① （宋）欧阳修、宋祁：《新唐书》卷 78《宗室传》，第 3532 页。
② （宋）司马光：《资治通鉴》卷 259，景福元年八月条，第 8435 页；（宋）欧阳修、宋祁：《新唐书》卷 218《沙陀传》，第 6161 页。
③ 《唐周望墓志》，张希舜：《隋唐五代墓志汇编》山西卷第一册，天津古籍出版社 1991 年版，第 153 页。
④ 周绍良、赵超：《河东节度经略副使九州都知团练兵马使开府仪同三司试太子詹事御史中丞建康郡王张公墓志铭》，《唐代墓志汇编续集》，第 736 - 737 页。
⑤ （宋）薛居正：《旧五代史》卷 50《宗室列传第二》，第 683 页。
⑥ （宋）欧阳修、宋祁：《新唐书》卷 65《方镇二》，第 1825 页。
⑦ （宋）欧阳修、宋祁：《新唐书》卷 39《地理志三》，第 1007 页；（宋）司马光：《资治通鉴》卷 259，景福元年八月条，第 8435 页。
⑧ 唐长孺：《唐书兵志笺正》卷 2，科学出版社 1957 年版，第 50 页。
⑨ 桂齐逊：《唐代河东军研究》，第 226 页。
⑩ （宋）欧阳修、宋祁：《新唐书》卷 218《沙陀传》，第 6155 页。
⑪ （宋）欧阳修：《新五代史》卷 4《庄宗本纪上》，中华书局 1974 年版，第 31 页。

(809年)徙任河东节度使后所置,主要由沙陀军士构成,位于朔州神武川之新城。此后,史书不复现此军号,桂齐逊认为,其原因在于:"原有沙陀军一部分转为节使府之轻军、五院军及厅直军,一部分则归属河东蕃汉马部军指挥使统辖。"①

石岭军。据《新唐书》载,石岭关位于忻州定襄县,石岭镇在关南,距太原府阳曲县约七十里。② 就唐代北边防御而言,石岭是并州以北的第一道防线,唐初,唐与突厥的多次军事活动围绕石岭展开。武德三年(620年)六月,刘武周兵败,突厥恃助唐平刘之功,以助唐镇守为名,自石岭以北皆派兵驻守。武德八年(625年)六月,水部郎中姜行本断石岭道以备突厥。八月,突厥逾石岭,寇并州。③ 天宝七载(748年),唐定襄府果毅都尉梁秀亡故,其生前首官于石岭镇。④ 由此,石岭镇始置于天宝之前。石岭军应是在石岭镇基础之上的延续和壮大。关于石岭军的记述,最早现于乾元元年(758年)六月,"乌承玼奔太原,李光弼表为昌化郡王,充石岭军使。石岭军在忻州秀容县。"⑤由此,石岭军应置于乾元元年(758年)之前。据桂齐逊考证,马旰、李光进、康传珪先后于德宗建中初、宪宗元和初及僖宗乾符末年,以代州刺史、代北军使兼领石岭镇北兵马使。⑥ 由此,石岭军的级别自建中后似有所降低。

代北军。代北军于永泰元年(765年)六月,置于代州。⑦ 李国昌在会昌四年(844年)平泽潞后,曾因功迁朔州刺史、兼代北军使。元和年间,李光进曾任代州刺史、石岭镇北兵马使、代北军使。⑧ 代北节度始于唐末,改自雁门节度。中和二年(882年)十二月,唐为笼络沙陀,以李克用为雁门节度使,辖忻、代二州。后更大同节度为雁门节度,领左神策军、天宁镇遏观察使,徙治代州。中和三年(883年)八月,李克用因平黄巢之功出镇太原后,赐雁门节度为代北节度,以前振武节

---

① 桂齐逊:《唐代河东军研究》,第225页。
② (宋)欧阳修、宋祁:《新唐书》卷39《地理志三》,第1006页。
③ (宋)司马光:《资治通鉴》卷188,武德三年六月条,第5885页;武德八年六月、八月条,第5995、5997页。
④ 张焯:《唐故定襄郡定襄府果毅都尉安定梁君墓铭并序》,《云冈石窟编年史》,第201页。
⑤ (宋)司马光:《资治通鉴》卷220,乾元元年六月条,第7059页。
⑥ 桂齐逊:《唐代河东军研究》,第291页。
⑦ (宋)欧阳修、宋祁:《新唐书》卷39《地理志三》,第1006页;(后晋)刘昫等:《旧唐书》卷11《代宗纪》,第279页。
⑧ 马金花:《李光进碑》,山西省考古研究所:《山西碑碣》,山西人民出版社1997年版,第132—134页。

度使李国昌为代北节度使,镇代州。① 光启三年(887 年)二月,代北节度使李国昌亡②,后代北节度不复现于史载。

怀柔军。据《唐会要》载,先天元年(712 年)八月置,位于蔚州。《资治通鉴》所载略同。③

安塞军。乾宁四年(897 年),李克用因幽州节度使刘仁恭拒绝出兵奉迎天子归长安,亲自将兵讨之。七月,兵至安塞军,与幽州将单可及等战于木瓜涧,因轻敌而兵败。"安塞军在蔚州之东,妫州之西。木瓜涧亦在蔚州界"。④ 由此推测,安塞军亦应在蔚州界,始置不详。

安边军。至德二载(757 年)史思明与李光弼战于太原,"(光弼)得安边军钱工三,善穿地道。贼于城下仰而侮骂,光弼遣人从地道中曳其足而入,临城斩之。"⑤胡注曰:"安边军在蔚州兴唐县。蔚州有铜冶,有钱官,故有钱工。"⑥

忠顺军。高宗弘道元年(683 年)五月,突厥阿史那骨笃禄等寇蔚州,杀刺史李思俭。胡注记,蔚州时为忠顺军节度。⑦ 两《唐书》所记略同。忠顺军或许是高宗时所置雁北军镇之一。

博野军。中和四年(884 年)六月,黄巢兵丧失殆尽,巢逃至狼虎谷,"巢甥林言斩巢兄弟妻子首,将诣时溥,遇沙陀博野军,夺之,并斩言首以献于溥。"⑧《新唐书》所载略同,但记沙陀博野军为太原博野军。⑨ 沙陀起自雁北,属太原所辖,博野军或系中和四年(884 年)前所置雁北军镇。

兴唐军。据现有史料,兴唐军现于唐末,具体年代不详。其地望,据殷宪在《唐石善达墓志考略》一文中的相关考证,在唐代黄花堆南或东南⑩,其地今属山西省朔州市应县。

归义军。开成末,回纥亡国,彰信可汗弟嗢没斯于会昌二年(842 年)四月率

① (宋)欧阳修、宋祁:《新唐书》卷 65《方镇二》,第 1825 页;(后晋)刘昫等:《旧唐书》卷 19 下《僖宗纪下》,第 717 页。
② (宋)司马光:《资治通鉴》卷 256,光启三年二月条,第 8345 页。
③ (宋)王溥:《唐会要》卷 78《诸使中》,第 1691 页;(宋)司马光:《资治通鉴》卷 210,先天元年八月条,第 6675 页。
④ (宋)司马光:《资治通鉴》卷 261,乾宁四年七月条,第 8508 页。
⑤ (宋)司马光:《资治通鉴》卷 219,至德二载正月条,第 7016 页。
⑥ (宋)司马光:《资治通鉴》卷 219,至德二载正月条,第 7016 页。
⑦ (宋)司马光:《资治通鉴》卷 239,弘道元年八月条,第 6414 页。
⑧ (宋)司马光:《资治通鉴》卷 256,中和四年六月条,第 8311 页。
⑨ (宋)欧阳修、宋祁:《新唐书》卷 225 下《逆臣下》,第 6463 – 6464 页。
⑩ 殷宪:《唐石善达墓志考略》,荣新江主编:《唐研究》2006 年第 12 卷,北京大学出版社 2006 年版,第 473 – 474 页。

回纥 2200 余人降唐。唐拜嗢没斯为左金吾卫大将军、怀化郡王,并以其所部设归义军,以嗢没斯为军使。八月,赐嗢没斯及其弟阿历支、习勿啜、乌罗思皆姓李氏,名思忠、思贞、思义、思礼。会昌三年(843 年)正月,李思忠等因系回纥降将,惧边将猜忌,乞归漠北。唐未允,诏停归义军,以其士卒分隶诸道为骑兵,优给粮赐。《旧五代史》载:"李存信,本姓张,父君政,回纥部人也。大中初,随怀化郡王李思忠内附,因家云州之合罗川。"[1]由此,李存信即归义军后裔。20 世纪 80 及 90 年代在今山西省朔州市应县先后出土两方墓志,志主均为雁北军将。其中康荣,"家本云中左归义府人也"[2];曹某,本贯洛阳,世代为将,祖曾任河东节度右先锋归义州长史[3]。此归义州、归义府或与归义军有关。

振武军。唐代振武军有二,一位于陇右道之鄯州,一位于单于都护府内。本书所言之振武军指后者。前者亦名石堡城,始置于开元十七年(729 年),天宝八载(749 年)更名为神武军。[4] 雁北之振武军,属朔方军节度。《通典》载:"振武军,单于都护府城内,天宝中王忠嗣置。"[5]《元和郡县图志》在论及单于都护府时,载:"初,景龙二年,张仁愿于今东受降城置振武军,天宝四年,节度使王忠嗣移于此城内,置县曰金河。"[6]唐长孺结合其它史料,认为振武军系张仁愿于景龙二年(708 年)始置于东受降城,王忠嗣于天宝四载(745 年)移置于单于都护。[7] 本书赞同此观点。此振武军于唐末仍存,如李国昌即曾任振武军节度使。

大同军。详见本章第一节。另据桂齐逊考证,雁北地域另有永安、宁武、感义、承天等四军,分别位于石州、岚州、朔州、蔚州境内。[8] 上述二十五军,即为目前可知雁北地区军镇边防体系之构成,云、蔚、朔三州之地是其防御的核心区域。(其分布参见图一)。

---

① (宋)薛居正:《旧五代史》卷 53《李存信传》,第 713 页。

② 雷云贵:《唐故会稽郡康府君(荣)夫人武感君米氏合袝墓志铭并序》,《三晋石刻总目·朔州市卷》,第 86 页。

③ 雷云贵:《唐故曹府君墓志铭》,《三晋石刻总目·朔州市卷》,第 86 – 87 页。

④ (宋)王溥:《唐会要》卷 78《节度使》载:"振武军,置在鄯州鄯城县界吐蕃铁仞城,亦名石堡城,开元十七年三月二十四,信安王祎拔之置,四月改为振武军。二十九年十二月六日,盖嘉运不能守,遂陷吐蕃。天宝八载六月,哥舒翰又拔之,闰六月三日改为神武军。"第 1427 页。

⑤ (唐)杜佑:《通典》卷 172《州郡二》,第 4480 页。

⑥ (唐)李吉甫:《元和郡县图志》卷第 4《关内道四》,第 108 页。

⑦ 唐长孺:《唐书兵志笺正》卷 2,第 50 页。

⑧ 桂齐逊:《唐代河东军研究》,第 223 – 226 页。

图一:唐代雁北地区军镇分布图①

## 第二节　大同军视野下的雁北历史——以节度使、军使为线索

### 一、平狄军、大武军、大同军使与雁北

如前所述,大同军又名大武军、神武军、平狄军。根据现有史料,在史记中其呈现的顺序依次是平狄军、大武军及大同军。

(一)平狄军使与雁北

臧怀亮……年廿,应穿叶附枝举登科,擢左玉铃卫翊府长上,迁鸿州长道府左

———————————

① 此图是唐代雁门以北奉诚、遮虏、清塞、横野、岢岚、静边、天成、天宁、沙陀、石岭、代北、怀柔、安塞、安边、忠顺、兴唐、归义、振武、大同、永安、宁武、感义、承天等23个军镇的约略分布图。另有天安、博野、平狄等3个军镇无法确知其州、府所在,故无标识。此图以谭其骧主编的《中国历史地图集》为参考。参见该书《河东道》,第46 – 47页。

19

果毅长上,充平狄军都虞侯总管……以开元十七年八月廿二日,薨于京师平康私第,春秋六十有八。①

张仁楚……延载元年,授平狄军副使。②

宋祯……垂拱二年,授游击将军、幽州昌平府左果毅都尉……寻制举高第,改授朝议大夫、涪州刺史……授大中大夫、平狄军大使兼朔州刺史……圣历二年授庆州刺史。③

臧怀亮,开元17年(729年),以68岁之龄亡故,应生于龙朔元年(661年)。开耀元年(681年)应举登科,如以蒨年秩满它迁,则其特派平狄军都虞侯总管一职在永淳元年(682年)。突厥阿史那骨笃禄、阿史德元珍集其余众南下进攻云州,即在是年。张仁楚,延载元年(694年),授平狄军副使。宋祯,圣历二年(699年),由平狄军大使改授庆州刺史。由此,平狄军使之称应早在永淳元年(682年)已有,且至少在圣历二年(699年)前仍没有改名大同军。《唐会要》及《资治通鉴》所载,大武军,天授二年(691年)改名平狄军之说④有误。

调露元年(679年)十月,单于都护府治下的突厥阿史德温傅及奉职二部武装叛乱,北部边地的战乱模式自七世纪中叶后再次开启。调露元年至开耀元年(679—681年)间,突厥南下的范围从东至西涉及营州(治今辽宁锦州西北)、定州(治今河北定县)、云州、朔州、庆州(治今甘肃庆阳)、原州(治今宁夏固原)等六州之地,其中雁北是其主要进攻之地。调露元年(679年)11月,唐廷以裴行俭为定襄道行军大总管,率30万大军北讨突厥。大军行至朔州,裴行俭以兵不厌诈之道,以运粮车诱惑突厥中计,将其斩杀几尽,"自是粮运行营,虏莫敢近。"⑤永隆元年(680年)三月,唐军北上单于府,于黑山(今内蒙古包头西北)大败突厥,阿史德奉职被俘;可汗阿史那泥孰匐被杀。七月,突厥又南攻云州,被代州都督窦怀哲、右领军中郎将程务挺率兵击退。开耀元年(681年)正月,阿史德温傅又以新可汗阿史那伏念为首,渡黄河南下攻唐,裴行俭再次率军出讨。七月,裴行俭屯兵于代州雁门关,一面以离间计致使阿史那伏念与阿史德温傅不和;一方遣将自漠北道

① 吴纲:《大唐故冠军大将军左羽林军大将军上柱国东莞郡开国公臧府君(怀亮)墓志铭并序》,《全唐文补遗》第五辑,三秦出版社1998年版,第355–356页。
② 吴纲:《□周故岷州刺史张府君(仁楚)墓志铭并序》,《全唐文补遗》第二辑,三秦出版社1995年版,第382页。
③ 吴纲:《大唐故正议大夫使持节延州诸军事延州刺史上柱国宋府君(祯)墓志铭并序》,《全唐文补遗》第四辑,三秦出版社1997年版,第401–402页。
④ (宋)王溥:《唐会要》卷78《诸使中》,第1687页;(宋)司马光:《资治通鉴》卷206,第6514页。
⑤ (宋)司马光:《资治通鉴》卷202,第6394页。

出,攻击突厥牙帐,夺其辎重。阿史那伏念执阿史德温傅至军门投降,裴行俭许其免死。但是,其建议不为唐廷所采纳,十月,突厥阿史那伏念、阿史德温傅等五十四人被斩。

永淳元年至天授二年(682—691年)间,突厥南下进攻主要以河东道为主,雁北之云、蔚、朔三州是必经之地。唐朝失信于突厥,激起突厥的再次反叛。阿史那骨咄禄聚众于黑沙城(今内蒙古呼和浩特东北),自立为可汗。唐朝正值内忧外患之际,高宗病亡、武周始兴;吐蕃及西突厥屡入侵西北边境。骨咄禄频繁南下,永淳元年(682年)十月,先后攻入并州、单于府北境、岚州等地。右领军将军、检校代州都督薛仁贵率兵于云州大败突厥。弘道元年(683年)五月,突厥攻入蔚州,杀刺史李思俭;六月,进攻岚州。光宅元年(684年)七月,入侵朔州。垂拱元年(685年)二月,骨咄禄再次南下,三月,攻入代州,南下忻州,大败唐军。之后,突厥两次南下,均被唐大将黑齿常之所败。垂拱三年(687年)七月,突厥阿史那骨咄禄、阿史那元珍联兵入寇朔州,与唐兵交战于黄花堆,大败北逃。自是,暂停南侵。

神功元年至神龙元年(697—705年)间,后突厥进入默啜时期,一面请降、请婚于唐,以索要好处;一面不时南侵。神功元年(697年)二月,入寇胜州(治今内蒙古托克托西南),"平狄军副使安道买击破之"。① 次年(698年)八月,"袭静难、平狄、清夷等军"②,大胜唐军,遂进寇妫(治今河北怀来东南)、檀(治今北京密云)等州。期间,雁北不免战火烽烟,如平狄军使兼朔州刺史宋虔志中所言:"细柳开营,桑乾饮马。胡人不敢南牧,无复风尘之警。祭其北门,长无烽火之事。"虽有邀功之嫌,却也符合史实。自神龙二年(706年)始,突厥南侵之地渐西。次年(707年)十月,朔方道总管张仁愿在漠南修筑了三受降城,对阻隔突厥南下起到了决定性的作用。

(二)大武军、大同军使与雁北

大武军使之名初见于薛讷。开元二年(714年)正月,"并州长史、和戎·大武等军州节度大使薛讷"③请奏朝廷,征讨契丹,并复置营州。大同军,"开元12年三月四日"④,由大武军改置。据《唐故大理评事陈府君(居)墓志铭并序》载,其祖

---

① (宋)司马光:《资治通鉴》卷206,第6514页。
② (宋)司马光:《资治通鉴》卷206,第6530页。
③ (宋)司马光:《资治通鉴》卷211,第6695页。
④ (宋)王溥:《唐会要》卷78《诸使中》,第1687页。

父陈福，"使持节蔚州诸军事、蔚州刺史、兼大同军使。"①陈居于天宝四载（745年）亡，春秋四十。如以二十年一代人推算，则其祖父任职大同军使约在垂拱元年至开元13年（685—725年）间。据《唐故银青光禄大夫兵部尚书上柱国汉阳郡公赠太子少保马公（炫）墓志铭并序》载，其父马季龙"开元中，连帅萧嵩、李暠皆特器异，累迁右金吾卫郎将、大同军副使、岚州刺史。"②据马炫兄马燧之史传，其父"季龙，举孙吴倜傥善兵法科，仕至岚州刺史。"③萧嵩，于开元十四年（726年），以兵部尚书外任节帅，任朔方节度使。④云州自永淳元年（682年），为默啜所破，至开元十八年（730年）方复州置。综合以上，马季龙任大同军使、岚州刺史约在开元十四年（726年），是目前所见最早的大同军使。

开元以来，后突厥渐衰，其所控之九姓铁勒诸部渐次摆脱突厥之控制，并南下归唐，东北之奚、契丹两部落伺机南侵。唐王朝一面招抚铁勒诸部；一面加强北部边防。雁北遂成为漠北诸部的主要入居地、唐王朝北部的边要重地之一。

1. 胡族入居之地

开元四年（716年）六月，默啜率军北击九姓铁勒之拔曳固部落，归途中被拔曳固溃散之军卒颉质略所杀。颉质略与时出使于突厥的大武军子将郝灵荃一同持其首级归唐。"拔曳固、回纥、同罗、霫、仆固五部来降，置于大武军北。"⑤开元六年（718年）二月，"移蔚州横野军于山北，屯兵三万，为九姓之援；以拔曳固都督颉质略、同罗都督毗伽末啜、霫都督比言、回纥都督夷健颉利发、仆固都督曳勒歌等各出骑兵为前、后、左、右军讨击大使，皆受天兵军节度。"⑥唐廷此举意在将入迁九姓诸部置于大武军、横野军的监控之下，并以其武力加强对突厥的军事对抗。开元八年（720年）六月，唐朔方大使王晙诱杀居于中受降城侧的仆固都督勺磨等南迁胡人，"拔曳固、同罗诸部在大同、横野军之侧者，闻之恼惧。"⑦天兵军大使张说亲赴其帐安抚，部落遂安。自是，雁北成为诸多胡族入居之地。如鲜卑沮加部落军将啜禄之妻郑实活，于开元十八年（730年），"与男沮礼等，出生入死，率众投

---

① 《唐故大理评事陈府君（居）墓志铭并序》，载吴纲：《全唐文补遗》第八辑，2005年，第49页。

② 吴纲：《唐故银青光禄大夫兵部尚书上柱国汉阳郡公赠太子少保马公（炫）墓志铭并序》，《全唐文补遗》第六辑，三秦出版社1999年版，第105页。

③ （宋）欧阳修、宋祁：《新唐书》卷155《列传第八十·马燧》，第4883页。

④ （宋）欧阳修、宋祁：《新唐书》卷101《列传第二十六·萧瑀》，第3953页。

⑤ （宋）司马光：《资治通鉴》卷211，第6719页。

⑥ （宋）司马光：《资治通鉴》卷212，第6732页。

⑦ （宋）司马光：《资治通鉴》卷212，第6732页。212，第6741页。

汉。……燕支山下，花落空而不春；马邑川傍，云结愁而不动。"①开元 28 年（740年）七月，其子沮礼任河东道军前讨击副使、云州十将使，特赐姓李，名恂忠。《水经注》载："桑干水自源东南流，右会马邑川水，水出马邑西川，俗谓之磨川矣，盖狄语音讹，马磨声相近故尔。其水东迳马邑县故城南。"②其时，大同军仍在朔州马邑县，故该志有"马邑川傍"之说。李沮礼（李恂忠）即为入雁北之胡族军将。大历年间亡故的金州刺史高弘谅，其夫人李氏之父名李浩川，"皇大同军兵马使、兼知九姓部落使。"③李氏终于大历五年（770 年），享年 45 岁，其父任大同军兵马使、九姓部落使，约在开元后期、天宝年间。其时，应有九姓部落居于雁北。因地处北边，且胡族居多，大同军因之升为节镇。开元 11 年（723 年）二月，朝廷诏令"罢天兵、大武等军，以大同军为太原以北节度使，领太原、辽、石、岚、汾、代、忻、朔、蔚、云十州。"④

### 2. 北部边防重地

开元、天宝之际，唐与吐蕃之间在西北地区的争夺战势均力敌、互有胜负，唐蕃对峙的持久性和艰难性显而易见。后突厥汗国自毗伽可汗亡故后，进入内讧状态，北部边地暂时的安宁亦告结束。东北之奚、契丹两蕃不时有南侵之举。天宝元年（742 年）正月，唐廷诏令缘边设置十镇节度使、经略使以备边。其中，河东节度使"统天兵、大同、横野、岢岚四军，云中守捉，屯太原府忻、代、岚三州之境，治太原府，兵五万五千人。……大同军在代州北三百里，兵九千五百人。横野军在蔚州东北一百四十里，兵三千人。"⑤开元 28 年至天宝六年间（740—747 年），王忠嗣任河东节度使、大同军使。于天宝元年（742 年）始，"筑大同、静边二城，徙清塞、横野军实之，并受降、振武为一城，自是虏不敢盗塞。"⑥大同军自此由朔州迁至云州，唐朝正北面的边防线北迁近三百里。

---

① 周绍良、赵超：《大唐故冠军大将军行右武卫大将军啜禄夫人郑氏墓志铭并序》，《唐代墓志汇编》（下），上海古籍出版社 1992 年版，第 1517－1518 页。
② （北魏）郦道元：《水经注》卷 13《漯水》，江苏古籍出版社 1986 年版，第 270 页。
③ 周绍良、赵超：《唐故金州刺史兼诸军事充本州团练使金紫光禄大夫试太常卿上柱国渤海郡开国伯高府君墓志铭并序》，《唐代墓志汇编续集》，第 701 页。
④ （宋）司马光：《资治通鉴》卷 212，第 6755 页。
⑤ （宋）司马光：《资治通鉴》卷 215，第 6849 页。
⑥ （宋）欧阳修、宋祁：《新唐书》卷 133，第 4553 页。

## 二、高秀严坚守云中

河東節度使高秀巖碑

元和二年十二月　馮令問撰今在稷山縣東北十五里

《山西通志卷九十三》 金石記五 （一）

乾隆元年知縣阮汝昭查修立碑

稷山縣志唐渤海郡王高秀巖墓在廉城村馮令問記

謹案秀巖為安祿山將守大同祿山反謀以兵三萬

出振武下朔方者也至德二年又與史思明合兵十

萬攻李光弼於太原祿山死始以河東節度納順朝

廷以為雲中太守官其諸子見唐書安史各傳碑云

幽州節度慕其嘉聲表奏薊州刺史續除留後在祿山

反時文隱其事而下直接云乾元二年授戶部尚書

留後所言幽州節度即祿山也其續除留後在祿山

兼御史大夫河東節度渤海郡王並雲中太守不書

以事在至德中故皆諱之也

晉喬伯玉遺愛碑

图二：河东节度使高秀严碑

高秀严其人在两《唐书》中无传,以上碑文载于地方志。① 天宝八载(749年)六月,唐陇右节度使哥舒翰率陇右、河西、河东、朔方四镇兵马攻打吐蕃,高秀严为其手下裨将。② 其时,高氏为朔方或河东将。安禄山于天宝三载(744年)节镇幽州;天宝十载(751年)再领河东,则高氏由蓟州刺史转任河东节度留后、大同军使应在安禄山任河东节帅以后、起兵叛乱之前。

天宝十四载(755年)十一月,安禄山起兵范阳。十二月十二日,攻取东都洛阳。当日,其大同军使高秀严率三万兵马进攻振武军。唐朔方军节度使郭子仪率

---

① （明）胡谧:《河东节度使高秀严碑》,《石刻史料新编》第三辑第30册,《山西金石记》,新丰文出版公司1986年版,第397页。

② （宋）司马光:《资治通鉴》卷216,第6896页。

兵迎击,攻下静边军。"大同军兵马使薛忠义寇静边军,子仪使左兵马使李光弼、右兵马使高濬、左武锋使仆固怀恩、右武锋使浑释之等逆击,大破之,坑其骑七千。进围云中,使别将公孙琼严将二千骑击马邑,拔之,开东陉关。"①至德二载(757年)正月,"史思明自博陵,蔡希德自太行,高秀严自大同,牛廷介自范阳,引兵十万寇太原。"②无果,遂归。十二月,史思明以其所管兵众八万人降唐,伪河东节度使、大同军使高秀严亦率所部归唐。唐肃宗封其为云中太守,"以其男如岳等七人为大官。"③乾元二年(759年),任户部尚书、兼御史大夫、河东节度使、云中太守,并封渤海郡王。上元初(760年),朔方节度使郭子仪、都知兵马使李光进,"以军讨大同、横野、清夷、范阳及河北残寇。"④说明其时雁北仍有安史余绪,朝廷任高秀严为户部尚书等职实为将其调离故地。吐谷浑王室后裔慕容曦皓,少以门荫入仕,"超拜尚衣奉御,无何,匈奴远离巢窟,至于太原。公遂逞胜图,□除此患。由是北门寝扃,玉关静柝。累转左武卫大将军、大同军使……以宝应元年九月十二日遘疾终于任"。⑤慕容氏应系于至德年间接替高秀严任大同军使。安史之乱中的大同军将亦有不同于高秀严者,如苏承悦,开元、天宝年间任云中将,"遭羯胡之乱,处豺狼之境,公拱戈解甲,辞疾不仕……后仆固继逆凭陵,太原节度追公为锋突之将。"⑥安史乱平,因功加特进、鸿胪卿、开国公,封五百户。

### 三、元和年间的科举军使与太平雁北

　　公讳卓,字山立……至秦州伏羌县令赠泽州刺史游璟。伏羌生光禄卿赠太子少保燕客,光禄生开府仪同三司太子詹事仲鸦,詹事生公,公即詹事之次子也。生而好学,不喜狎弄,豁达大度,如老成人。始以门籍荫麻,名位坐至,制除太常侍协律郎……逾年,以童子明经上弟,特拜卫尉寺主簿。纠平更之署,肃宫门之禁,迁秘书省秘书郎,优游世渠,仇校内府,授太子司议郎。虽规谏无闻,而侍从斯在,转殿中省,尚衣奉御,仍赐绯鱼袋。足蹑烟霄,手持御服,艺有十善,誉流京师。属天步方艰,王师薄伐,公诣阙陈请,愿身先登,拣练家僮,自成卒伍,乃署行营节度副使,兼太子右赞善大夫。陈师于襄城之野,转战于汝水之坟。旋遇朱泚乱常,腥秽

① (宋)司马光:《资治通鉴》卷217,第6944页。
② (宋)司马光:《资治通鉴》卷219,第7015页。
③ (宋)欧阳修、宋祁:《旧唐书》卷200上《列传第一百五十上·史思明》,第5378-5379页。
④ (后晋)刘昫等:《旧唐书》卷161李光进传,第4217页。
⑤ 周绍良、赵超:《唐故大同军使云麾将军左武卫大将军宁朔县开国伯慕容公墓志铭并序》,《唐代墓志汇编续集》,第697页。
⑥ 胡学忠:《大同出土的唐代苏承悦墓志考析》,载《山西大同大学学报》(自然科学版),2011年第4期。

宫阙,公概然奋发,不侍驾行,杖剑西来,誓赴国难。会西平王晟拥兵于渭,作镇东门,多公之功。书奏天子,乃拜太子中舍,封长乐郡王……除简王府司马。无何,丁太夫人之艰……西平王累陈表章,有诏许公起,复授宁远将军……公隶属神策,宿卫禁中,垂二十年。上加勤劳,授循王府长史。未几,迁□王傅,帝子升堂,王孙拥慧,三益之友,闻于圣聪,除云州刺史兼侍御史,统十百夫,食二千石,六条不紊,三载政成。天不慭遗,歼我良吏,春秋六十三。元和八年正月十五日终于位。①

　　上述墓志志主吴卓,是目前所见首位明经出身的大同军使。与前任诸位大同军使相较,有三点不同。其一,出身于世宦之家,四代为官,其父任太子詹事,官至三品。其二,本人生而好学,个性娴静,且年少即以明经登第。其三,一生官任十一转,年六十方外任方镇。始以门荫任太常寺协律郎,官八品;明经擢第,复为卫尉寺主簿,官从七品上。三任秘书省秘书郎,官从六品上。四任太子司议郎,官正六品上。五任尚衣奉御,官正五品下。六任正五品上之太子右赞善大夫,并外任行营节度副使,文、武兼职。之后,因建中四年(783年)朱泚之乱,弃文从武,力赴国难。叛乱平定,因西平王李晟之推举,七迁太子中舍,官正五品,并封长乐郡王。之后,丁父母忧,起复又因西平王陈奏表章,八任宁远将军、(左)右监门卫中郎将,班列五品。九迁循王府长史,官从四品上。十迁王傅,官从三品。十一迁云州刺史、充大同军使。回顾其仕宦历程,前五任为中央官,历九寺、五省之太常寺、卫尉寺、秘书省、殿中省及东宫属官。第六任以五品中央官,兼任使职。第七任至第十任复为中央官,历东宫属官后,隶中央十六卫之左右监门卫,宿卫中央二十年。后历两任文官,官至三品。一生当中除建中四年至五年(783—784年)间,因朱泚之乱,随从西平王李晟平叛,履职地方外,均任职于中央。元和六年(811年),年已六旬,方外任为“统十百夫,食二千石”的云州刺史。朝廷此举显然是为了奖其一生为官尽责之功劳。不料天不慭遗,故于云州刺史任上。无独有偶,元和中还有一位云州刺史亦是科举出身,乃唐昭宗朝宰相独孤损之祖父独孤密,贞元十一年(795年),登第,元和初(806年),为韦皋幕僚,后任云州刺史。② 以刺史兼任军使的通例,独孤氏亦为大同军使。

　　元和年间,朝廷以科举出身的文官外任云州刺史、大同军使,说明其时雁北地区军事边防压力的下降。大历至太和年间,北部边线战事减少亦从一个侧面反映了雁北的安宁。此外,现已发现的出土于雁北地区的33方唐代墓志中,16方之志

①　周绍良、赵超:《唐故正义大夫持节都督云州刺史充大同军使兼侍御史赐紫金鱼袋长乐郡王食邑三千户渤海吴府君墓志铭并序》,《唐代墓志汇编续集》,第835页。
②　郁贤皓:《唐刺史考》,江苏古籍出版社1987年版,第1192页。

主葬于大历至太和年间,也可视为佐证。

### 四、张献节与会昌年间的雁北烽烟

会昌二年(842 年)八月,回纥南侵,"转斗至云州城门。刺史张献节闭城自守。"①开成以来,因回纥王国的衰落,唐王朝北边烽烟再起。

嗢没斯降唐。开成五年(840 年)八月,回纥宰相掘罗勿杀害彰信可汗;别将錄莫贺勾结黠戛斯十万兵众进攻回纥,回纥国破,部众四散。其中,彰信可汗的兄弟嗢没斯及其宰相赤心、特勒那颉啜等各率其部众南下,抵天德军塞下,帐落横亘六十里,请求内附。十月,唐廷派振武节度使刘沔屯兵雷迦关(位于今内蒙古和林格尔东北)以备回纥。会昌元年(841 年)八月,天德军使田牟等上奏朝廷,言回纥叛将嗢没斯犯塞,欲发兵讨之。朝议各执己见,宰相李德裕等以回纥屡有功于唐,今其国败乱、部落离散,"唯此一支远依大国"②为由,建议镇抚。九月,唐廷遂诏令河东、振武严兵以备回纥,并赐米两万斛赈之。十一月,朝廷从李德裕建言,遣使天德塞下之嗢没斯军帐,打探太和公主的下落及回纥逆顺之实情。会昌二年(842 年)三月,回纥内乱,那颉啜率七千帐东迁。四月,天德军使田牟进奏,因回纥屡扰,已出兵三千攻之。李德裕建议:"即诏云、朔、天德以来羌、浑各出兵奋击回纥,凡所虏获,并令自取。"③并诏令田牟诱降回纥,转送太原;加嗢没斯官爵,使其早降,在诸蕃面前彰显唐朝招抚而非平灭回纥之意;以石雄为天德军都团练使,以助田牟。五月,嗢没斯入朝,唐以其所部为归义军,任为左金吾卫大将军、军使。八月,朝廷赐嗢没斯及其诸弟并姓李氏,分名思忠、思贞、思义、思礼,以其国相爱邪勿为归义军副使。会昌三年(843 年)三月,刘沔奏将归义军之三千回纥并其酋长四十三人分隶诸道,回纥兵不从,被杀于滹沱河畔。

乌介可汗请降于唐。会昌元年(841 年)二月,彰信可汗被杀后,回纥余部推举其叔父乌希特勒为乌介可汗。十一月,以从黠戛斯手中夺得的唐太和公主为人质,屯兵天德塞下,请求唐廷册立其为可汗,并请求"借振武一城以居公主、可汗。"④十二月,唐遣使抚慰回纥,赐乌介可汗敕书,并赐米两万斛,拒其借城之请。会昌二年(842 年)二月,唐修缮边备以防回纥;乌介可汗复遣使求粮、借城。三月,唐廷以振武节度使刘沔任河东节度使,遣将作少监苗缜册命乌介可汗。回纥

---

① (宋)司马光:《资治通鉴》卷246,第7963 页。
② (宋)司马光:《资治通鉴》卷246,第7953 页。
③ (宋)司马光:《资治通鉴》卷246,第7960 页。
④ (宋)司马光:《资治通鉴》卷246,第7957 页。

屡扰边,苗缜滞留河东镇。五月,那颉啜率其部众"自持振武、大同,东因室韦、黑沙,南趣雄武军,窥幽州。"①卢龙节度截杀其众,那颉啜逃走,复为乌介可汗所杀。乌介可汗以十万之众"驻牙大同军北闾门山"②,遣使唐廷索求粮食、牛羊,并请执送嗢没斯等与回纥。唐廷许其以马于振武军互市粮三千石,余皆拒之,尤其强调自回纥国破之初嗢没斯等已投至塞下,唐朝已受其降。六月,乌介可汗遣使借兵、借天德军城,唐廷拒之。八月,乌介可汗率其部众突入大同川,劫掠河东境内诸蕃之牛马数万,转战至云州城门,云州刺史张献节闭城坚守。唐廷一面诏诸道兵屯驻太原、振武、天德,俟来春攻击回纥;一面遣使回纥,诏谕乌介可汗,回纥因国破居唐边塞,扣留公主;劫掠云、朔,并袭击羌、浑诸部,朝廷屡行优抚,不忍征讨,"可汗宜速择良图,无贻后悔。"③九月,以刘沔为招抚回纥使,排兵布阵。河东奏事官孙侪奏回纥军南移四十里,大同兵少,调易定兵千人助之。李思忠请与契苾、沙陀、吐谷浑等六千骑兵共击回纥,银州刺史何清朝、蔚州刺史契苾通分率河东蕃兵至振武,受李思忠调遣。会昌三年(843年)正月,回纥大举入侵云、朔二州,刘沔移军云州,并令其裨将石雄精选强兵悍将,出其不意,袭击回纥营帐。石雄遂以沙陀李国昌之三部落及契苾拓跋部之三千骑兵,于月暗之夜发兵马邑,取乌介可汗之牙帐。石雄兵入振武城,登城察看回纥军之虚实,"见毡车数十乘,从者皆衣朱碧,类华人;使谍者问之,曰:'公主帐也。'雄使谍者告之曰:'公主至此,家也,当求归路!今将出兵击可汗,请公主潜与侍从相保,驻车勿动!'"④然后率众直击回纥牙帐,大破回纥,斩首万余级,获其部众二万余人,石雄迎大和公主归国。乌介可汗仓皇出逃,依附室韦。会昌六年(846年)七月,被其宰相逸隐啜杀害。

总之,会昌年间,由于回纥汗国的衰落及骚乱,作为唐廷北疆的雁北地区烽烟再起,大同军的地位亦因此而上升,会昌三年(843年),诏令河东节度使罢领云、蔚、朔三州,以此三州置大同都团练使,四年(844年),又升为大同都防御使。⑤

## 五、李国昌入主大同军

(一)庞勋乱,沙陀起

唐懿宗咸通四年(863年)正月,安南都护府陷于南诏。唐廷诏令自徐、泗两州募兵二千赴援,其中八百人戍守桂州(治今广西桂林),期限三年。咸通九年

---

① (宋)司马光:《资治通鉴》卷246,第7961页。
② (宋)司马光:《资治通鉴》卷246,第7962页。
③ (宋)司马光:《资治通鉴》卷246,第7965页。
④ (后晋)刘昫等:《旧唐书》卷161《列传第一百六十一·石雄》,第4235-4236页。
⑤ (宋)欧阳修、宋祁:《新唐书》卷65《方镇二》,第1819页。

(868年)七月,戍期已过,徐泗观察使崔彦曾仍以军费不足为由拖延归期。戍卒激愤,推举粮料判官庞勋为主,北还徐州。九月,庞勋兵至徐、泗。十月,于符离县(治今安徽宿州北)与官军交战,官军败,庞勋兵进宿州。稍事整顿后,招兵买马,继续北上。十七日,攻下徐州,徐州城中附从者逾万人。十一月,庞勋军与唐军展开泗州争夺战。十二月初五日,大败官军,控制淮口,切断了东南漕运之路。

唐廷诏令以右金吾卫大将军康承训为义成节度使、徐州南面行营都招讨使,率诸道兵进讨庞勋。康承训启奏朝廷,以沙陀三部落使朱邪赤心、吐谷浑、达靼、契苾等酋长各率其部众随军征讨。咸通十年(869年)正月,康承训集诸道兵计七万余人进攻徐州。二月,康承训遣朱邪赤心率三千沙陀骑兵为前锋,冲锋陷阵。沙陀以其骁勇,威服十镇,所向披靡,屡败庞勋军,进逼徐州。五月,双方激战泗州;六月,唐廷调强兵进逼徐州。经过三个月激战后,官军攻破宿州。九月,康承训下令乘胜直击徐州。因奸细告密,徐州兵死伤数千。庞勋率二万兵杀出,西攻宋州(治今河南商丘南)、亳州(治今安徽亳县)。康承训以八万兵追击,仍以朱邪赤心领数千骑兵为前锋。庞勋先攻宋州,不果,转而南下进攻亳州。沙陀骑兵紧追其后,庞勋欲领兵沿涣水向东,归彭城(徐州治),因沙陀紧逼,不暇饮食,转至蕲县(今安徽宿州东南)欲渡涣水,唐将毁桥断其归路。庞勋军死伤近万人,余者溺水而亡,庞勋亦死。

(二)李国昌入主大同军

咸通十年(869年)十月,庞勋乱平,唐廷升大同军防御使为大同军节度使,任命朱邪赤心为大同军节度使,以彰其功。并赐姓李氏,名国昌。李国昌入主大同军之前,大同军所在之云州尚不是沙陀的势力范围。唐宣宗大中年间,卢钧任河范节度使期间,表奏朝廷以卢简方为河东节度府判官。党项叛乱,卢钧遣卢简方带兵御边,因功迁江州刺史,徙大同军防御使。"大开屯田,练兵俟斗,沙陀畏附。"[1]唐懿宗咸通五年(864年)十一月,"以大同军防御使卢简方检校工部尚书、沧州刺史、御史大夫,充义昌军节度、沧济德观察等使。"[2]卢钧于大中九年(855年)离任河东,入朝为左仆射。卢简方至晚在大中八年(854年),已到任大同军防御使。另据其传,卢简方擢任义昌军节度使后,仍领大同军节度。[3]因此,在李国昌入主大同军之前的大中至咸通年间,卢简方镇守之下的大同军,沙陀势力尚弱。然而,在蔚、朔二州,沙陀已具一定实力。

① (宋)欧阳修、宋祁:《新唐书》卷182《列传第一百七·卢简方》,第5369页。
② (宋)刘昫等:《旧唐书》卷19上《懿宗纪》,第658页。
③ (宋)欧阳修、宋祁:《新唐书》卷182《列传第一百七·卢简方》,第5369页。

蔚州刺史朱邪执宜。元和四年(809年),范希朝调任河东节度,"执宜从之,居之定襄神武川新城。"①朱邪执宜遂率其部众居于云、朔交界地带的神武川之黄花堆,更号阴山北沙陀。元和五年(810年),朱邪执宜以七百沙陀军随从河东节度讨伐成德军,因功拜蔚州刺史。元和八年(813年),率军屯天德,北御回纥;次年(814年),讨吴元济,长庆初(821年),讨王承宗,屡立军功,入朝宿卫,任金吾卫将军。大和中,以沙陀军置代北行营,御北边。沙陀执宜为阴山府都督、代北行营招讨使,隶河东节度。

朔州刺史、蔚州刺史朱邪赤心。执宜死,其子朱邪赤心继其任。开成中,北讨回纥;会昌中,南伐泽、潞,会昌四年(844年),因功任朔州刺史,兼代北军使。大中元年至三年(847—849年),在河东制下西讨吐蕃,沙陀军勇冠代北诸军,朱邪赤心被誉为"赤马将军"。②并因西征之功,迁任蔚州刺史、云中守捉使。

因此,咸通十年(869年),李国昌入主大同军,意味着沙陀李氏已成为朝廷认可的云、蔚、朔三州之地理所当然的政治及军事统领。沙陀在雁北的威望亦因此而陡升。咸通十一年(870年)十二月七日,李国昌帐下之营田右厢使尹昶葬于云州。其父尹旺,本望天水,生前任代州代北军押衙兼朔州尚德府别将,与其母高氏分别于会昌元年(841年)、开成四年(839年)故于代州私第。是日,"于代州凤池乡茹格村启枢灵榇",③与其子同葬云州。归葬先茔本为古礼,此反常之举,概因尹氏一族因依仗沙陀在云州已具有一定的政治基础及社会地位,其子尹昶,"因府主陇西李公讨伐徐方,选择心手,藉其浣济,特署粮副。知纤分无遗,数巨百万,岂不谓良能盛德者哉。"④志中所言之"陇西李公"即李国昌,尹昶曾随其讨伐庞勋,任府库、督粮之职。尹旺另有女二人,分嫁于崔氏、阴氏,亦居云州。

(三)李国昌升迁振武节度

咸通十一年(870年)十二月,因回纥寇天德,李国昌任大同军节度使一年又两个月后,唐廷诏令其由大同节度使迁任振武节度使。⑤咸通十三年(872年)五月,"以天德军防御使、检校左散骑常侍段文楚为云州刺史、大同军防御使。"⑥十二月,诏令以振武节度使李国昌为检校右仆射、云州刺史、大同军防御使。"国昌

① (宋)欧阳修:《新五代史》卷4《庄宗纪上》,第31页。
② (宋)欧阳修、宋祁:《新唐书》卷218《列传第一百四十三·沙陀》,第6156页。
③ 《尹旺墓志》,殷宪:《大同新出唐辽金元志石新解》,山西出版传媒集团、三晋出版社2012年版,第99页。
④ 《尹旺墓志》,殷宪:《大同新出唐辽金元志石新解》,第99页。
⑤ (宋)欧阳修、宋祁:《新唐书》卷218《列传第一百四十三·沙陀》,第6156页。
⑥ (后晋)刘昫等:《旧唐书》卷19上《懿宗纪》,第680页。

恃功颇横，专杀长吏，朝廷不能平，乃移镇云中。国昌称病辞军务，乃以太仆卿卢简方检校刑部尚书、云州刺史，充大同军防御等使。上召简方于思政殿，谓之曰：'卿以沧州节镇，屈转大同。然朕以沙陀、羌、浑挠乱边鄙，以卿曾在云中，惠及部落，且忍屈为朕此行，具达朕旨，安慰国昌，勿令有所猜嫌也'。是月，李国昌小男克用杀云中防御使段文楚，据云州，自称防御留后。"①咸通十四年（873年）正月，朝廷以卢简方两任云中，且有恩于李国昌父子，遣其赴云中晓谕李国昌，务以国家为重，若意图军柄，欲奄有大同，则朝廷必难依允。三月，"以新除大同军使卢简方为单于大都护、振武节度、麟胜等州观察使。时李国昌据振武，简方至岚州而卒。"②参考段文楚墓志记载，"乾符五年二月七日，武威段公遇害于云州，享年六十四。"段氏一生职转一十八任，其间曾"转天德防御使，加御史大夫。公到官，戎务修整，训练无亏，边尘无北顾之忧，戎马绝南牧之患。诏加工部尚书，转户部尚书。改大同军使。"③史书所载段文楚到任大同军及其亡故的时间均有误，段氏至大同军应在卢简方亡故之后，即咸通十四年（873年）三月之后。

李国昌自大同军升至振武军后，拒绝朝廷调其回大同。为安抚沙陀李氏，并压制其嚣张气焰，唐廷先后派遣卢简方、段文楚赴任大同军防御使。卢简方未到任即亡于路上；段文楚亡于任上，两任大同军防御使的遭遇，从一个侧面反映了咸通末到乾符初，沙陀实际上已控制了振武和大同两镇，其根源在于中唐以降地方藩镇在军事及政治上的强大，尤其是边要地区的胡族军事力量，是唐王朝攘外安内的重要依靠。乾符元年（877年）十二月，王仙芝攻陷荆、襄两州，朝廷发诸州兵征讨，"国昌遣刘迁统云中突骑逐贼，数有功。"④唐朝不仅在军事上仰仗沙陀，沙陀李氏亦因节帅之身份，跻身于唐朝的政治权力体系。唐乾符年间的振武观察支使崔茂藻，虽出于阀阅鼎族，然父早亡，居祖母膝下，家境贫寒，生活窘迫。因得其同族、丞相崔彦昭之提携，谋得交城尉一职。后因"今振武元帅李国昌，自大同军升于是镇，素闻君敏惠陪明，通达才干……乃疏奏请君于幕下，改监察御史。筹谋裨赞，所利弘多。"⑤崔茂藻于乾符二年（875年）亡于振武观察支使任上，说明时

① （后晋）刘昫等：《旧唐书》卷19上《懿宗纪》，第681页。
② （后晋）刘昫等：《旧唐书》卷19上《懿宗纪》，第682－683页。
③ 《唐故大同军防御使金紫光禄大夫检校吏部尚书兼御史大夫上柱国武威郡开国伯食邑七百户段公墓志铭并序》，胡耀飞：《斗鸡台事件再探讨——从〈段文楚墓志〉论唐末河东政局》，中国中古史集刊编委会：《中国中古史集刊》第三辑，中华书局2017年版，第257－258页。
④ （宋）欧阳修、宋祁：《新唐书》卷218《沙陀传》，第6153页。
⑤ 吴纲：《唐故振武观察支使将仕郎试大理评事兼监察御史里行清河崔府君（茂藻）墓志铭并序》，《全唐文补遗》第1辑，第416页。

李国昌仍为振武节度使,与史记相符。崔氏入幕振武节度的原因在于崔彦昭与李国昌的关系。僖宗立,崔彦昭入朝为相,之前曾任河东节度使,"沙陀诸部多犯法,彦昭抚循有威惠。"①上述史实说明,咸通末沙陀之崛起已成事实,乾符年间的斗鸡台事件并不偶然。

### 六、段文楚被杀斗鸡台

斗鸡台②事件是唐僖宗乾符年间,发生在雁北的一件属下刺杀节帅的事件。对于该事件,先后有不同学者从各自的角度给了关注和研究③。但是,就该事件所承载的历史意义而言,最重要的一点在于沙陀的崛起。

(一)史书所载斗鸡台事件及其原因

乾符三年,段文楚为代北水陆发运、云州防御使。是时无年,文楚胲损用度,下皆怨,边校程怀信等……乃夜谒国昌子云中守捉使克用曰:"岁艰禀食削,吾等不忍饿死,公家威德著闻,请诛虐帅,安部内。"克用许之,募得士万人,趋云州,次斗鸡台,城中执文楚,杀之。据州以闻,共丐克用为大同防御留后。④

乾符三年,朝廷以段文楚为代北水陆发运、云州防御使。时岁荐饥,文楚稍削军食,诸军咸怨。武皇为云中防边督将,部下争诉以军食不充,边校程怀素、王行审、盖寓、李存璋、薛铁山、康君立等,即拥武皇入云州,众且万人,营于斗鸡台,城中械文楚出,以应于外。诸将列状以闻,请授武皇旄钺。⑤

乾符五年正月……会大同防御使段文楚兼水陆发运使,代北荐饥,漕运不继,文楚颇减军士衣米;又用法稍峻,军士怨怒。尽忠道君立潜诣蔚州说克用起兵,除文楚而代之。克用曰:「吾父在振武,俟我禀之。」君立曰:「今机事已泄,缓则生变,何暇千里禀命乎!」于是尽忠夜率牙兵攻牙城,执文楚及判官柳汉璋系狱,自知军

① (宋)欧阳修、宋祁:《新唐书》卷183《列传第一百八·崔彦昭》,第5381页。
② 斗鸡台是一个历史地名,位于今山西大同市北九十里之奚望山。(清)吴辅宏:《乾隆大同府志》卷之四《山川》第84页,载:"由弥陀山而东其在得胜口外者曰奚望山,新城得胜二河之所迳也,南距府治九十里,北距丰镇厅治十六里。上有斗鸡台,唐乾符中,云中守捉使李克用偕程怀信等募士万人于此",载《中国地方志集成》之《山西府县志》(辑4),凤凰出版、上海书店、巴蜀书社2005年版。
③ [日]堀敏一:《藩镇亲卫军的权力结构》,刘俊文:《日本学者研究中国史论著选译》第4卷,中华书局1992年版;樊文礼:《唐末五代的代北集团》,2000年;樊文礼:《李克用评传》,2005年;黄英士:《沙陀与晚唐政局》,中国文化大学硕士论文,2011年;孙瑜:《唐代代北军人群体研究》,2012年;胡耀飞:《斗鸡台事件再探讨——从〈段文楚墓志〉论唐末河东政局》,中国中古史集刊编委会:《中国中古史集刊》第三辑,2017年。
④ (宋)欧阳修、宋祁:《新唐书》卷216《沙陀传》,第6156-6157页。
⑤ (宋)薛居正:《旧五代史》卷25《武皇纪上》,第333页。

州事,遣召克用。克用率其众趣云州,行收兵,二月,庚午,至城下,众且万人,屯于斗鸡台下。壬申,尽忠遣使送符印,请克用为防御留后。癸酉,尽忠械文楚等五人送斗鸡台下,克用令军士剐而食之,以骑践其骸。甲戌,克用入府舍视事。将士表请赦命,朝廷不许。①

以上所引分别为《新唐书》《旧五代史》及《资治通鉴》所载之斗鸡台事件,《旧唐书》记载,唐懿宗咸通十三年(872 年)十二月,唐廷任振武节度李国昌为云州刺史、大同军防御使,国昌称疾拒命。唐廷派卢简方取代李国昌,李克用杀云中防御使段文楚,据云州,自称防御留后。②《新五代史》所记与《旧唐书》略同③,未提斗鸡台事件的直接原因。概之,史载斗鸡台事件的原因有四个关键词——代北荐饥、漕运不继、削减军食、军士怨怒。其中,因云州(大同军)防御使段文楚削减军粮而导致军事怨怒这一主观因素,胡氏已论证了其不可能性④,此不赘述。所谓"代北荐饥、漕运不继"的客观原因,值得进一步探讨。

(二)风势论视角下的斗鸡台事件

据史书记载,唐僖宗乾符年间,雁北地区连年灾荒,再加上国家的军粮供给不及时,是引发斗鸡台事件的原因。但是,斗鸡台事件之后,沙陀军与唐廷自乾符五年(878 年)十月至中和元年(881 年)三月,持续两年又五个月的军事对抗,如果没有军粮的保障,是一件不可思议的事情。以下从风气变迁、历史趋势两方面对该事件进行分析。

1. 风之观

唐末时代之风气——跻身行伍领风骚。唐末盗贼四起,战事绵延不断;诸藩镇拥兵自重、跋扈观望的形势下,社会上形成了投身行伍的风气,要么做盗贼,揭竿而起,不仅能免受兵乱奴役之苦,在兵荒马乱中偷得一时之安息,而且在实力雄厚的前提下,还可以获得朝廷招安,摇身一变即可成为据地称雄的藩镇军将。要么投身官军,也有升官封爵、割据称霸的可能。因此,唐末藩镇军人中多数出身于盗贼或地方军人。以昭宗、哀帝两朝为例,"出身盗贼者22 人,占同时期中藩镇人

---

① (宋)司马光:《资治通鉴》卷253,乾符五年正月条,第8196 – 8198 页。
② (后晋)刘昫等:《旧唐书》卷19 上《懿宗纪》,第681 页。
③ (宋)欧阳修:《新五代史》卷4《庄宗纪》载:"(懿宗咸通)十三年,……国昌已据命,克用乃杀大同军防御使段文楚,据云州,自取留后。"第32 页。
④ "段文楚本人的仕宦,从830 年左右的京兆府参军开始,直至乾符五年斗鸡台事件时死于大同军防御使任上,其迁转过程并无大起大落。此外,其在天德军防御使、邕管经略使等任上的经历,约有20 年左右,知其在处理边事方面颇有经验。因此,就斗鸡台事件起因而言,段文楚本人的因素并不会比气候因素大。"参见:胡耀飞:《斗鸡台事件再探讨——从〈段文楚墓志〉论唐末河东政局》,第257 – 260 页。

数的 13.02% ;出身地方军将者 127 人,占 75.14% ;中央军将 4 人,占 2.37% ;朝臣 3 人,仅占 1.77%。"①

雁北地域之土风——不识礼乐。雁北自古即是游牧和农耕交汇之地,自唐宪宗元和年间沙陀入迁以来,雁北形成了以沙陀为核心,包括汉人、突厥、吐谷浑、粟特、契苾、鞑靼、回纥、党项、契丹、奚等多民族群体聚集的态势。地处偏隅、蕃汉杂居的雁北,民风彪悍,气俗尚武。自周公制礼作乐、孔子创立儒教以来,长幼有序、尊卑有体的礼乐教化已成为中原汉人聚集地区人们的共同认知和基本价值观念。但是,在雁北这一地临边塞、风教失驭之地,不识礼乐、遑论尊卑即为民风之常态。以雁北沙陀之首领李克用为例,据史载,李克用从小就极具武人气质,"善骑射,与侪类驰骋嬉戏,必出其右"。② 曾与鞑靼人比武,连贯双雕,为时人所叹服。年十五即跟从其父出讨庞勋之乱,冲锋陷阵,勇冠三军,被军中誉为"飞虎子"。咸通十年(869 年),因平乱之功任云中牙将。为官云州,不但拥妓醉寝,横行乡里,而且视国礼法度如粪土。职任云中守捉使期间,在云州防御使支谟帐下听令,一日,早操结束,与同列"集廨舍,因戏升郡阁,踞谟之座,谟亦不敢诘。"③

2. 势之察

国之大势——盗贼蜂起,藩镇皆作壁上观。晚唐以来,宦官当权,吏治腐败,朝纲不振,在唐王朝赖以生息的江淮之地盗贼蜂起。尤其是唐懿宗即位后,动摇唐王朝统治根基的政治性叛乱接踵而至。大中十三年(859 年)十二月,在浙东地区爆发了裘甫之乱;咸通九年(868 年)七月,以桂林戍卒为首的庞勋之乱发生;乾符元年(874 年),濮州人王仙芝在长垣聚众起兵反唐;曹州人黄巢举兵响应,致使唐朝灭亡的唐末变乱拉开了帷幕。乾符元年至五年(874—878 年)正值变乱的上升期,乱军先后攻陷沂州、汝州、蕲州、郓州、鄂州等地,唐廷举全国兵力,疲于应对,所谓"四方云扰,皇威不振"。④ 自安史之乱以来,割据四方的藩镇,渐行跋扈之势,与唐中央离心离德,对于唐王朝的兴衰存亡毫不关心。如:广明元年(880 年)末,黄巢叛军攻克长安后,不少藩镇投降黄巢。朝廷以凤翔节度使郑畋为统帅,组织诸藩镇平定叛乱,各路藩镇军队虽集结于长安,但相互观望,并不出力。

雁北之小势——沙陀在雁北的经营。

---

① 王寿南:《唐代藩镇与中央关系之研究》,大化书局 1978 年版,第 262 页。
② (宋)薛居正:《旧五代史》卷 25《武皇纪上》,第 339 页。
③ (宋)薛居正《旧五代史》卷 25《武皇纪上》,第 333 页。
④ (宋)司马光:《资治通鉴》卷 253,第 8197 页。

（1）雁北缺粮之考论

唐代雁北地区的云、蔚、朔三州虽地处偏隅，但是，因为屯田和铜冶的发展，有一定的经济基础。唐前期，云、蔚、朔三州是屯田的重要区域①，其中"大同军四十屯；横野军四十二屯；云州三十七屯；朔州三屯；蔚州三屯。"②唐后期，因为唐朝政治及军事格局的整体变化，边地屯田总量有所下降，但在雁北地区仍有新增屯田，史载，元和中，"振武军饥，宰相李绛请开营田，可省度支漕运及绝和籴欺隐。宪宗称善，乃以韩重华为振武、京西营田、和籴、水运使，起代北，垦田三百顷……东起振武，西逾云州，极于中受降城，凡六百余里，列栅二十，垦田三千八百余顷，岁收粟二十万石，省度支钱二千余万缗。"③乾符年间，雁北地区亦有开屯记录，如在卢简方任大同防御使期间，"大开屯田，练兵俦斗。"④唐代，河东道是主要的产铜地，产量占全国产量50%，蔚州为主要铜产地。⑤ 铜冶之外，雁北亦有盐业，"幽州、大同横野军有盐屯，每屯有丁有兵，岁得盐二千八百斛，下者千五百斛。"⑥屯田及铜冶、盐业的发展使云、蔚、朔三州成为唐前期军粮的供给之地。开元年间，昌黎人韩忠节曾任蔚州司马、兼支度营田铸钱判官。"采铜山之珍，利殷王府；积海陵之粟，粮赡军储。"⑦贞元八年(792年)，灵、夏二州粮官"于胜州沂河运云、朔米万余斛。"⑧元和之后，河东经济衰退，军储丰实，"奏割其半送京师"⑨的情形不再，但是雁北之经济条件仍然较好，这一点可以从《崔璘墓志》《尹旺墓志》得到佐证。《崔璘墓志》载：

公讳璘……由秘书丞八世至皇朝尚书刑部侍郎玄童，即公高祖之兄也；左龙武军兵曹参军玄德，即公之高祖也；郑州管城县尉道谦，即公之曾祖也；右金吾卫长史讳让，即公之大父也；太常寺协律郎讳立，即公之烈考也。志学之岁，先府君终堂；弱冠之年，先夫人即代。本族外族无可依者，而乃售田桑，求倍息，涂刍毕备，封树再严……于是劝课家僮，耕耘薄业，虽力务进取，而竟乏梯航，寻遇今天官小宰从翁，宗党之中，特进委任，以公之行，累表上闻，再授蔚州司马兼侍御史，阶

---

① 郑学檬：《试论唐代的屯田和营田》，载《厦门大学学报》，1962 年第 3 期。
② （唐）李林甫等：《唐六典》卷七，第 223 页。
③ （宋）欧阳修、宋祁：《新唐书》卷 53《食货三》，第 1373 页。
④ （宋）欧阳修、宋祁：《新唐书》卷 5359 页。
⑤ 杨远：《唐代的矿产》，学生书局 1989 年版，第 123 页。
⑥ （宋）欧阳修、宋祁：《新唐书》卷 53《食货三》，第 1377 页。
⑦ 吴钢：《唐故雁门郡雁门县尉摄蔚州司马兼河东道支度营田铸钱判官韩君（忠节）墓志铭并序》，《全唐文补遗》（第七辑），三秦出版社 2002 年版，第 384 页。
⑧ （宋）王钦若：《册府元龟》卷 498，《邦计部》，第 33698 页。
⑨ （宋）薛居正：《旧唐书》卷 110《邓景山传》，第 3314 页。

至通议大夫……公孝以为心，仁义以为体……尝以先考协律府君、先妣陇西夫人不及禄养，未报劬劳，于龙门山广化寺构毗卢遮那塔一，刻楷雕楹，曲尽其妙，至于写经图像，无不精勤。①

崔璘，乾符二年(875年)亡，职任通议大夫检校国子祭酒行蔚州司马兼侍御史上柱国。唐代，左右龙武军属六军，兵曹参军事位在从五品以下；县尉列九品；右金武卫长史位列从六品上；太常寺协律郎位列正八品上。通议大夫为文散官，列正四品下；检校官在唐后期只是一个虚职；侍御史列从六品下；上柱国列正二品，在唐代是表示荣誉的勋官；州司马位列从五品下至从六品上。② 据其志，墓主崔璘及其先祖，历官均在五品以下；本人虽列散官四品，但职事官品阶不高，在唐代不入门阀之列，属于庶族低门。志中别书刑部侍郎崔玄童为其高祖之兄长，有故意拔高门第之嫌。本人成年之际，父母双亡，家族之内也无可依傍，以至卖田为父母行葬礼。务农为业，久无进阶之门，后因宗族提携，职任蔚州司马。如以其20岁入仕计算，其职任蔚州司马约在会昌四年至乾符二年间(844—875年)。为报父母养育之恩，在龙门山广化寺造毗卢遮那③塔一座。龙门山广化寺时位于河南道河南府④，崔璘自入仕蔚州后官职再无他迁；祖上亦无高官厚禄，为其父母在东都洛阳建立佛塔所费之资应主要源于其蔚州司马之俸料钱和职田钱。由此可见，唐后期蔚州仓廪尚丰实，这与雁北的经济基础不无关系。

《尹旺墓志》也反映了沙陀军的军费可以自给的史实。唐前期，河东作为雄藩大镇，库储雄厚，军粮自给之后尚有余粮输出。上元中，河东节度王思礼曾"贮军粮百万"⑤，留足用度后，将其中一半运送京师。建中、贞元时期，西北诸军的粮谷也仰仗河东，所以，在雁门设代北水运使院。唐后期，尤其是元和以后，河东经济衰落，自顾不暇，渐无余粮可供他镇。唐廷屡次从国库拨款补河东之需，并授意河东招募子弟兵和部落兵。⑥ 总之，唐后期河东军费供给政策由之前主要由国家统筹供给改为地方自行解决，即由国养改为自养。子弟兵或部落兵属于半兵半农建置，"其费用应略低于常备役武装官健"⑦，其建立在一定程度上减少了政府军费

① 周绍良、赵超：《唐故通议大夫检校国子祭酒行蔚州司马兼侍御使上柱国博陵崔府君墓志铭并序》，《唐代墓志汇编》(下)，第2474-2475页。
② (宋)欧阳修、宋祁：《新唐书》卷46-49，第1181-1322页。
③ 即毗卢遮佛，也称大日如来。
④ 李芳民：《唐五代佛寺辑考》，商务印书馆2006年版，第58页；(宋)赞宁：《宋高僧传》，中华书局1992年版，第76页。
⑤ (后晋)刘昫等：《旧唐书》卷110《王思礼传》，第3312页。
⑥ 贾志刚：《唐代军费问题研究》，中国社会科学出版社2006年版，第141-145页。
⑦ 贾志刚：《唐代军费问题研究》，第254页。

支出。元和四年（809年），跟随时河东节度使范希朝迁入雁北的沙陀军便是这样一支武装力量。沙陀军自9世纪初入迁雁北，即成为活跃沙场的一支劲旅。在沙陀的征战史上，关于军费供给的记载较少，初期曾有从常备军军费中拨款给沙陀军的记录："灵武节度使范希朝奏请于太原防秋官健中，以六百人衣粮充给沙陀突厥，从之。"①但是，就军费供给的角度而言，沙陀军的产生本就是唐廷减少军费开支的结果。因此，沙陀军军费自给的成分应该较大。本世纪初，出土于大同市的《尹旺墓志》可以印证这一推测。志载：

公讳旺，字明远，其先本天水人也……远祖因官枝茂叶，遂为代州雁门人矣。皇祖开府仪同三司……公皇任代州代北军押衙兼朔州上德府别将，银青光禄大夫，检校太子宾客……春秋六十有四，以会昌元年春二月十三日寝疾而终于代州私第。夫人渤海高氏……春秋册有五，以开成四年春三月十二日寝疾而终于代州之私室。男昶，卓而清泠，聪明天赐……幼岁从军，竭成肘腋。曾任营田右厢权要，后因府主陇西李公讨伐徐方，选择心手，藉其浣济，特署粮副。知纤分无遗，数巨百万，岂不谓良能盛德者哉。谈在人师，誉于军府。生事既毕，死葬无亏。……以咸通十一年十二月七日于代州凤池乡茹格村启柩灵榇，扶护届云州西南三里永平乡权堡子岗附具备创茔，礼也。②

此志为志主尹旺之迁葬墓志，迁葬日为咸通十一年（870年）十二月七日，其时也是志主之子尹昶新丧之日。志言尹昶幼年从军，为府主之亲信、左右，曾任营田要职，在"陇西李公讨伐徐方"时，任为统管军粮的副职，有上佳表现，饮誉军中。咸通九年（868年）七月，戍守桂州的八百徐州兵推举粮料判官庞勋哗变，向其家乡徐州进军。唐廷调十八道兵讨之，沙陀将领朱邪赤心率所部三千骑兵为前锋，咸通十年（869年）九月，庞勋兵败徐州。叛乱平定，朱邪赤心因功进大同军节度使，赐姓名李国昌，列李唐宗室。③ 由此，志中所言"陇西李公"即李国昌；"徐方"即指徐州。此次征讨庞勋，"以将军孟彪为太仆卿、充都粮料使"。④ 唐制，"凡行军，置随军粮料使，兵少者置粮料判官。"⑤据此，孟彪为唐廷派出的都粮官，尹昶为沙陀军中的都粮官，说明沙陀在咸通年间就有自己的军粮管运体制，可以实现军粮自给，沙陀军征讨庞勋是自备军粮。

---

① （宋）王钦若：《册府元龟》卷27《帝五部》，第2363页。
② 殷宪：《唐故天水郡尹府君合祔墓志铭并序》，《大同新出唐辽金元志石新解》，第97–103页。
③ （宋）司马光：《资治通鉴》，第8120–8150页。
④ （后晋）刘昫等：《旧唐书》卷19上《懿宗纪》，第665页。
⑤ （宋）司马光：《资治通鉴》卷，第8121页。

综合以上两方墓志,可以看出乾符年间的雁北并不存在军粮不足的问题。首先,雁北云、蔚、朔三州之地有一定的经济基础,至唐乾符年间,没有大的改变。其次,因为唐后期军粮供给政策的改变,沙陀军逐渐实现了军粮自给,并在咸通后期自带军粮征讨庞勋。再者,乾符五年(878年)二月,段文楚被杀,李克用自许为大同防御留后。四月,唐廷调李国昌任大同节度使。五月,李国昌毁朝廷制书,拒不赴命。也可以作为沙陀军有经济实力的佐证。此外,《唐大诏令集》卷72《乾符二年南郊赦》载:"河东向管延资库斛斗五十万石……宜令本道节度使点检,除道路与边镇接近,缓急勘般充军粮者,即准且前。"①此条史料说明,在乾符二年(875年),唐廷设在河东管内的备边库——延资库尚有存粮供给边镇。因此,斗鸡台事件是因"代北荐饥、漕运不继"而导致军粮不足只是个借口。

(2)沙陀在雁北的政治积累

沙陀自九世纪初入迁雁北后,在唐后期藩镇纷争、兵锋四起的历史背景下,因其骁勇善战,累受重用,经朱邪执宜、朱邪赤心两代的努力,雁北沙陀日渐在唐末的政治舞台上争得了一席之地。

表二:9世纪初至70年代沙陀李氏职任表

| | 时间 | 职任 |
|---|---|---|
| 朱邪执宜时期 | 元和四年(809年) | 阴山府都督朱邪执宜率部众入迁代北神武川之黄花堆(马邑郡善阳县界)。 |
| | 元和五年(810年) | 因讨王承宗之功迁蔚州刺史。 |
| | 元和八年(813年) | 率部屯天德,御回纥。 |
| | 元和九年至十二年(814—817年) | 随李光颜讨吴元济,因功授检校刑部尚书,隶李光颜军。 |
| | 长庆元年(821年) | 讨王承宗,因功入京师宿卫,拜左金武卫将军。 |
| | 大和中 | 率部领云、朔,授阴山府都督、代北行营招抚使,隶河东节度。 |

---

① 贾志刚:《唐代军费问题研究》,第148页。

续表

| | | |
|---|---|---|
| 朱邪赤心<br>时期 | 开成四年至会昌六年<br>(839—846年) | 讨击回纥、征伐昭义镇,潞州平,因功<br>迁朔州刺史兼代北军使。 |
| | 大中元年至三年(847—<br>849年) | 随河东节度征讨吐蕃,因功迁蔚州刺<br>使、云中守捉使。 |
| | 咸通九年至十年(868—<br>869年) | 征讨庞勋,乱平,于咸通十年(869年)<br>十月,置大同军于云州,进朱邪赤心为<br>大同军节度使,赐姓李,名国昌。 |
| | 咸通十一年(870年)十二<br>月至乾符五年(878年)<br>二月 | 李国昌自大同军节度使迁振武节<br>度使。 |

从表二可见,咸通十年(869年)是一个转折点,此前,两代沙陀曾先后任蔚州刺史、代北行营招抚使、朔州刺史、蔚州刺史兼云中守捉使。咸通十年(869年)十月,因平庞勋之乱,李国昌进为节帅,先后任大同军节度使、振武节度使。大同军节度自会昌三年(843年)(时为大同都团练使)始领云、蔚、朔三州,治云州,不再隶属于河东节度使管辖。① 直到中和三年(883年),云、蔚、朔三州均在大同军管辖之内。② 李国昌在咸通十年(869年)十月至咸通十一年(870年)十二月间任大同军节度使,统领云、蔚、朔三州一年又两个月。之后,调任振武军节度,乾符五年(878年)二月,斗鸡台事件发生之前,李国昌统领振武军七年又两个月,期间,朝廷先后派支谟、卢简方、段文楚任大同军防御使。③ 但是,沙陀在大同军仍有势力,李克用为沙陀三部落副兵马使、云中守捉使(云中防边督将),戍蔚州;沙陀兵马使李尽忠戍云州;康君立(蔚州人)任云中牙校,服事段文楚;朔州本就是沙陀的兴发之地。如此,大同军节度之内云(大同军治所)、蔚、朔三州,已遍布沙陀之心腹力量,假如取代大同防御使段文楚,就可以统领三州,据有雁北。

斗鸡台事件之后,唐廷下诏令卢简方取代李国昌为振武节度使,左迁李国昌为大同节度使,"李国昌父子欲并据两镇,得大同制书,毁之,杀监军,不受代"④,并举兵进攻宁武军及岢岚军。其实,沙陀李氏自升为节帅后,就屡有不羁甚至挑衅之举。文献记载,咸通十三年(872年)十二月,因振武节度使李国昌"恃功恣

---

① (宋)欧阳修、宋祁:《新唐书》卷65《方镇二》,第1819页。
② 桂齐逊:《唐代河东军研究》,第220页。
③ 孙瑜:《唐代代北军人群体研究》,第293页。
④ (宋)司马光:《资治通鉴》卷,第8206页。

横，专杀长吏"①，朝廷将其调任大同军防御使，李国昌称病不赴任。对此，唐廷无法有强硬之举，只能施以羁縻之策。唐懿宗朝，户部侍郎崔彦昭曾节度河东，"先是，沙陀诸部多犯法，彦昭抚循有威惠，三年，境内大治，耆老叩阙愿留，诏可。"②崔彦昭宽严相济治理之下，雁北沙陀的恭顺是否真实姑且不论，此时，升为节帅的沙陀首领李国昌已具备了与朝廷命官平等对话的政治资本。乾符元年（874年），崔彦昭的宗族崔茂藻即入幕振武节度。《唐故振武观察支使将仕郎试大理评事兼监察御史里行清河崔府君（茂藻）墓志铭并序》载：

府君姓崔氏，讳茂藻……居太夫人膝下，物用罄空，急禄为务。今丞相崔公彦昭，即君之再从昆仲也。相君之镇北门，乃念其贫无，复惜材器不得，以表请君为交城尉……今振武元帅李国昌，自大同军升于是镇，素闻君敏惠聪明，通达才干……乃疏奏请君于幕下，改监察御史。筹谋裨赞，所利弘多。戎狄欢然，军伍帖伏，即殊节异行，断可知矣。以乾符二年五月廿四日，奉本府命，使于州镇。因构疾，殁于镇之馆署。享年四十矣。君齿发方壮，未及姻媾而终焉。呜呼！横材殄瘁，伯道无继。行路视之冤惜，知识闻之伤嗟。良善不永，何痛偕矣。以其年十月廿四日，归葬于河南府河南县平阴乡张阳村，从先大夫，礼也。③

志主崔茂藻系丞相崔彦昭之同宗，故得以入仕交城，并转至振武节度幕下，其入幕时间在李国昌自大同军进振武节度之咸通十一年（870年）末，入仕振武五年，在其三十五至四十岁之间。志言其壮年因病而亡，又有"横材殄瘁""良善不永""行路视之冤惜"等词句，崔茂藻之死应另有隐情。再参考其职任——"振武观察支使将仕郎试大理评事兼监察御史里行"，正拜官为振武观察支使；又任大理评事，兼任监察御史里行。观察支使属于唐代节度使兼职僚佐系统之职官，协助节度使察访、考课管内官员的政绩。④ 大理评事为大理寺属官，"其务在平刑狱"。⑤ 监察御史里行是唐代员外即编外官的一种，监察御史，非节度使府僚佐系统之职官⑥，应是隶于御史台之朝官，负"巡按郡县，纠视刑狱，肃整朝仪"⑦之责。由此，崔茂藻所任之职均与监察、纠弹有关，其死因疑问更大。崔茂藻墓志说明两点，其一，崔氏入职振武体现了李国昌与崔彦昭之间有一定的微妙关系；边帅与朝

① （宋）司马光：《资治通鉴》卷，第8165页。
② （宋）欧阳修、宋祁：《新唐书》卷183《崔彦昭传》，第5381页。
③ 吴纲：《全唐文补遗》（第二辑），第416－417页。
④ 石云涛：《唐代幕府制度研究》，中国社会科学出版社2003年版，第112－114页。
⑤ （唐）李林甫等：《唐六典》，中华书局1992年版，第503页。
⑥ 石云涛：《唐代幕府制度研究》，第386－389页；王寿南：《隋唐史》，三民书局1986年版，第515－516页。
⑦ （唐）李林甫等《唐六典》，第381页。

廷之间的不信任关系。其二,崔茂藻与府主李国昌之间并没有形成亲密的宾主关系,其死亡在一定程度上反映了雁北沙陀对于朝廷意志的抵触及反抗。

联系前述的《尹旺墓志》,我们也可以看到沙陀集团之凝聚的现象。志主尹旺及其妻分别故于会昌三年(841年)、开成四年(839年),卒地均为代州私第,葬地为代州凤池乡茹格村。咸通十一年(870年),其子尹昶新亡,其家人遂将尹旺夫妇二人之灵柩启护至云州城安葬。根据唐人的丧葬惯例,子女亡故,归葬先茔,是为礼也。如前述之崔茂藻,亡于振武节度,归葬河南府河南县平阴乡张阳村,"从先大夫,礼也"。亡于他乡,不能归葬者,在亡故地创立新坟者称为创茔,但往往是以长辈创茔,如乾符三年(876年),大同军都防御左押衙李温让,其父早亡,其母随之入雁北三十年,于七十九岁亡于云州,"以其年十一月十七日安厝于云州西南七里,创茔之礼也。"①据其志,尹旺本贯为天水,后因先祖为官迁转,为代州雁门郡人,其本人亦葬于代州,其子亡于云州,并未归葬代州,而是在云州别立新茔,并将其父母由代州迁葬至云州。这种反常的归葬现象可以有一种解释,尹家经父子两代的发展,因受府主陇西李公——李国昌的重视,已在云州建立起牢固的政治及社会地位。尹旺只是唐末雁北沙陀所建立的军事集团中的一员,咸通及乾符年间,沙陀在雁北已形成稳固的利益群体,"并据两镇""啸聚邀功"之志,已具备了一定的人员基础。

(3)云州之于沙陀的军事重要性

对于沙陀而言,云州在军事上具有重要的作用与地位。这一点在斗鸡台事件之后唐讨沙陀及李克用出镇太原之后北伐云州、握手云州等三次战役中体现得十分清楚。

唐讨沙陀。斗鸡台事件后,李克用父子举云、朔之兵东征西讨。乾符五年(878年)冬,李国昌率兵出讨党项,吐谷浑首领赫连铎乘虚攻陷振武。李克用至定边军迎李国昌欲归云州,云州守将叛变,拒关不纳,李氏父子率军退至朔州神武川之新城。唐廷任赫连铎为大同军节度,领云州,与河东、幽州、昭义诸镇合力讨伐沙陀。广明元年(880年)正月,沙陀已过雁门关,进军忻、代二州,二月,进逼晋阳。四月,唐以李琢为蔚朔节度使,屯代州。六月,李琢与卢龙节度李可举、大同军节度赫连铎共讨沙陀。李克用之朔州守将高文集在赫连铎游说下,联合沙陀酋长李友金、萨葛都督米海万、安庆都督史敬存投降朝廷,朔州失守。七月,李克用父子兵败药儿岭,丢失蔚州,北逃鞑靼部落。此次征讨,战争伊始,沙陀即因吐谷

---

① 殷宪:《唐故宣州左押衙检校国子祭酒充左教练使诸水军营使兼御史赵郡李公夫人汝南郡殷氏墓志铭并序》,《大同新出唐辽金元志石新解》,第104-106页。

浑首领赫连铎而失陷振武，进而丢掉了云州。此后，虽率军南下至忻、代二州，又因赫连铎的游说而失去了朔州，沙陀仅余蔚州一地，孤掌难鸣，药儿一战，终至败北。从军事角度而言，赫连铎袭击云州是使云、蔚、朔三位一体的军事防御体系瓦解，沙陀满盘皆输的主要原因。

北伐云州。赵礼之墓志于 20 世纪初出土于山西大同市东南的智家堡，职任为河东节度衙前兵马使知云州别贮仓务银青光禄大夫检校太子宾客，志载：

□□礼，字安之，其先天水人也……□讳□，字匡臣，因历职塞上，遂贯于云中，版籍枌榆……幼承勋于相府，长莅职于王庭。暨大顺岁晋王戡难，爰复疆场，北接荒陬，尽收其地。于是城池丕变，俗庶卒安。翌日，王谓大寮曰：此吾兴王旧壤，建业家邦，控御诸蕃，接邻雄镇。克复之后，帑藏悉空。既恃险于金汤，必先资于廪食。旁求职掌，固在得人。左右咸推府君，明敏称□，宏机出众，乃付之管钥，委以印符。署节度贮仓官，受纳诸州赋税，计其耗羡。①

志中所言"大顺岁晋王戡难"即指大顺二年（891 年），李克用举大军北伐云州一事。药儿岭兵败后，唐廷任用赫连铎为大同军防御使，制约李克用在雁北的势力，并在雁北置云蔚防御使。中和元年（881 年），李克用自鞑靼南下欲夺回雁北，未果。中和四年（884 年），李克用进封郡王，即上表奏请罢云蔚防御使，依旧隶河东节度。朝廷允之。但是，赫连铎结盟卢龙镇，数与李克用对抗。大顺二年（891年）七月，李克用攻下云州。② 依赵礼墓志，李克用攻克云州的第二天，发出了如此感慨："此吾兴王旧壤，建业家邦，控御诸蕃，接邻雄镇"。随即安排其管下兵马使赵礼兼职云州别贮仓务，收取管内诸州赋税，计其"耗羡"入私囊，以保云州为金汤之地。别贮钱是唐德宗贞元四年（788 年）设置的由户部专管的钱库，主要用于京官俸料及国家急用，其来源主要是地方财政节约，从地方官钱包中挤出来的钱，用以缓解中央财政困境；增强抗险应急能力；抑制方镇跋扈。③ 李克用将河东之别贮仓设在云州，并派以心腹计其"耗羡"，云州之于沙陀的军事地位由此可见。

握手云州。10 世纪初，东北之契丹渐强。后梁之开平元年（907 年），耶律阿保机率军三十万进寇云州，李克用与之相会于云州之东城，握手言和，结为兄弟，并约定联合攻梁。④ 此番"弭兵之会"之所以能够成功，主要是因为 9 世纪末李克

---

① 殷宪：《唐故河东节度衙前兵马使知云州别贮仓务银青光禄大夫检校太子宾客兼御史中丞天水赵府君墓志铭并序》，《大同新出唐辽金元志石新解》，第 112－114 页。
② 参见（宋）司马光：《资治通鉴》卷 256－258。
③ 何汝泉：《唐代户部别贮钱的来源》，武汉大学中国三至九世纪研究所：《魏晋南北朝隋唐史资料》第 21 辑，武汉大学出版社 2004 年版，第 187－204 页。
④ （宋）司马光：《资治通鉴》卷 266，第 8676－8680 页。

用夺取云州之后,遣将排兵,严防固守,并随即出兵讨伐幽州,使云、幽联兵之势不复存在,极大地稳固了沙陀在云州的军事地位。契丹迫于沙陀的军事威胁,方有言和之果。沙陀对云州的控制,不但延缓了契丹势力南下的步伐,而且对于晋、汴之争的较量;沙陀三王朝的建立;甚至于 10 世纪后期至 11 世纪中原与游牧势力的对比及政局的走向都具有十分重要的意义。

综上所述,自庞勋乱平,沙陀李氏升为一镇之节帅,经济上,日渐独立,可以实现军粮自给;政治上,不但有了与唐廷对话的权力,而且已形成了利益共同体——"代北集团"①,沙陀的势力已遍布振武、大同两镇及云、蔚、朔三州之地;军事上,云州北靠大漠、西接振武、东临雄藩,是沙陀平定雁北,南下争雄的要地。无论是从全国的大趋势,还是从雁北的小趋势而言,沙陀称雄雁北是万事俱备、只欠东风。唐朝末期,吏治腐败,国运衰竭,地方叛乱自江淮开始逐渐在全国蔓延,而兵权在握的各地方节度,为了一己之私利,拢手袖中,作观望姿态。雁北虽是偏隅之地,但沙陀在此经营多年,军粮自给在一定时期之内并不是问题,更为关键的因素在于,雁北之于沙陀有着重要的军事意义;以沙陀李氏为核心的雁北政治军事集团之雏形业已形成。再加上唐末武人领风骚的时代风气;雁北礼教失驭的地域风尚,斗鸡台事件的发生是一件水到渠成、顺理成章的事情。这一事件的发生预示着沙陀势力在雁北地区的崛起;唐末地方叛乱最终颠覆王朝统治的历史进程即将拉开帷幕。

## 七、李国昌"再入"大同军

### (一)沙陀父子并据两镇

乾符五年(878 年)二月,李克用杀害大同防御使段文楚后,自许留后,并上表朝廷,请求敕命。朝廷不许。其父李国昌上言:"乞朝廷速除大同防御使;若克用违命,臣请帅本道兵讨之,终不爱一子以负国家。"②朝廷遂以司农卿支详为大同军宣慰使,诏谕并安抚李国昌父子。四月,诏令李国昌为大同军节度使,以为其必无以为拒。五月,"李国昌父子欲并据两镇,得大同制书,毁之,杀监军,不受代。"③此后,便开始以武力对抗朝廷,集云、朔之兵东西攻掠,先后攻陷朔州之遮房军、妫州之宁武军、岚州之岢岚军。六月,过雁门关,入忻州境。八月,再败官军于岢岚军东南之洪谷。十月,朝廷调集昭义节度使李钧、幽州节度使李可举,及雁

---

① 樊文礼:《唐末五代的代北集团》,中国文联出版社 2000 年版。
② (宋)司马光:《资治通鉴》卷 253,第 8198 页。
③ (宋)司马光:《资治通鉴》卷 253,第 8206 页。

北之吐谷浑酋长赫连铎、白义诚、沙陀酋长安庆、萨葛酋长米海万等诸军,合兵攻击李国昌父子于蔚州。十二月,沙陀军与官军再战洪谷,官军败,昭义节度使李钧阵亡。广明元年(880年)正月,沙陀军南逾雁门关,进攻忻、代二州。二月,进逼晋阳,攻陷太谷(今山西太谷县)。三月,朝廷下诏,以宰相郑从谠为河东节度使,以河东兵骄,"故以宰相镇之。"①自沙陀为乱以来近两年的时间里,唐廷已先后六任河东节度使。乾符五年(878年)六月,以前昭义度使曹翔取代窦浣;以河东节度宣慰使崔季康为河东节度使、代北行营招讨使;乾符六年(879年)二月,以邠宁节度使李侃为河东节度使;八月,以东都留守李蔚为河东节度使;十一月,以雁门关以来置制使康传圭为河东节度使。自郑从谠执掌河东帅印后,情况有所好转。广明元年(880年)六月,唐廷再集诸道兵攻击沙陀。七月,官军于药儿岭(今蓟县东北)大败沙陀军,李克用父子及宗族成员北逃达靼部落,部众溃散。至此,沙陀李氏父子并据两镇的打算化为泡影。

　　回顾乾符五年至广明元年(878—880年)间沙陀与朝廷的对抗,之所以持续两年之久,河东军之骄横难治致使讨伐不力固为其因,沙陀之有恃无恐及其在云、蔚、朔三州多年经营而具有威势也是不可忽视的因素。这一点在支谟的墓志中有形象而充分的体现。支谟,出身仕宦之家,十八岁以明经入仕,历任内作使判官、司农寺丞、天德军使、濮州刺史等职。乾符初(874年),任左金吾卫大将军。"于时沙陀恃带微功,常难姑息,逞其骄暴,肆毒北方。朱耶克用,屠防御使一门,率盐泊川万户。其父但谋家计,靡顾国章,啸聚犬羊,虔刘边鄙,太原屡陈警急,雁门不足隈防。"②于是,以本官兼任河东节度副使。乾符五年(878年)六月,曹翔任河东节度使,诏其任大同宣谕使。"寻有后敕,讨除二凶。时也俘剿剿僇之余,公私悬罄。遂弥缝整缉,瘥死医伤……克用桀逆有素,猄顽叵当,统乎日逐之师,欲为天柱之举。轻骑诡道,次于平阳。北都巨防,莫敢支碍……五年十二月,克用乘图南之气,回薄云中,虎搏鹰扬,摩垒挑战。公示之以怯,悄若无人。贼乃略地言旋,不为后虑。公即命铁马尾袭,抵其私庄,丛弧射之,洞臆而毙……恐四方乘虚深入,乃取一瞎房,年貌相类者,讹人云,克用存焉……持此死虏,以质国家。公前后

①　(宋)司马光:《资治通鉴》卷253,第8222页。
②　董延寿、赵振华:《唐故大同军都防御营田供军等使朝请大夫检校右散骑常侍使持节都督云州诸军事云州刺史御史中丞上柱国赐紫金鱼袋赠工部尚书琅琊支公墓志铭并序》,《唐代支谟家族墓志研究》,载《洛阳大学学报》,2006年第3期,第1-3页。

奏陈，终不听信。"①乾符六年（879年）夏，朝廷任李克用为蔚、朔、云三州节度使；转任支谟为左散骑常侍、司农卿。"于是三军九姓之士，排合云集，仆面拊膺云：'国昌父子怨。当军勤王，俾渠不得其志。今朝廷已将赤子委豺虎，常侍宁忍弃我辈性命，徇一官宠荣！'公悯而谕之，信宿方解。"②面对云中父老的悲情挽留，支谟左右为难，尝私下自言："去则违众，犯水火之怒；止则招谤，贻骨肉之忧。既不能作李矩之背同盟，又不能如马超之捐百口。□兹入地，即是升仙。"③此言不幸成真，其年（879年）十一月，支谟患病，十二月一日，病亡于云州大同军防御使任上。

（二）赫连铎领衔大同军

自乾符五年（878年）沙陀李氏杀节帅、拒朝命以来，朝廷即调动雁北吐谷浑及其他各部族之力量，以制衡沙陀。吐谷浑酋长赫连铎数率其众征讨沙陀。乾符五年（878年）六月，支谟到任云州后，"激劝赫连铎弟兄，优其礼秩；厚抚吐谷浑部落，寡彼腹心。"④此"彼"即指以李克用、李国昌父子为代表的沙陀反动武装。赫边铎在广明元年（880年）唐廷击败沙陀的战事中起到了至关重要的作用，当时镇守朔州的沙陀大将高文集，正是由于赫连铎的劝说，才联合诸部酋长降唐，终至李克用父子兵败药儿岭。之后，唐廷即诏令以赫连铎为云州刺史、大同军防御使。

**八、赫连铎被逼出云州**

李克用唐末坐镇太原后，与四邻征战不休，是当时著名的强藩。但是，在南下争雄的过程中，他兵锋所指的第一个敌人是占据云州的赫连铎。

（一）李克用北伐云州的历史背景及原因

唐末，李克用因镇压黄巢起义有功封河东节度使，镇守太原。他到太原后，一方面张榜安定人心；一方面大治甲兵，积极发展自己的力量。当时，李克用的军队除凶悍善战外，还在军中设置义儿军。⑤义儿军在当时各藩镇中普遍流行，这些义儿非主帅的亲骨肉，只是名义上与主帅保持着一种父子关系。义儿军制形成的原因很多，但主要是当时各藩镇需要一些人替他们卖命打天下，而一些有野心的人，也需要投靠个主子好迁升，这两者的结合，就是义儿军制产生的主要根源。李

①　董延寿、赵振华：《唐故大同军都防御营田供军等使朝请大夫检校右散骑常侍使持节都督云州诸军事云州刺史御史中丞上柱国赐紫金鱼袋赠工部尚书琅琊支公墓志铭并序》，《唐代支谟家族墓志研究》，载《洛阳大学学报》，2006年第3期，第3页。
②　同上。
③　同上。
④　同上，第2页。
⑤　（宋）欧阳修：《新五代史》卷36，第393页。

克用义儿军形成规模大致是在其出镇太原之初,据史书记载:"李克用择军中骁勇者,多为养子,名回鹘张政之子曰存信,振武孙重进曰存进,许州王贤曰存贤,安敬思曰存孝,皆冒姓李氏。"①李克用在太原由小变大,以及后唐的崛起,在很大程度上是依靠义儿和义儿军的英勇善战。

随着李克用实力的增强,李克用日益成为各藩镇注意的目标,或与之通好;或欲灭之而后快。而李克用羽翼渐丰,心志也日宽,有争雄四方之意。当时,李克用所据的以太原为中心的河东镇,四面受敌。在这种情况下,李克用该从何入手打开一个局面呢? 李克用自斗鸡台事件后兴起于雁北,其据有太原以后,就实际情况而言,首先安定雁北是非常重要的。

当时,雁北的主要势力是赫连铎。李克用出镇太原时,唐廷在太原以北置云蔚防御使,辖云、蔚、朔三州,就战略形势而言,对李克用的北境是一个潜在的威胁。因此,李克用出镇太原以后,即上奏朝廷,请求罢置云蔚防御使,以减轻来自北方的军事压力;同时,为日后兼有云、蔚减轻阻力。罢云蔚防御使后,云、蔚、朔三州一体的军事体制不复存在了。但是,唐廷在这一地区仍设节度使管辖,而这时赫连铎镇守云州并具有相当的实力。唐僖宗光启元年(885 年),占据今河北中北部的成德军节度使王镕,进攻与李克用交好的义武军节度使王处存。李可举、王镕恐怕李克用出兵援助王处存,特派使臣说服赫连铎南下进攻李克用,以牵制其东出。当时,赫连铎的实力还不足以对李克用构成威胁,所以,李克用在加强北面防御后,即率兵东进,援助王处存。不过赫连铎的存在毕竟是李克用的心头隐患,兼并云蔚也是李克用勃勃雄心的一个重要部分,他一直在寻找北进的机会。

(二)李克用北伐云州的经过

唐昭宗大顺元年(890 年)春,李克用夺得邢州(治今河北邢台市)之后,乘胜进讨赫连铎,攻打云州城。赫连铎无力抗拒,求救于卢龙节度使李匡威。李匡威发兵三万救援赫连铎,与李克用军战于蔚州。李克用大败,所部邢洺团练使安金俊中流矢而亡;万胜军使申信叛变于赫连铎。卢龙军步步紧逼,李克用无力抵御,率余部退回太原。

为了乘势消灭李克用,四月,赫连铎、李匡威上表朝廷请求讨伐晋军。五月,朝廷下诏割去李克用官爵,命宰相张濬率兵征讨李克用。同时,命李匡威为北面招讨使,赫连铎为副,率军攻击李克用北境,以配合张濬进兵。面对南北夹击,李克用并不慌张,从容命将出师,分头迎击。在南境连胜张濬、朱温联军;在北境,李匡威出师攻打已为李克用所占据的蔚州,掳刺史邢善益;赫连铎引吐蕃、黠戛斯数

---

① (宋)司马光:《资治通鉴》卷255,第8308页。

万人攻打李克用之遮虏军,杀死军使刘胡子。李克用派李存信前往救援,又派李嗣源增援,遂大败李匡威、赫连铎联军。掳获李匡威之子武州刺使李仁宗及赫连铎之婿,俘斩兵士以万计。

次年(891年)四月,李克用大举进攻占据云州的赫连铎。他命令骑将薛阿檀先攻云州城,然后亲率大军设伏于北河(今内蒙古境内)。赫连铎出城迎战薛阿檀,结果中了埋伏,大败。李克用乘胜进占云州城。七月,李克用追击赫连铎,赫连铎力屈食尽,逃奔吐谷浑部。不久,又转而归附李匡威。李克用击败赫连铎后,随即出兵河北中北部,屡败李匡威、王镕联军。李匡威为了挽救败绩,于唐昭宗景福元年(892年)四月,出兵东侵云、代。李克用怕云、代有失,引兵退还太原。八月,李匡威、赫连铎联兵八万进攻云州,李克用得知军情后,设伏于云州和新城之间。结果,李匡威军赶往云州的路上,晋军突然杀出,李匡威军大乱,死伤大半。无奈之下,李匡威下令于云州城之北扎营。次日,李克用率骑兵突然从云州城中杀出,李匡威军还在梦中,慌乱中不知所措,顿时溃不成军,被杀及被俘者达数万人。李匡威无力再战,烧营而去。云州大捷之后,李克用又移兵争夺河北地区。同时,寻击赫连铎的残余势力。唐昭宗乾宁元年(894年)六月,李克用大败吐谷浑,杀赫连铎,擒其大将白义诚。至此,云州完全掌握在了雁北沙陀之手。

(三)李克用攻占云州的意义

李克用夺得云州后对其势力的发展产生了积极的影响,要者如下:第一,得到云州的当年十月,李克用率军讨伐幽州。次年(893年)二月,李克用大败卢龙军,斩首万余级,俘将百余人。接着,李克用克新州(治今河北涿鹿)、攻妫州(治今河北怀来),大败李匡俦军,随即夺取幽州。简言之,李克用夺得云州之后,云、幽联兵之势不复存在,幽州势单,也落入了晋军之手。第二,李克用得云、幽后不久,于乾宁二年(895年)六月,举兵南下,同时,上表朝廷称关中藩镇王行瑜、李茂贞、韩建联兵犯阙,请求讨伐;又传檄三镇,表达进兵之志,随即入关征服三帅。李克用之所以能够从容入关,其中一个很重要的原因就是他到云州之后,解除了后顾之忧。第三,李克用得云州后,与中原强藩朱温争夺泽、潞二州的战斗加剧,但是,由于李克用当时对有些事情处置不当,尤其是杀了骁将李存孝后,实力及势气大损,结果由攻势渐转为守势,以至朱温两次进逼至太原城下,晋军苦战,方得以转危为安。这其中有两点值得注意,一是李克用得云州后,晋、汴之争加强;二是李克用处于劣势后,由于没有来自云州的军事压力,才使晋军能转危为安,这是关键因素。第四,唐后期契丹势力的兴起,如果李克用没有及时夺取云州,云州方面的吐谷浑势力,为了对付李克用可能和契丹联兵,也可能云州会被契丹所夺,这样不仅会进一步加大晋军的北境压力,而且会使当时北方的局势更加混乱。李克用得云州将契丹的势力暂时阻隔在云州、幽州之北,减缓了其南进的步伐,有利于中原地区的统一和发展。第五,由于李克用控制了云州,进而控制了幽州,在李存勖南进中原时,也减少了北境的军事压力,并最终得以建立后唐。对于沙陀三王朝的建立,乃至北宋的建立及近古以降的政局走向,均具有一定的意义。

## 第三节　流动而多元的北疆
### ——以雁北军人与东南地区的关系为视角

唐代,雁北地区之大部属于河东道,东南地区之大部属于江南道,两地相距甚远,就地域空间而言,雁北与东南很难有交互关系;就人群而言,雁北与东南不无关系。史料显示,唐代,曾有雁北军人迁转东南。

**表三:唐代雁北军人迁转东南的情况简表①**

| 与雁北军人有关的东南属州 | 雁北军人姓名 | 与东南地域的关系 | 有关雁北属州 |
|---|---|---|---|
| 福州 | 崔茂藻 | 博陵人,唐乾符年间任蔚州司马,祖曾任福建都团练副使。 | 蔚州 |
| 建州 | 庞同本 | 鼎州泾阳县人,年十三入仕,曾历任建韶二州刺史、广州都督府长史、蔚州刺史。 | 蔚州 |
| 越州 | 樊庭观 | 南阳人,明经擢第,授越州浦阳府右果毅都尉、横野军副使。 | 蔚州 |
| | 萧执珪 | 南兰陵人,始授越州浦阳府右果毅。后授代州五台府折冲、容州长史、虔州刺史、永州刺史、岚州刺史、岢岚军使等。 | 代州 岚州 |
| | 张恒 | 同虔州张恒。 | 代州 |

----

① 本表来源于《唐代墓志汇编》《唐代墓志汇编续集》《全唐文补遗》第一至九辑及《千唐志斋新藏专辑》《山西碑碣》《大同新出唐辽金元志石新解》等。

续表

| 与雁北军人有关的东南属州 | 雁北军人姓名 | 与东南地域的关系 | 有关雁北属州 |
|---|---|---|---|
| 永州 | 许洛仁 | 本人为代州都督,夫人讳善主,祖逸,周开府仪同三司、江州刺史、永宁县开国公;父涛,隋左千牛备身、永州长史。 | 代州 |
| | 萧执珪 | 同越州。 | 代州 岚州 |
| 泉州 | 张恒 | 同虔州张恒。 | 代州 |
| 江州 | 许洛仁 | 同永州许洛仁。 | 代州 |
| | 秦士宁 | 父秦让,唐河阳军武牢镇遏兵马使,赠使持节石州刺史。祖,唐江州长史。 | 石州 |
| 扬州 | 杜拯 | 京兆杜陵人,曾祖伽,隋雁门郡守,祖义宽,唐饶州别驾,本人曾任苏州常熟县令、扬州江阳县令。 | 雁门郡 |
| | 张贞眘 | 同虔州张贞眘。 | 忻州 |
| | 苑咸 | 马邑善阳人,高祖苑君璋,隋末唐初代北名将;曾祖苑孝文,唐汾代甘等州刺史;本人曾任职扬州。 | 云州 代州 |
| | 贾雄 | 京兆兴平人,贞元初,授朔州尚德府折冲都尉。长子公轸,翰林都知兼扬州大都督府兵曹;次曰公甫,虔州大庾主簿。 | 朔州 |
| | 杨操 | 阌乡人,曾祖义,隋石州司马,本人解褐扬州平江府左果毅都尉。 | 石州 |
| 衢州 | 张惟则 | 京兆万年人,朔州尚德府别将,烈考曾守衢州司马。 | 朔州 |
| | 王守质 | 长安千秋里人,祖炅,代州雁门县丞;本人释褐岚州静乐县尉,七迁衢州别驾。 | 代州 岚州 |
| 澧州 | 卜元简 | 西河人,父冲,唐石州定胡县令,本人官至澧州司户参军事。 | 石州 |
| | 刘令淑 | 祖刘礼为代州司马,父刘思仁为澧州安乡令。 | 代州 |

| 与雁北军人有关的东南属州 | 雁北军人姓名 | 与东南地域的关系 | 有关雁北属州 |
|---|---|---|---|
| 歙州 | 裴华 | 绛州闻喜人,释褐朔州尚德府别将,曾祖曾任歙州司户参军事。 | 朔州 |
| | 王叔宁 | 同宣州王叔宁。 | 忻州 |
| 宣州 | 尉迟敬德 | 河南洛阳人,贞观十一年,册使持节宣州诸军事、宣州刺史。 | 朔州 |
| | 王叔宁 | 太原人,奏授文林郎歙州参军,超授朝议郎行宣州司法参军上柱国。王父忻州定襄县丞逸。 | 忻州 |
| | 李温让 | 大同都防御左押衙、清塞军使,父为宣州左押衙。 | 云州 |
| | 柳儒 | 河东人,父工部员外郎、太庙令,赠石州刺史。以门荫入仕,秩满,授宣州司户参军。寻改授宁州彭原县令。 | 石州 |
| | 赵仙童 | 同杭州赵仙童。 | 雁门郡 |
| 衡州 | 李述 | 陇西成纪人,曾祖友谅,石州刺史,本人解褐为衡州来阳县尉。 | 石州 |
| 鄂州 | 支叔向 | 江表人,曾祖光,唐江州寻阳丞,王父成,历典云、泸、光、齐、光、邢五州刺史。本人门荫入仕,曾授鄂州司士。 | 云州 |
| 饶州 | 袁彦进 | 振武人也,父曾为本州将吏,后汉曾任饶州刺史。 | 振武 |
| | 杜拯 | 同扬州杜拯。 | 雁门郡 |
| 洪州 | 王虔畅 | 其先琅耶人,先祖曾任随、遂、绵、相、越五州刺史,本人释褐代州雁门县主簿。 | 代州 |

| 与雁北军人有关的东南属州 | 雁北军人姓名 | 与东南地域的关系 | 有关雁北属州 |
|---|---|---|---|
| 润州 | 马炫 | 历任大同军副使、岚州军使,后出典润州。 | 岚州 |
| | 申守 | 魏郡人,祖讳元,任宣州录事参军,本人,载初元年,授石州方山县令骑都尉。 | 石州 |
| 苏州 | 段亮 | 其先雁门人也,今尉氏人,显祖晖,游击将军、忻州秀容府折冲;皇考慎,苏州吴县尉。 | 忻州 |
| | 李皋 | 唐宗室大臣,玄宗朝,充振武军副使,四代祖,为文皇第十四子,曾历任虢、蔡、苏、常等四州刺史,本人曾任职温州、衡州。 | 振武军 |
| | 苑咸 | 同扬州杜拯。 | 雁门郡 |
| 吉州 | 疋娄思 | 河南洛阳人,曾祖,隋代州司马,本人曾任吉州长史。 | 代州 |
| | 张贞睿 | 同虔州张贞睿。 | 朔州 |
| 杭州 | 卢思庄 | 范阳人,曾任朔州司法,历职湖州安吉、杭州紫溪。 | 朔州 |
| | 赵仙童 | 天水人,祖览,雁门郡长史;本人明经擢第,解褐宣城郡宣城县尉、转余杭郡司户参军。 | 雁门郡 |
| 袁州 | 胡俨 | 安定临泾人,祖永,魏东平、雁门二郡太守,本人于唐武德五年,选袁州新喻县丞。 | 雁门郡 |
| | 苑玄亮 | 南阳人,曾祖,唐代州长史;本人曾任袁州别驾。 | 代州 |
| 婺州 | 崔玄籍 | 清河东武城人,起家文德皇后挽郎,寻授婺州司功参军事,咸亨元年,除蔚州刺史。 | 蔚州 |
| 温州 | 李皋 | 同苏州李皋。 | 振武军 |

续表

| 与雁北军人有关的东南属州 | 雁北军人姓名 | 与东南地域的关系 | 有关雁北属州 |
|---|---|---|---|
| 虔州 | 张贞眘 | 清河武城人,祖玄弼,唐代州都督,忻、朔、蔚、云等五诸军事屯卫将军,虔州刺史;父承恩,唐吉州庐陵县令,本人门荫入仕,转扬州大都督府参军。 | 忻州朔州蔚州云州 |
| | 张恒 | 魏州昌乐县人,祖公谨,唐任泉州、庆州、定襄三总管,代、襄二州都督,父大素,曾任越州都督府户曹参军事。 | 代州 |
| | 贾雄 | 同扬州贾雄。 | 朔州 |
| | 萧执珪 | 同越州萧执珪。 | 代州岚州 |
| 常州 | 崔弘礼 | 博陵人,祖育,唐常州江阴县令;父孚,唐湖州长城县令,本人于元和十二年,除忻州刺史。 | 忻州 |
| | 王元琰 | 太原人,秩满,授代州都督府录事参军,后任常州司兵参军、蔚州刺史兼横野军使。 | 代州蔚州 |
| 湖州 | 孟秀荣 | 开成三年,曾任湖南都团练兵马监军使。官至振武麟胜等州监军。 | 振武 |
| 邕州 | 张遵 | 陕州平陆人,曾祖议福,唐蔚州刺史,本人曾任邕州刺史、本管经略招讨处置等使。 | 蔚州 |
| 端州 | 崔璘 | 博陵安平人,蔚州司马。长曰铢,端州司马。 | 蔚州 |

### 一、雁北军人与东南地区的关系

从上表可见,唐代,与雁北军人相关的东南属州计有福、建、越、永、泉、江、扬、衢、澧、歙、宣、衡、鄂、饶、洪、润、苏、吉、杭、袁、婺、虔、常、温、湖、邕、端等二十七州,其中,十四州属江南东道;十一州属江南西道,二州属岭南道。涉及雁北之云、蔚、朔、代、石、岚、忻等七州及振武节度所在单于都护府等八个区域。依墓志所载雁北军人的职官迁转细节,可分为本人为官雁北、家人为官东南;本人为官东南、家人为官雁北;本人先后为官雁北及东南等三种情况。

（一）本人为官雁北、家人为官东南

上表之崔茂藻,唐乾符年间,曾任蔚州司马,祖父曾任福建都团练副使。许洛仁,唐任代州都督,其妻之祖父曾任北周江州刺史、父曾任隋永州长史。秦士宁父秦让,赠使持节石州刺史,祖,唐江州长史。贾雄,贞元初,授朔州尚德府折冲都尉,长子公轸,翰林都知兼扬州大都督府兵曹;次子公甫,虔州大庾县主簿。张惟则,朔州尚德府别将,父,任衢州司马。裴华,释褐为朔州尚德府别将,曾祖曾任歙州司户参军事。李温让,职任大同郡防御左押衙,父任宣州左押。王虔畅,释褐为代州雁门县主簿,先祖曾任越州刺史。申守,载初元年(689年),授石州方山县令骑都尉,祖父曾任宣州录事参军。崔弘礼,元和十二年(817年),任忻州刺史,祖父曾任常州江阴县令;父曾任唐湖州长城县令。崔璘,唐蔚州司马,长子曰铢,端州司马。刘礼,曾任代州司马,父为澧州安乡县令。

（二）本人为官东南、家人为官雁北

上表之杜拯,曾历任苏州常熟县令、扬州江阳县令,曾祖为隋雁门郡守。苑咸,曾任职扬州,隋末唐初雁北名将苑君璋之后。杨操,解褐为扬州平江府左果毅都尉,曾祖为隋石州司马。卜元简,曾任澧州司户参军事,父为唐石州定胡县令。王叔宁,曾任职歙州参军、宣州司法参军。祖父曾为忻州定襄县丞。柳儒,曾任宣州司户参军,父,赠石州刺史。李述,解褐为衡州来阳县尉,曾祖为石州刺史。支叔向,曾授鄂州司士,曾祖光,唐江州寻阳县丞,祖父成,历典云、泸、光、齐、光、邢五州刺史。疋娄思,曾任吉州长史,曾祖,隋代州司马。赵仙童,明经擢第,解褐宣城郡宣城县尉、转余杭郡司户参军,祖曾为雁门郡长史。胡俨,祖永,魏东平、雁门二郡太守,本人于唐武德五年(622年),选袁州新喻县丞。苑玄亮,曾任袁州别驾,曾祖为唐代州刺史。张贞脊,祖玄弼,唐代州都督,忻、朔、蔚、云等五诸军事屯卫将军、虔州刺史;父承恩,唐吉州庐陵县令,本人门荫入仕,转扬州大都督府参军。张遵,曾祖议福,唐蔚州刺史,本人曾任邕州刺史、本管经略招讨处置等使。袁彦进,五代后汉任饶州刺史,父曾为本州将史。段亮之父段慎,任苏州吴县尉,显祖段晖曾任忻州秀容府折冲。张恒,祖公谨,唐任泉州、庆州、定襄三总管、代、襄二州都督,父大素,曾任越州都督府户曹参军事。

（三）本人先后为官雁北、东南

上表之庞同本,历任建、韶二州刺史、蔚州刺史。樊庭观,明经擢第,授越州浦阳府右果毅都尉、横野军副使。萧执珪,始授越州浦阳府右果毅,后授代州五台府折冲、容州长史、虔州刺史、永州刺史、岚州刺史、岢岚军使等。尉迟敬德,唐初随刘武周起事于雁北,后追随李唐,屡历战功。贞观十一年(637年),册使持节宣州诸军事、宣州刺史。李皋,李唐宗室,曾任振武军副使,后任职温州、衡州。卢思庄,曾任朔州司马,后任职湖州安吉、杭州紫溪。崔玄籍,起家文德皇后挽郎,寻授婺州司功参军事,咸亨元年(670年),任蕲州刺史。王元琰,历任代州都督府录事参军、常州司兵参军、蔚州刺史兼横野军使。孟秀荣,历任湖南都团练兵马监军使、振武麟胜等州监军。王守质,释褐为岚州静乐县尉,七迁至衢州别乘。马炫,历任大同军副使、岚州军使,后出典润州。

(四)雁北军人与东南地区的实质关系

在上述三种情况中,雁北军人与东南地区的关系又分三类:因官职迁转东南,此类为大多数,且滞留东南时间较短;赠官东南,并不实赴,如:尉迟敬德,"贞观十一年,封建功臣,册拜使持节宣州诸军事、宣州刺史,徙封鄂国公、食宣州实封一千三百户。"①;入仕东南且留居一定时间,即与东南有一定的实质性关系。此类又可分为以下几种情况:

为官东南、亡于东南。如疋娄思、胡俨、苑玄亮等。疋娄思,任吉州长史,"摘伏纠猾,政声克扬。惜哉!久边于江,勤以生疾……春秋七十一岁,以开元十二年九月十八日,卒于扬州大都督府,考终命也。"②胡俨,"武德五年,除吏部文林郎,选袁州新喻县丞……以贞观五的六月一日,终于县。"③苑玄亮,"恩敕吉安府左果毅……量移袁州别驾……是开元廿九年三月廿三日宜春郡④之宫舍,时年七十矣。"⑤

为官东南、携家人居东南、亡于东南。如张遵、王守质等。张遵,屡历军职,"诏迁邕州刺史、本管经略招讨处置等使……四年政满,表请北归,优诏追复,将有大用。行次大和四年八月六日,薨于潭府旅馆,享年六十二……夫人……大和三年六月廿二日,终于邕州官舍。"⑥张遵任职邕州四年,其间夫人与其同往,并比其早一年亡故。王守质,家太原,七迁任衢州别驾,"遇疾,卒于江都旅舍……先夫人,先公卒于太原,后夫人……以公卒之后二月十五日,卒于山阳旅次。"⑦江都,

---

① 吴纲:《全唐文补遗》第二辑,《大唐故开府仪同三司鄂国公尉迟君(敬德)墓志铭并序》,第155页。
② 吴纲:《全唐文补遗》第八辑,《唐故朝散大夫守吉州长史上柱国疋娄府君(思)墓志铭并序》,第461页。
③ 吴纲:《全唐文补遗》第八辑,《大唐故文林郎新喻县丞胡府君(俨)墓志铭》,第475页。
④ 宜春郡,隋称宜春郡。武德四年,置袁州。天宝元年,改为宜春郡。乾元元年,复为袁州。见(后晋)刘昫等:《旧唐书》卷四十《志第二十·地理三》,第1609页。
⑤ 吴纲:《全唐文补遗》第四辑,《唐故正议大夫行袁州别驾上柱国苑府君(玄亮)墓志铭并序》,第32页。
⑥ 吴纲:《全唐文补遗》第四辑,《邕州本管经略招讨处置等使邕州刺史兼御史大夫赠左散骑常侍张公(遵)墓志故夫人南阳郡君河南豆卢氏墓志同叙》,第130页。
⑦ 吴纲:《全唐文补遗》第四辑,《唐故衢州别驾王府君(守质)墓志》,第202页。

即江都郡,隶扬州;山阳,即山阳郡,隶楚州,皆隶扬州都督府,是自太原南下衢州所经之地。

为官东南且政有佳绩。如杜拯、李述、赵仙童、李皋等。杜拯,"开元初,国家以东南吴楚习俗雕弊,勤仁豹产之绩,以穆胥庭风之风。自尉择宰,始兹超授,除苏州常熟县令,转扬州江阳县令。吏不敢欺,政有经矣。①"李述,"解褐为衡州来阳县尉。弱龄入仕,而有老成之风。端谨廉平,闻于乡里。②"赵仙童,明经入仕,历任东南,"解褐宣城郡宣城县尉,以能进也。转文安郡参军,以资授也。又换余杭郡司户参军。贞以立身,靖以临政。③"李皋,志载其为唐太宗之枝叶,嗣曹王,文武双全。"凡历官廿四政……王在温州时,岁凶多殣,发仓廪以赈之。苟活于人,无避于法,可不谓仁乎。又尝与刺史康云间攻袁晁,寇凌我骑,云间之马踣焉,王心存拯危,目不见阵,乃挟其人而挝其马,偕犯围而免之,可不谓叫乎。④"

家族为官东南。如张贞眘、支叔向等。张贞眘,祖玄弼,任虔州刺史;父承恩,任吉州卢陵县令;本人以门荫入仕,寻转任扬州大都督府参军。一家三代都曾任职东南。支叔向,高祖,任广州司马;曾祖任江州寻阳丞;王父赠太子少詹事、殿中监;父累迁要职,至鸿胪卿。本人以门荫入仕,转任鄂州司士,年三十七早亡。"公兄弟十二人:裕、防、询早世,讷、诲、让、诩、谦、谚、谂,咸角善行孝……讷第八人以大中十年五月十八日乘先卿归旐,启高祖暨公及子齐六代廿五丧同卜宅于河南府河南县平乐乡北邙原从祔葬礼也。⑤"由志文可见,支叔向因祖上三代任职东南,于是居于东南,家族兴旺,子嗣众多。

以上四种类均属于与东南地区有一定实质性关系的,但是,上述军人中无一人在死后葬于东南,即使是亡于东南者也不例外。如上述之疋娄思、胡俨、苑玄亮、张遵、赵仙童、王守质等。疋娄思,"以开元十二年九月十八日,卒于扬州大都督府,……越若来十二月五日,返殡于洛阳平阴乡之原,礼也。⑥"胡俨,亡于任上,葬于河南邙山。苑玄亮,开元二十九年（741年）亡于袁州,"即以天宝元年十一月

---

① 吴纲:《全唐文补遗》第九辑,《唐故朝散大夫扬州江阳县令上柱国杜府君(拯)墓志铭并序》,三秦出版社2006年版,第355页。
② 吴纲:《全唐文补遗》第八辑,《唐故衡州来阳县尉陇西李府君(述)墓志铭》,第372页。
③ 吴纲:《全唐文补遗》第四辑,《大唐故余杭郡司户参军赵府君(仙童)墓志铭并序》,第451页。
④ 吴纲:《全唐文补遗》第一辑,《大唐山南东道节度使赠尚书右仆射嗣曹王(李皋)墓志铭并序》,第233页。
⑤ 周绍良、赵超:《唐代墓志汇编》,《鄂州司士支公墓志》(下),第2338页。
⑥ 吴纲:《全唐文补遗》第八辑,《唐故朝散大夫守吉州长史上柱国疋娄府君(思)墓志铭并序》,第461页。

十九日,安葬于东京平阴乡之原,礼也。①"张遵,大和四年(830 年),亡于邕州任上,夫人早其一年,于大和五年(831 年),"归祔于河南县金谷乡泉源里侍先茔,礼也。②"赵仙童,在东南迁转三任,"以天宝三载闰二月十四日,终于官舍……以五载八月十六日,归殡于洛阳城东先茔之傍,礼也。③"王守质,携后夫人同往衢州任上,亡后,"合祔于河南府洛阳县清风乡北邙之原,礼也。"

## 二、雁北人口流动及结构的特点

通过表三可见,有唐一代,仅就东南地区而言,因雁北军人官职迁转所涉及的人口流动的地域就达江南东道、江南西道、岭南道等三道、二十七州之地。因此,根据雁北军人在雁北和东南地区之间的迁转流动关系,可以分析出雁北地区人口流动及结构的特点。

(一)人口流动的特点

1. 人口流动的客观性

军人的职业特性决定了其流动的客观属性,所以,以军人为视角的人口流动的客观性是其首要特点。具体情况分以下几类:

因需入雁北。如:萧执珪、樊庭观、王元琰、庞同本等。萧执珪,出身高门官贵,"始与高品出塞垣,特授越州浦阳府右果毅。又与薛思行讨林胡……复与李楷固渡辽……又墨经副薛季飞往娄烦,以他事降授代州五台府折冲,再降方州绥南府折冲。寻副裴怀古桂林伐叛……副成王千里,充五府讨击使。坐累降授容州长史……旋除虔州刺史、永州刺史。入朝……领绵益等十二州兵马,与御史李知古前后行。又以坐累,降丰州长史。转岚州刺史、岢岚军使。复以假事免削,输效于东军。④"志主萧执珪文武兼备、骁勇善战,屡征战、屡升降,如志所谓"凡九迁一借色,四贬一除名。⑤"两次因政治及军事需要入雁北、入东南。樊庭观,明经擢第,

---

① 吴纲:《全唐文补遗》第四辑,《唐故正议大夫行袁州别驾上柱国苑府君(玄亮)墓志铭并序》,第 32 页。

② 同上。

③ 吴纲:《全唐文补遗》第四辑,《大唐故余杭郡司户参军赵府君(仙童)墓志铭并序》,第 451 页。

④ 吴纲:《全唐文补遗》千唐志斋专辑,《有唐故中大夫使持节桂州诸军事桂州都督上柱国兰陵萧公(执珪)墓志铭并序》,三秦出版社 2005 年版,第 141 – 142 页。

⑤ 吴纲:《全唐文补遗》千唐志斋专辑,《有唐故中大夫使持节桂州诸军事桂州都督上柱国兰陵萧公(执珪)墓志铭并序》,第 141 – 142 页。

亦文亦武,常怀跨马报国之志,曾言"大丈夫当立功绝域,安能坐事散儒。①"入仕后屡迁军职,开元七年(719年),天兵军节度大使王晙举荐任横野军副使,遂赴任边塞。王元琰,祖上三代刺史,以公侯子孙门荫入仕,屡迁军职。"夫云中要郡,执云易理,塞上多豪,金曰难制。皇帝凝圣聪之鉴,选良边之臣,以公兼才,是膺俞往。除公朝议大夫、蔚州刺史、兼横野军使、本军营田使。②"庞同本,少年英武,年十三入仕军中,屡迁要职,高宗朝"当属胡尘未静,边郡须才……除蔚州刺史。③"

因武功入雁北。如:孟秀荣、贾雄等。孟秀荣,历六朝十任军职,屡立战功,于大中三年(849年)任振武麟胜等州监军。贾雄,京兆兴平人,"贞元之初,以武艺绝伦,授朔州尚德府折冲都尉。④"

因功离雁北。如:崔弘礼,博陵人,"元和十一年,除忻州刺史。定襄之人,气俗尚武,不本树艺,岁多歉食。公敦之农桑,下流歌咏。未满岁,义武军表授检校户部郎中兼侍御史,赐金章,充义武军节度副使。⑤"

因乱离雁北。如:王叔宁,曾因祖父为官忻州定襄县丞而入迁雁北,后因"林胡侵并,迁家秦雍"⑥。

2. 人口流动的外向性

根据表三分析,因官迁转至雁北的军人,大多只是匆匆而过,雁北仅是其仕宦之途的一个短暂的停滞点。有些进入雁北时间相对较长,但是,最终也没有留在雁北,具体分以下几种情况:

雁北人不在雁北。如疋娄思、段亮、袁彦进等。疋娄思,"河南洛阳人也。其先出自北裔,代居阴山,随魏文南迁,因为此土著姓。⑦"本出自雁北,因久居洛阳,已为洛阳人,死后亦归葬洛阳。段亮,本为雁门人,其先人亦多为官雁门,因病亡

① 周绍良、赵超:《唐代墓志汇编》,《故京兆府宣化府折冲摄右卫郎将横野军副使樊公墓铭并序》(上),第1294页。

② 周绍良、赵超:《唐代墓志汇编》,《大唐蔚州刺史兼横野军使上柱国王府君墓志并序》(上),第1490页。

③ 吴纲:《全唐文补遗》第七辑,《大周故忠武将军守左千牛卫将军检校太子右卫率上柱国安化县开国男庞府君(同本)墓志铭并序》,第327页。

④ 周绍良、赵超:《唐代墓志汇编续集》,《大唐故贾府君墓志铭》,第927页。

⑤ 吴纲:《全唐文补遗》第一辑,《唐故东都留守东都畿防御使银青光禄大夫检校尚书左仆射判东都尚书省事兼御史大夫上柱国赠司空崔公(弘礼)墓志铭并序》,第297页。

⑥ 周绍良、赵超:《唐代墓志汇编续集》,《唐故朝议郎行宣州司法参军上柱国王君墓志铭并序》,第841页。

⑦ 吴纲:《全唐文补遗》第八辑,《唐故朝散大夫守吉州长史上柱国疋娄府君(思)墓志铭并序》,第461页。

于洛阳时邕里,与夫人"合葬于北邙山平阴原。①"袁彦进,本振武人,亡于阶州,葬于河南县宣武乡。

因官久居雁北、归葬先茔。如:申守、樊庭观、张惟则、贾雄等。申守,"载初元年,授石州方山县令……以长寿二年六月十四日,终于方山任所。②"为官雁北三年,归葬邙山。樊庭观,自开元七年至开元十二年(719—724年)任职横野军副使五年,亡于军城官舍,"其年三月廿九日,神枢自塞至都,五月二日,迁窆于洛城东北平阴里平原。③"张惟则,元和十年(815年),任朔州尚德府别将,开成元年(836年)亡,进入雁北二十一年,"葬于万年县崇义乡南姚村。④"贾雄,京兆兴平人,贞元初,因武艺人仕朔州尚德府折冲都尉,开成元年(836年),"殁于兴平县延寿乡临泉里之别业,享龄八十有一。即以其年景辰岁十月十九日迁窆于本县延寿乡之川,近先茔侧,礼也。⑤"贾雄贞元初入仕雁北,按唐律七十致仕,为官雁北四十年,归葬先茔。

亡于雁北、不葬雁北。表三军人之葬地有三——洛阳、长安、不明。不明者有杨操、秦士宁。长安者有王叔宁、孟秀荣、贾雄、张贞睿、许洛仁妻、张惟则、王虔畅等,余者全部葬在河南洛阳,葬两京者38人,占比95%。40人中有王元琰、孟秀荣、李温让母亲殷氏、申守、樊庭观、崔茂藻等6人亡故于雁北,只有殷氏1人葬于雁北。王元琰,进入雁北数年,亡于蔚州,迁葬河南。樊庭观,任横野军使五年,亡于横野军城馆舍,迁葬洛阳。

3. 人口流动的内向性

军人因官职迁转,家属随行,一小部分人就留在了雁北,家人或居于雁北;或为官雁北。如:李审、孟秀荣等。

李审家庭,据《李审妻殷氏墓志》载,李审,唐宣州左押衙、检校国子祭酒、充左教练使、诸水军营使兼侍御史。祖父李环,试太常寺协律郎;父李良,银青光禄大夫检校国子祭酒、庆州刺史、兼御史中丞。

唐中叶以后,检校某官并非能执行该官的职权,多为虚职。尤其安史之乱后,藩镇及使府僚佐多检校京官。充,即充当,为非正拜官职,有特派之意,但可对所

① 吴纲:《全唐文补遗》第八辑,《大唐上柱国段府君(亮)墓志铭并序》,和382页。
② 周绍良、赵超:《唐代墓志汇编》(上),《大周故朝请郎石州方山县令骑都尉申府君墓志铭并序》,第868页。
③ 周绍良、赵超:《唐代墓志汇编》(上),《故京兆府宣化府折冲摄右卫郎将横野军副使樊公墓志铭并序》,第1294页。
④ 吴纲:《全唐文补遗》第二辑,《故左金吾引驾仗正将都知检校太子宾客上柱国清河县开国男食邑三百户赐紫金鱼袋臣张公(惟则)墓志铭文并序》,第52页。
⑤ 周绍良、赵超:《唐代墓志汇编续集》,《大唐故贾府君墓志铭》,第927页。

充之职负实责。兼,即兼任,中唐以后,兼官有实兼也有虚兼,虚兼只挂名而不执行所兼之职务。试,即试用之意,非正式官员,始于武周朝,多为虚衔。银青光禄大夫,在唐代为从三品文散官,散官只代表其官阶,没有实际职务。职事官才是有职、有位、有权、有责的官职。所以,李审检校国子祭酒是虚职;侍御史也可能是虚职,其实职为宣州左押衙及左教练使、诸水军营使,品秩不详。其父李良的职事官职为庆州刺史。"庆州,中都督府。①"刺史为正四品上。从李家四代官职来看,尚属五品以上较高级官僚家庭。志主人殷氏,"考讳同,皇歙州军事判官,文林郎,试大理评事。②"唐歙州为上州,录事参军事为从七品上;诸曹参军事为从七品下;参军事为从八品下。文林郎为文散官,从九品上。殷氏娘家官品不高。

唐歙州、宣州同属江南道,相去不远。李、殷两家的姻缘应与其任职不无关系。志载殷氏之父早亡,及笄之年嫁李氏,李氏亡故后,随子李温让入居雁北三十年,乾符三年(876 年),以七十九岁高龄亡故,并葬于云州。其子李温让,离乡为官至雁北,任大同军都防御左押衙、银青光禄大夫检校国子监祭酒妆殿中侍御史、充清塞军使。

从志文内容分析,李家到李温让一代,祖上曾经的官僚地位的影响力已降低,其母亲的家族力量本来就不强,所以,李温让进入雁北为官三十年并未他迁,其母亦随其入居雁北,并留居雁北。

振武监军使孟秀荣,有四子,次子任振武等州节度同正兵马使。但是,这样的例子只是极少数,大多数雁北军人的后代并不在雁北为官,如贾雄,发迹雁北,为官雁北四十年,三子均任职东南,"长曰公轸,翰林都知兼扬州大都督府兵曹。仲曰公甫,虔州大庾主簿。幼曰公素,果州南充主簿。③"

4. 人口流动的反复性

有少数军人因官职迁转两次出入雁北,如:萧执珪、王元琰。前者,两次入雁北,先后任代州五台府折冲、岚州刺史、岢岚军使;后者,两次进入雁北,首任代州都督府录事参军,次任蔚州刺史、兼横野军使、本军营田使。

(二)人口结构的特点

1. 人口结构的多样性

以雁北军人为视角的人口结构的多样性主要体现在本贯多样,表三 40 位军

---

① (宋)欧阳修、宋祁:《新唐书》卷三十七《志第二十七》,第 969 页。

② 殷宪:《大同出土唐辽金元志石新解》,《唐故宣州左押衙检校国子祭酒充左教练使诸水军营使侍御使赵郡李公夫人汝南殷氏墓志铭并序》,第 104 页。

③ 周绍良、赵超:《唐代墓志汇编续集》,《大唐故贾府君墓志铭》,第 927 页。

人的本贯分布见下表：

**表四：雁北军人本贯分布及归属简况表①**

| 雁北军人姓名 | 本贯 | 归属 |
|---|---|---|
| 崔茂藻 | 博陵人 | 定州博陵郡,唐属河北道。 |
| 庞同本 | 鼎州泾阳县人 | 唐属京畿道京兆府。 |
| 樊庭观 | 南阳人 | 唐邓州南阳县,属山南东道。 |
| 萧执珪 | 南兰陵人 | 唐常州武进县,属山南东道。 |
| 许洛仁 | 不明 | 不明。 |
| 秦士宁 | 不明 | 不明。 |
| 杜拯 | 京兆杜陵人 | 杜陵为汉地名,唐属京畿道京兆府。 |
| 苑咸 | 马邑善阳人 | 唐朔州马邑郡善阳县,属河东道。 |
| 贾雄 | 京兆兴平人 | 京兆郡兴平县,属京畿道京兆府。 |
| 杨操 | 阌乡人 | 唐虢州阌乡县,属河南道。 |
| 张惟则 | 京兆万年人 | 唐京兆府万年县,属京畿道。 |
| 王守质 | 长安千秋里人 | 唐京兆府长安县,属京畿道。 |
| 卜元简 | 西河人 | 唐汾州西河郡,属河东道。 |
| 刘令淑 | 不明 | 不明。 |
| 裴华 | 绛州闻喜人 | 唐绛州闻喜县,属河东道。 |
| 尉迟敬德 | 河南洛阳人 | 唐河南府河南郡洛阳县,属河南道。 |
| 王叔宁 | 太原人 | 唐太原府太原郡,属河东道。 |
| 李温让 | 陇西人 | 唐渭州陇西郡,属陇右道。 |
| 柳儒 | 河东人 | 唐河中府河东郡河东县,属河东道。 |
| 李述 | 陇西成纪人 | 唐秦州天水郡成纪县,属陇右道。 |
| 支叔向 | 江表人 | 江南地区。 |
| 袁彦进 | 振武人也 | 振武军节度所在,属于单于大都护府,唐属关内道。 |
| 王虔畅 | 其先琅耶人 | 唐沂州琅耶郡,属河南道。 |
| 马炫 | 汝州陕城人 | 唐汝州陕城,属河南道。 |
| 申守 | 魏郡人 | 唐相州,属河北道。 |

---

① 本表根据《新唐书·地理志》、《旧唐书·地理志》及谭其骧：《中国历史地图集》,地图出版社 1982 年版。

续表

| 雁北军人姓名 | 本贯 | 归属 |
|---|---|---|
| 段亮 | 其先雁门人也 | 唐代州雁门县,属河东道。 |
| 李皋 | 陇西成纪人 | 唐秦州天水郡成纪县,属陇右道。 |
| 疋娄思 | 河南洛阳人 | 唐河南府河南郡洛阳县,属河南道。 |
| 卢思庄 | 范阳人 | 唐幽州范阳郡,属河北道。 |
| 赵仙童 | 天水人 | 唐秦州天水郡,属陇右道。 |
| 胡俨 | 安定临泾人 | 唐泾州安定郡临泾县,属关内道。 |
| 苑玄亮 | 南阳人 | 唐邓州南阳县,属山南东道。 |
| 崔玄籍 | 清河东武城人 | 唐贝州清河郡,属河北道。 |
| 张贞眘 | 清河武城人 | 唐贝州清河郡,属河北道。 |
| 张恒 | 魏州昌乐县人 | 唐魏州昌乐县,属河北道。 |
| 崔弘礼 | 博陵人 | 唐定州博陵郡,属河北道。 |
| 王元琰 | 太原人 | 唐太原府太原郡,属河东道。 |
| 孟秀荣 | 武威郡人 | 唐凉州武威郡,属陇右道。 |
| 张遵 | 陕州平陆人 | 陕州陕郡平陆县,属河南道。 |
| 崔璘 | 博陵安平人 | 唐属深州饶阳郡,属河北道。 |

由上表可见,本贯确定的 36 名军人中,分属于河北道之定州(2 人)、相州、幽州、贝州(2 人)、魏州、深州;京畿道之京兆府(5 人);山南东道之邓州、(2 人)、常州;河东道之朔州、汾州、绛州、太原府(2 人)、河中府、代州;河南道之虢州、河南府(2 人)、淅州、汝州、陕州;陇右道之秦州(3 人)、凉州、渭州;关内道之单于大都护府、泾州,分属于二十六州府、七道,97.2% 在黄河流域。

2. 人口结构的多变性

以军人为视角的人口构成及人口结构,在一定程度上具有临时性、多变性的特点。因为,军人因官职迁转流动雁北的时间相对短暂,有些甚至于并不实赴。

据表三统计,全部 40 位军人根据居雁北时间的长短可分为三类:临时迁转、居留一定时间、并不实至。

临时迁转。40 位军人中有 30 位因官职迁转进入雁北,很快即离去,占比 75%。其中,还有几位曾两次出入雁北,更增加了雁北人口结构的多变性。如前述之萧执珪、王元琰。

居留一定时间。如前述之崔弘礼、申守、樊庭观、崔璘、张惟则、卜云简、裴华、崔茂藻、贾雄等,时间最长者为贾雄,入雁北四十年。

并不实至。如柳儒、秦士宁等。柳儒,"父干……赠州刺史。[1]"秦士宁,"考讳让……赠使持节石州刺史。[2]"唐代,赠官是对有功之人死后追封的官职,是一种奖赏。

总之,以雁北军人为视角可以看到两方面的问题:其一,雁北军人与东南地区的关系,均与官职迁转相关,居雁北时间有长有短,但在故去后均不葬在东南。其二,雁北地域人口流动及结构的特点,呈现客观性、内向性、外向性、反复性、多样性、多变性等特点。

## 第四节　佛寺与雁北的佛教信仰形态

唐代,政治统一,文化昌明,在意识形态上三教并行,佛教的发展大行其道,义理完善,宗派成熟,更为重要的是作为一种信仰、一种生活方式,佛教开始深入民间,成为民众生活的组成部分。这一时期的雁北虽然在经济和文化上属于欠发达地区,但是,由于其汉魏北朝时期形成的佛教基础,以及国家大力推行佛教发展政策的推动,该地区的佛教信仰也具有一定的规模和影响。

### 一、佛寺的兴修与沿革

据现有史料统计,唐代,云、蔚、朔、三州之地兴建及修建的佛寺共计31座。其中,云州10座、蔚州17座、朔州4座。(概况见表五)

---

① 《全唐文补遗》之《千唐志斋新藏专辑》,《大唐故银青光禄大夫行薛王府长史上柱国河东县开国男柳府君(儒)墓志铭并序》,第165页。

② 《唐代墓志汇编续集》,《唐河阳军节度故左马军虞侯秦府君夫人太原王氏墓志铭并序》,第1991页。

表五：唐代云、蔚、朔三州佛寺兴修概况表①

| 唐代属州 | 今归属地区 | 佛寺名称 | 兴建时间 | 具体位置 | 备注 |
|---|---|---|---|---|---|
| 云州 | 大同市城区 | 善化寺 | 唐开元二十六年（738年） | 大同市城区 | 较好 |
| | 大同市大同县 | 禅房寺 | 唐天宝中 | 大同县南六十里 | 残破 |
| | 大同市城区 | 兴国寺 | 唐时建 | 大同市东南 | 已废 |
| | 大同市城区 | 云冈灵岩寺 | 唐初 | 大同市西十七公里云冈石窟 | 后室的三尊大佛为初唐修补 |
| | 大同市南郊区 | 通光寺 | 唐初监修 | 大同市西北小石子村 | 较好 |
| | 大同市浑源县 | 云峰寺 | 唐时建 | 不详 | 不存 |
| | 大同市浑源县 | 碧谷寺 | 唐时建 | 不详 | 不存 |
| | 大同市浑源县 | 千佛洞 | 唐时建 | 不详 | 不存 |
| | 大同市浑源县 | 兴国禅林 | 唐时建 | 浑源县西北四十里殿山上 | 不存 |
| | 朔州市怀仁县 | 龙泉寺 | 武德元年（618年） | 镇海堡 | 不存 |
| 蔚州 | 大同市广灵县 | 五台寺 | 唐时建 | 不详 | |
| | 大同市广灵县 | 西照寺 | 唐尉迟敬德监修 | 广灵县回岭北 | 较好 |
| | 大同市广灵县 | 净善寺 | 唐朝建 | 广灵县冯庄 | 不存 |
| | 大同市广灵县 | 地藏寺 | 唐朝建 | 广灵县梁庄西堡 | 不存 |
| | 大同市广灵县 | 兴胜寺 | 唐朝建 | 广灵县龙虎岩 | 不存 |
| | 大同市广灵县 | 崇善寺 | 唐朝建 | 广灵一斗泉 | 不存 |

①　此表来源：《中国地方志集成》《山西寺庙大全》《唐五代佛寺辑考》《同朔佛道志》，以及实地调研资料。

| 唐代属州 | 今归属地区 | 佛寺名称 | 兴建时间 | 具体位置 | 备注 |
|---|---|---|---|---|---|
| 蔚州 | 大同市广灵县 | 周图寺 | 唐朝建 | 广灵县下墨家沟 | 不存 |
| | 大同市广灵县 | 夕照寺 | 唐宝历元年（825 年） | 广灵望狐 | 不存 |
| | 大同市灵丘县 | 曲回寺 | 唐开元二十一年（733 年） | 广灵县城南七十五公里处 | 仅存遗迹 |
| | 大同市灵丘县 | 龙泉寺 | 唐时建 | 灵丘县城东三十里 | 不存 |
| | 大同市灵丘县 | 大云寺 | 唐开元元年（713 年） | 灵丘县城火神庙以东 | 仅存遗迹 |
| | 大同市灵丘县 | 觉山寺 | 唐初监修 | 灵丘县城东红石椤乡觉山村 | |
| | 大同市阳高县 | 洪门寺 | 隋末唐初兴建 | 阳高县友宰镇大辛庄西 | 较好（明代） |
| 蔚州 | 大同市天镇县 | 慈云寺 | 唐时建 | 天镇县城西街 | 较好 |
| | 大同市天镇县 | 显化禅寺 | 唐时建 | 天镇城东南十余里 | 较好 |
| | 大同市天镇县 | 鹫峰寺 | 唐时建 | 天镇县西南百里太保村之龙澍山 | 有古碑四通 |
| | 大同市天镇县 | 龙泉寺 | 汉建，唐尉迟恭重修 | 天镇县西南六十里牵牛山 | 不存 |

| 唐代属州 | 今归属地区 | 佛寺名称 | 兴建时间 | 具体位置 | 备注 |
|---|---|---|---|---|---|
| 朔州 | 朔州市朔城区 | 崇福寺 | 唐麟德二年(665年) | 朔州市内东大街 | 保存完整 |
| | 朔州市 | 清平寺 | 唐初 | 古城西北 | 遗址尚存 |
| | 朔州市应县 | 觉兴寺 | 唐太和三年(829年) | 应县城东街 | 荡然无存 |
| | 朔州市应县 | 天王寺 | 唐太和六年(832年) | 应县东南下社村 | 荡然无存 |

　　这些佛寺根据兴建及沿革情况可分为两类:一类具有官寺性质,初建时规模较大,后世亦有不断的修葺;一类具有民寺性质,规模较小,后世的修缮有所间断,再加之天灾人祸等因素,今大多已不存。

　　官寺。如:善化寺,俗名南寺。始建于唐开元年间,故名开元。后晋初改名大普恩寺①。"金天会戊申,释圆满重建,皇统三年二月宋弁撰记。弁至金,筑馆三年,庚戌十月冬迁寺中,凡十四年。内有铜钟,后唐清泰三年丙申铸,明易今名。万历四年,总兵郭琥改造。四十四年代宗充钞、总兵王威等重修,郡人张尔基撰记,王从义篆额,何迁魁书。崇正六年又修。国朝乾隆五年,知府盛典重修。三十五年又修。"②西照寺,"在枚回岭北奇峰山。唐尉迟敬德监修。宋仁宗有御制碑文。明成化弘治间屡修。国朝康熙十七年重修。"③慈云寺,"在城西街,旧名法华禅寺,唐时建。辽开泰八年修。明宣德五年重修,改今名。嘉靖十八年重继修,俱有碑。国朝乾隆三十八年,寺僧照福、普隆募资重修,请颁藏经全部,增建藏经阁,知县钱文梓记。"④龙泉寺,"在县城南六十里牵牛山。相传汉时建,唐尉迟恭重修,明嘉靖、隆庆间屡修,有碑记三。"⑤崇福寺,"乃鄯阳古刹也,大藏经阁创始于

---

① 据《山西寺庙大全》,善化寺与大普恩寺为两寺,今据其它史实料及实地调查,认为两寺实为一寺。
② (清)吴辅宏纂辑:《大同府志》,大同地方志办公室重印,2007年,第317页。
③ (清)吴辅宏纂辑:《大同府志》,第324页。
④ 同上。
⑤ (清)吴辅宏纂辑:《大同府志》,第325页。

唐高宗麟德二年。"①显化禅寺,"始创建于唐代,明代重建。俗称盘山寺、盆山寺、盆儿山寺、盘山显化寺。"②曲回寺,"肇自大唐开元二十一年(733年),有大禅师慧感,俗姓王氏,北京人也,初住此山,奉诏创此寺,持旨赐曲回山寺。"

民寺。如禅房寺,"府城西南五十里禅房山麓,唐天宝间建。"③觉兴寺,"在城东街。唐太和三年西僧清宽建。晋天福三年灾,元至正八年僧宽凭重修。明万历五年又灾,寺僧德安重建。国朝乾隆二十九年重修。"④天王寺,"在下社村。唐太和六年僧演智建,明洪武十四年、万历八年相继修葺。国朝乾隆二十九年重修。"⑤大云寺,"在县治东。唐开元间修。明天顺间修。何士震诗:到门深树千峰雨,出槛疏钟万壑风。"⑥大云寺,"在灵丘县治东,唐开元间建。"⑦大云寺,始建于"开元元年,县火神庙以东。仅存遗迹。"⑧龙泉寺,"在县东三十里。唐时建。泉滴岩下成钟声。"⑨鹫峰寺,"在县西南百里太保村之龙澍山。相传唐时建,有古碑四字,磨灭不可辨。明泓治十五年重修,立碑。"⑩五台寺,"道宣《续高僧传》卷二十有《唐蔚州五台寺释弘韵传》。据此,蔚州有五台寺,唯创见及沿革未详。"⑪兴国禅林,"在州西北四十里殿山上,唐时建,山下有水头寺。"⑫龙泉寺,始建于"武德元年,位于镇海堡。旧名龙山寺,还有两处,一在上海子村,一在宝峰山,寺废而海眼犹存。今已不存。"⑬清平寺,"始建于唐初,位于古城西北。遗址尚存。"⑭

① (清)汪嗣圣、王霭修撰:《雍正朔州志》,载《中国地方志集成·山西府县志》辑10,第443页。
② 廉慧斌、郝溪若:《同朔佛道志》,山西出版传媒集团、山西人民出版社2013年版,第73页。
③ (清)吴辅宏纂辑:《大同府志》,第318页。
④ (清)吴辅宏纂辑:《大同府志》,第320页。
⑤ (清)吴辅宏纂辑:《大同府志》,第321页。
⑥ (清)吴辅宏纂辑:《大同府志》,第322页。
⑦ 李芳民:《唐五代佛寺辑考》,商务印书馆2006年版,第103页。
⑧ 山西寺庙大全编辑委员会:《山西寺庙大全》,山西经济出版社1995年版,第58页。
⑨ (清)吴辅宏纂辑:《大同府志》,第323页。
⑩ (清)吴辅宏纂辑:《大同府志》,第325页。
⑪ 李芳民:《唐五代佛寺辑考》,商务印书馆2006年版,第104页。
⑫ (清)吴辅宏纂辑:《大同府志》,第322页。
⑬ 山西寺庙大全编辑委员会:《山西寺庙大全》,第102页。
⑭ 山西寺庙大全编辑委员会:《山西寺庙大全》,第113页。

### 二、佛寺所见雁北佛教信仰形态

#### （一）佛教的传播与历史特点相契合

与唐代历史大势及唐代佛教发展的特点相契合。安史之乱作为唐代前后期历史的转折点，对唐朝的政治、经济、文化等各方面都产生了深刻的影响，唐代佛教的发展亦不例外。根据《唐代高僧籍贯及驻锡地分布》一文的研究结果，唐代确有籍贯的高僧计 555 人，前期 353 人、后期 202 人，后期较前期数量大幅减少。从表五可见，唐代，云、蔚、朔三州之地所兴建的 31 座佛寺中，可确知始建年代的有17 座，其中有 14 座在唐前期；3 座在唐后期。这 17 座佛寺的修建年代集中在三个时段——唐太宗和高宗时期、唐玄宗开元及天宝时期、唐敬宗及文宗时期。这一现象也与相应时期的朝廷政策相符合。如：贞观初，"诏令城德行沙门并令入内殿行道七日，度天下僧尼三千人。"①武周朝天授初，"制颁于天下，令诸州各置大云寺，总度僧千人。"②唐玄宗开元二十六年（738 年），"敕天下诸郡立龙兴、开元二寺。"③唐敬宗初登大宝，"以天下无事，视政之余，因广浮屠教"。④ 唐文宗开成五年（836 年），"诏天下寺院立观音像"。⑤

与区域佛教史发展特点相契合。河东道是唐代佛教发展的重要区域之一，唐前期，河东道计有高僧 49 人，居全国第二位。但是，河东道内部高僧籍贯分布不平衡，"其北部今山西内长城以外地区，即唐云州、蔚州、朔州三州，无出一人。"⑥唐代州五台山在后期逐渐发展成为河东道甚至于唐代的一个佛教中心，"大唐名山一十八座，亦以五台为首。"⑦与代州五台山相比，以云冈石窟为标志的雁门山以北地区，唐代佛教的发展较弱。仅以佛寺为例，代州一州唐建佛寺计 13 座，近于云、蔚、州三州之半数。在云、蔚、朔三州之中，蔚州的佛教发展水平相对较高，并且在今山西大同广灵地区形成了一个高峰。表五所列 31 座寺庙中，17 座分布在蔚州，其中 8 座在广灵。这一点与唐代前期高僧驻锡地分布特点相符，唐前期河东道驻锡高僧居全国第三位，其中百分之八十在太原府、蒲州及代州，但是在蔚州也住有高僧。在《续高僧传》中载，唐蔚州五台寺有高僧名释昙韵者。

---

① （宋）志磐撰、释道法校注：《佛祖统纪校注》卷 39，上海古籍出版社 2012 年版，第 62 页。
② （后晋）刘昫等：《旧唐书》卷 6《则天皇后本纪》，第 72 页。
③ （宋）志磐撰、释道法校注：《佛祖统纪》卷 40，第 80 页。
④ （宋）李昉等：《太平广记》卷 101《宣室志》，中华书局 1961 年版，第 143 页。
⑤ （宋）李昉等：《太平广记》卷 101《宣室志》，第 145 页。
⑥ 辛德勇：《唐代高僧籍贯及驻锡地分布》，史念海主编：《唐史论丛》第四辑，三秦出版社 1988 年版，第 290 页。
⑦ 严耕望：《魏晋南北朝佛教地理稿》，上海古籍出版社，2007 年，第 258 页。

　　(二)佛寺游行记——以云冈石窟为视角

　　唐代的云冈石窟,虽然因为战争及其它原因,相较于五台山佛教信仰显得寂寥冷落,但是,仍然有僧人、诗人游行、驻足于此,并留下了怀古凭吊的文字。唐前期有僧众往来雁北,游行云冈,其情形被释道宣记录在《广弘明集》中:"沙门昙曜,帝礼为师,请帝于京西武周西山石壁,开窟五所……今时见者传云:谷深三十里,东为僧寺,名曰灵岩,西头尼寺,各凿石为龛,容千人。已还者相次栉比。石崖中七里,极高峻,佛龛相连,余处时有断续,佛像数量,孰测其计……在朔州东三十里,恒安镇西二十余里。往往来者述之,诚不思议之福事也。"①唐前期诗人宋昱,曾于开元、天宝年间游行雁北,著诗一首:"梵宇开金地,香龛凿铁围;影中群像动,空里众灵飞;帘牖笼朱旭,房廊炼翠微;瑞莲生佛步,宝树挂天衣;邀福功虽在,兴王代久非;谁知云朔外,更观化胡归。"②唐后期诗人于鹄,曾游行边塞,著《题北台僧》:"上方唯一室,禅坐对金容;行道临孤壁,持斋听远钟。枯藤离旧树,朽石落危峰;不向云间见,唯应梦里逢。"③

　　(三)石雕造像及泥塑佛像的兴盛——以曲回寺、善化寺为视角

　　曲回寺,位于今山西广灵、灵丘之间,始建于唐开元二十一年(733年),在其周围散布着许多石佛冢,村民称"塔儿"④。据《曲回寺碑记》载,"天宝十载(751年),奉诏因建石塔三百六座。"这些奉诏兴建的石佛曾被掩埋于地下,所以称为石佛冢,"其外形如民间墓丘,有的超出地面达5米,一般均在3米左右。直径最大的达20米左右,最小的也在5米左右……其内部构造为:封土下为用石块砌筑的长方形石室,南北走向,长6米左右,宽和高均为1.5米,石室顶由长石条密排搭成,所用石料均为当地出产的花岗岩石。石室内整齐排列着石像,有佛、菩萨、供养人等,皆面南背北……村南四塔台的24号石像冢,石冢石室内有约30尊小石像,……层层埋放……有的石像冢内造像粗糙,几乎是半成品……斗江岗1号石佛冢是曲回寺附近较大的一座石佛冢……正中线上是一排五尊坐像,像高1.5米,前后整齐排列,刻工精细,宽衣博带,面部丰满,是典型的唐代风格。五尊坐像两侧,立有数不清的小石像……每尊佛像上方刻有和尚法号:'大禅师道秀和尚''大禅师道信和尚''大禅师法忍和尚'等等。"⑤

　　从以上描述可见,唐天宝年间在曲回寺附近奉诏兴建的石佛冢有这样几个特

---

① (唐)释道宣:《广弘明集》(四部丛刊本)卷2,第112页。
② (宋)李昉等:《文苑英华》卷234,北京:中华书局,1966年,2348页。
③ (宋)李昉等:《文苑英华》卷221,2332页。
④ 廉慧斌:《同朔佛道志》,第101页。
⑤ 廉慧斌:《同朔佛道志》,第102页。

点:石佛冢数量众多,达 306 座;石佛像数量巨大,形态多样,形制大小不一,有精致者,也有粗糙者,有成品,也有半成品;造像具唐代风格;有和尚参与造像;造像石材为就地取材——本地产花岗岩石。以上信息足以说明唐代大同地区,至少是天宝年间石雕佛教造像及佛教信仰的兴盛。

善化寺,始建于唐开元二十六年(738 年),曾于辽代、元代因战火受重创,金、明、清三朝,由政府组织专人在原址上重新修葺,建筑风格承唐代遗风,具辽、金特色。大雄宝殿内有泥塑 34 尊,东西两侧有 24 天王塑像,这些塑像虽为辽、金作品,但是是在唐代基础上的重建,在一定程度上也可以反映出唐代大同地区泥塑造像的面貌。

除了曲回寺石雕佛像及善化寺的泥塑佛像外,唐代大同地区出土的一方墓志,或可以作为其时大同地区佛教造像及彩绘泥塑技术、事业兴盛的佐证。据1986 年大同出土的《唐故张府君墓志铭并序》载,墓主人张行本,曾于唐文宗大和八年至唐昭宗乾宁五年间(834—898 年)生活在云中大同军城(今属山西大同),享年六十四岁。墓主曾任职军中,任衙前兵马使。除军职以外,还擅长绘画,尤其长于佛教人物绘画,志载其"虽世袭于丹青,而放闲于碧绿……加以缨冕混俗,绘素神通,郁郁三晋之贤豪,备四人之盛业。至于庄严佛事,模写真容,纵隋之展虔、晋之顾恺,不可同年而语也。①"因此,被"举为绘士之酋②",统领军中画事。由其志文可见,军人张行本,闲暇时以绘画为主,与仕宦百姓均有往来,且因技艺精湛而闻名于时,其人其事也在一定程度上反映了当时大同地区佛事兴盛的面貌。

(四)前朝佛寺的修建——以云冈石窟、通光寺、龙泉寺、觉山寺、西照寺为视角

唐初承隋制,佛法隆兴,大同地区虽屡经战乱,但仍有佛寺的兴建与修造。

云冈石窟在隋唐时期虽不及五台山兴盛,但也有相关的修建记载。云冈第 3窟中的龛像,有日本学者认为是隋代建造,关野、常盘两博士推论说:"根据记载,炀帝是为其父文帝建此三尊佛的。在其东面,也打算为同样为其母造三尊佛,因遭不测之变而被弑杀,接着国亦灭亡,致使东面之佛遭到了中止的厄运。"据曹衍《大金西京武州山重修大石窟寺碑》记载:云冈石窟寺在唐贞观年也曾获修缮:"唐贞观十五年,守臣重建。"唐时称为恒安石窟通乐寺。

表五之通光寺、龙泉寺、觉山寺、西照寺,分别始建于汉代及北魏,在唐初都得到了修葺,而且史志多记由唐初名将尉迟公监修。如龙泉寺,"在牵牛山,后汉时

---

① 殷宪:《大同新出唐辽金元志石新解》,第 108 页。

② 同上。

建,唐尉迟鄂公重修,明嘉靖隆庆间屡修……案旧志谓寺建于后汉无考,唐鄂公尝统领天下禅寺,故今州县古刹亦往往称为尉迟所修也。"[1]

(五)佛教信仰的社会功能

宗教由信仰形态、文化形态和社会实体形态三部分构成。其中,宗教的社会实体形态主要体现为宗教的道德功能和社会实践功能。就佛教而言,其社会实践功能即是佛教报恩、救世、利他精神的具体体现。

祈福。史载,隋文帝仁寿元年(601年),突厥达头可汗南下犯塞,隋将韩洪率众抗击,在恒安镇(今属山西大同)遭遇敌军,"众寡不敌,洪四面搏战,身被重创,将士沮气。虏悉众围之,矢下如雨。洪伪与虏和,围少解。洪率所领溃围而出,死者大半,杀虏亦倍。"[2]日后,隋炀帝北巡至恒安镇,见此处白骨遍野,就问随从的侍臣,侍臣说这是往日韩洪与寇虏交战之处。隋炀帝十分伤感,命人将骸骨收藏,并"命五郡沙门为设佛供"。[3]

禳灾。洪门寺,位于今山西阳高友宰镇大辛庄西,隋时属雁门郡,唐属云州。据《阳高县志》记载,此寺始建于隋,因战火消失殆尽。明万历年间,道士王继伦在此凿洞修炼,依次凿岩开窟,坐南朝北,建有佛殿、玉皇阁、关帝庙、河神庙等。洪门寺外所立石碑上明示现存建筑为佛殿之一的洪门寺遗址。

洪门寺依山而建,整体镶嵌在山体之间,背靠山体,面向河水。此河即桑干河的支流,也称乌龙峡下游,曾经水流湍急,明嘉靖二十年(1541年),此处曾修建铁索桥,横架在桑干河上,长一十八丈。清嘉庆十年(1805年),巡抚侯钺题为"小龙门"。现南岸一大石涵即龙门桥涵,洞高42米,宽8.3米,长2.4米。清代文人诗句中可见小龙门之壮观:"骇浪惊涛万马奔,居然气象是龙门;金鳞一跃云霞丽,石阙双开虎豹蹲。""两岸山摇还岳震,中流电掣更雷奔。"

洪门寺主体有三层建筑,一层洞窟低矮,周遭供奉为十八罗汉;二层呈窑洞状,正中是太上老君,端坐在莲花之上,手持拂尘,两侧是吕洞宾、铁拐李、韩湘子、蓝采和、汉钟离、曹国舅、何仙姑、张果老等八位神仙;三层正中是玉皇大帝,左、右两侧分别是二郎神杨戬和毗沙门天王(托塔天王)。在中国的民间信仰中,关于八仙最常见的故事莫过于八仙过海;二郎神,也称灌江神,是一位与农耕、水利及水患有关的水神。洪门寺建于河岸,遏止河水泛滥,保护苍生,造福天下的佛教宗旨

---

① (清)洪汝霖、鲁彦光:《光绪天镇县志》,《中国地方志集成·山西府县志》辑5,凤凰出版社2005年版,第460页。

② (唐)魏徵、令狐德棻:《隋书》卷52《韩擒虎传附弟洪传》,中华书局1973年版,第1268页。

③ 同上。

是不言而喻的。明代洪门寺修建的一则民间传说，也反映了佛教普度众生的社会功能。据传洪门寺所在的岩石山上曾住着一条大蟒蛇，扰乱民间，经常被附近的村民追赶。道士王继伦听说后，在此修建佛寺，一来为防止蟒蛇祸乱百姓，二来为防止水患，佛寺修成后，蟒蛇就不见了。

（六）僧人的传道活动——以五台寺、云冈灵岩寺、觉兴寺为视角

以瓒禅师为首的雁门关传道活动。释慧瓒，是隋代高僧大德，俗姓王，今河北沧州人，北齐年间出俗入道。北周武帝灭佛，曾避祸于江南，继续习学佛法。隋文帝弘扬佛教，遂返回北方传道，行"阿兰若法"①，弟子众多。之后，"展转西游，路经马邑、朔、代、并、晋，名行师寻，誉满二河，道俗倾望。"②释智满，唐代高僧大德，俗姓贾，今山西太原人，"时属隋初创弘大法……又往雁门关，依瓒禅师……从瓒历游，所在宗习。"③释昙韵，唐时曾为蔚州五台寺僧人，今河北高阳人，"至仁寿年内，有瓒禅师者，结集定学，背负绳床，在雁门关中，兰若为业。韵居山日久，思展往怀，闻风附道，便从瓒众。"④从以上史料可见，在隋文帝仁寿初，在雁门关，即隋之马邑郡、雁门郡；唐之云、蔚、朔三州之地，曾形成了以瓒禅师为首的布道群体，不但推动其地佛教信仰的发展，而且培养了释智满、释昙韵等高僧大德。慧瓒禅师在离开雁门关后去往太原及长安，成为了名震四方的一代宗师，僧徒众多。慧瓒一系的信仰及修行方式对后世禅宗、律宗及三阶教的流布有较大影响。

日本僧人求法传经。唐代，五台山佛教信仰兴盛，成为四方僧众竞相朝拜的佛教圣地。据《佛祖弘纪》记载，唐德宗贞元二十年（804 年），曾有日本学者橘逸势、沙门空海入唐求法，求学秘密教于不空大师的弟子慧果，所行走的路线即经过云中地区（今山西大同）。事见日本岩继生著《大同风土记》："公元 804 年进入唐朝的空海僧（弘法大师），他最初为了向京城长安青龙寺的惠果恭而学德，到达唐朝的京城。以后在当时的五台山或灵岩寺（现在的石佛寺灵岩寺洞）等地进行了传经，接受罽宾国的般若三藏的传授，经当时的云中（现在的大同）之地进入五台等。"

西域僧人传道。在佛教经西域东传中国进而发展传承的历史上，少不了西域僧人的行迹及贡献。隋唐时期，佛教在中国得到了蓬勃的发展，有大量西域僧人深入到中国各地布道传法，即使是偏远的云朔地区，也曾留下过西域僧人的足迹。

---

① 属达摩一派，以山居坐禅为主要的修行方法。
② （唐）释道宣：《续高僧传》卷 18《隋西京禅定道场释慧瓒》，中华书局 2014 年版，第 38 页。
③ （唐）释道宣：《续高僧传》卷 19《唐并州义兴寺释智满》，第 75 页。
④ （唐）释道宣：《续高僧传》卷 20《唐蔚州五台寺释昙韵》，第 110 页。

如兴建于唐文宗大和三年(829年)的觉兴寺,即是由西域僧人清宽始建。

综上所述,唐代雁北所修建的佛寺多数已残破或不存,所存佛寺的形制也多为辽、金或明、清时代的建筑。但是,以这些佛寺为线索,还是可以梳理出隋唐雁北地区佛教信仰的基本形态:其时该地域虽然偏远,但是佛寺众多,佛事兴隆,佛教的传播发展与历史发展的特点相契合;以北魏皇寺——云冈石窟为标志的佛教信仰相较于同一时期的五台山信仰略显冷落,但仍然有僧众、文人涉足此地,并且在隋初曾形成了对后世佛教禅宗、三阶教及律宗信仰有较大影响的一个传道群体;雁北地区是游牧与农耕交汇区域,民风尚武、骁勇善战的地域特点在僧众群体中亦有所体现。

## 第五节　军镇视域下的北疆生活

### 一、大同军城的平民生活

（一）大同军城

1. 始建马邑

"开元五年,分鄯阳县,于东三十里大同军城城内置马邑县。"①此为史书中关于大同军城建置的最早记录,两《唐书》记载与此略同。②《辽史》载,"唐开元五年,析鄯阳县东三十里置大同军,倚郭置马邑县。"③史载,开元五年(717年)七月,并州长史张嘉贞曾以"突厥九姓新降者,散居太以北"④为由,上奏朝廷置重兵以镇之。唐廷遂于并州城内置天兵军。据此,大同军城应建于开元五年(717年)之前。另据《民国马邑县志》载,马邑城内有古迹曰唐大同军城,"即北魏丰乐城,在县东南三里桑干河南岸。"⑤另有唐张宗谏墓志,出土于马邑县和戎里,"和戎里在县西七里,光绪十五年里陷一穴,内有志铭一石云张宗谏,字伯谦,河南修武人也,晋司徒华公九世孙……祖为宪府问俗平城,遂为马邑也……葬于军城西北隅

---

① (唐)李吉甫:《元和郡县图志》卷14《朔州》,第117页。
② (后晋)刘昫等:《旧唐书》卷39《志第十九·地理二》,第1487页;(宋)欧阳修、宋祁:《新唐书》卷39《志第二十九·地理三》,第1007页。
③ (元)脱脱等:《辽史》卷41《地理志五》,中华书局,第514页。
④ (宋)司马光:《资治通鉴》卷211,第6728页。
⑤ 霍殿鳌、陈廷章:《民国马邑县志》卷之一《舆图志》,载《中国地方志集成·山西府县志》辑10,凤凰出版社2005年版,第13页。

五里马邑县□乡□和戎里……天祐十三年。"①由此,大同军始置于马邑。

2. 复置云中

唐玄宗开元末,唐与吐蕃征战频繁;后突厥内乱;幽州境内的奚和契丹复叛。唐朝北边的边防压力陡增。王忠嗣任河东节度使、大同军使。"始以马邑镇军,守在代北,外襟带以自隘,弃奔充而蹙国河东,乃城大同于云中。"②天宝元年(742年),后突厥乌苏米施可汗迫于内乱请求降唐,但又迁延不至。王忠嗣遂联合拔悉密、葛逻禄及回纥三部,进攻后突厥,"斩米施可汗,筑大同、静边二城。"③天宝三年(744年),乌苏米施可汗被杀。云中大同军城的建置应在开元、天宝之际。

3. 建制规模

大同军城即云州城。迄今在山西大同市城区出土计21方相关墓志,墓主人的入葬时间从天宝七年至光化三年(748—900年),其葬地和方位如下表。

表六:大同市城区出土唐代墓志简表

| 姓名 | 入葬时间 | 葬地 | 出土时间及地点 |
|---|---|---|---|
| 梁秀 | 天宝七年(748年) | 新城之东原 | 1986年出土于大同市城东曹夫楼村 |
| 尹嘉宾 | 天宝九载(750年) | 迁窆于南原 | 不明 |
| 薛氏 | 永贞元年(805年) | 迁祔于军城南三里平原 | 2000年出土于大同市南关住宅楼建设工地 |
| 常崇俊 | 贞元六年(790年) | 大同军城东南七里丙地平原 | 不明 |
| 崔峤 | 元和四年(809年) | 云州城东南七里 | 2000年出土于大同市南郊智家堡村北沙场 |
| 李公 | 元和六年(811年) | 自营城西七里之原以置坟垄 | 不明 |

---

① 霍殿鳌、陈廷章:《民国马邑县志》卷之一《舆图志》,第15页。

② (清)王昶:《王忠嗣碑》,《金石萃编》,北京市中国书店1985年版,237页。

③ (宋)欧阳修、宋祁:《新唐书》卷133《列传第五十八·王忠嗣》,第4553页。

| 姓名 | 入葬时间 | 葬地 | 出土时间及地点 |
|---|---|---|---|
| 安氏 | 元和十二年(817年) | 同上 | 不明 |
| 张行本 | 乾宁五年(898年) | 云州西北原 | 1986年出土于大同市城西北卧虎湾一带 |
| 李仙 | 大历七年(772年) | 大同军城西南三里原 | 出土于大同市振兴街一带 |
| 李某 | 贞元九年(793年) | 云州城西南五里 | 2002年出土于大同市城区振华南街 |
| 武青 | 贞元九年(793年) | 大同军城西南五里平原 | 1987年出土于大同市城区振华南街 |
| 李像恩 | 贞元十四年(798年) | 大同军西南七里平原 | 1991年出土于大同市西南机车厂北 |
| 张山岸 | 长庆四年(824年) | 卜茔于军西南六里凤翅之岗 | 1986年出土于大同振华南街 |
| 李英华 | 宝历二年(826年) | 大同军城西南八里之平原 | 1986年出土于大同机车厂 |
| 杜绾 | 大和元年(827年) | 州西南七里 | 出土于大同城区西南振华南街 |
| 武言 | 大和元年(827年) | 州西南五里之沙原 | 1987年出土于大同市城区振华南街 |
| 志贤父 | 大中二年(848年) | 军城四里 | 不明 |
| 刘良信 | 咸通六年(865年) | 州城之西南 | 1996年出土于大同机车厂 |
| 尹旺 | 咸通十一年(870年) | 云州城西南三里永平乡权堡子岗 | 不明 |
| 殷氏 | 乾符三年(876年) | 云州西南七里 | 1986年出土于振华南街 |
| 赵礼 | 光化三年(900年) | 不明 | 出土于大同市东南智家堡建筑工地 |

以上墓志所记墓葬方向计有东、南、东南、西、西南、西北等六个方向。

西南方向。上表中以西南方向定位的墓志计 11 方，其中，5 方在大同军城西南；6 方在云州城西南。李仙，大历七年（772 年），"葬大同军城西南三里原"。① 该志出土于大同市振兴街。武青，贞元九年（793 年），"权殡于大同军城西南五里平原"。② 该志出土于大同市振华南街。张山岸，"以长庆四年九月廿二日倾于大同军新政坊私第……遂用长庆四年仲冬月九日卜莹于军西南六里凤翅之岗。"③ 该志出土于大同市振华南街。李像恩，贞元十四年（798 年），"葬于大同军城西南七里平原"。④ 该志出土于大同机车厂北。李英华，宝历二年（826 年），"权殡于大同军城西南八里平原。"⑤该志出土于大同机车厂。

以上五位志主分别葬于大同军城西南之三里、五里、六里、七里、八里之平原，志石出土于今山西大同市之振兴街、振华南街、机车厂。振兴街、振华南街、机车厂分别位于明清大同城之西南约三里、五里、七里处。李某，于贞元九年（793 年），"权殡于云州城西南五里。"⑥武言，"遘疾于云州任贤坊私第……即以大和元年十一月三日奄玄宫于先茔，州西五里之沙原。"⑦杜绾，"大和元年春正甲午终于云州任贤坊私第……即以其年夏四月九日窆于州西南七里。"⑧殷氏，乾符三年（876 年），"安厝于云州城西南七里。"⑨刘良信，"咸通六年八月十一日殁于云州……取当年十一月十九日殡于州城之西南十里店之东隅。"⑩尹旺，咸通十一年（870 年），葬"云州城西南永平乡孙权堡子岗。"⑪李某、武言墓志均出土于大同市振华南街；殷氏墓志出土于大同市振华南街；刘良信墓志出土于大同市机车厂，其地位于大同市南郊区十里店村。

以上以大同军城西南方向定位的五方墓志；以云州城西南方向定位的六方墓志，其出土地所在之振兴街、振华南街、机车厂与墓志的定位及距离军城或州城的方向基本相同。此外，刘良信墓志所言之葬地——"云州城西南十里店东隅"，今

① 殷宪：《大同新出唐辽金元志石新解》，《李仙及其夫人墓志》，第 15 页。
② 殷宪：《大同新出唐辽金元志石新解》，《武言墓志》，第 29 页。
③ 殷宪：《大同新出唐辽金元志石新解》，《张山岸墓志》，第 65 页。
④ 殷宪：《大同新出唐辽金元志石新解》，《李像恩墓志》，第 33 页。
⑤ 殷宪：《大同新出唐辽金元志石新解》，《李英华墓志》，第 69 页。
⑥ 殷宪：《大同新出唐辽金元志石新解》，《李海清墓志》，第 24 页。
⑦ 殷宪：《大同新出唐辽金元志石新解》，《武言墓志》，第 79 页。
⑧ 殷宪：《大同新出唐辽金元志石新解》，《杜绾墓志》，第 73 页。
⑨ 殷宪：《大同新出唐辽金元志石新解》，《李审妻殷氏墓志》，第 104 页。
⑩ 殷宪：《大同新出唐辽金元志石新解》，《刘良信墓志》，第 93 页。
⑪ 殷宪：《大同新出唐辽金元志石新解》，《尹旺墓志》，第 97 页。

75

仍称十里店村,距明清大同城约十里之地。

南方。薛氏墓志,永贞元年(805 年),"迁祔于军城南三里平原"。① 该志于 2000 年出土于大同市南关迎宾西路,该地距明清大同旧城南门约三里。

东南方。常崇俊,贞元六年(790 年),葬"于大同军城东南七里丙地平原"。② 崔峤,元和四年(809 年),与其妻合葬于"云州城东南七里"。③ 常崇俊墓志约于 1995 年,发现于山西大同市南郊区水泉洼村一户农家院里,出土地不明。崔峤墓志于 2000 年出土于大同市城南智家堡村北沙场。该村属于大同市南郊区马军营乡,西北距明清大同城墙约四公里。

西方及西北方。李公及其妻安氏墓志载其墓地为"营城西七里之原"。④ 出土地不明。张行本,乾宁五年(898 年),"葬于云州城西北原"。⑤ 志石出土于今大同市卧虎湾一带,卧虎湾距明清大同城八里左右。

东方。20 世纪 80 年代,于今山西大同市御东区曹夫楼一带曾出土一方墓志,志主名梁秀,天宝七载(748 年),"殡于新城之东原。"⑥曹夫楼为今大同市南郊区水泊寺乡下辖村,位于明清大同城东。所谓新城应指开元、天宝之际,河东节度使王忠嗣在云州所建之大同军城。史载,天宝四载,"(王忠嗣)又兼河东节度采访使。自朔方至云中,缘边数千里,当要害地开拓旧城,或自创制,斥地各数百里。"⑦与新城相对应之旧城,或指北魏平城旧址。根据相关研究,汉平城县故城、北魏宫城、唐代云州城一脉相承,云州城"正是绕宫城南的郭城"。⑧

综合以上墓志所载的葬地和方位,可推定,唐代大同军城与云州城为同一座城;大同军城(或曰云州城)的位置与明清大同城一致;迟至天宝七年(748 年),大同军城应已建成。

4. 军民混居

唐河东节度都游弈军左一将李英华,宝历元年(825 年),"终于大同军游弈军营内之私第"。⑨ 李公,"自营城西七里之原以置坟茔⋯⋯以元和六年六月五日寝

---

① 殷宪:《大同新出唐辽金元志石新解》,《薛氏墓志》,第 37 页。
② 殷宪:《大同新出唐辽金元志石新解》,《常崇俊墓志》,第 20 页。
③ 殷宪:《大同新出唐辽金元志石新解》,《崔峤墓志》,第 39 页。
④ 殷宪:《大同新出唐辽金元志石新解》,《李公墓志》,第 50 页。
⑤ 殷宪:《大同新出唐辽金元志石新解》,《张山岸墓志》,第 39 页。
⑥ 殷宪:《大同新出唐辽金元志石新解》,《梁秀墓志》,第 8 页。
⑦ (后晋)刘昫等:《旧唐书》卷 103《列传第五十三·王忠嗣》,第 3199 页。
⑧ 殷宪:《大同地区出土唐代墓志中的大同城》,《魏晋南北朝史论文集》,巴蜀书社 2004 年版,第 204 页。
⑨ 殷宪:《大同新出唐辽金元志石新解》,《李英华墓志》,第 69 页。

疾卒于大同军奉节坊之私第。"① 由此可推知,大同军城内分布不同的军营,军营之内有里坊设置,里坊内有民居。与奉节坊相类的里坊还有"任贤坊"②"新政坊"③"北平坊"④"常安里"⑤"市南里"⑥等。

2009 年在今大同市东南之智家堡村一带的唐墓中,除墓志外,还出土了一件錾花银鐎斗。⑦ 鐎斗是中古时期的一种温器,多为青铜质行军用具,又名"刁斗",古代军中"昼炊饮食,夜击持行。"大同地区曾出土北魏时期的铜鐎斗⑧,此件银质鐎斗以其材质不易于打更,应为军民日用之温器。

(二)墓志所见大同军城的平民生活

1. 大同军城中的平民

据现有墓志,8 至 9 世纪,生活在大同军城中的平民依其职业可分三类——折冲府军将、军镇中的低级将领、普通百姓。

(1)折冲府军将

折冲府是唐代因循北周、隋以来的府兵制度下军府的名称。唐代兵制大略可分为三个阶段——府兵制、募兵制、地方兵制,府兵制度至唐玄宗朝开始衰落。唐太宗贞观十年(636 年),在全国范围内设置 633 个军府,即折冲府(全称折冲都尉府),其中半数设置于唐中央所在的关内道。折冲府分为上、中、下三等,各领兵1200、1000、800 人。其长官有折冲都尉一人;左右果毅都尉各一人;长史、兵曹、别将、校尉各一人。⑨ 府兵与普通百姓同样编入州县民户之户籍,平时居家务农,战时集结出征,年 20—60 承担兵役,其任务有宿卫、戍边、征伐,即到京师担任卫兵;戍守边地;出征打仗。

据两《唐书》所载,唐代云州未置折冲府,但是,七世纪以来,却有折冲府军将居留云中,并葬于云中。如上表之梁秀,志言其为唐故定襄郡定襄府果毅都尉,首官于石岭镇,不久,授定襄府左果毅都尉。天宝七载(748 年),殡于云州。忻州定

① 殷宪:《大同新出唐辽金元志石新解》,《李公墓志》,第 52 页。
② 殷宪:《大同新出唐辽金元志石新解》,《武言墓志》,第 79 页。
③ 殷宪:《大同新出唐辽金元志石新解》,《张山岸墓志》,第 65 页。
④ 殷宪:《大同新出唐辽金元志石新解》,《李海清墓志》,第 24 页。
⑤ 殷宪:《大同新出唐辽金元志石新解》,《志贤父残志》,第 92 页。
⑥ 殷宪:《大同新出唐辽金元志石新解》,《赵礼墓志》,第 114 页。
⑦ 殷宪:《大同新出唐辽金元志石新解》,《赵礼墓志》,第 114 页。
⑧ 王利民:《平城文物精萃》,江苏凤凰美术出版社 2016 年版,第 47 页。
⑨ (宋)欧阳修、宋祁:《新唐书》卷 49 上《志第三十九上·百官志四上》,第 1287 - 1288 页;王寿南:《隋唐史》,第 644 页。

襄郡,唐属河东道,其境内设四个折冲府,"曰秀容、高城、漳源、定襄"。① 李仙,唐故游击将军果毅都尉,大历七年(772年),葬于大同军城,年七十七岁。常崇俊,唐故京兆府甘泉府折冲都尉,贞元六年(790年),终于大同军私第,年七十六岁。武青,宁州三会府左果毅都尉,贞元九年(793年),终于大同军私第,时年七十九岁。京兆府即雍州,位于唐朝京师腹地京畿道,曾置折冲府131个,史书存名者仅11个,"余皆逸"。② 甘泉府应在其列。宁州属关内道,有11个折冲府,"曰彭池、高望、静难、骥宝、天固、蒲川、东原、三会、大延、和泉、永宁"。③ 由此,以上四人中,除李仙不知其军府所属外,余者分为忻州、雍州、宁州之折冲府军将,其流转至云州的原因略同。以武青为例,本太原人,祖曾为蔚州刺史、兼横野军使;父为岚州方山县令。本人因祖、父为官河东,遂至边地,育四子,第四子武言为奉诚军押衙。④ 自其祖父起,武家五代生息于雁北,世系如下:

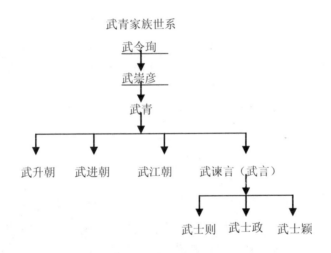

武青家族世系

武令珣

武崇彦

武青

武升朝　武进朝　武江朝　武谏言(武言)

武士则　武士政　武士颖

武青四子只一子武言承先祖衣钵,余则无官。武言亡于太和元年(824年),时年六十四岁,三子应已成年,然均无官职。故其居于云州,属于军将世家因官改邑,易土而居。李仙,本望陇西郡(治今甘肃陇西),曾祖曾为渭州(治今甘肃平凉)别驾;祖为魏州(治今河北大名东北)仓曹参军;父为代州(治今山西代县)别驾。唐代渭州始置于元年四年(809年),志主逝于大历七年(772年),志所载有

---

① (宋)欧阳修、宋祁:《新唐书》卷39《志第二十九·地理三》,第1006页。

② (宋)欧阳修、宋祁:《新唐书》卷37《志第二十七·地理一》,第962页。

③ (宋)欧阳修、宋祁:《新唐书》卷37《志第二十七·地理一》,第969页。

④ 殷宪:《大同新出唐辽金元志石新解》,《武言墓志》,第79页。

误。其先祖为官之地渐次而西,至其父已至河东道。常崇俊,本河内(治今河南沁阳)人,后迁太原,遂以为家。曾祖曾为左骁卫大将军;祖为汾州(治今山西汾阳)司马;父无官职。其入居云州之经历与武青、李仙相似。折冲府都尉、果毅都尉本为负责练兵之武将,梁秀、李仙、常崇俊、武青等已离开其所任职之折冲府,身居云州系空有官衔之军将,后人亦无显贵。整体而言,他们所代表的是唐玄宗朝以降府兵制度衰败后,流落云州的、徒具折冲府军将身份的雁北平民。

(2)军镇中的低级将领

在府兵制衰败的同时,地方镇军体制渐兴,安史之乱以后,地方普设军镇,边地尤甚。因此,较低级别的军镇将领及其家属亦是云州平民的来源之一。如李某,唐故天德军同十将,本望陇西,祖为中郎将;父为天德军节度下奉诚军十将。本人因"父事边塞,不愿离违"①,故至云州。贞元九年(793年),亡于云州,年五十三岁,子三人均无官职。李公,一生征战于雁北,元和六年(811年),年八十二岁终于大同军城。长子不仕;中子为中武将军;少子任左执戟员外置同正员。刘良信,父为河东节度押衙;本人生前为大同军衙前兵马使,咸通六年(865年),亡于云州,年五十一。子四人均无官职。李温让,大同军都防御左押衙,其母本汝南(治今河南汝南)人,随其三十年居于云州,以79岁高龄亡于云州。

(3)普通百姓

依墓志史料,居于云州者虽以军人家庭居多,但也有普通百姓之家。如尹嘉宾,本望天水(治今甘肃天水西北),今为云中人。志言其因官而至云中,然祖上三代并无官职,本人"幼而敏学,长负奇才。不苟且以求合,保闲和而任真。誉满乡党,名彰家国。舍己之财,济人之难。有四海之志,非一方之士。"②非文非武,更似商人。天宝九年(750年),以78岁之龄故于云州,子亦无官职。李像恩,本望陇西,今为太原人,志亦言其因官食邑并州,然自其祖父起,李氏一家四代为民。长子李仙,"少而游荡,求官未归,绝倚庐之望。及黄泉之期,分离隔生。"③次子李晖,"习军旅……出征伐……善谋佐治,职官屡迁。"④似为边地军吏。次子李重等"各竭其力,稼穑务勤"。⑤似以务农为业。崔峤,清河人,父崔爱以明经入仕,曾任汾州别驾,本人无官。因家国多难,崔氏一家先寄居幽州,后移至河东。崔峤亡于寿阳(今山西寿阳),其妻史氏,流落云州,亡于云州,夫妇合葬于云州,子无

---

① 殷宪:《大同新出唐辽金元志石新解》,《李海清墓志》,第24页。
② 殷宪:《大同新出唐辽金元志石新解》,《尹嘉宾墓志》,第11页。
③ 殷宪:《大同新出唐辽金元志石新解》,《李像恩墓志》,第33页。
④ 同上。
⑤ 同上。

官职。

**2. 闲适生活**

作为唐王朝的北边,7至8世纪的雁北虽然烽烟不断,但是,墓志所现云州平民的生活,不乏闲适的一面。"泪乎霁景迟暖,阳和兆分;广场底平,层城直启。武人三陌而距跃,骏马千蹄而骤蹋。"①此为梁秀墓志所描绘的8世纪前叶,云州雪后初晴,武人于街巷间纵马驰骋的场面。李海清,因父事边塞,遂至云州,"平昔怀抱,放旷清闲,多以琴酒自娱,不以名利为意。"②杜绾,7世纪70年代至8世纪20年代末生活在云州,满腹经纶,却志在云林,志言其曾于太和年间,"驰轮荆杨,遭炎疠之气,以瘵貌归云中。"③杜绾之游历虽为个案,却是当时平民生活的生动展现。大同军城中多有寿享遐龄者,或可作为云中闲适生活的又一例证。如李仙及其夫人,大历年间,分别以77岁、69岁辞世;常崇俊、武青,贞元年间,分别于76、79岁之龄终于大同军之私第;李公,戎马一生,以82岁高龄终于云州;大同军都防御左押衙李温让之母,随其迁居云州30年,乾符年间辞世,享年79岁。此外,唐代大中年间入仕大同军的晚唐诗人马戴的一段故事,亦是军城闲适生活的佐证。马戴,字虞臣,华州人。会昌四年(844年),进士及第。"初应辟佐大同军幕,与贾岛、许棠等唱答。"④许棠,字文化,宣州人。"苦于诗文,性僻少合。既久困名场,时马戴佐大同军幕,为词宗,棠往谒之,一见如旧交,留连累月,但从事诗酒而已,未尝问所欲。一旦大会宾客,命使以棠家书授之。棠惊愕不喻其来,启缄,即知戴潜遣一介恤其家矣。"⑤许棠于咸通十二年(871年)及进士第,其落魄时与马戴的这一段交往约在大中年间,数月的诗酒唱和所展现的,何尝不是军城生活闲适的一面。

**3. 墓志时尚**

自曹魏以降在石头上书刻逝者之生平、功过,并与随葬品一同埋入地下的习俗,经南北朝的发展,到唐代大为盛行,即使在雁北这样的边地亦不例外。延览云、蔚、朔三州所出唐代墓志,有如下特点。

墓志虽为时尚,并不是人人都有。根据大同市考古研究所公布的发掘报告,自20世纪50年代以来,大同地区共出土唐墓计24座,其中,只在2000年大同南关出土的唐墓中有墓志,该批唐墓计15座,共出土墓志三盒。

---

① 殷宪:《大同新出唐辽金元志石新解》,《梁秀墓志》,第9页。
② 殷宪:《大同新出唐辽金元志石新解》,《李海清墓志》,第24页。
③ 殷宪:《大同新出唐辽金元志石新解》,《杜绾墓志》,第73页。
④ 傅璇琮:《唐才子传校笺》,中华书局1987年版,第337页。
⑤ 傅璇琮:《唐才子传校笺》,第18页。

有职业书客的存在。根据殷宪先生对石刻书迹的研究,大同地区出土的唐代石刻中有三组系出于同一人之手。元和四年(809年)的《崔峤墓志》、元和十年(815年)的《王液墓志》、太和元年(827年)的《杜绾墓志》书丹者为同一人。前两志为行书;后者为楷书,且书家的书法水平渐入佳境。① 长庆四年(824年)的《张山岸墓志》、宝历二年(826年)的《李英华墓志》,书法风格大体相同。② 更为重要的是,此两方墓志的志文开篇内容亦几相同。前者曰:"夫谥者,必以义理指陈绍宗,秩者将叙美而绩勋。岂谓源流不差,枝派益广;昭穆既述,完祧靡繁。"③后者曰:"夫谥名者,义理指尘;绍宗族者,将叙美而积勋。原流不差,枝派益广,即宗祧美繁。"④此外,墓志书法从整体上分两类,一类笔法老到,书、刻俱佳,如《崔峤墓志》《尹嘉宾墓志》;一类为不入流的民间书作,如《李仙墓志》《薛氏墓志》。唐代,请名人撰写墓志已成为彰显身份之风尚,如唐玄宗朝工部尚书郭虚已墓志,由颜真卿撰文并书丹⑤;唐穆宗朝,为魏博节度使田弘政所立之德政碑,由元稹撰文⑥。云州出土墓志在书迹上的分野,亦与此时尚有关。志主之文化水平、经济地位是决定因素,如崔峤,父崔爱于开元中以明经入仕;杜绾,诗书传家,精于儒业;王液虽为武将,官至横野军副使。综合以上三点,7至8世纪的雁北地区,书志已成为时尚,且存在职业书手。光化三年(900年)出土于今朔州地区的一方墓志即是明证。志主名符进昌,生前为大同军同十将,志文言"书客乡贡明经韩知进撰"。⑦

## 二、黄花堆的昭武九姓

### (一)黄花堆

武周垂拱三年(687年)七月,突厥骨笃禄及元珍进寇朔州,唐燕然道大总管黑齿常之率军于黄花堆大败突厥。黄花堆,"意即黄瓜堆。按朔州有黄花堆,在神武川。"⑧此黄花堆乃一地名,唐代,属朔州,今属山西大同应县。黄花堆北魏时期名黄瓜堆,北魏穆帝拓跋猗卢曾在此修筑新平城。⑨ 黄花堆地处桑干河北岸,位于今山西应县西北约四十里处。黄花堆又名神堆。景福元年(892年)八月,李克

---

①　殷宪:《大同新出唐辽金元志石新解》,第61、77页。

②　殷宪:《大同新出唐辽金元志石新解》,第71页。

③　殷宪:《大同新出唐辽金元志石新解》,《张山岸墓志》,第65页。

④　殷宪:《大同新出唐辽金元志石新解》,《李英华墓志》,第69页。

⑤　邓喆:《从郭虚已墓志看唐代颜真卿书法艺术》,载《兰台世界》,2014年第12期,第37页。

⑥　仇鹿鸣:《读者还是观众:石刻景观与中国中古政治》,载《文汇报》,2016年5月27日。

⑦　周绍良、赵超:《唐代墓志汇编》(下),《唐故琅琊郡符氏志铭并序》,第2537页。

⑧　(宋)司马光:《资治通鉴》卷204,第6445页。

⑨　(北齐)魏收:《魏书》卷1《序纪第一·穆帝》,中华书局1974年版,第8页。

用闻李匡威、赫连铎联军八万进寇云州,"潜入新城,伏兵于神堆。"①"神堆在云州城南,神堆即神武川之黄花堆。"②

神武川,史书中多记为定襄神武川。9 世纪初,范希朝徙镇河东,沙陀军随其内迁,"居之定襄神武川新城"。③ 唐代,定襄即定襄县,惯称云中县。"云州云中县,隋马邑郡之云内县界恒安镇也。武德六年,置北恒州。贞观十四年,自朔州北定襄城移云州于此置,因为定襄县。今治,即后魏所都平城也。永淳元年,为贼所破,因废云州及县。开元 20 年,与州复置。仍改定襄为云中县。"④由此,神武川乃唐代云州云中县属地。五代时期,其地属应州(治今山西应县)。历后唐、后晋、后汉、后周四朝之将领周密,"应州神武川人也"。⑤ 后周北京飞龙胜武军都挥使石金俊,其墓志中言为朔州神武川人,后唐明宗朝,"明宗皇帝以府君貔貅良将,丰沛故人,制授资州刺史。"⑥此处,丰沛即指帝王故乡。后唐明宗出于应州,神武川即在应州界。

与神武川相关的地名有神武郡、神武镇、神武县、神武村。神武郡,北魏置,时属朔州,领尖山、殊颓二县。⑦ 殊颓县与树颓水相关,树颓水在《水经注》中记载与君子津相关:"即名其津为君子济。济在云中城西南二百余里。河水又东南,左合一水,水出契吴东山,西径故里南,北俗谓之契吴亭。其水又西流注于河。河水又南,树颓水注之。"⑧树颓水在今内蒙古清水河县境内。由此,神武郡其地在今内蒙古和林格尔以南、山西朔州以北之间。隋马邑郡领神武县,"后魏置神武郡,后齐改曰太平,后周罢郡。有桑干水。"⑨其地位于桑干河北岸,今山西应县和山阴之间。20 世纪 50 年代,于今山西朔州朔城区出土一方墓志——《唐故神武镇将冉元府君墓志铭并序》,志载,志主冉远其先为定湖人,父冉遑为神武郡司马兼行军总管。⑩ 冉远葬于唐玄宗天宝元年(742 年),享年不详。以其父子两代推断,"神武郡"之说有两种可能,其一,唐代仍有神武郡;其二沿习北魏之说法。神武镇是

① (宋)司马光:《资治通鉴》卷 259,第 8435 页。
② (宋)司马光:《资治通鉴》卷 259,第 8435 页。
③ (宋)欧阳修:《新五代史》卷 4《庄宗纪上》,第 31 页。
④ (后晋)刘昫等:《旧唐书》卷 39《志第十九·地理二》,第 1488 页。
⑤ (宋)薛居正:《旧五代史》卷 124《周书十五·列传第四》,第 1632 页。
⑥ 吴纲:《全唐文补遗》第二辑,《大周故北京飞胜五军都指挥使银青光禄大夫检校司空兼御史大夫上柱国赠左骁卫将军石公(金俊)妻河南郡太夫人元氏墓志铭并序》,第 455 页。
⑦ (北齐)魏收:《魏书》卷 106 上《地形志上》,第 2499 页。
⑧ (北魏)郦道元:《水经注》卷 3《漯水》,第 278 页。
⑨ 魏徵、令狐德棻:《隋书》卷 30《志第二十五·地理中》,第 853 页。
⑩ 雷云贵:《三晋石刻总目·朔州市卷》,第 3 页。

唐天宝年间设置在雁北的军镇。神武村是今山西朔州朔城区南榆林乡下辖的行政村。

综合以上,黄花堆,又名黄瓜堆,又名神堆,其地处神武川,神武川即唐末五代之云州以南、应州以北之地;今山西怀仁、应县、山阴三县交界地。

(二)黄花堆的昭武九姓

据考古发现,在今山西朔州应县一带自20世纪70年代以来,曾陆续出土了五方墓志,其姓氏涉及曹、何、石、康、史、安等。

(曹洽),元凉州武威郡人也。曾讳□。祖讳俊,归义府长史。父讳洽,节度九州厢副使。守左金吾卫大将军,试太常卿,上柱国……时风谓功微职薄,愧悚皇天……王父归州长史,功成退迹……去奢从约……夫人史氏,有从人之者也……将合窆,此时迁祔于原,礼。大和六年四月五日大葬云州南神堆界常宁村北七里之域矣。[1]

曹某,云州都防御营前兵马使,祖□,河东节度右先锋归义州长史……横断风云,名直代郡,声振燕秦。[2]

何神忠,云州奉城军节度散将……长庆四年十月二十五日葬立。[3]

(康荣),府君讳荣,家本云中左归义府人也……官封司马,沙场效节,无处不征,军府施劳,尽皆推美……夫人米氏……咸通五年三月一日,终于常宁私第,享年八十有一。[4]

府君善达公。高皇本自凉州武威郡人也……府君年六十八,以光化二年十二月十五日终于私□。□□□□亡夫人经州安定郡安氏……以天复元□□□己卯朔十九日丁酉,兴唐军东东八里村西黄花堆茪□萝□,□□……□□年卅八,振武节度押衙。迪光,年卅五。千郎,卅九。夫人王氏,何氏,康氏,史(氏)。[5]

1. 来自凉州武威郡的粟特人

以上五方墓志的主人姓名分别为曹洽、曹某、何神忠、康荣、石善达。他们的姓氏符合所谓的昭武九姓,[6]可能是粟特人。此外,其姻亲也多为粟特姓氏。曹

---

① 殷宪:《大同新出唐辽金元志石新解》,《曹洽墓志》,第83页。
② 雷云贵:《三晋石刻总目·朔州市卷》,《唐故曹府君墓志铭》,第86页。
③ 雷云贵:《三晋石刻总目·朔州市卷》,《唐故云州奉城军节度散将何神忠墓志铭》,第86页。
④ 雷云贵:《三晋石刻总目·朔州市卷》,《唐故会稽郡康府君(荣)夫人武感君米氏合祔墓志铭并序》,第86页。
⑤ 殷宪:《大同新出唐辽金元志石新解》,《石善达墓志》,第117-118页。
⑥ 昭武九姓是中古时期对来自西域及中亚地区的粟特人的称谓,因其主要有安、康、米、曹、何、史、石、火寻、戊地等九个较大的国家,故称为昭武九姓。

洽,夫人史氏;康荣,妻米氏。石善达,妻安氏,三子之夫人分别为王氏、何氏、康氏、史氏。

志文中另有两个关键词——武威郡、归义府。曹洽、石善达的墓志中均言为凉州武威郡人。凉州武威郡(治今甘肃武威),唐属陇右道。据相关研究,自西晋末,其地即是粟特商队经敦煌、张掖、武威至洛阳一线丝路贸易的中转站和大本营。① 因此,内迁粟特人多以此地为其本望。曹洽之父曹俊曾为归义府长史,曹氏亡于唐文宗太和六年(832年),享年不明。如以60至80计算,则其父为归义府长史约在唐天宝至大历时期。康荣故于唐咸通五年(864年),志言其家本云中左归义府人。曹某故于唐咸通十年(869年),享年85岁,生于唐建中元年(784年)。生前任云中都防御营前兵马使,其祖父曾任河东节度右先锋归义州长史,时间最早约在唐天宝末。由此,归义府约设于唐开元时期,系河东节度下属州(府),且有左、右之分,左归义府属于云州。根据康荣墓志的出土地——应县水磨村,左归义府在今山西朔州应县界。归义府在两《唐书·地理志》中无载,或为入唐粟特之羁縻州。

2. 聚居黄花堆

曹洽葬于云州神堆界常宁村北,志石系殷宪先生于2008年12月在今山西朔州怀仁县偶得。曹某墓志于1998年在今山西朔州应县金城镇城西铺村出土。何神忠墓志于1970年,因农田基本建设出土于应县义井乡边耀村。康荣及其夫人米氏的合葬墓志于1988年出土于应县臧寨乡水磨村,生前居于常宁私第。石善达葬于兴唐军东东八里村西北之黄花堆,其志石系殷宪先生于2000年在应县栗家坊村的一户农家院中发现。据说此石是院主人多年前在村外锄地时捡回,此后一直作砥砧之用。金城镇城西铺村位于应县县城长征北路;义井乡边耀村位于应县县城东北约五十里;臧寨乡水磨村位于应县县城西北约三十里处;栗家坊村属于大黄巍乡,东距县城约二十里,其地均属于神武川之地界,且绕于黄花堆周围。曹洽墓志及康荣墓志都提及了"常宁"二字,曹志所言之"常宁村"位于神堆即黄花堆附近;康志所言之常宁,按照墓志记述之惯例,应是常宁坊或常宁里。唐及五代时期,"常宁"二字所关涉的行征区划名称有常宁县,属朔州。"武德四年,置朔州,领善阳、常宁二县。其年,省常宁县。"②由此,常宁县地界即在善阳县(治今山西朔州朔城区)境,东北距黄花堆约一百公里。以上六方墓志中提及的常宁村、常

---

① 张元林:《粟特人与莫高窟第285窟的营建》,载云冈石窟研究院:《2005年云冈国际学术研讨会论文集》,文物出版社2006年版,第401页。

② (后晋)刘昫等:《旧唐书》卷39《志第十九·地理二》,第1487页。

宁(坊);怀仁、边耀村、水磨村、栗家坊、城西铺村;神堆、神武川、黄花堆等三组地名,围绕着一个中心,即位于桑干河北岸的黄花堆。

3. 同出军将世家

据墓志所载,以上粟特人家世出身相近,均为军将之家。曹洽,河东节度厢副使,父曹俊为归义府长史,四代居于雁北。曹某,云州都防御营前兵马使,世代为将,祖父曾任河东节度右先锋归义州长史,四代居雁北。何神忠,云州奉城节度散将,镇守边镇三十余年。康荣,官封司马,沙场效节,无处不征。石善达,北京太原府朔州兴唐军军将,长子为振武节度押衙。

以上墓志有四个共同点,其一,墓主人之葬地或生前所居之地相同;其二,身份家世相同;其三,来历相同;其四,婚姻圈层相同。由此四点可推定唐后期在今山西朔州地区有粟特人聚居区。五代朔州、应州的粟特姓军将,及今应县的粟特文化遗迹可作佐证。

4. 五代应、朔二州的粟特人

**表七:五代朔州、应州之粟特人简表①**

| 姓名 | 史书记载 |
| --- | --- |
| 安弘璋 | 安重诲之祖父,银青光禄大夫、检校尚书右仆射兼御史大夫。 |
| 安福迁 | 安重诲之父,河东将,亡于后唐庄宗朝。 |
| 安重诲 | 应州人也,后唐明宗朝权臣。 |
| 安崇赞 | 安重诲之子。 |
| 安崇绪 | 安重诲之子。 |
| 安重遇 | 雁门人也,安重诲之弟。 |
| 安崇礼 | 安重遇之子,后周郑州衙内都指挥使。 |

---

① 本表来源《旧五代史》;《新五代史》;吴纲:《全唐文补遗》第二辑,《大周故护国军节度行军司马金紫光禄大夫检校司徒兼御史大夫上柱国武威县开国男食邑三百户安公(重遇)墓志铭并序》,第450－451页;吴纲:《全唐文补遗》第二辑,《大周故北京飞胜五军都指挥使银青光禄大夫检校司空兼御史大夫上柱国赠左骁卫将军石公(金俊)妻河南郡太夫人元氏墓志铭并序》,第454－456页;(明)田惠、王有容:《应州志》,应县:应县县志办公室,1984年;(清)周景桂:《中国地方志集成·山西府县志》辑11,《代州志》,凤凰出版社2005年版;钟声扬:《朔州历代名人录》,通讯出版社1997年版。

续表

| 姓名 | 史书记载 |
|---|---|
| 安从义 | 安重荣祖父,曾任利州刺使。 |
| 安全 | 安重荣之父,曾任胜州刺使、振武蕃汉马步军都指挥使。 |
| 安重荣 | 朔州人也,后唐振武巡边指挥使;后晋镇州节度使。 |
| 安德裕 | 北宋开宝二年(969年),进士甲科,累官至金部郎中、睦州刺史。 |
| 安守亮 | 宋太祖开宝五年(972年),壬申科状元。 |
| 石金俊 | 朔州神武川上方城人也,历后唐、后晋、后汉、后周四朝。 |
| 石仁赟 | 石金俊之子,后周义州太守。 |
| 石怀德 | 石仁赟之子,后周右番殿直。 |
| 石怀密 | 石仁赟之子,后周义州衙内指挥使。 |
| 石怀忠 | 石仁赟之子,后周义州衙内都虞侯。 |
| 石怀义 | 石仁赟之子,后周义州子城使。 |
| 安山盛 | 朔州牢城都校,赠太傅。 |
| 安金全 | 代北人,历后唐武皇、庄宗、明宗三朝,官至振武节度使。 |
| 安金佑 | 沙陀部偏将,名闻边塞。 |
| 安审信 | 安审琦之族兄,安金祐之子。 |
| 安审通 | 安审信之兄,后唐曾任沧州刺史。 |
| 安审琦 | 沙陀部人也,历后唐、后晋、后汉、后周四朝。 |
| 安审晖 | 安审琦之兄,历后唐、后晋、后汉、后周四朝。 |
| 安守鄰 | 安审晖之子,后周赞善大夫。 |
| 安守忠 | 安审琦之子,后周官至郡守。 |
| 安元信 | 朔州马邑人,历后唐、后晋两朝。 |
| 安顺琳 | 安元信之父,唐降野军使。 |
| 安元信 | 代北人,历后唐、后晋两朝,庄宗朝曾任大同军节度使。 |
| 安友权 | 安元信之子,历诸卫大将军。 |
| 安友亲 | 安元信之子,滁州刺史。 |
| 康思立 | 代北人,历后唐武皇、庄宗、明宗、末帝四朝。 |

安重海,"应州人也",①后唐明宗朝枢密使,明宗长兴二年(931年)五月,被

_____

① (宋)欧阳修:《新五代史》卷24《唐臣传第十二·安重海》,第251页。

诛杀。① 其两子名安崇赞、安崇绪。其弟安重遇,历后唐、后晋、后汉、后周四朝,广顺元年(951年)九月,亡于西京(今河南洛阳),享年61岁。其祖父安弘璋,银青光禄大夫、检校尚书右仆射、兼御史大夫;父安福迁金紫禄大夫、检校司空、兼御史大夫。② 后唐庄宗朝,阵亡于晋、汴兖州、郓州之战。③ 以安重遇之卒年及享年,其祖父应为唐宣宗大中年间生人,安氏一族系9世纪中叶始生活在雁北的军将世家,《旧五代史》载:"其先本北部豪长",④亦可印证此推测。其家族自第三代安重海、安重遇起,随沙陀政权南下后,遂以洛阳为生活中心。其本望亦由"应州"更为"雁门"。⑤

安重诲家族世系

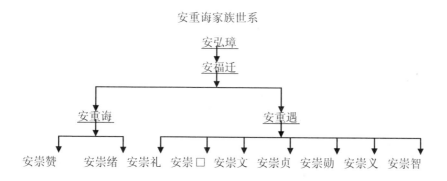

安重荣,朔州人,后晋镇州节度使,天福六年(941年),被杀。祖父安从义,利州刺史;父安全,胜州刺史。子安德裕,生于后晋天福四年(939年)。其父因反叛兵败被杀后,安德裕由军校秦习收养。秦习卒,秦德裕为其服丧三年,复为安姓。北宋太祖开宝二年(969年),擢进士甲科,累官至金部郎中、睦州刺史。有文集四十卷传世。孙安守亮,宋太祖开宝五年(972年),壬申科状元,与其父安德裕被誉为"父子状元"。⑥ 安重荣一家约为9世纪70年代始居于朔州的军将世家,自后唐清泰末,安重荣随石敬瑭兴兵反唐,始离开雁北,史载:"高祖闻重荣在代北,使

① (宋)司马光:《资治通鉴》卷277,第9060页。
② 吴纲:《全唐文补遗》第二辑,《大周故护国军节度行军司马金紫光禄大夫检校司徒兼御史大夫上柱国武威县开国男食邑三百户安公(重遇)墓志铭并序》,第450页。
③ (宋)薛居正:《旧五代史》卷66《唐书四十二·列传第十八》,第873页。
④ 同上。
⑤ 吴纲:《全唐文补遗》第二辑,《大周故护国军节度行军司马金紫光禄大夫检校司徒兼御史大夫上柱国武威县开国男食邑三百户安公(重遇)墓志铭并序》,第450页。
⑥ (元)脱脱等:《宋史》卷440《文苑传二》,第13036页。

人诱之,重荣乃召边士,得千骑赴焉。"①至其子安德裕时,已为河南人。安重荣家族与安重海家族同居雁北,且有旧谊。后唐长兴中,安重荣为振武道巡边使,曾因犯罪下狱,性命不保。其母亲赴洛阳申告,因枢密使安重海暗中相助,方得以保命。

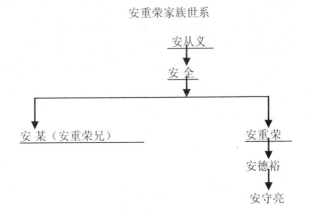

安重荣家族世系

安从义

安全

安某(安重荣兄)

安重荣

安德裕

安守亮

石金俊,朔州神武川上方城人。历后唐武皇、庄宗、明宗三帝,清泰三年(936年),亡于太原私第,享年五十八岁,"以天福三年十一月十七日,卜迁于西京河南县平乐乡朱阳里。"②则其生于唐乾符五年(878年),青少年时期即在雁北渡过,以军旅为业,如其志所言:"幼善骑射,习司马兵法。长与豪侠游牛马谷,量世为强族。"后随沙陀南下,开枝散叶,居太原,葬洛阳,远离雁北。

安审琦,代北人,其祖父安山盛曾任朔州牢城都校。后周世宗显德六年(959年),为其隶人所害,时年六十三岁。由此推算,安氏家族自其祖父起,至少在唐宣中大中年间已生活在雁北。

---

① (宋)薛居正:《旧五代史》卷98《晋书二十四·列传第十三》,第1301页。
② 吴纲:《全唐文补遗》第二辑,《大周故北京飞胜五军都指挥使银青光禄大夫检校司空兼御史大夫上柱国赠左骁卫将军石公(金俊)妻河南郡太夫人元氏墓志铭并序》,第455页。

安审琦家族世系

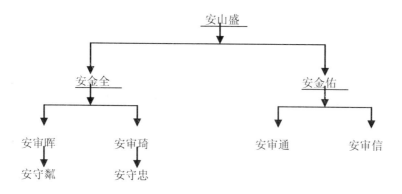

安元信,代北人,庄宗朝曾任大同军节度使。清泰三年(936年)二月,亡,时年七十四岁。有子六人,史传具名者两人。则其生于唐懿宗咸通三年(862年),史书言其"少以将家子事武皇李克用"①,其先祖或为军将,至少在唐文宗开成年间即生活在雁北。另有名安元信者,朔州马邑人,后唐庄宗朝入仕,后晋少帝开运初卒,时年六十三岁,则其于中和元年(881年)生于雁北。康思立,史传载其为晋阳人,本出自阴山诸部,少事武皇。明宗即帝位,"以应州所生之地授焉"。②

5. 黄花堆周边的粟特姓村庄

黄花堆周边即今山西应县、山阴及怀仁三县,多有与粟特姓氏相关的村落,如怀仁县之安宿瞳、曹庄、何家堡、曹四老庄、下米庄、现米庄;山阴县之米庄窝、史家屯、安居坊、安岸庄、安详寺、何庄、曹庄、安乐庄、安荣、安良铺;应县之南曹山、中曹山、北曹山、石庄、曹娘、米寨、石店、安营、康辛庄、曹庄铺、安乐泉、安乐营、康峪、石栈、安和岭等。另据殷宪先生调查研究,据20世纪90年代人口普查结果,以上三县安、康、米、石、何、曹等姓氏的人口均在千人以上。③

**三、朔州尚德府的名义军人**

(一)朔州尚德府

朔州尚德府,史书无载,而出土墓志中屡见其名,志文简况见下表。

① (宋)薛居正:《旧五代史》卷61《唐书三十七·列传第十三》,第818页。

② (宋)薛居正:《旧五代史》卷70《唐书四十六·列传第二十二》,第932页。

③ 殷宪:《〈唐石善达墓志〉考略》,《唐研究》第十二卷,第476页。

表八：朔州尚德府相关墓志内容简况表①

| 志主姓名 | 出土时间及地点 | 入葬时间 | 志文简述 |
|---|---|---|---|
| 丸珍 | 1993年朔州市朔城区 | 调露元年（679年） | 祖兴隋任会川府膺扬，父通皇朝尚德府左果毅。 |
| 张希古 | 不明 | 天宝十四载（755年） | 马邑郡尚德府折冲都尉，终于醴泉里私第，窆于凤城南樊川北原。 |
| 王景诠 | 不明 | 大历十三年（778年） | 朔州尚德府左果毅都尉，葬长子县城西北三里之旧茔。 |
| 裴华 | 不明 | 元和十年（815年） | 解褐授朔州尚德府别将，始筮仕也。葬万年县长乐乡少陵原。 |
| 李公夫人 | 不明 | 元和十二年（817年） | 夫人本……州尚德府折冲。门传一剑之术……葬营城西七里。 |
| 张惟则 | 不明 | 太和九年（835年） | 元和十年，复迁朔州尚德府别将。葬万年县义乡南姚村。 |
| 贾雄 | 不明 | 开成元年（836年） | 朔州尚德府折冲都尉，迁窆兴平县延寿乡之川，近先茔侧。 |
| 刘士弘 | 不明 | 大中元年（847年） | 义昌军衙前将守朔州尚德府别将，葬沧州城。 |
| 尹旺 | 不明 | 咸通十一年（870年） | 公皇任代州代北军押衙兼朔州上德府别将，葬云州城西南三里。 |

　　上表中，张希古曾任马邑郡尚德府折冲都尉。丸珍，"其先乌丸酋师之后也，自元氏膺录入仕平城，子孙相承因居马邑……父通皇朝尚德府左果毅。"②《丸珍墓志》于1993年出土于今朔州市武警支队办公楼工地，其地今属于朔州市朔城区，唐位于朔州善阳县境内。由此，尚德府系唐朔州善阳县界折冲府，迟至调露元年（679年）已设置。除个别情况，唐朝诸道折冲府分隶中央十二卫及东宫六率。③张希古，志名"大唐故游击将军守左卫马邑郡尚德府折冲都尉左龙武军宿卫上柱

① 本表来源：雷云贵：《三晋石刻总目·朔州市卷》，第3页；吴纲：《全唐文补遗》第二辑、第三辑，第39页、203页；殷宪：《大同新出唐辽金石志石新解》，第62页、97页。
② 《丸珍墓志》，雷云贵：《三晋石刻总目·朔州市卷》，第3页。
③ 王仲荦：《隋唐五代史》，上海古籍出版社2003年版，第459页。

国"，①游击将军系从五品上武散官，品阶高于折冲府都尉，故曰守。上柱国系勋职。左卫，列中央十六卫之首，属于中央禁军，掌宫廷宿卫。左龙武军，系与中央十六卫并存的北衙禁军，形成于开元二十六年（738 年）。由此，朔州尚德府属于左卫。

（二）朔州尚德府的名义军人

上述朔州尚德府之军将除丸珍之父丸通以外，余者任职尚德府军将均在 8 世纪之后。最早的是张希古，天宝十四载（755 年）亡，时年七十三岁。志言其"累迁至马邑郡尚德府折冲都尉、游击将军、上柱国、员外置同正员。"②如以弱冠入仕计算，张希古入仕尚德府最早在武周如意元年（692 年）后。员外置同正员即在正员之外的加官，员外官的普设始于唐中宗时期。因此，张希古为尚德府折冲都尉约在 8 世纪初。唐朝的府兵制度至玄宗朝已全面破坏，天宝八载（749 年），唐廷正式下诏废止府兵，官吏、兵额仍然存在。③ 八世纪以降，朔州尚德府军将的存在即是印证。官吏、兵额虽在，但府兵已不存，张希古等人的经历证明朔州尚德府的军将并不赴朔州，其职责为宿卫京师；身为武将却无征战经历；本人及其子嗣的官职迁转亦与朔州无关；身后亦无一人葬于朔州。如张希古，三子并为京官，其中两子为武部常选，一子为卫尉寺武器署丞。裴华，大历八年（773 年），入仕即为朔州尚德府别将，累迁为中央十六卫之属官——执戟、中候、司阶、司戈，为"王之爪牙，国之武士"。④ 子亦为官京师，一为深王府公曹；一为右威卫执戟。

### 四、横野军将及其家属的日常生活

至今已发现 25 方与蔚州横野军相关的墓志，通过这墓志可以看到军人及其家属的日常生活景象。

---

① 周绍良、赵超：《大唐故游击将军守左卫马邑郡尚德府折冲都尉左龙武军宿卫上柱国张府君墓志铭并序》，《唐代墓志汇编》（上），第 1721 页。

② 同上。

③ 岑仲勉：《隋唐史》上册，中华书局 1980 年版，第 215 页。

④ 吴纲：《唐故游击将军守抚王府典军河东裴公（华）墓志铭并序》，《全唐文补遗》第二辑，第 39 页。

## 表九:横野军相关墓志简况表①

| 姓名 | 官职及迁转 | 本贯 | 家人 | 丧葬 |
|------|-----------|------|------|------|
| 崔歆 | 右率府翊卫。 | 清河东武城 | 祖上四代为官。 | 调露元年亡,25 岁,葬洛州。 |
| 张成 | 右武卫长史。 | 南阳西鄂人 | 父为蔚州参军事。 | 垂拱三年亡于私第,52 岁。葬北邙山。 |
| 庞同本 | 贞观年入仕,高宗朝曾任蔚州刺史。 | 南安郡人 | 祖上三代为官。 | 长寿二年亡于宿卫所,69 岁。葬于恭和乡。 |
| 崔玄籍 | 起家文德太后挽郎,历数职,咸亨元年,除蔚州刺史。 | 清河东武城 | 祖上三代为官,诸子并为官。 | 圣历元年葬洛州,79 岁。 |
| 陈福 | 使持节蔚州诸军事、蔚州刺史、兼大同军使。 | 颍川人 | 父长葛县令;子光山县丞,孙文词登第,任大理评事。 | 不明。 |
| 樊庭观 | 明经入仕,开元初任横野军副使。 | 南阳人 | 祖上三代为官。 | 开元十二年亡于横野军城官舍。葬洛城。 |
| 王元琰 | 历数职,曾任蔚州刺史兼横野军使。 | 太原人 | 祖上三代为官。 | 开元二十四年亡于蔚州,66 岁,葬北邙山。 |
| 张守珪 | 年十五拜瓜州刺史,官至幽州节度使、兵部尚书。 | 南阳人 | 祖上三代为官,父赠蔚州刺史。诸子为官。 | 开元二十八年亡于廨舍,57 岁,葬北邙山。 |

---

① 本表来源于吴纲:《全唐文补遗》第二辑、第三辑、第四辑、第六辑、第八辑、千唐志斋新藏专辑,;周绍良、赵超:《唐代墓志汇编》(上、下)、《唐代墓志汇编续集》;殷宪:《大同新出唐辽金元志石新解》。

续表

| 姓名 | 官职及迁转 | 本贯 | 家人 | 丧葬 |
|---|---|---|---|---|
| 樊氏 | 蔚州刺史王元琰夫人。 | 南阳人 | 祖、父为官。 | 开元二十九年亡于洛阳私第,65 岁。合葬河南。 |
| 苗嗣宗 | 门荫宿卫出身,曾任蔚州长史、兼知横野仓库出纳使。 | 上党壶关人 | 父乡贡明经,无禄早逝。子为左司率卫府执戟。 | 天宝四载亡洛阳私第,70 岁,葬北邙山。 |
| 韩忠节 | 入仕蓬州,复迁雁门,再迁蔚州司马兼支度营田判官。 | 昌黎人 | 祖上三代为官。 | 天宝九载亡于陕城私第,72 岁,葬碌石县。 |
| 张佶 | 太子洗马入仕,历数职。 | 南阳人 | 祖上三代为官,曾祖父赠蔚州刺史。 | 大历二年亡于上都,25 岁。葬邙山。 |
| 张献诚 | 太子通事舍人入仕,累历要职。 | 南阳人 | 祖上三代为官,祖父赠蔚州刺史。子十八人,多为官。 | 大历三年亡于上都,46 岁,葬邙山先茔。 |
| 薛坦 | 历数职,大历中任蔚州刺史、横野军钱盐等使。 | 河东汾阴人 | 祖上三代为官。 | 大历十一年亡于晋阳私第,48 岁。葬先茔。 |
| 武青 | 河东节度散将守左金吾卫宁州三会左果毅都尉。 | 太原人 | 祖为蔚州刺史兼横野军使,父为岚州方山令。 | 贞元九年亡于大同军私第,葬大同军平原。 |
| 胡者 | 横野军判官、虔王府长史。 | 安定人 | 祖上三代为官。 | 贞元十年终于蔚州私第,60 岁,葬蔚州。 |
| 张任 | 入仕河东节度左马军使,迁任蔚州刺史兼殿中侍御使,充节度副使。 | 南阳人 | 祖上三代为官,曾祖父赠蔚州刺史。 | 贞元十五年,亡于太原私第,年 50 岁,归葬邙山先茔。 |
| 李氏 | 张任夫人。 | 不明 | 祖上三代为官。 | 贞元十七年亡于太原私第,归葬河南北邙山。 |

续表

| 姓名 | 官职及迁转 | 本贯 | 家人 | 丧葬 |
|---|---|---|---|---|
| 石神福 | 成德军节度、右金吾卫大将军。 | 金谷郡人 | 祖上三代为官。 | 元和八年谢于牧野,55岁,葬石邑县。 |
| 弓某 | 不仕。 | 太原郡 | 曾祖蓟县令,祖、父无官,二子,无官。 | 元和九年亡蔚州私第,65岁。葬蔚州。 |
| 武言 | 奉诚军押衙、左金吾卫大将军。 | 太原人 | 祖上三代为官。 | 大和元年亡于云州私第,葬云州先茔。 |
| 张遵 | 门荫入仕,历数职,终邕州刺史。 | 南阳人 | 祖上三代为官,曾祖父赠蔚州刺史。 | 大和四年亡于潭府旅馆,62岁。归葬河南县金谷乡先茔。 |
| 张夫人 | 河中府宝鼎县尉卢绶夫人。 | 不明 | 祖上三代为民,曾祖为蔚州刺史。诸子为官。 | 开成二年亡于邠州,61岁。葬京兆府万年县。 |
| 马纾 | 本人自元和反正,任宁州刺史,开成中转蔚州刺史,二任。 | 扶风平陵人 | 曾祖、祖、父为官河朔,一子为太庙斋郎。 | 会昌四年终于蔚州,56岁。归葬关中祔其先茔。 |
| 崔璘 | 蔚州司马 | 博陵安平人 | 祖上四代为官,一子为左监门卫录事参军。 | 乾符二年亡于河南府私第,56岁,葬邙山。 |

(一)唐前期

上表中 11 方墓志志主生活于唐前期,其中与刺史①相关墓志 7 方,分别为崔歆、庞同本、崔玄籍、陈福、王元琰、张守珪、樊氏;与其他军将相关墓志 4 方,为张成、樊庭观、苗嗣宗、韩忠节。

1. 刺史

崔玄籍,出身世宦之家,曾祖、祖父分为官北周、隋朝,官居五品以上;父为唐

---

① 蔚州刺史通常兼横野军使;其他职官的职掌也多与军事相关,故均以军将视之。

秦王府大将军。本人以门荫入仕,"起家为文德太后挽郎"①。唐代挽郎作为门荫入仕的来源,主要由官宦子弟任职,即所谓品官子弟,且父、祖官职一般在五品以上。挽郎出身可以直按获得进入吏部铨选的资格。② 崔氏即在任挽郎后寻授婺州司功参军事,其后官职九转,咸亨元年(670年),第十任蔚州刺史。仪凤三年(678年),授循州刺史。在蔚州刺史任上计八年之久。崔氏一生两娶,再娶夫人——屈突氏系隋唐名将屈突通之女。"春秋卅有六,以咸亨二年五月十七日卒于蔚州之官舍。"③崔玄籍次子名崔歆,"孩孺在辰,神情有异。菩岁丧母,便悲伤思慕,见于颜色。七岁读孝经、论语、毛诗、礼记。尝侍省在蔚州,戏而伤手,甚有忧色。清河府君怪而问之,乃敛容对曰:孝经云:身体发肤,受之父母,不敢毁伤。是以忧惧。时通人韩俭、长史丘贞观在座,以为古之神童,无以加也。因问曰:二郎凡所读书,各行何事? 君应声答曰:论语曰:事父母能竭其力,事君能致其身,与朋友交言而有信。礼云:无不敬。诗云:哀哀父母,生我劬劳。欲报之德,吴天罔极。惟斯三者,窃所用心。贞观等弥复嗟服。十三岁丧继亲,七日不内勺饮,菩年不尝盐酪。情礼之极,有逾成人。"④成年后,以门荫入仕为右率府翊卫。其父崔玄籍于仪凤三年(678年),迁任循州刺史。崔歆不忍远离,随父同行。"属蕲春路险,兰溪水急。时雨新晴,奔流大至。府君人马漂溺,正当其冲。左右惊慌,莫知为计。君孝情愤发,自投洪波。攀援扶持,竭力尽命。府君赖以取济,而君遂不免焉。"⑤是年为调露元年(679年),年二十五岁。由以上内容可推知,崔歆生于永徽五年(654年),其父崔玄籍为官蔚州之八年间,崔歆年龄在16至24间。其继母屈突氏亡故之咸亨二年(671年),崔歆已17岁,与其墓志所载之"十三丧继亲"有4岁之出入。其墓志所描绘的崔歆蔚州省亲的画面应为其孩童之状态。因此,墓志所记其卒年有误,其赴蔚州看望父母应在咸亨元年至二年(670—671年)间,十二三岁时。由崔氏父子墓志可见,蔚州刺史赴官任,其家属可以随行或探望,但并不久住。依崔歆与"通人韩俭、长史丘贞观"的对话,崔歆及其继母屈突氏所居之

---

① 吴纲:《大周故银青光禄大夫使持节利州诸军事行利州刺史上柱国清河县开国子崔君(玄籍)墓志铭并序》,《全唐文补遗》第八辑,第508页。
② 吴丽娱:《助葬必执绋——唐代挽郎一角》,载《首都师范大学学报》2014年第2期,第1-7页。
③ 吴纲:《大周故银青光禄大夫使持节利州诸军事行利州刺史上柱国清河县开国子崔君(玄籍)墓志铭并序》,《全唐文补遗》第八辑,第509页。
④ 吴纲:《全唐文补遗》第二辑,《周故至孝右率府翊卫清河府君(歆)墓志铭并序》,第356-357页。
⑤ 吴纲:《全唐文补遗》第二辑,《周故至孝右率府翊卫清河府君(歆)墓志铭并序》,第357页。

地或为其父办公之场所,志载屈突氏"亡于蔚州之官舍"也进一步证明了这一推断的正确性。

王元琰,出身与崔玄籍略同,以门荫入仕为宿卫品子,累历要职。因"云中要郡,孰云易理,塞上多豪,金曰难制。皇帝凝圣聪之鉴,选良边之臣,以公兼才,是膺俞往,除公朝议大夫、蔚州刺史、兼横野军使、本军营田使。"①在任期间,上策安边,忠心履职。开元二十四年(736年)十二月五日,终于蔚州,年六十六岁。开元二十七年(739年),迁葬于河南府河南县之北邙山。夫人樊氏,开元二十九年(741年),"卒于洛阳之私第"。② 由此,蔚州刺史是王元琰官职迁转之终任,其于蔚州任上,应居于官舍。换言之,蔚州只是其官居地,家室居于洛阳之私第。蔚州系其暂窆之地,三年后归葬河南先茔。王元琰代表了多数边地刺史的官居生活状态。如庞同本,于垂拱元年(685年)前任蔚州刺史,后他迁,死后归葬乡梓。③ 陈福,约于开元十二年至十三年(724—725年)间,"使持节蔚州诸军事、蔚州刺史、兼大同军使",④死后葬河南北邙山。

2. 其他军将

樊庭观,祖上三代为官,但品级不高。本人曾游学太学,以明经擢第。以"大丈夫当立功绝域,安能坐事散儒"⑤为其志,释褐为昭武校尉、左玉铃卫长上,后五迁要职。开元七年(719年),因时检校并州长史、天兵军节度大使王晙举荐,兼任横野军副使。"军中素无纲检,咸务因缘,或放散于官物,或邀锢于军市。公矢直其操,冰皎其怀,奸吏于是息心,贪夫以之侧目。然孤清难立,独正者危,师反于在和,道乖于苟合,不得其志,或致伤年,开元十二纪正月廿六日,暴亡于军城官舍,春秋卌有六。"⑥自开元七年至十二年(719—724年),樊庭观任横野军副使一职五年,期间,蔚州官舍是其主要的官居及生活地,志中虽未言其家属情况,但以其年龄应有家室。樊氏虽因官而亡于蔚州,并不葬蔚州,而是迁窆于洛阳。

韩忠节,祖上三代为官,官品不显。入仕为蓬州大竹县主簿,再迁雁门县尉。

① 周绍良、赵超:《唐代墓志汇编》,《大唐故蔚州刺史兼横野军使上柱国王府君墓志并序》,第1490－1491页。

② 周绍良、赵超:《唐代墓志汇编》,《大唐故蔚州刺史王府君夫人南阳郡君樊氏墓志铭并序》,第1518页。

③ 周绍良、赵超:《全唐文补遗》第七辑,《大周故忠武将军守左千牛卫将军检校太子右卫率上柱国安化县开国男庞府君(同本)墓志铭并序》,三秦出版社2000年版,第327－328页。

④ 吴纲:《全唐文补遗》第八辑,《大唐故大理评事陈府君(居)墓志铭并序》,第49－50页。

⑤ 周绍良、赵超:《唐代墓志汇编》(上),《故京兆府宣化府折冲摄右卫郎将横野军副使樊公墓志铭并序》,第1294页。

⑥ 同上。

为官正直,享誉其时。如其志所言:"朱勾播美于巴西,黄绶飞声于代北。"①开元年间,信安王李祎统率燕、朔之军,遂登军旅之途,以原职代理蔚州司马、兼支度营田铸钱判官。"采铜山之珍,利殷王府;积海陵之粟,粮赡军储。茂勋既著于边陲,辞赏乃归于乡邑。"②天宝九年(750年),亡于陕城(治今河南三门峡市)私第,享年七十二岁。葬于硖石县(三门峡市东北)。信安王李祎亡于天宝二载(743年),开元年间曾屡任刺史并朔方节度大使。③ 韩忠节任蔚州司马应在开元期间,且蔚州为终任之地,其在蔚州的主要职任是协助刺史管理营田、铸钱等事宜。苗嗣宗,出身与韩忠节略同,天宝四年(745年),"亡于洛阳审教里之私第",④葬河南北邙山,时年七十。约在开元年间任蔚州长史、兼知横野仓库出纳使。

综上,为官蔚州(横野军)者多非本地人,无论高门如崔玄籍、王元琰,还是如韩忠节、苗嗣宗之出身寒庶者,虽为官蔚州,然其家室并不居于蔚州;其身后亦不葬于蔚州。于多数人而言,蔚州只是其官居地,廨舍即为其工作及生活的主要场所。家属偶有探访或侍省,并不久居,其私第或设于两京或设于家乡。

(二)唐后期

余14方墓志志主均生活于唐后期,其中与刺史相关者计10方;余4方为蔚州横野军相关其他军将。刺史相关墓志中涉及两个军将家族——张义福、武令珣家族。

1. 张义福家族

表十:张义福家族简况表

| 志主姓名 | 与蔚州横野军关系 | 个人官职迁转 |
| --- | --- | --- |
| 张守珪 | 父张义福为京兆府常保府折冲都尉,赠蔚州刺史。 | 瓜州刺史、幽州、范阳节度使、鄯州、凉州都督、陇右节度使、左羽林大将军、兵部尚书。 |

---

① 吴纲:《全唐文补遗》第七辑,《唐故雁门郡雁门县尉摄蔚州司马兼河东道支度营田铸钱判官韩君(忠节)墓志铭并序》,第384页。

② 同上。

③ (宋)欧阳修、宋祁:《新唐书》卷80《列传第五·太宗诸子》,第3567－3568页。

④ 吴纲:《全唐文补遗》千唐志斋新藏专辑,《大唐故朝散大夫行太子内直郎上柱国苗府君(嗣宗)墓志铭并序》,三秦出版社2005年版,第212页。

| 志主姓名 | 与蔚州横野军关系 | 个人官职迁转 |
|---|---|---|
| 张献诚 | 祖父张义福为同昌军使,赠蔚州刺史。 | 檀州、汴州、梁州刺史,剑南东川节度使、山南西道节度使。 |
| 张任 | 曾祖张义福赠蔚州刺史。 | 河东节度左马军使、蔚州刺史兼殿中侍御史,充节度副使。 |
| 李氏 | 父张任为蔚州刺史。 | 无。 |
| 张佶 | 祖父张义福为同昌军使,赠蔚州刺史。 | 太子洗马、鸿胪卿、殿中监。 |
| 张遵 | 曾祖张义福,皇蔚州刺史。 | 镇、邢、亳、邕等州刺史,兼御史大夫。 |

据以上六方墓志及两《唐书》传记所载,张义福一族史有其名者计 15 人。张氏一族与蔚州的关系涉及张义福、张任两人。张义福之蔚州刺史之任系赠官,所谓赠官是中国古代对功臣本人或其先人在身后的追封官职,是一种荣誉。张任,曾任蔚州刺史。张义福及张任之蔚州官任均与唐开元时期的名将张守珪有关。志载其具有"登山能料兵势、画地而成阵图"①的本领,年十五入仕,历任瓜州、鄯州刺史、幽州长史,陇右、河北节度使,系开元年间威震西北及东北边疆的骁将。诸子、孙多以军功仕进,数人位及三品。其子张献诚入仕后,初外任太原府士曹参军,后为官渐离河东道。张献诚四子张任,初以勋臣子任太常寺主簿。大历中,马燧任河东节度使,辟其为河东节度左马军使,从讨魏博叛将田悦,因功迁"蔚州刺史兼殿中侍御使,充节度副使……以继太夫人忧去职……以贞元十五年十一月廿五日,薨于太原府福昌里之私第,春秋五十。"②田悦之乱平定于兴元元年(784年),张任任职蔚州应在是年之后。因丁母忧去职,居太原府私第。后无他任,故亡于太原府。与唐前期刺史相似,蔚州仅是其为官暂居之地。

---

① 吴纲:《全唐文补遗》第六辑,《唐故辅国大将军右羽林大将军幽州长史兼御史大夫括州刺史张守珪墓志》,第 62 页。
② 吴纲:《全唐文补遗》第六辑,《唐故蔚州刺史兼殿中侍御使张府君(任)墓志铭并序》,第 116 页。

张义福家族世系

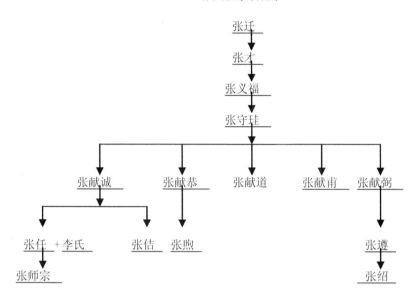

2. 武令珣家族

20世纪80年代末,在今山西大同市城区先后出土两方墓志,志主武姓,涉及一个五代、十人的武氏家族。武青,太原人,生前为河东节度散将、宁州三会府左果毅都尉。"祖讳令珣,任蔚州刺史,兼横野军使……父讳崇彦,任岚州方山县令……洎贞元九年十月廿七日,时年七十九岁,终于大同军私第。将以远归乡邑,占筮未宜,遂择其年十二月十五日权殡于大同军城西南五里平原,礼也。嗣子升朝、进朝、江朝、谏言。"①武言,字谏言,生前为节度散将、骑都尉、奉诚军押衙。大和元年(827年),"遘疾于云州任贤坊私第……有子三人,长曰士则,次曰士政,小曰士颖。"②葬于云州,享年六十四岁。武氏一族因武令珣职任蔚州,遂以河东为其生息之地,四代为官河东、五代栖居雁北。武青志虽言"权殡",云州实已成为武氏家族之第二故乡。武令珣,曾为安史叛将,天宝十四载(755年)、十五载(756年),屡败官军。③ 其子孙系安史叛将,充任边军。④ 如此说成立,则武氏家族应于宝应年间入迁云州。

---

① 殷宪:《大同新出唐辽金元志石新解》,《武青墓志》,第29页。
② 殷宪:《大同新出唐辽金元志石新解》,《武言墓志》,第79页。
③ (宋)司马光:《资治通鉴》卷217,第6938页;《旧唐书》卷9《本纪第九·玄宗下》,第231页。
④ 张焯:《云冈石窟编年史》,第207页;马志强、李志春:《大同出土唐代武氏墓志略论》,《大同职业技术学院学报》2005年第3期,第32页。

### 3. 其他军将

薛坦,河东汾阴(今山西万荣南)人,祖上官居五品以上。门荫入仕,屡历要职。"大历中,乌桓贸马,届于并州,杂虏互市,扰于境上。北州诸侯,实难其任。公之仲兄领河东道韩公举不避亲,表蔚州刺史、横野军钱盐等使。致理和平,塞清军肃。属河朔多故,气填于膺。呼吸安危,愤忧成疾。以大历十一年岁次丙辰十二月廿三日丙午,终于晋阳私第,享年卅八。"①原浙东观察使、越州刺史薛兼训于大历五年(770年)七月至大历十二年(777年)三月间,任河东节度使。② 薛坦任职蔚州刺史约在大历五年至十一年(770—776年)间。墓志展示时雁门以北地区是胡汉贸易地区,蔚州刺史之任职环境似乎较为复杂。然志又云:"公交必高人,游必奇士。举酒征会,援琴赋诗。悉是当时髦乂也。门无杂宾,家无余产。唱和之集,凡成数卷,可传于世。"③诗酒唱喝当是其日常生活中的另一面相。与唐前期的多数刺史相同,薛氏家属亦不居于蔚州,而是在北都太原置有别业。作为一任刺史,其经历和声名还是留下了历史的痕迹,如墓志铭文所言:"虎节临州,蔚人享福,我无北耸,虏绝南牧,至今朔风,犹闻哭声。"④马纡,祖上三代为官河朔,并有功于幽蓟。本人亦入魏博幕,元和中自魏博反正归朝。开成中,"博陵易帅,丞相进□取可继作者,以蔚为□邻□易迁就,乃拜公蔚州刺史兼御史中丞……既牧安边,公绥戎以德,抚下以恩,野无南牧之虞,俗讲东里之礼。三年去任,执辕遮道者□路。蔚人思公令德,曰□闻于廉帅,廉帅闻于朝廷,又拜蔚州刺史,□□□疾寻□西河……以会昌四年三月十日终于所寄之第,享年五十六。"⑤马纡于开成、会昌年间两入蔚州,首入因博陵(即定州)易帅,以蔚州为之邻近,马氏出于魏博,久有经验,且临行前,文宗皇帝"临轩欢赏,面许重事以遣之",⑥足以说明时蔚州横野军作为唐王朝的忠顺军镇所担负的监督作用。由此,"安边绥戎"则是为官蔚州者日常事务的另一项内容。同样,马纡亦不安家蔚州,身后归葬关中,一子为太庙斋郎。

---

① 周绍良、赵超:《唐代墓志汇编》(上),《唐故金紫光禄大夫持节蔚州诸军事守蔚州刺史横野军钱盐等使上柱国薛公墓志铭并序》,第715页。
② (后晋)刘昫等:《旧唐书》卷11《本纪第十一·代宗》,第297、311页。
③ 周绍良、赵超:《唐代墓志汇编》(上),《唐故金紫光禄大夫持节蔚州诸军事守蔚州刺史横野军钱盐等使上柱国薛公墓志铭并序》,第715-716页。
④ 周绍良、赵超:《唐代墓志汇编》(上),《唐故金紫光禄大夫持节蔚州诸军事守蔚州刺史横野军钱盐等使上柱国薛公墓志铭并序》,第716页。
⑤ 周绍良、赵超:《唐代墓志汇编》(下),《唐故银青光禄大夫使持节蔚州刺史兼御史中丞马公墓志铭并序》,第2232页。
⑥ 同上。

胡者,志载其为"横野军判官朝请大夫试虔王府长史"。① 朝请大夫为文散官,试官在唐代多为虚名。横野军判官为胡者之正拜官职,且其一生只此一任。祖上三代虽有官职,但品阶较低。本人于"贞元十年甲戌岁七月三日,终于私第,春秋六十矣。即以来月廿日安窆于蔚州城北卅里岗原,礼也。夫人天水县君赵氏……去元和六祀十月八日终于私第,享龄七十三矣。即以元和十二年丁酉岁冬十月五日祔长史之坟焉。"② 依其卒年及享年计算,胡者入仕蔚州横野军约在天宝末,入居蔚州约四十年,因以为家。本贯安定,葬于蔚州。石神福,其父何罗烛为蔚州衙前大总管。本人"生于雄武,长在蔚州。□岁从师,弱冠好武……遇安史作乱,漂泊至恒阳。尊父早亡,哀荣葬毕,及乎攻武,得便穿杨。"③因武功入仕,为成德军节度下左金吾卫大将军。元和八年(813年)亡,年五十五岁。本金谷郡人,葬于石邑县东北。唐代雄武之地名有二,一为雄武军,位于蓟州(治今蓟县)北。天宝六年(747年),安禄山曾于其地筑城,后置雄武军。一为雄武城,位于今河北宣化境内。恒阳,隋博陵郡属县。开皇六年(586年)改为石邑,次年(587年)改名恒阳。④ 唐名石邑,镇州常山郡治所(今河北石家庄西南)。金谷郡之地望所在已多有关注,有人以为金谷郡应为金城郡(治今甘肃兰州)之误⑤,系入华粟特人必经之地,也是昭武九姓之所认定之本贯之一;有人以为金谷郡指东都洛阳。⑥ 综上,石神福或系入唐之粟特人,出生于镇州,因其父为官蔚州,遂至蔚州生活。"□岁从师,弱冠好武",既是当时蔚州之民风时尚,也是其少年生活内容之写照。因安史之乱,复至镇州,并入仕成德军,死后亦归葬镇州之石邑县,因其地为先茔之所在。以其生卒年及经历推算,石氏生活在蔚州的时间约在乾元至大历间。弓某,太原人,曾祖为幽州蓟县令,祖父及其本人均无官。元年九年(814年),"终于蔚州之私第"。⑦ 享年六十五岁。夫人李氏于元和十五年(820年),以六十六岁之龄亡于蔚州。合葬于蔚州西南四里之平原。崔璘,博陵安平(今河北安平)人。

① 周绍良、赵超:《唐故横野军判官朝请大夫试虔王府长史胡府君墓志》,《唐代墓志汇编》,第2028页。

② 周绍良、赵超:《唐故横野军判官朝请大夫试虔王府长史胡府君墓志》,《唐代墓志汇编》,第2028页。

③ 周绍良、赵超:《唐代墓志汇编》(下),《大唐成德军节度下左金吾卫大将军试殿中监石府君墓志铭并序》,第1991页。

④ (唐)魏徵、令狐德棻:《隋书》卷30《志第二十五·地理中》,第856页。

⑤ (台湾)章群:《唐代蕃将研究》,联经出版事来公司1986年版,第58页。

⑥ 高文文:《唐河北藩镇粟特后裔汉化研究——以墓志材料为中心》,中央民族大学2012年博士论文,第45–46页。

⑦ 周绍良、赵超:《唐代墓志汇编》(下),《唐故太原郡弓府君并夫人郭氏墓志铭并序》,第2056页。

祖上官职不显,志学之年丧父;弱冠之年丧母。"本族外族无可依者……于是劝课家僮,耕耘薄业,虽力务进取,而竟乏梯航。"①后遇宗族宰辅提携,授蔚州司马兼侍御史,且终生值此任。乾符二年(875年),无恙告终于河南府河南县嘉善里之私第,时年五十六岁。夫人李氏,亡于咸通十一年(870年)。崔氏虽为官蔚州,但在河南府置有别业,其家属不居蔚州。孤子崔鈫,通经致仕,为左监门录事参军。

综上所述,唐后期任职于蔚州横野军的官员,刺史级别的大多与唐前期相似,不居蔚州,置业于两京或北都,如张任、薛坦等。特例为武令珣,因系安史叛将,其子孙遂安家于北边。其他品级较低者,亦分为两类,一类如胡者、石神福、弓某,因本人或家人为官蔚州,于是以蔚州为安居之地;一类如崔璘,虽官居州司马,但并不居蔚州,而居于东都,个中原因或与其经济条件和文化认知有一定关系。

---

① 周绍良、赵超:《唐代墓志汇编》(下),《唐故通议大夫检校国子祭酒行蔚州司马兼侍御史上柱国博陵崔府君墓志铭并序》,第2474页。

# 第二章

# 沙陀的根据地(894—936)

## 第一节　晋汴争霸背景下的大同军

唐昭宗乾宁元年(894年)六月,李克用大败吐谷浑,斩杀赫连铎,生擒白义诚之后,云州完全掌控在了沙陀的手中,成为了沙陀南下争雄的根据地。减少了后顾之忧,李克用与朱全忠的晋汴之争也进入了更加激烈的阶段。期间,作为沙陀根据地的云州地区所面临的军事压力主要来自两方面:其一是东面幽州刘仁恭父子的骚扰;其二是北面契丹的觊觎。大同军的历史使命因之一分为二——东击桀燕、北拒契丹。

### 一、东击桀燕

桀燕(911—913),是五代后梁时期的一个政权。后梁乾化元年(911年)八月,卢龙节度使刘守光称帝,国号"大燕",改元应天,都幽州(今北京)。乾化三年(913年)十一月,晋王李存勖攻下幽州,杀刘守光,燕国灭亡,历时二年又三个月。由于刘守光统治期间,极尽残暴之能事,史称其国为桀燕。桀燕之建立和灭亡,均与沙陀李氏密切相关,桀燕与沙陀之间的恩怨,使晋王李克用在南下争霸进程中,其后方根据地——云州成为桀燕攻击的目标。

(一)沙陀与桀燕

1. 河东相助,刘仁恭夺卢龙帅印

卢龙镇,系河朔三镇之一,位于三镇之最北边,治幽州(今北京),作为唐后期之雄藩大镇,历任节度使均有争雄天下之异志,与河东之间的矛盾和摩擦不断。唐乾符年间,雁北沙陀因刺杀节帅段文楚事件被唐廷追剿,卢龙镇即数次出兵击败沙陀李氏之军队。李克用因平定黄巢之功出镇河东后,更引起了卢龙节帅的恐惧和嫉恨,联合成德节度为敌河东。尤其是李匡威执卢龙帅印后,与云州的吐谷浑首领赫连铎联手,自唐大顺元年(890年)起,数与河东军交恶。景福元年(892年)八月,李匡威与赫连铎合兵八万进攻云州,李克用出奇制胜,李匡威大败,烧营而去,河东与卢龙结怨益深。

　　景福二年(893年)正月,李匡威、李匡筹兄弟阋墙,卢龙内讧,李匡筹自称为留后。六月,卢龙之幽州守将刘仁恭率军戍守蔚州,期限已过,未能换防,兵士思归心切,兵变因之而起,戍卒拥立刘仁恭为帅,进攻幽州,兵至居庸关,被幽州节度之府兵击败。刘仁恭逃奔河东,李克用厚待之。乾宁元年(894年)正月,唐廷任李匡筹为卢龙节度使。刘仁恭自被河东接纳后,几次游说河东之谋士盖寓,怂恿其献策李克用发兵攻打幽州。期间,李克用正集中兵力攻打邢州(治今河北邢台),准备接纳刘仁恭之建议,出兵幽州,结果没能取胜。李匡筹因之更加骄横,数出兵进攻河东之境。十一月,李克用举大兵进军幽州,接连攻克武州(治今河北宣化)、新州(治今河北涿鹿)、妫州(治今北京延庆西南),李匡筹出逃沧州,被杀,河东军占领幽州。乾宁二年(895年)正月,幽州军民数以万计出迎李克用入幽州,李克用命其将领李存审、刘仁恭率兵巡察幽、涿、瀛、莫、妫、檀、蓟、顺、营、平、新、武等卢龙属州。二月,李克用上表朝廷以刘仁恭为卢龙留后,并派心腹将领十人带兵戍守幽州,幽州的租赋除供军用之外,悉数交归晋阳(今山西太原南),幽州实际处于河东管控之下。一段时间后,戍守幽州的河东兵不服管束,为恶地方,掌管幽州军事的都将高思继兄弟以法裁之,杀戮甚多。李克用因此斥责留后刘仁恭,刘仁恭平素即嫉恨高氏兄弟在幽州的威望,遂陈高氏兄弟枉杀之罪,李克用将高氏兄弟斩杀后,刘仁恭欲趁机收买幽州之人心,将其诸子招至帐下,厚加优抚。

　　2. 卢龙反目,反复于晋汴之间

　　乾宁四年(897年)七月,李克用在晋汴之争中兵力吃紧,命令刘仁恭出兵。刘仁恭以契丹压境为由,拖延出兵。李克用数遣人催促,刘仁恭非但不派一兵一卒,反而将李克用摧兵之书信掷地并谩骂,并囚禁其使者。李克用之河东戍将自幽州逃归,以避刘仁恭之杀戮。李克用与刘仁恭反目成仇。八月,李克用亲率大军讨伐幽州。两军相遇木瓜涧(今河北蔚县界内),李克用因醉酒轻敌,河东军兵败。十月,刘仁恭上奏唐廷:"李克用无故称兵见讨,本道大破其党于木瓜涧,请自为统帅以讨克用"①。未获允准,又致书朱全忠,朱全忠为之上奏朝廷加其为同平章事。之后,刘仁恭利用李、朱之间的矛盾,在唐末晋、汴争霸的夹缝中谋求一席之地。

　　唐光化元年(898年)三月,刘仁恭与朱全忠修好,致使魏博之罗弘信击败河

____

① (宋)司马光:《资治通鉴》卷261,第8510页。

东军;朱全忠大败河东军。次年(899年)正月,刘仁恭留卢龙所属之蔚、新、武三州之兵以防备河东,举幽、沧等十二州之十万兵力欲兼并河朔,魏博节度使罗绍威求救于朱全忠。三月,朱全忠发兵求魏博,大败幽州兵,斩杀其大将单可及,刘仁恭父子烧营而逃,"自魏至沧五百里间,僵尸相枕"①。刘仁恭自此不振,朱全忠之汴军势力大涨,并欲趋机剿灭幽州之割据势力。光化三年(900年)四月,朱全忠派其大将葛从周率兖、郓、滑、魏四镇之十万之兵力攻击刘仁恭,五月,围其子刘守文于沧州。刘仁恭复遣使河东,卑辞厚礼求援助之兵。李克用遣大将周德威率五千骑兵攻打邢、洺二州以解沧州之围。六月,幽、汴之兵激战于沧州,刘仁恭军大败。七月,李克用复遣大将李嗣昭率兵五万进攻邢、洺,大败汴军于内丘。八月、九月,晋、汴两军因刘仁恭大战于邢、洺,互有胜负。十月,朱全忠与魏博联军,接连攻下河北之瀛州、莫州、定州等地,河北诸镇皆服于汴军。天福元年(901年)正月,朱全忠在震慑河北诸镇的情形之下,用兵河中以制约河东,晋汴之争再起硝烟。刘仁恭得以残喘,二月,唐廷加其为侍中。天祐元年(904年),唐朝的江山在藩镇之争中即将完结,晋、汴争霸进入白热化状态,刘仁恭蛰居幽州,实力渐强。朱全忠出兵河北,经数战,河北诸镇皆服,惟幽、沧二州不在其列。刘仁恭久据卢龙,骄奢之心渐生,于幽州西之大安山修筑宫殿,广纳美女,食丹药,赏歌舞,于战火硝烟中营造世外桃源。后梁开平元年(907年)四月,刘仁恭之子刘守光弑父夺权。七月,后梁任其为卢龙节度使。次年(908年)十月,刘守光之兄义昌节度使刘守文举沧州、德州之兵攻打幽州,刘守光求救于李克用,李克用以五千兵助之,刘守文兵败,退守沧州。开平三年(909年)五月,刘守文以重金贿赂契丹及吐谷浑,举兵四万,大败刘守光。因念及兄弟之情,不忍杀之,反被刘守光所败。幽州兵乘胜进攻沧州,不克。沧州守将推举刘守文之子刘延祚为帅。七月,后梁封刘守光为燕王。九月,后梁以刘守光之子刘继威为义昌节义留后。后梁此举明显意在拉拢幽州势力,打击晋军。刘守光兵围沧州数月,至开平四年(910年)正月,刘延祚力尽出降,刘守光占据沧州,并杀其兄刘守文。八月,刘守光为义昌节度使。至此,卢龙、义昌并为刘守光所有。十一月,义武节度使王处存、武顺(原成德节度)节度使王镕推晋王李存勖为盟主,合兵攻梁。刘守光据幽、沧二州,不出一兵,欲坐收渔翁之利。乾化元年(911年)四月,并、镇、定三州之兵与后梁之战,进入胶着状态。刘守光以天下大乱,欲称帝于燕地。后梁为安抚其骄躁之心态,以其为河北道采访使。八月,刘守光置所有劝阻于不顾,执意称帝,国号大燕,改元应天。十一月,燕主刘守光出兵进攻易、定二州,王处存告急河东。

---

① (宋)司马光:《资治通鉴》卷261,第8523页。

### 3. 李存勖灭桀燕

乾化二年(912年)正月,晋大将周德威兵自代州东出飞狐,联合义武、成德进攻燕军,拉开征讨桀燕之帷幕。三月,燕之义昌节度使刘继威暴乱淫虐,都指挥使张万进杀之,与大将周知裕同归于晋王,李存勖改义昌为顺化军,任张万进为节度使,燕地失其半于晋。五月,周德威举兵进攻幽州,大败燕军。乾化三年(912年)正月始,晋军连拔燕之顺州、蓟州、檀州、武州、儒州等地,进逼幽州。四月,燕主刘守光请和;六月,请降,遭拒。十月,刘守光求助于契丹,亦遭拒。十一月,晋王李存勖破其城,率大军进入幽州。乾化四年(914年)正月,李存勖于代州雁门县斩杀刘守光,以其心血祭先父李克用之墓。

### (二)云、蔚陷燕

在9世纪末至10世纪初,晋军与桀燕的恩怨纠葛中,作为沙陀根据地的雁北之云州、蔚州曾一度落入燕军之手。

#### 1. 王晖献云州

唐天复二年(902年)三月,朱温举百万之兵,联合关东、河北,进攻河东。河东军溃败,汴军直入河东境内,夺取慈州(治今山西吉县)、隰州(治今山西隰县)、汾州(治今山西汾阳),陈军晋祠(今太原西南),围攻晋阳。李克用在晋阳城中寝食难安,召集众将讨论退保云州。李嗣昭、李嗣源、周德威等将领表示誓死保卫晋阳,反对退保云州。李存信曰:"关东、河北皆受制于朱温,我兵寡地蹙,守此孤城,彼筑垒穿堑环之,以积久制我,我飞走无路,坐待困毙耳。今事势已急,不若且入北虏,徐图进取。"①李克用犹豫不决,后经夫人刘氏劝阻,遂断了北归云州的念头,忻州(治今山西忻州)刺史李克宁率军南下保卫晋阳,河东军心稍安。

此后累年,晋军在晋、汴之争中处于劣势,不敢与朱温争锋。幽州刘仁恭将触角伸向了沙陀的老家——云州。天复三年(903年)五月,晋之云州都将王敬晖杀刺史刘再立,叛降幽州之刘仁恭。晋王李克用派李嗣昭、李存审领兵讨伐。刘仁恭以五万精兵救援王敬晖,李嗣昭退兵,王敬晖率众弃云州城逃奔幽州。

#### 2. 蔚州归燕

后梁乾化元年(911年)二月,正当晋王李存勖联合武顺、义武二节度之兵力南下攻梁之际,幽州之燕军势力膨胀,刘守光坐拥卢龙、义昌两镇,欲执北面联军之牛耳,派人对赵王王镕及义武节度使王处直曰:"闻二镇与晋王破梁兵,举军南下,仆亦有精骑三万,欲自将之为诸公启行。然四镇连兵,必有盟主,仆若至彼,何

---

① (宋)司马光:《资治通鉴》卷263,第8570页。

以处之?"①赵王瑢惧其实力,赶紧派人将刘守光之意告知晋王,李存勖不以为意。晋将献言:"云、代与燕接境,彼若扰我城戍,动摇人情,吾千里出征,缓急难应,此亦腹心之患也。不若先取守光,然后可以专意南讨。"②晋王深以为然。但是,在晋军还没有来得及对燕军用兵之前,刘守光已经入侵了晋军的根据地,蔚州在乾化元年至三年间(911—913 年),曾是燕国的属地。证据是一方墓志。该墓志于2014 年 4 月,出土于山西大同市西北郊。根据大同市考古研究所发布的《山西大同西北郊五代墓发掘简报》③的相关内容,该墓的形制与以往大同地区发现的晚唐五代墓基本相同,出土器物及纹饰亦符合唐末五代器物的特点。更为重要的是墓中出土了一方墓志,可以认定其为五代初期的墓志,并且可以推定其纪年在公元 911 年至 913 年间。该墓志为砂岩质,"志盖为长方形盝顶,长 32、宽 29、厚 7 厘米,盝顶长 26、宽 22、刹面宽 3 – 4 厘米。顶部阴线刻方格,方格内阴刻隶书'贾府君志',刹面、立沿均为素面。志石为长方形,长 33、宽 29、厚 6 厘米。志面阴刻 14道竖线将其分为 13 行,志文楷书,1 行,共 17 字。"④墓志盖及录文如下:

燕故河东道横野军副使贾府君墓志并序

图三:贾府君墓志志盖

---

① (宋)司马光:《资治通鉴》卷 267,第 8738 页。

② (宋)司马光:《资治通鉴》卷 267,第 8738 – 8739 页。

③ 大同市考古研究所:《山西大同西北郊五代墓发掘简报》,载《文物》,2016 年第 4 期,第 26 – 31 页。

④ 大同市考古研究所:《山西大同西北郊五代墓发掘简报》,第 29 页。

图四:贾府君墓志拓片

　　河东道,辖河中、太原两府及晋州、绛州、慈州、隰州、汾州、沁州、辽州、岚州、宪州、石州、忻州、代州、云州、朔州、蔚州、武州、新州、潞州、泽州等十九州。① 其境约相当于今山西全境。安史之乱以后,为了平衡边地与中原的军事力量对比,中原亦普设藩镇,武备增强,唐代的道一级行政机构遂普遍以藩镇的形式出现。藩镇即道,大镇辖十几、数十州;小镇辖一个或二、三个州。河东道即河东镇,亦称河东节度,其长官称河东节度使。除民政以外,河东节度亦为管内军事最高机构,终唐一代,河东节度下设的军②一级的军队共计40个。③

　　横野军,即是河东军下辖之军镇,于唐高宗上元年间,置于蔚州安边县(今河北蔚县东北约一百四十里处)。④ 自中和三年(883年)起,迄后唐清泰三年(936年),河东军为沙陀所掌控,李克用、李存勖、石敬瑭先后任河东节度使。其间,以"燕"作称谓的割据政权只有燕地之刘守光政权,国号大燕,定都幽州。立国于后梁乾化元年(911年)八月,乾化三年(913年)十一月,为晋王李存勖所灭。由此,蔚州横野军期间为燕国所控制,与幽州接壤之蔚州一度为燕所占据。

### 二、北抗契丹

　　契丹,东胡的一支,世居于西拉木伦河及老哈河流域,风俗与突厥相近。7世纪初,开始与唐王朝建立了较为密切的关系,在中原封建文明的影响下,逐渐强盛。唐光启年间,中原动乱频仍,北边无备,契丹势力渐强,达靼、奚、室韦等部族皆受其驱役,并不时南下扰边。10世纪初,在晋、汴争霸的背景下,契丹的脚步开

① (宋)欧阳修、宋祁:《新唐书》卷39《地理三》,第999-1008页。
② 唐代军镇制度下的军队编制单位,主要有军、守捉、城、镇、栅(亦称寨)等五类。
③ 桂齐逊:《唐代河东军研究》,第219-231页。
④ 孙瑜:《唐代代北军人群体研究》,第73页。

始踏入中原。后唐建立之前，契丹纠缠于河东、宣武及卢龙之间，在幽州（治今北京）、平州（治今天津东北）、营州（治今辽宁朝阳）附近频繁活动，并偶尔侵入沙陀统领之云（治今山西大同）、蔚（治今河北蔚县）二州之境。

（一）沙陀与契丹

1. 结怨

后梁开平元年（907年）五月，契丹八部之首领耶律阿保机一方面遣使通好后梁，一方面与晋王李克用会面于云州，相约共击后梁。随即晋、汴"夹寨之战"开启，后梁之陕州节度使康怀贞联兵魏博镇，进攻河东之潞州（治今山西长治）。双方交战半年之久，战争进入胶着状态。开平二年（908年）正月，李克用病故。史载，李克用临终以三支箭付与其子李存勖，嘱其曰："一矢讨刘仁恭，汝不先下幽州，河南未可图也。一矢击契丹，且曰阿保机与吾把臂而盟，结为兄弟，誓复唐家社稷，今背约附梁，汝必伐之。一矢灭朱温。汝能成善志，死无恨矣！"[①]四月，晋王李存勖与众将商议，欲趁先王新丧，朱温有轻视晋军之心，出奇兵进攻梁军，遣使贿赂契丹王阿保机，求其骑兵之援。契丹未派援兵，五月初一，晋军伏兵于三垂岗（今山西屯留东南）下，凌晨趁大雾，直抵夹寨，大败梁军。五月二十八日，契丹王阿保机遣使与后梁使节高顾一同入贡后梁，并请求册命。后梁太祖朱温遣使臣浑特赴契丹赐诏，并与契丹约定共灭沙陀。

2. 叔事契丹

卢龙节度与契丹接壤，幽州之地是契丹进入中原的必经之地，自10世纪初，契丹与幽州之间攘扰不断。卢龙节度使刘仁恭因熟悉契丹的情况，每逢霜降，就派兵焚烧塞下的野草，致使契丹的马多因无食而亡。后梁开平元年（907年），卢龙节度刘仁恭之次子刘守光弑父篡权，引起内讧。后梁开平三年（909年）五月，刘守光之兄刘守文曾以重金贿赂契丹出兵讨伐刘守光，但没能阻止刘守光势力的壮大，乾化元年（911年）八月，刘守光称帝，在其受册之日，契丹曾攻陷平州。乾化三年（913年）十月，刘守光曾在穷途末路时，求救于契丹，契丹以其言而无信为由，没有派兵相救。燕国灭亡。

晋军灭燕之后，晋将周德威任卢龙节度使，曾经的河朔三镇（卢龙、成德、魏博）之二分之一已为河东军所控制。联合武顺节度、义武节度，进据天雄（原魏博）节度，进而控制整个河北之地，最终消灭后梁，为李存勖之战略部署。后梁乾化四年（914年）七月，晋王与赵王王镕联合进攻邢州（治今河北邢台），不果。后梁贞明元年（915年）三月，天雄节度使杨师厚亡，后梁末帝任平卢节度使贺德伦为天

---

① 　（宋）司马光：《资治通鉴》卷266，第8688页。

雄节度使;并于相州置昭德军,辖澶、卫二州,以宣徽使张筠为节度使,欲分割魏博的实力。魏博军自中唐以来,父子相承,百年未变,不愿受后梁摆布,魏博兵变由此而生。四月,天雄节度贺德伦投诚河东。六月,晋王李存勖率军进入魏州(治今河北磁县东),贺德伦奉上天雄军帅印,晋王任其为大同军节度。自此,魏博基本归晋。晋军势气大振,后梁贞明二年(916年)四月,晋军攻下洺州;八月,攻下邢州。正当晋军在河北攻城略地,连连取胜之时,后院火起,契丹王阿保机亲率三十万大军进攻蔚州、云州。十二月,阿保机称帝。晋王欲经营河北,消灭后梁,故以结援契丹为上策,循先王李克用之故事,"以叔父事阿保机,以叔母事述律后"①。

### 3. 契丹攻晋

叔侄之约如同当年的兄弟之约,并不能阻止契丹南下攻伐。桀燕灭亡后,晋军接管卢龙节度。晋卢龙节度使周德威不修边备,疏于管理,契丹常南下游牧于营州(治今辽宁朝阳)、平州之间。后梁贞明三年(917年)二月,晋新州威塞军节度下的裨将卢文进率所部投奔契丹,拉开了契丹攻晋的帷幕。三月,卢文进引契丹兵攻占新州(治今河北涿鹿),晋王李存勖集合河东、镇州、定州之兵攻之,为契丹所败。契丹乘胜以百万之众进围幽州,周德威告急于晋王,晋王遣李嗣源为先锋,率兵救援。是年八月,契丹围困幽州已近两百日,城中危困。李嗣源、李存审率所部奋力杀敌,契丹大败,余众自古北口(今北京密云东北)逃路而去,幽州之围解除。契丹以卢文进为卢龙节度使,率军居于平州,不时率奚族骑兵入侵边境,劫粮扰民,卢龙之属州倍受其苦。

张文礼兵变再次引发晋与契丹之战。后梁龙德元年(921年)三月,赵王王镕之养子张文礼叛乱,尽灭王氏之族,只留王昭祚之妻、朱温之女普宁公主以为人质,并告乱于晋王李存勖,请为成德军留后。四月,为安抚张文礼,以防变生肘腋,晋王遣节度判官卢质任其为成德留后。张文礼虽获得了晋王的首肯,但内心并不安稳。七月,先派人通过卢文进求援于契丹,后遣使告于后梁,普宁公主安然无恙,"臣已北召契丹,乞朝廷发精甲万人相助,自德、棣渡河,则晋人遁逃不暇矣。"②张文礼南通后梁、北联契丹的脚踏两只船的做法,不仅没取得后梁的信任,也失去了晋军的支持。八月,李存勖以原赵王手下的将领符习为成德留后,率军讨伐张文礼,围攻镇州(治今河北石家庄)。武顺节度与义武节度临近接壤,为唇齿相依的关系,晋、汴争霸中,两镇均与晋军结盟,在沙陀的卵翼之下求得一时之安宁。如今,武顺叛乱,遭晋讨伐,义武节度使王处直心恐唇亡齿寒,殃及自身,遂

---

① (宋)司马光:《资治通鉴》卷269,第8810页。
② (宋)司马光:《资治通鉴》卷271,第8867页。

暗中派人联络新州刺史王郁①,许其以嗣位,让其暗中贿赂契丹,使其南下寇边,以解镇州之围。王处直之义子王都,恐王郁危及已位,聚众兵变,斩杀王处直的亲信,自许为留后,并告知晋王,李存勖以其为义武节度使。王处直虽失权柄,但其联络契丹南下的方略得以实施。十二月,契丹举兵南下,不日攻下涿州(治今河北涿鹿),又进攻定州(治今河北定县),晋军与契丹交战于狼山(定州西北二百里)。次年(922年)正月,晋军与契丹激战于定州东北六十里之望都,大败契丹,契丹北归。次年(923年)四月,晋王李存勖即皇帝位,后唐建立。

(二)契丹与云州

1. 握手云州

后梁开平元年(907年)五月,契丹王耶律阿保机一面遣使臣交通后梁,一面举兵三十万进攻河东之属地——云州。晋王李克用欲与之连和,与阿保机会面于云州东城,饮酒言欢,约为兄弟,并约定共击后梁。阿保机在云州停留数日北归。"晋王赠以金缯数万。阿保机留马三千匹,杂畜万计以酬之。"②阿保机归而背盟,依附于后梁。

2. 进攻云州

后梁贞明二年(916年)八月,正值晋军与汴军激战,争夺河北之时,契丹王耶律阿保机亲率大军三十万,号称百万,从麟州(治今陕西府谷西南)、胜州(治今内蒙古东胜东北)绕道,进攻晋之蔚州,俘虏振武节度使李嗣本,并遣使于大同节度使李存璋,以钱财交换李嗣本。李存璋斩杀其使节,契丹复进攻云州。九月,晋王李存勖亲自率兵自晋阳(今山西太原南)出发,救援云州,行至代州(治今山西代县),契丹退兵。

## 第二节 后唐之雁北藩镇

唐天祐二十年(923年)四月,晋军灭后梁,晋王李存勖即皇帝位,国号大唐,改元,是年为后唐同光元年。后唐所辖十二节度、四十八州,定都洛阳(今河南洛阳)。自同光元年(923年)至清泰三年(936年),后唐一朝历四帝、十四年。自后唐立国至燕云十六州之地归于契丹,其北境之压力主要来自于契丹。后唐雁门关

---

① 王郁本为义武节度使王处直之庶子,不受宠,投奔晋王李克用,克用以女妻之,时任新州团练使。

② (宋)司马光:《资治通鉴》卷266,第8680页。

以北有振武、彰国、威塞、大同等四个军镇,大同军节度,治云州。

终后唐一朝,后唐与契丹之间的交互活动共计 27 次,分四个阶段,简况见下表:

表十一:923—936 年后唐与契丹之间的战事及交流①

| 序号 | 时间 | 战事 |
|---|---|---|
| 1 | 923 年闰四月 | 契丹寇幽州,至易、定而还。 |
| 2 | 924 年正月 | 契丹寇幽州,兵至瓦桥关。 |
| 3 | 924 年三月 | 契丹寇涿州之新城县。 |
| 4 | 924 年五月 | 契丹屯兵幽州东南城门之外。 |
| 5 | 924 年七月 | 契丹将领秃馁及卢文进据营、平等州进扰燕地。 |
| 6 | 924 年九月 | 契丹寇幽州。 |
| 7 | 924 年十月 | 契丹入寇易、定二州。 |
| 8 | 924 年十一月 | 契丹寇蔚州。 |
| 9 | 925 年正月 | 契丹寇幽州。 |
| 10 | 926 年八月 | 幽州言契丹寇边。 |
| 11 | 926 年十月 | 契丹卢龙节度使卢文进率十余万众自平州南归。 |
| 12 | 928 年正月 | 契丹陷平州。 |
| 13 | 928 年五月 | 奚酋长秃馁以万骑突入定州。 |
| 14 | 928 年六月 | 契丹复遣其酋长惕隐将七千骑救定州。 |
| 15 | 928 年八月 | 后唐军于幽州大败契丹。 |
| 16 | 929 年二月 | 定州军擒契丹二千人。 |
| 17 | 929 年四月 | 契丹寇云州。 |
| 18 | 929 年五月 | 契丹寇云州。 |
| 19 | 930 年十一月 | 契丹东丹王突欲率部曲四十人自登州来奔。 |
| 20 | 932 年五月 | 契丹数寇云州及振武。 |
| 21 | 932 年十月 | 幽州奏契丹屯兵捋剌泊。 |
| 22 | 932 年十一月 | 蔚州刺史张彦超举城附于契丹,契丹以为大同节度使。 |
| 23 | 934 年九月 | 云州奏契丹入寇。 |
| 24 | 935 年五月 | 契丹寇新州及振武。 |

---

① 本表史料主要源于《资治通鉴》。

| 序号 | 时间 | 战事 |
|------|------|------|
| 25 | 935 年六月 | 契丹寇应州。 |
| 26 | 936 年七月 | 石敬瑭遣使求救于契丹。 |
| 27 | 936 八月 | 应州言契丹三千骑攻城。 |

第一阶段(923—924 年),战火连绵。后唐庄宗李存勖即位初期,契丹对后唐的进扰以幽州为中心,活动的范围涉及蔚州、涿州、易州、定州等地。同光元年(923 年)闰四月,后唐新立,契丹即延续十世纪以来的故事,进扰寇边,后唐以大将李存审为卢龙节度使,率军御边。次年(924 年),契丹频繁入寇,一年中七次南下进入后唐之边境。正月,契丹兵即至瓦桥关(今河北雄县西南)。后唐遣天平军节度使李嗣源为北面行营招讨使,陕州留后霍彦威为副招讨使,宣徽使李绍宏为监军,率兵救幽州,契丹退出塞外,新州复为后唐所掌控。后唐命泰宁节度使李绍钦、泽州刺史董璋带兵戍守瓦桥。三月,契丹遣兵入寇后唐涿州之新城(今河北涿鹿南)。五月,后唐幽州节度使李存审亡,契丹复入寇,屯兵于幽州东南城门之外,多所劫掠,民受其患。七月,后唐于新州置威塞军防御契丹。时契丹强大,为海东盛国,东北诸夷只渤海未服。契丹遣其将秃馁及卢文进占据营州、平州,以进扰燕地。九月,契丹寇幽州;十月,寇易、定;十一月,寇蔚州。

第二阶段(925—927 年),烽燧无警。同光三年(925 年)二月,后唐将李嗣源在涿州击败契丹。后唐以横海节度使李绍斌为卢龙节度使,以李嗣源为成德节度使防御契丹。契丹忙于征服渤海,无暇南下,于次年(926 年)正月,遣使修好。四月,后唐庄宗李存勖亡。七月,契丹主耶律阿保机亡。后唐与契丹之间的战事暂息。十月,契丹卢龙节度使卢文进,率所部十余万人自平州归于后唐。后唐明宗天成二年(927 年)九月,契丹遣使修好。

第三阶段(928—931 年),烽烟再起。天成三年(928 年)正月,契丹攻陷平州。四月,后唐义武节度使王都谋反,以重金求救于奚族酋长秃馁。五月,秃馁率一万骑兵入定州,双方开战。后唐北面诏讨使王晏球与卢龙节度使赵德钧连兵,大败契丹。契丹北逃,入幽州境。八月,赵德钧遣牙将武从谏率精骑截击契丹,生擒惕隐等数百人,余众四散,逃入村落,又遭村民围攻,逃脱者不过数十人。天成四年(928 年)正月,王都及奚酋长秃馁被围困定州。二月,王都举族自焚,秃馁及二千契丹人被俘,为期十个月的王都联合契丹的叛乱平定。四月,契丹寇云州;五月,再寇云州。后唐明宗长兴元年(930 年)十一月,契丹之东丹王突欲率部曲四十人自登州(治今山东蓬莱)投奔后唐。次年(931年)三月,后唐赐契丹东丹王突欲姓东丹、名慕华,任其为怀化节度使,瑞、慎等州观察使。九月,复更其名为李赞华。

第四阶段(932—936年),雁北易主。后唐自同光三年(925年)赵德钧任幽州节度以后,防备甚严。契丹牙帐西迁,云、朔及振武遂成为契丹南下攻伐的目标。长兴三年(932年)五月,契丹以后唐不释其大将则刺为由,数寇云州及振武。十月,契丹屯兵捺刺泊。后唐以河阳节度使石敬瑭为北京留守、河东节度使,兼大同、振武、彰国、威塞等军蕃汉马步总管,防卫北境,抗御契丹。十一月,后唐大同节度使张敬达率兵驻守要冲,契丹不敢南下。蔚州刺史张彦超,素与石敬瑭不睦,听闻其为雁门以北诸军马步总管,举城投奔契丹,契丹任其为大同节度使。长兴四年(934年)十一月,后唐明宗亡。十二月,宋王李从厚即皇帝位,为闵帝。应顺元年(934年)四月,潞王李从珂即帝位,改元清泰,为末帝。九月,契丹寇云州。后唐北面招讨使石敬瑭率兵屯百井防备契丹,振武节度使杨檀击退契丹。十二月,契丹退去,石敬瑭自百井归晋阳。清泰二年(935年)五月,契丹寇新州及振武;六月,契丹寇应州(治今山西应县)。清泰三年(936年),末帝李从珂与河东节度石敬瑭之间嫌隙渐深,五月,下诏以石敬瑭为天平节度使,以河阳节度使宋审虔为河东节度使,以削弱其兵权。石敬瑭疑惧,问计于手下,掌书记桑维翰建议其北联契丹,以成大业。石敬瑭遂反,后唐末帝调集诸道兵讨伐河东。七月,石敬瑭遣使契丹求援,承诺以卢龙一道及雁门关以北诸州付与契丹,并以父礼事之。八月,契丹发兵三千骑攻应州。九月,契丹主耶律德光亲率五万骑兵,号称三十万大军,从杨武谷(今山西代县之崞阳)南下,救援晋阳,大败唐兵。十一月,契丹任石敬瑭为大晋皇帝。幽、蓟、瀛、莫、涿、檀、顺、新、妫、儒、武、云、应、寰、朔、蔚十六州之地归于契丹。

## 第三节　从大同军节度使的任用看云州及雁北的重要性

自大顺元年(891年)七月,李克用击溃赫连铎,将吐谷浑势力逼出云州以后,云州重又成为沙陀的天下。在沙陀李氏南下争霸、问鼎中原的征程中,云州一直是当然的大后方和根据地,具有极其重要的意义,这一点在大同军节度使的任职上充分体现。

表十二:891—936 年大同军节度使(防御使)任职一览表

| 时间 | 人物 | 简况 |
|---|---|---|
| 891 年 | 石善友 | 云州平,李克用表石善友为大同军防御使。 |
| 891 年 | 薛志勒 | 王晖据云州叛,讨平之,以薛志勤为大同军防御使。 |
| 894 年 | 李克宁 | 累至云州防御使。 |
| 903 年 | 刘再立 | 云州都将王晖杀刺史刘再立。 |
| 904 年 | 王郅 | 天复初,克用以女妻之,历岚、石、沔三州刺史、大同军防御使。 |
| 908 年 | 李嗣本 | 武皇亡,嗣本改云中防御使、云蔚应朔等州都知兵马使。 |
| 915 年 | 贺德伦 | 后梁贞明元年,晋王任贺德伦为大同节度使。 |
| 916 年 | 李存璋 | 天祐十三年,授大同防御使、应蔚朔等州都知兵马使。 |
| 924 年 | 安元信 | 同光二年,任云州刺使、雁门以北都知兵马使、大同军节度留后。次年,升大同军节度使。 |
| 926 年 | 高行珪 | 同光四年,云州留后高行珪正授本军节度使。 |
| 927 年 | 张敬询 | 以前利州节度使张敬询为云州节度使。 |
| 928 年 | 索自通<br>张温 | 天成三年,任云州节度使。<br>天成三年,复为云州节度使。 |
| 929 年 | 杨汉章<br>张敬询<br>张温 | 天成四年六月,蓼州节度使杨汉章移镇云州。<br>十月,以云州节度使张敬询为左骁卫上将军。<br>天成四年,改云州节制。 |
| 930 年 | 张敬达 | 天成五年,应州节度使张敬达移云州。 |
| 933 年 | 张温<br>张敬达 | 长兴四年,以右龙武统军张温为云州节度使。<br>四年,迁云州。 |
| 935 年 | 安重霸<br>沙彦珣 | 清泰二年正月,以西京留守安重霸为云州节度使。<br>八月,以右神武统军沙彦珣为云州节度使。 |

## 一、历任大同军节度使

唐大顺二年(891 年)七月,李克用率军大败赫连铎与李匡威联军,赫连铎逃奔幽州,沙陀攻取云州,李克用上表朝廷"以部将石善友为刺史、大同军防御使"①。石善友,史无其传,唐天复二年(902 年)曾任振武节度使。② 2000 年在今山西应县曾出土墓志一合,志主名石善达,天复元年(901 年)葬于今山西朔州,据考证为粟特人。③ 据此,石善友或亦为粟特人。另据史载,同年,任职大同军节度使一职者还有薛志勤,"蔚州奉诚人,小字铁山。初为献祖帐中亲信,乾符中,与康君立共推武皇定云中……武皇授节雁门,志勤为代北军使,从入关……平黄巢。……武皇遇难上源驿……志勤虓勇冠绝……得侍武皇还营,由是恩顾益厚。……乾宁初,代康君立为昭义节度使。"④乾宁元年(894 年)六月,李克用攻陷云州后,"执大同防御使赫连铎,以其牙将薛志勤守云中。"⑤由此,自大顺二年至乾宁元年(891—894 年)间,职任大同军节度使者为薛志勤。李克宁,李克用之季弟,起家为云中奉诚军使,跟随李克用出生入死,历数战,"累至云州防御使。乾宁初,改忻州刺史。"⑥依晚唐五代之惯例,云州防御使即大同防御使,大同防御使一般兼云州刺史。后梁开平二年(908 年)正月,李克用病亡,李存勖继为晋王,李克宁掌军政,求领大同节度使。

唐天复三年(903 年)五月,云州都将王敬晖⑦杀刺史刘再立,以云城投降于幽州刘仁恭。李克用派李嗣昭率兵讨伐,击败幽州援军,平定云州。⑧ 此番云州叛乱的背景是晋汴之争中晋军暂处于劣势,李克用几欲退保云州,再图大业。天复元年(901 年),朱温的汴军接连攻下晋州、绛州、河中等地,河东军陷于困境,李克用遣使求和。朱温以其言辞傲慢为由,举兵兴讨。天复二年(902 年)三月,汴军连下汾、慈、隰三州之地,进围太原。李克用召集众将商议,欲退保云州。李存信曰:"事势危急,不如且入北蕃,别图进取。朱温兵师百万,天下无敌,关东、河北受他指挥,今独守危城……则亡无日矣!"⑨李嗣昭、周德威等力主固守、逆战。最后,李克用从刘夫人之见,力战汴军,夺回慈、隰、汾三州。七月,契丹王耶律阿保

① (宋)欧阳修、宋祁:《新唐书》卷 218《沙陀传》,第 6161 页。复见(宋)薛居正:《旧五代史》卷 25《武皇纪上》,第 345 页;(宋)欧阳修、宋祁:《新唐书》卷 212《李匡威传》,第 5984 页;(宋)司马光:《资治通鉴》卷 258,第 8416 页。

② (宋)薛居正:《旧五代史》卷 52《李嗣昭传》,第 704 页。

③ 殷宪:《唐石善达墓志考略》,《唐研究》第 12 卷,第 459 – 478 页。

④ (宋)薛居正:《旧五代史》卷 55《薛志勤传》,第 739 – 740 页。

⑤ (后晋)刘昫等:《旧唐书》卷 20 上《昭宗纪》,第 751 页。

⑥ (宋)薛居正:《旧五代史》卷 50《李克宁传》,第 685 页。

⑦ (宋)薛居正:《旧五代史》卷 53《李存璋传》记其名为王晖,第 720 页。

⑧ (宋)薛居正:《旧五代代史》卷 26《武皇纪下》,第 359 页。复见(宋)薛居正:《旧五代史》卷 52《李嗣昭传》,第 704 页;(宋)司马光:《资治通鉴》卷 264,第 8608 页。

⑨ (宋)薛居正:《旧五代史》卷 52《李嗣昭传》,第 703 页.

机以四十万大军南下河东,攻下九郡,"获生口九万五千,驼、马、牛、羊不可胜记"①。此时的河东军北有契丹、南有汴军,遂有云州都将王敬晖联合幽州刘仁恭之叛乱。云州刺史刘再立及都将王敬晖均无史传,李嗣昭平定云州之乱,王敬晖率众弃城投奔幽州,李克用以其失去王敬晖之过,杖之,并削其官爵。可见,王敬晖为李克用素重之将。

王处存子王郜,娶李克用女为妻,历岚、石、沨②三州刺史、大同军防御使,天祐中卒。③ 王处存,乾符六年至乾宁二年(879—895 年)间,任唐义武军节度使。在镇期间,交好河东,扮演了勤王忠唐的角色。

李嗣本,本姓张,雁门(今山西代县)人。少从李克用,因功为义儿军使,赐姓名。屡从征讨,渐立战功。唐天祐五年(908 年),李克用亡,"嗣本监护其事,改云中防御使、云蔚应朔等州都知兵马使,加特进,检校太保……九年,论功授振武节度使。"④

贺德伦,曾任名义上的大同军节度使。后梁贞明元年(915 年)三月,魏博节度使杨师厚亡,后梁欲趁机改变魏博镇相沿二百年父子相承、割据一方的旧例,置六州两镇,将魏博一分为二,以平卢节度使贺德伦为天雄节度使。魏博镇哗然,兵变,杀贺德伦亲兵五百人,劫持贺德伦,有军校名张彦者自为帅,并要求后梁朝廷恢复魏博旧制,遭拒,遂挟持贺德伦求援于晋军。六月,迎晋军入城,晋王任贺德伦为大同节度使。贺德伦欲自晋阳赴任,监军张承业留之。"大同军北临极边,贺德伦新附,张承业不欲使其有城有兵,故留之。"⑤次年(916 年)二月,梁将王檀进逼晋阳,大同节度使贺德伦所部之军士本为梁人,多逃入梁军,张承业恐其生变,斩杀贺德伦。

李存璋,云中人。少时与康君立、薛志勤等,随李克用起事于云中,后随之出镇太原,护从左右,累历泽州刺史、检校司空。李克用亡,与张承业共承托孤之重任,佐晋王李存勖即位。唐天祐十三年(916 年),王檀进逼太原,李存璋率汾州军固守城池,因功授大同防御使、应蔚朔等州都知兵马使,接连击退契丹对蔚州、云州的进攻,因功加检校太傅、大同军节度使、应蔚等州观察使。十九年(922 年)四月,因病亡于云州府第。⑥ 自天祐十三年至十九年(916—922 年),任大同防御使

---

① (元)脱脱等:《辽史》卷 1《太祖纪上》,第 2 页。

② 其时并无沨州,郁贤皓以其为"汾"之误,参见郁贤皓:《唐刺史考》,第 1197 页。

③ (后晋)刘昫等:《旧唐书》卷 182《王处存传》,第 4701 页。

④ (宋)薛居正:《旧五代史》卷 52《李嗣本传》,第 709 – 710 页。

⑤ (宋)司马光:《资治通鉴》卷 269,第 8790 页。

⑥ (宋)薛居正:《旧五代史》卷 53《李存璋传》,第 720 – 721 页。

（节度使）七年。

安元信，雁北人。出身军将世家，少事李克用帐下，从其平黄巢、战梁军。庄宗即晋王位，又跟从李存勖战上党、收复泽、潞，因功累历要职。后唐同光二年（924 年）七月，"以应州为云州属郡，升新州为威塞军节度使，以妫、儒、武等州为属郡……八月……以云州刺史、雁门以北都知兵马使安元信为大同军节度留后。"①同光三年（925 年），"复以云州为大同军节度使"②。二月，后唐以大同军节度留后安元信为沧州刺史。

高行珪，燕人，与其弟高行周俱以武艺高强闻名于时。本为燕王刘守光手下大将，后梁乾化二年（912 年），晋军讨燕，高行珪降于晋，晋以其为朔州刺史，迁云州留后。③ 后唐同光四年（926 年）六月，"新州留后张庭裕、云州留后高行珪并正授本军节度使。"④张敬询，胜州（治今内蒙古东胜东北）金河县人，出身将家，三代事李克用帐下。女为李克用子李存霸之妻。本人官历后唐武皇、庄宗、明宗三朝，历任要职。天成二年（927 年），自利州刺史任上还京师，授大同节度使。⑤

索自通，太原人。少善骑射，后唐庄宗出镇太原，将其招于麾下。攻桀燕、定魏博，累历战功。后唐明宗天成三年（928 年）九月，任云州节度使。十月，"以云州节度使索自通领寿州节度使，以前云州节度使张温复为云州节度使。"⑥张温，魏州魏县人。原为梁将，后梁贞明年间，降晋。天成年间，"授洋州节度使、右龙武统军，改云州节制。"⑦天成四年（929 年）四月，契丹寇云州。五月，"以左骁卫上将军经温为洋州节度使……六月……夔州节度使杨汉章移镇云州……十月，……以云州节度使张敬询为左骁卫上将军。"⑧由此，天成四年（929 年），因契丹屡犯边塞，一年内云州节度使三迁其任。

张敬达，代州人，出身将家，父张审曾在李克用帐下任军使。本人年少即以骑射闻名，庄宗将其招致麾下，屡从征讨，累有战功。天成五年（930 年）十一月，应

---

① （宋）薛居正：《旧五代史》卷32《庄宗纪第六》，第438－439 页。复见《旧五代史》卷61《安元信传》，记为"大同军节度使"，第817 页。

② （元）脱脱：《辽史》卷41《地理志五》，第506 页。

③ （宋）薛居正：《旧五代史》卷65《高行珪传》，第866－867 页。

④ （宋）薛居正：《旧五代史》卷36《明宗纪二》，第499 页。

⑤ （宋）薛居正：《旧五代史》卷36《明宗纪四》，第523 页。

⑥ （宋）薛居正：《旧五代史》卷39《明宗纪五》，第543 页。复见（宋）薛居正：《旧五代史》卷65《索自通传》，记为"大同军节度使"，第871 页。

⑦ （宋）薛居正：《旧五代史》卷59《张温传》，第799 页。

⑧ （宋）薛居正：《旧五代史》卷40《明宗纪六》，第550－555 页。

州节度使张敬达移镇云州。① 长兴四年(933年)三月,"以右龙武统军张温为云州节度使。②"同年,张敬达自应州节度使转任云州节度使。"时以契丹率族帐自黑榆林捺剌至没越泊,云借汉界水草,敬达每聚兵塞下,以遏其冲,契丹竟不敢南牧,边人赖之。"③据此,长兴三年(933年),因契丹寇扰,后唐先后任张温、张敬达为云州节度使。

安重霸,云州人。性狡黠,多智谋,曾因负罪投奔梁、蜀,后自蜀还唐,深得后唐明宗重用。后唐清泰初,任西京留守、京兆尹。清泰二年(935年)正月,云州节度使张温移镇晋州,以安重霸为云州节度使。八月,以右神武军沙彦珣为云州节度使。④

### 二、从大同军节度使之任用看云州及雁北的重要性

参见表十二,自唐大顺元年至后唐清泰三年(891—936年)间,共有17人任大同军节度使一职,史有传记者计13人。除刘再立、杨汉章不明来历以外,余者可分为三组,跟随李克用父子从雁北至晋阳,隶属于晋军的河东集团成员,如石善友、薛志勤、李克宁、李嗣本、李存璋、安元信、张敬询、安重霸、沙彦珣、索自通、张敬达;与沙陀李氏缔结姻缘的姻亲集团成员,如王郜;在晋汴交战中自梁军投降晋军的降将,如高行珪、张温、贺德伦。就人员任用而言有如下几个特点。

沙陀宿将。根据以上17人次的传记及相关记录,无一例外,全部是久经沙场的老将。李克宁,李克用之弟、后唐之宗室,初起云中时即为奉诚军使,跟从李克用攻打赫连铎及李匡威联军,血战三日,杀敌万计;自达靼入关,追剿黄巢;李克用出镇太原,随从左右,讨伐王行瑜、征战梁军。天祐初,授内外都制置、管内蕃汉都知兵马使、检校太保,兼振武节度使。李存璋,起家于云中,因能征善战,为李克用之义儿军使。征讨李匡威、赫连铎之联军;讨伐云州都将王晖之乱,官至河东马步军都虞侯。随晋王李存勖与梁军激战夹寨;恶战柏乡。柏乡一战,李存璋作为在镇排阵使,为晋军的胜利、后唐的建立,起到了至关重要的作用。张敬达,年少即以善骑射闻名,明宗长兴中,官至河东马步军都指挥使,率军御边于云州,契丹不敢犯塞。清泰中,职任北面兵马副总管,屯兵雁门。清泰末,石敬瑭反唐,末帝任张敬达为太原四面兵马都部署、北面行营都招讨使,率兵三万驻于晋安乡(晋阳城

---

① (宋)薛居正:《旧五代史》卷41《明宗纪七》,第570页。
② (宋)薛居正:《旧五代史》卷44《明宗纪十》,第603页。
③ (宋)薛居正:《旧五代史》卷70《张敬达传》,第933页。
④ (宋)薛居正:《旧五代史》卷47《末帝纪中》,第643–653页。

南),攻取晋阳。"敬达设长城连栅,云梯飞炮,使工者运其巧思,穷土木之力。"①无奈天公不作美,暴雨突至,平地水起数尺之高,城栅崩塌,张敬达军被困于晋安寨中,里无粮草,外无救兵,属下劝其投降,敬达以受命危难,职责未尽,拒降。后被属下杀害,殁于阵前。自梁军归降晋军的高行珪,本为燕地骁勇悍将,与其弟高行周俱以武艺闻名于时。

河东集团。上述17人中明确来历的15人中,12人均来自河东集团。同为晋军中人,细分其源由,又可分为三类。第一类,出自雁北,属于沙陀之雁北集团,包括石善友、薛志勤、李克宁、李嗣本、李存璋、安元信、张敬询、安重霸、沙彦珣等9人。其中,李克宁为后唐的宗室成员;李存璋、李嗣本为李克用之义儿军成员;薛志勤、李存璋是乾符年间斗鸡台事件的核心人物;张敬询,不仅是出身雁北的将家子,而且与李克用是姻亲,其女为克用子李存霸之妻。第二类,雁北之外的河东集团成员,包括索自通、张敬达等2人。索自通,太原人,因善骑射受重于晋王李存勖,得以进入河东集团。张敬达,代州人,父张审曾为李克用帐下军使。本人因善骑射,被庄宗李存勖召令继其父之职,成为晋军一员。第三类,沙陀的姻亲,即天复初的大同军防御使王郜。王郜系义武节度使王处存之子,义武节度也称易定节度,是八世纪末从成德军节度分离出来的一个藩镇,在唐末诸藩中属于勤王忠唐型藩镇。义武镇东临卢龙、右界河东、南接武顺(亦称成德),为了在唐末诸藩争雄的恶境中求得生存,王处存一直与河东沙陀保持友好的关系,并与之结为姻亲。

互不统属。后梁开平二年(908年)正月,李克用病亡,李存勖继为晋王,李克宁掌军政,求领大同节度使,"以蔚、朔、应州为巡属"②。据此,时大同军节度只领云州一州,雁门以北之蔚、朔、应三州不在其所辖范围之内。蔚州置横野军;朔州置兴唐军,属振武节度。同时,雁北诸军州亦不在河东节度之下,时河东领并、辽、沁、汾、石、忻、代、岚、宪等九州。③ 简言之,后梁及后唐期间,雁门以北诸镇是一个独立的军事单元,但是,其内部又各自独立,互不统属,只是在军情紧急的情况下,派威望大臣赴镇,以雁北诸军总管的身份统领诸藩。如:后梁开平二年(908年)正月,李克用亡,李嗣本任云中防御使、云蔚应朔等州都知兵马使,经略北边。后梁贞明二年(916年),梁军进逼太原;契丹南下进寇云、蔚二州,晋王李存勖召令李存璋率汾州军御敌,先后任其为大同防御使兼应蔚朔等州都知兵马使、大同

① (宋)薛居正:《旧五代史》卷70《张敬达传》,第933页。
② (宋)司马光:《资治通鉴》卷266,第8690页。复见(宋)薛居正:《旧五代史》卷50《李克宁传》,第687页。
③ (宋)司马光:《资治通鉴》卷266,第8690页。

军节度使兼应蔚等州观察使。自后唐长兴三年(932年)始,契丹兵临云州北境,伺机南侵。唐廷先后以河阳节度使兼六军诸卫副使石敬瑭为河东节度使,兼大同、彰国、振武、威塞军蕃汉马步总管;以张敬达为云州节度使、应州节度使,充大同、振武、威塞、彰国等军兵马副总管;以振武节度杨光远充大同、彰国、振武、威塞等军兵马都虞侯。

总之,从唐大顺以来,以云州为标志的雁北完全为沙陀所掌控,成为了沙陀南下争雄的根据地。为了保证雁北的安全,沙陀对于雁北诸镇节度使的任职,十分慎重。首先,派往雁北诸镇的节度使以出身雁北的河东军集团的人员为主,且均为能征善战的骁将。偶有例外,并不赴实任,如后梁贞明元年(915年)的后梁降将贺德伦,虽被任以大同军节度使,但是,只是名义上的大同军节度。后唐明宗即帝位后,以应州为其所生之地,凡任应州节度,皆为受重、威望之臣,如康思立,少为李克用爪牙,随出镇太原,为河东亲信骑军使,"明宗素重之,故即位之始,以应州所生之地授之焉"[1]。其次,雁门关以北所设之诸军州节度,互不统属,在战事紧急的情况下,临时派遣军将以总管之职统领蕃汉诸军。

### 三、雁北:蕃汉交流的重要孔道

自九世纪末,沙陀李氏出镇太原后,雁门以北之地作为沙陀的大后方,主要的军事压力来自北面的契丹。尤其是后梁乾化三年(913年),河东军平灭桀燕以后,契丹势力西迁,不时南下扰边,雁北战事仍频。抛开战争的灾害,从人口流动的角度而言,战争造成并促进了雁北地区的人口流动和民族交流。

唐天复二年(902年)三月,梁军势气大盛,接连攻取河东之慈、隰、汾三州,进逼晋阳。晋军全力应对,无暇后顾。七月,契丹四十万大军攻伐河东之雁北之地,攻下九郡,获生口九万五千,驼、马、牛、羊不可胜记。次年(903年)五月,云州都将王敬晖联合幽州叛乱。李嗣昭率军北上平乱,刘仁恭以五万援军赴援,兵败后,王敬晖率其部众弃云州城逃奔幽州。期间,振武节度管内亦发生叛乱,叛乱的主体是原居于云州的吐谷浑赫连铎部,自唐大顺年间,赫连铎被李克用打败后,其部族散居于雁北,不服沙陀统治,屡兴叛乱。首领是铁勒部之契苾让,时为振武节度下军将。李嗣昭在平定王敬晖之乱后,协助振武戍守将领石善友,平定振武之乱,杀吐谷浑叛乱者二千余人。

后梁乾化二年(912年)四月,晋将周德威率军征讨燕国,晋王命李存审带领

---

[1] (宋)薛居正:《旧五代史》卷70《唐思立传》,第932-933页。

吐谷浑、契苾骑兵与周德威会合讨敌。李嗣本率"代北诸军、生熟吐浑"[1]赴授周德威。后唐同光三年(925年)六月,云州奏:"去年契丹从碛北归帐,达靼因相掩击,其首领于越族帐自碛北以部族羊马三万来降,已到南界,今差使人来赴阙奏事。"[2]后唐天成二年(927年),张敬询受诏还京,"复授大同节度使,至镇,招抚室韦万余帐。"[3]十二月,蔚州刺史周令武回京,明宗皇帝询问其北州事宜,令武奏曰:"山北甚安,诸蕃不相侵扰。雁门以北,东西数千里,斗粟不过十钱。"[4]后唐天成五年(930年)四月,云州奏:"掩击契丹,获头口万计。"[5]

综合上述史事,战争导致了雁北人口大量流动,流动人口的族属多样,不仅有汉人,还有吐谷浑、沙陀、铁勒、达靼、契丹、室韦等多个少数族群,雁门以北地区是蕃汉混居、交流的重要区域。

## 第四节　墓葬史料所见雁北民众生活

唐中和三年(883年)八月,李克用因镇压黄巢之功被朝廷任为河东节度使,出镇太原。此后,沙陀的脚步渐渐远离雁北。在以皇朝嬗代为主题的传统文献当中,雁北作为沙陀的"龙兴之地",亦逐渐淡出了历史的记忆。但是,随着考古科学的发展,相关历史人物墓葬的发掘、墓志的出土,为我们了解当时雁北地区的民众生活提供了视角。

### 一、墓志所见民众生活

1986年,在今山西大同市城西卧虎湾一带发现一方墓志——《大唐故张府君墓志铭并序》[6],志文主要内容如下:

府君讳行本,字道兹,其先清河郡人也。暨自周、隋唐及唐,冠盖不绝。唯唐初将军僧遥,即其裔也。府君旧版,爱止雁门,数代枌榆,皆寄于彼土。顷因多难,流云中。虽世袭于丹青,而放闲于碧绿。自故府陇西公怜其巧辩,署以衙前兵马使,乃举为绘士之首。加以缨冕混俗,绘素神通,□三晋之贤豪,备四人之盛业。

① (宋)薛居正:《旧五代史》卷52《李嗣本传》,第710页。
② (宋)薛居正:《旧五代史》卷32《庄宗纪六》,第448页。
③ (宋)薛居正:《旧五代史》卷61《张敬询传》,第821页。
④ (宋)薛居正:《旧五代史》卷38《明宗纪四》,第530页。
⑤ (宋)薛居正:《旧五代史》卷41《明宗纪七》,第563页。
⑥ 载张焯:《云冈石窟编年史》,第219－220页。该志石现藏于大同市博物馆。

至于庄严佛事,模写真容,纵隋之展虔、晋之顾恺,不可同年而语也……以乾宁五年九月三日寝疾,终于任贤里之私弟,享年六十四。夫人王氏,庆于俗考,而殒谢偏钟,乃持一志之贞,是契三从之德。有子二人:长曰敬玫,不坠盛业,犹重义轻金,而乃庆表循陔,念生陟岵,毛子嘉捧檄之义,仲由持负米之时。次男敬伸,惠而早亡。新妇崔氏、李氏等,皆孝感香江,贞动寒笋。孙男三合,孙妇尹哥、伴伴等,……咸与扣地之哀,莫尽同天之戚。以是年九月廿四日,葬于云州西北原,礼也。其铭曰……

据上述志文,志主名张行本,生于唐文宗太和九年(835年),亡于唐昭宗乾宁五年(898年),期间并无迁徙,一直生活于雁北之云州。张氏本贯清河郡(治今河北清河),后流徙于雁门郡(治今西代县),遂以雁门为籍,张氏一族在雁门历数代,后因战事,流落至云州云中县(治今山西大同)。张氏出于丹青世家,因受"陇西公"提携,任为"兵马使",绘画之技艺得以施展。兵马使,"节镇衙前军职也,总兵权,任甚重。至德以后,都知兵马使率为藩镇节帅。"①陇西,即陇西郡,是李唐皇族自认之郡望,有唐一代,不少功臣被朝廷赐姓李,归附李唐宗室。如,晚唐沙陀朱邪赤心,因从讨庞勋之功,唐朝赐姓李氏,名国昌,"仍系郑王房"②。因此,在唐人墓志中,不论是否属籍于李唐宗室,凡姓李者,多以陇西为郡望,以攀附富贵、抬高身价的现象屡见不鲜。如:唐宝历年间故去的河东节度游弈军左一将李莫华,志言:"公讳莫华……公之胤叙,本望陇西,即是皇帝之苗裔。"③晋王李克用,随其父李国昌入唐宗室郑王房,墓志载:"公讳克用,字翼圣,陇西成纪人也"④。以墓主张行本的出生年推算,其任"兵马使"一职的时间约在唐懿宗至僖宗两朝,期间任职大同军节帅,且郡望陇西者,唯李克用一人。⑤ 自唐代开元以后,大同军移镇云州,张行本所任职之"衙前兵马使"应为云州衙前兵马使。自其任该职后,因绘画之技艺闻名于时,上至达官显贵、下至市井凡夫,无不晓其盛名。张氏有子二人,长子继其业;次子早亡。

2000年,在今山西大同市东南的智家堡村建筑工地,出土一合墓志——《唐故河东节度衙前兵马使知云州别贮仓务银青光禄大夫检校太子宾客兼御史中丞天水郡赵府君墓志铭并序》,志文主要内容如下:

① (宋)司马光:《资治通鉴》卷215,第6877页。
② (宋)薛居正:《旧五代史》卷25《武皇纪上》,第332页。
③ 张焯:《云冈石窟编年史》,《唐故河东节度游弈军左一将、判官、忠武将军、守左金武卫大将军、试太常卿李府君墓志铭并序》,第209-210页。
④ 吴纲:《全唐文补遗》第七辑,2000年,第165页。
⑤ 参见孙瑜:《唐代代北军人群体研究》,第324页。

□□□礼,字安之,其先天水人也……自幽王为秦所并,由是枝叶分荣,流散于□□。□讳□,安匡臣。因历职塞上,遂贯于云中,版籍枌榆。或附于近甸者,往往存焉。□□负英姿,素韬名节。幼承勋于相府,长莅职于王庭。暨大顺岁晋王戡难,爰复疆场,北接荒陬,尽收其地。于是城池丕变,俗庶卒安。翌日,王谓大寮曰:此吾兴王旧壤,建业家邦,控御诸蕃,接邻雄镇。克复之后,帑藏悉空。既恃险于金汤,必先资于廪食。旁求职掌,固在得人。左右咸推府君,明敏称□,宏机出众,乃付之管钥,委以印符。署节度贮仓官,受纳诸州赋税,计其耗羡。不□于民。一年而阜集山堆,二载而千箱万庾。加以管内有未踵于穷秋,不计于朝夕者。□君咸施沾拯,悉赖赈矜……以光化三年□月十□日寝疾,终于云州市南里之私第,享年六十有三。夫人郑氏,早持淑德……□庭仰四善之风,内礼著三从之道。有子三人,其长曰行儒,凤抱英聪,久匡难务。当□□疾之□,悉委以主戡,及遗状达于台鼎,是许继其务焉。乃授以宪衔……遂父之寄,实堪荆荷之谋。加以孝通神明……一郡三城,向仰者众矣。次子行温。季曰回军。侄男再□……(有女)三人,长适高氏,次适张氏,小曰贵娘子。侄女一人,适石氏。孙女喜喜、女女、娘□……新妇胡氏、张氏、王氏、张氏、门氏。皆孝感……□归居丧,不舍于缞麻……以天复元年岁次辛酉十月……临迁厝之辰,敢悌蒭茏之述,乃为铭曰……①

志主赵礼,使职为河东节度衙前兵马使,兼任云州别贮仓务②,即节度使管辖之下的储存府库钱粮的官员。赵氏本官品阶为从三品之银青光禄大夫。"检校"一词用于官衔,意即兼任。但是,中唐以后,检校某官仅为虚衔,并不能执行其职。③ 赵礼志中所言检校太子宾客一职为虚职,御史中丞一职是否为实任不可考证。赵氏本贯天水郡,其父因职官迁转来到边地,遂以云州云中县作为故乡及本贯所在地。志言其"幼承勋于相府,长莅职于王庭",以卒年及享年推算,赵氏之幼年约在唐开成至大中年间。以男子年 20 弱冠,其成年当在唐大中十二年(838年)。晚唐与雁北有关的官至宰辅且封王位者,唯沙陀李克用。大顺年间,赵礼曾跟从李克用征讨赫连铎,收复云州。战后,云州因战事府库皆空,李克用以云州为"兴王旧壤",欲择可信任之人作为河东节度下云州之仓储官,专职管内钱粮的收缴,以资军用。赵礼因众人推选,荣应此职,职任期间,政绩显著。赵礼生病期间,其长子赵行儒即代行其事,病亡后,其子即继其位。

---

① 殷宪:《大同新出唐辽金元志石新解》,第 112 – 114 页。
② 别贮仓,也称别贮钱,是自唐德宗朝始设置的由户部专管的钱库,主要用于京官俸料及国家急用,其来源主要是地方财政节约,也有抑制方镇跋扈的目的。参见何汝泉:《唐代户部别贮钱的来源》,第 187 – 204 页。
③ 王寿南:《隋唐史》,第 422 页。

2000年,在今山西朔州应县西南十公里桑干河东岸之栗家坊村出土一方墓志——《□大唐北京太原府朔州兴唐军石府君墓志》,志文如下:

府君善达公。高皇本自凉州武威郡人也……国官随□,□□□地……府君年六十八,以光化二年十二月十五日终于私□……夫人经州安定郡安氏……□适三从,奉君子之齐眉;礼备四德,敬举案之钦供……去□□□九,以龙记元年五月……私室,权瘗室仪。嗣子等各冠雄才,茔想生前膝下之恩……唯兹合□□□灵,用酬鞠养之微报。遂乃卜其宅兆,龟筮荐从。以天复元□□□己卯朔十九日丁酉,兴唐军东东八里村西北黄花堆菟□萝□,□□。□阙也,山连三重,坟高二丈……左右之青龙、白虎,前后之朱雀、玄武。四神周备,灵孥其中……□□年卅八,振武节度押衙。迪光,年卅五。千郎,卅九。夫人王氏、何氏、康氏、史氏。①

志主石善达,本贯凉州武威郡(治今甘肃武威),因官职迁转,来至朔州(治今山西朔县)。夫人安氏;儿媳四人,分为王氏、何氏、康氏、史氏,有人据此推定,石善达一家为定居于朔州的粟特人。② 兴唐军为晚唐五代之军镇,关于其历史变迁,殷宪在《唐石善达墓志考略》一文中有专论,兴唐军至晚在中和三年(883年),由蔚州迁至朔州。③

综合以上三方墓志所载之内容,并与开元以降相关墓志对比,晚唐雁门以北之地民众的生活有如下几个特点:

其一,雁北的居民以军人家庭居多,且大多本贯外埠,因战事影响、军职迁转,流落至雁北,遂以为家。上述三方墓志的志主均为军将,其后代也多子承父业,继为军人。如:赵礼之长子赵行儒继其父为云州别贮仓务;石善达长子为振武节度押衙。

其二,晚唐雁北虽战事频仍,但是,云州已发展成为具里坊建置的城邑。军城在空间上是独立的单元,且有里坊建置。如:张行本志中所言"任贤里"、赵礼墓志所言"市南里"。

其三,入迁雁北的外地人,历经数代,以雁北为故乡,在丧葬礼俗上,较少见"权窆""权厝""权殡"的意识,墓志中再无相关措辞。如:上述之张行本,本贯清河,数代生活于雁门,自张行本起,三代生活在云州,其亡故后,"葬于云州西北原"。赵礼,本天水人,自其父赵匡臣起,因官职迁转,来至云中,四代生活于雁北,关于其亡故后的安葬事宜,志曰:"以天复元年岁次辛酉十月……临迁厝之辰,敢

---

① 殷宪:《大同新出唐辽金元志石新解》,第117—119页。
② 殷宪:《唐石善达墓志考略》,荣新江主编:《唐研究》第十二卷,第459—478页。
③ 殷宪:《唐石善达墓志考略》,第473—476页。

悕蒭莪之述,乃为铭曰……"石善达,本贯凉州武威,因战事至云州,两代生活在雁北之朔州,"以天复元□□□己卯朔十九日丁酉,兴唐军东东八里村西北黄花堆……。"丧葬观念上的这一变化,与生活在雁北时间的长短、官阶及时代风气的演变有一定的关系。以 8 世纪末至 9 世纪初安葬于雁北的外地人墓志为例,可以看出期间的变化与关联。

表十三:开元至天复年间雁北出土墓志中志主的安葬简况①

| 葬时及序号 | 本贯 | 葬地 | 志主姓名/官职 | 志中相关措辞 |
|---|---|---|---|---|
| 开元二十四年(736 年)1 | 不明 | 朔州 | 盖义宽/不明 | 权殡在朔州城北一里半。 |
| 天宝七载(748 年)2 | 安定乌氏 | 云州 | 梁秀/定襄郡定襄府左果毅都尉 | 以其载月日殡于新城之东原,礼也。 |
| 天宝九载(750 年)3 | 天水郡 | 云州 | 尹嘉宾/不明 | 即以天宝九载五月九日,迁窆于南原,礼也。 |
| 大历七年(772 年)4 | 陇西郡 | 云州 | 李仙/游击将军、果毅都尉 | 即以大历七年十月廿三日丙时合葬大同军西南三里原,礼也。 |
| 贞元六年(790 年)5 | 河内、太原 | 云州 | 常崇俊/京兆府甘泉府折冲都尉 | 以其年十月癸未朔十七日己酉,于大同军城东南七里丙地平原,礼也。 |
| 贞元九年(793 年)6 | 陇西城纪 | 云州 | 李海清/同十将 | 既以其年五月十九日,权窆于云州城西南五里。 |

---

① 本表墓志源于周绍良、赵超:《唐代墓志汇编》(上、下),上海古籍出版社 1992 年版;周绍良、赵超:《唐代墓志汇编续集》,上海古籍出版社 2001 年版;张焯:《云冈石窟编年史》,文物出版社 2006 年版;殷宪:《大同新出唐辽金元志石新解》,山西出版传媒集团、三晋出版社 2012 年版。

续表

| 葬时及序号 | 本贯 | 葬地 | 志主姓名/官职 | 志中相关措辞 |
|---|---|---|---|---|
| 贞元九年<br>(793年)<br>7 | 太原郡 | 云州 | 武青/河东节度散将 | 遂择其年十二月十五日,权殡于大同军城西南五里平原,礼也。 |
| 贞元十年<br>(794年)<br>8 | 安定郡 | 蔚州 | 胡者/横野军判官 | 即以来月廿日安窆于蔚州城北卅里岗原,礼也。 |
| 贞元十四年<br>(798年)<br>9 | 陇西郡 | 云州 | 李像恩/不明 | 及贞元十四年十九日合袝,葬于大同军西南七里平原,礼也。 |
| 永贞元年<br>(805年)<br>10 | 不明 | 云州 | 薛氏夫人 | 永贞元年一月□日,迁袝于军城南三里平原。 |
| 元和四年<br>(809年)<br>11 | 清河郡 | 云州 | 崔峤/不明 | 以其年七月五日奉寿阳之樣,归于云州城东南七里合袝,礼也。 |
| 元和六年<br>(811年)<br>12 | 不明 | 朔州 | 李公/骠骑将军 | 以其年岁次辛卯十月壬戌朔十二日癸酉,将迁神座处于旧茔,礼也。 |
| 元和十年<br>(815年)<br>13 | 太原郡 | 云州 | 王液/清塞军副使 | 遂以其年八月四日合袝□,□□哀哉。 |
| 元和十二年<br>(817年)<br>14 | 陇西郡 | 云州 | 李公/奉诚府十将 | 越以十二年龙……奉迁夫人神帏,即袝府君之茔,礼也。 |
| 长庆四年<br>(824年)<br>15 | 清河郡 | 云州 | 张山岸/不明 | 遂用长庆四年仲冬月九日,卜茔于军西南六里凤翅之岗。 |
| 宝历二年<br>(826年)<br>16 | 陇西郡 | 云州 | 李莫华/河东节度都游弈军左一将 | 遂于宝历二年十月廿七日辛酉,权殡于大同军城西南八里平原,礼也。 |

| 葬时及序号 | 本贯 | 葬地 | 志主姓名/官职 | 志中相关措辞 |
|---|---|---|---|---|
| 大和元年(827年)<br>17 | 京兆府 | 云州 | 杜绾/不明 | 即以其年夏四月九日窆于州西南七里,陪于先茔。 |
| 大和六年<br>(832年)<br>18 | 凉州武威郡 | 云州 | 曹洽/河东节度厢副使 | 太和六年四月五日大葬云州南神堆界常宁村北七里之域矣。 |
| 大和元年<br>(827年)<br>19 | 太原郡 | 云州 | 武言/节度散将兼奉诚军押衙 | 即以大和元年十一月三日,奄玄宫于先茔,州西五里之沙原,礼也。 |
| 大中二年<br>(848年)<br>20 | 不明 | 云州 | 某湜/不明 | 明年十月四日合……礼也。 |
| 咸通六年<br>(865年)<br>21 | 彭城郡 | 云州 | 刘良信/大同军衙前兵马使 | 取当年十一月十九日,殡于州城之西南十里店之东隅,祔葬原之礼也。 |
| 咸通十一年<br>(870年)<br>22 | 天水郡 | 云州 | 尹旺/代州代北军押衙兼朔州尚德府别将 | 以咸通十一年十二月七日,于代州凤池乡茹格村启枢灵榇,扶护届云州城西南三里永平乡孙权堡子岗附具备创茔,礼也。 |
| 乾符三年<br>(876年)<br>23 | 汝南郡 | 云州 | 殷氏 | 以其年十一月十七日,安厝于云州城西南七里,创茔之礼也。 |
| 乾宁五年<br>(898年)<br>24 | 清河郡 | 云州 | 张行本/衙前兵马使 | 以是年九月廿十四月,葬于云州西北原,礼也。 |
| 光化三年<br>(900年)<br>25 | 天水郡 | 云州 | 赵礼/河东节度衙前兵马使 | 以天复元年岁次辛酉十月…… |

续表

| 葬时及序号 | 本贯 | 葬地 | 志主姓名/官职 | 志中相关措辞 |
|---|---|---|---|---|
| 光化三年<br>(900年)<br>26 | 琅琊郡 | 朔州 | 符进昌/大同军十将 | 时光化三年岁次庚申十一月十八日于马邑县城西南八里特置新茔。迁厝毕矣。 |
| 天复元年<br>(901年)<br>27 | 凉州武威郡 | 朔州 | 石善达/不明 | 以天复元□□□己卯朔十九日丁酉,兴唐军东东八里黄花堆…… |

根据表十三,自唐开元年至天复年间,共有27名外地人入迁雁北,亡于斯并葬于斯。其中,墓志中言明"权窆"的有4人,全部在中唐以前,意即晚唐葬于雁北的外地人再无归葬之意。上述4人的情况不尽相同。盖义宽,于开元24年(736年)葬于朔州,志曰:"朔州善阳县马邑乡平寇里故人盖义宽……权殡在朔州城北一里半。"①志文中未言明其本贯,也没有说明其权殡的原因。李海清,陇西城纪人,贞元九年(793年)五月八日,亡于云州城私第,享年五十三岁,"故国路遥,返葬未遂,即以其年五月十九日权窆于云州城西南五里。"②李海清祖父名李莫遮,任中郎将;父名李天德,为奉诚军十将,本人因父仕边塞,亦入军旅,"元戎频欲任以腹心,难抑其志"③。有子三人。由此,李海清或为胡人,其家族在云州已历五代。武青,太原人,贞元九年(793年)十月廿七日,时年七十九岁,终于大同军私第。"将以远归乡邑,占筮未宜,遂择其年十二月十五日,权殡于大同军城西南五里平原。"④其祖父武令珣曾任蔚州刺史,武氏一家,自其祖父起即至边郡,至其亡故时,已历五代。李莫华,本望陇西,宝历元年(825年)九月十七日,终于大同军游弈军营内之私第,时年八十二岁。"虽分眉寿,终悲过隙。遂卜宝历二年十月廿七日辛酉,权殡于大同军城西南八里平原。"⑤根据表十三所开列的墓志内容,时人亡故后,卜筮安葬的时间一般在半年之内,李莫华下葬之日距其亡日有一年又

---

① 殷宪:《大同新出唐辽金元志石新解》,《盖义宽墓砖铭》,第3页。
② 张焯:《云冈石窟编年史》,《唐故同十将、冠军大将军、守左金吾卫大将军李君墓志铭并序》,第206页。
③ 同上。
④ 张焯:《云冈石窟编年史》,《故河东节度散将、守左金吾卫宁州三会府左果毅都尉员外置同正员、上柱国武君墓志铭并序》,第207页。
⑤ 张焯:《云冈石窟编年史》,《唐故河东节度都游弈军左一将、判官、忠武将军、守左金武卫大将军、试太常卿李府君墓志铭并序》,第210页。

一个月之久。因此，其权殡或另有他意，而非归葬之意。从李海清、武青的经历看，其家庭或家族在雁北生活均已过五代，仍有归葬故里的打算，权殡与否与居留时间的长短无关。但是，武青之子武言，于大和三年(827年)亡于云州，夫人高氏，于贞元20年(804年)亡，夫妇于其年"奄玄宫于先茔，州西五里之沙原。"①说明中唐晚期，尤其是晚唐以后，边地战事频仍，故土难归，时人渐无归葬之意，表十三中另外23人大多属于这样的情况，有些在墓志中明言以雁北为葬地，创立坟茔。如：大同军都防御左押衙李温让，本望陇西，因父职迁转，流落至云州30年后，其母殷氏以七十九岁高龄于乾符三年(876年)正月亡于云州，"未归松槚之原，兆窆魏都之野。以其年十一月十七日，安厝于云州城西南七里，创茔之礼也。"②唐故大同军同十将符进昌，原为琅琊人，因战事迁至云州，遂以云州云中县为其本贯，于乾宁四年(897年)因时疾(瘟疫)亡，时年87岁。其长子亦因瘟灾亡故，年31岁。光化三年(900年)，其后人于"马邑县城西南八里特置新茔"③，行迁厝之礼，以示孝行。个别人以雁北为其祖茔所在，亡于他乡，迁葬回雁北。如：崔峤，本清河人士，因战事流落河东，于大历十四年(779年)亡于寿阳县(今山西寿阳)，时年57岁。其夫人王氏携子女至云州，于元和四年(809年)四月二十七日，亡于云州，年75岁。其子女遂于其年七月五日，"奉寿阳之槥，归于云州城东南七里"④，将父母合葬。尹旺，本为天水人，自其远祖起即为代州雁门郡人。会昌元年(841年)，亡于代州之私第，时年64岁。夫人于开成四年(839年)，亡于代州。其子尹昶任职于河东军营田使府，亡于咸通十一年(870年)，即以其年"十二月七日于代州凤池乡茹格村启枢灵槥，扶护届云州城西南三里永平乡孙权堡子岗附具备创茔，礼也。"⑤尹旺及其夫人的迁葬，代表了晚唐雁北地域时人丧葬观念的一大变化，归葬先茔的想法逐渐淡漠，因时宜而易，成为时人的一种选择。尹旺之家族虽以雁门为其本望所在，但是，其子尹昶为官雁北，女二人居于雁北，于是，尹旺亡故后，即在云州另创祖茔，并将其父母亲自代州迁至云州。尹氏迁葬的特例，与晚唐沙陀崛起于雁北，云州作为其基业所在地，政治、军事及经济地位的逐渐上升亦有一定的关系。十世纪后，跟随李克用出镇太原的雁北人，在雁北亦有

①　张焯：《云冈石窟编年史》，《唐故节度散将、骑都尉、试左金吾卫大将军、兼奉诚军押衙、太原武府君墓志铭并序》，第210页。
②　张焯：《云冈石窟编年史》，《唐故宣州左押衙、检校国子祭酒、充左教练使、诸水军营使、兼侍御史赵郡李公夫人汝南郡殷氏墓志铭并序》，第217－218页。
③　周绍良、赵超：《唐代墓志汇编》(下)，《唐故琅琊郡符氏志铭并序》，第2537－2538页。
④　张焯：《云冈石窟编年史》，《皇清河崔府君墓志》，第208页。
⑤　殷宪：《大同新出唐辽金元志石新解》，《尹旺墓志》，第97－98页。

府第。如:李克用之义儿之一李存璋,乾符中与李克用共同起事于云中,后随其南下,历任要职,"(天祐)十九年四月,以疾卒于云州府第。"①

其四,入迁雁北的胡人在婚姻上呈现族内婚的特点。表十三中,于朔州兴唐军中任职的石善达,其夫人何氏,儿媳唐氏、史氏,其姓氏、本贯及所居住之地域,均具有粟特聚居的特点和可能。② 无独有偶,太和六年(832 年)葬于云州的曹洽,志言其本望与石善达同为凉州武威郡,夫人史氏,亦为入唐之昭武九姓之一。其葬地"云州南神堆界常宁村北七里"③,"神堆"一词亦见于传世文献,《新唐书·沙陀传》载:"景福初……赫连铎众八万攻天成军,克用飞檄发军太原,匡威已壁云州北郊,克用自神堆引军夜入云州,死战,走之。"④《资治通鉴》载,景福元年(892年)八月,"李克用北巡至天宁军,闻李匡威、赫连铎将兵八万寇云州,遣其将李君庆发兵于晋阳。克用潜入新城,伏兵于神堆,擒吐谷浑逻骑三百,匡威等大惊。"⑤ 中华书局所出《资治通鉴》胡注曰:"神堆在云州城南,新城又在神堆东南。神堆,即神武川之黄花堆。"⑥严耕望考证,胡注有误,神堆非黄花堆。神堆在黄花堆南,在今山西怀仁县东北约二、三十里处。⑦ 山西之应县、怀仁、山阴三县的现代人口中,安、康、米、石、何、史等姓氏较为集中和多见。⑧ 据此,当年雁北可能是粟特人聚居之地,族内婚的现象亦在情理之中。

其五,佛教信仰及文化是雁北社会文化的内容之一。自北魏以降,雁北即是佛教文化的主要传承地区,就历史的承继性而言,九世纪末以来,雁北地区民众对佛教的崇信和传播也是历史发展的必然结果。上述张行本墓志中,关于其以画技闻名于达官显贵、三教九流,其子亦继其业,以绘画为生的记载,就从一个侧面说明了当时云州佛教文化的盛行。志文对于张行本绘画技艺之描述:"庄严佛事,模写真容,纵隋之展虔、晋之顾恺,不可同年而语也。"虽然有夸大其词之嫌,但是,云中佛事对于张行本画技之需求当是不争之实。此外,史载,后唐同光二年(924年),庄宗李存勖曾为僧无学大师契澄在洛阳建立德禅院,"契澄,姓史,云州人,骁

① (宋)薛居正:《旧五代史》卷 53《李存璋传》,第 720 页。
② 相关研究参见殷宪:《唐石善达墓志考略》,荣新江主编:《唐研究》第十二卷,第 459 – 478 页。本书赞成其观点。
③ 殷宪:《大同新出唐辽金元志石新解》,《曹洽墓志》,第 83 页。
④ (宋)欧阳修、宋祁:《新唐书》卷 218《沙陀传》,第 6158 页。
⑤ (宋)司马光:《资治通鉴》卷 259,第 8435 页。
⑥ 同上。
⑦ 严耕望:《唐代交通图考》第五卷《河东河北区》,第 1376 – 1379 页。
⑧ 殷宪:《唐石善达墓志考略》,第 476 – 477 页。

勇善斗战,号史银枪。从庄宗入洛,自请度为僧。"①

其六,伦理孝悌已化为世俗民风、社会公德。墓志不论长短,无论身份,凡言及妻,必赞其妇德;论及子女,必颂其孝行。如:张行本墓志,言:"夫人王氏,庆于偕老,而殆谢偏钟。乃持一志之贞,是契三从之德。有子二人……而庆表循陔,念生陟岵。毛子嘉捧撤之义,仲由持负米之时……新妇崔氏、李氏等,皆孝感香江,贞动寒筠。"②

### 二、随葬器物所见民众生活

2014 年四月,大同市考古研究所在大同市西北郊发掘了一座五代时期的墓葬,无纪年标识,经考证下葬时间为后梁乾化元年至三年(911—913 年)。墓志仅一行:"燕故河东道横野军副使贾府群号墓志并序"③。据"燕"字及其在墓志行文中的位置,"燕"概指五代初期割据燕地的刘守光政权。横野军,系唐代节度使体制下的雁北边军之一,于唐高宗上元年间始置于蔚州飞狐县(今河北涞源),开元六年(718 年)移至蔚州安边县(今河北蔚县)东北约一百四十里处。④ 该墓葬为穹隆顶单室砖室墓,墓道及甬道均铺砖,墓室内棺床以砖铺就,通向甬道且与甬道同宽的地面亦铺砖,墓室墙壁砌砖,并逐层内收为穹隆顶。出土的随葬器物主要有以下几类:

陶罐。泥质灰陶器,口径、底径及高度分别为 14、12.4 及 30.6 厘米。

铜镜。两面。一面为"双鸾宝相花镜",直径 17.7 厘米。镜背图案分两区,内区为两只鸾鸟相对展翅;两朵宝花相对。外区为四只蜂蝶与四朵折枝花间隔排列。一面为"雀绕花枝镜",直径 7.2 厘米。镜背内区为四只禽鸟与四支折枝花间隔;外区为四只蜂蝶与四朵折枝花相间。

铜带具。一件带扣、两件带饰,表面鎏金。

铜钱。共 31 枚,均为"开元通宝",钱文清秀、铸工精美。

骨钗。两件,U 形,长 11.7 厘米。

银下颔托。一件,由托颔片、四根长线组成,通高 34 厘米。托颔片为勺形,长、宽、深分为 6.2、4.6、1 厘米。从托颔片两侧各伸出两条线,在 18.5 厘米处,各分为两股,四条线的末端呈钩状,可交接。

---

① 张焯:《云冈石窟编年史》,第 221 页。
② 张焯:《云冈石窟编年史》,《大唐故张府君墓志铭并序》,第 220 页。
③ 《山西大同西北郊五代墓发掘简报》,载《文物》2016 年第 4 期,第 29 页。
④ 孙瑜:《唐代代北军人群体研究》,第 73 页。

根据唐墓相关研究,该墓志与同时期河北及西安出土的唐墓形制相似,均为圆角方形砖室墓。出土器物中的雀绕花枝镜与大同南关出土的同类器形完全相同,银下颌托则与奉节宝塔坪唐墓、奉节上关唐墓及巴东雷家坪唐墓出土的下颌托形制相似。①

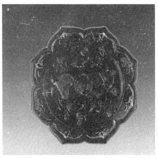

图五:双鸾宝相花镜、雀绕花枝镜

图六:陶罐

## 第五节　晚唐五代雁北社会多民族共生的生活图景
### ——基于两《五代史》的考察

晚唐中原地区晋、汴之间的争斗最终演化为后梁、后唐、后晋、后汉、后周的嬗代。在这场以藩镇节度使为核心的武人政治的胜利接续中,源自河东的雁北沙陀在半个多世纪的政权演替中建立了三个政权——后唐、后晋、后汉,即所谓沙陀三

---

① 大同市考古研究所:《山西大同西北郊五代墓发掘简报》,第31页。

王朝,以沙陀为首的雁北胡人群体也因之被载入史册。从两《五代史》所记的三部王朝史中,可见雁北社会多民族共生的生活图景。

**一、西来的胡人**

7世纪中叶以后,居于今西藏及青海一带的吐蕃王朝开始走向独立和强盛,西域是吐蕃与唐朝利益争夺的主要地区,生活在西域的突厥、吐谷浑、回纥等族裔在唐蕃争战的夹缝中艰难生存。贞元中,西域沙陀在其酋长朱邪尽忠的带领下东归唐朝,投奔灵州(治今宁夏灵武南)节度使范希朝。元和四年(809年),范希朝迁镇河东,沙陀随之迁居雁北,居于"定襄神武川之新城。其部落万骑,皆骁勇善骑射,号沙陀军"。① 根据两《五代史》记载,这支沙陀军中包含了沙陀、回纥、突厥、吐谷浑、粟特、党项等不同族群。

(一)沙陀

雁北沙陀之汉姓主要有李、石、刘、张、杨等。李姓,即后唐一族,均从朱邪执宜起,属唐郑王属籍,因获李姓。② 后唐武皇、庄宗、明宗、闵帝、末帝及宗室、义儿,两《五代史》有纪传者计35人,其中大部分曾生活在雁北。石氏,史记为太原人,"本出于西夷,自朱邪归唐,从朱邪入居阴山。"③故究其族属,归为沙陀,载史15人,过半曾生活于雁北。刘氏,其先祖为沙陀部人,后居于太原,史载6人,仅汉高祖刘知远曾生活于雁北。④ 杨光远,其先祖属于沙陀部落,父杨珹曾听令于后唐李克用帐下。晋少帝末,亡。张彦超,"本沙陀部人也"。⑤ 少事后唐庄宗,后为明宗养子,天成中,任蔚州刺使。后晋立国,因与石敬瑭不睦,投奔契丹。后汉朝南返,后周显德三年(956年),亡。

(二)粟特

粟特人入迁有雁北早于沙陀,其源头是唐太宗贞观四年(630年)平定东突厥后,内迁的六州胡人。安史之乱后,六胡州之昭武九姓胡人的一部分迁到了雁北地区,并与沙陀人结成了"沙陀三部落",即所谓沙陀、萨葛、安庆三部落,萨葛也名索葛,与安庆均为粟特人部落。⑥ 史载曾经生活在雁北的粟特人主要有安、康、史、药四姓。安姓,有安敬思、安金全、安审通、安审琦、安审晖、安审信、安元信、安

① (宋)欧阳修:《新五代史》卷四《庄宗纪》,第31页。
② (宋)薛居正:《旧五代史》卷25《武皇纪上》,第332页。
③ (宋)欧阳修:《新五代史》卷8《晋本纪第八》,第77页。
④ (明)田蕙、王有容:《应州志》,第21页。
⑤ (宋)薛居正:《旧五代史》卷129《周书·列传第九》,第1706页。
⑥ 樊文礼:《李克用评传》,济南:山东大学出版社,2005年,第22页。

重霸、安重进、安重海、安重荣、安从进、安叔千等。康姓有康君立、康义诚、康延孝、康思立、康福等。史姓有史彦超,药姓有药彦稠。

安敬思,又名李存孝,为李克用义儿。生于代州飞狐县（今山西灵丘）,乾宁元年（894 年）,亡。安金全,"代北人,世为边将。"① 历后唐庄宗、明宗两朝。安审通、安审信,安金全之侄,幼事庄宗,明宗朝亡。安审琦、安审晖,安金全之子,"其先沙陀部人也"。② 后周显德六年（959 年）,安审琦亡,时年 63 岁;广顺二年（952 年）,安审晖亡,年 63 岁;广顺三年（953 年）,安审信亡,年六十岁,均为九世纪末生人,其为官及征战已离开雁北,但均出自雁北。名安元信者有两人,一为"代北人"。③ 父名安顺琳,曾任降野军使,安元信以将家子身份入仕武皇李克用。清泰三年（936 年）,亡,年 74 岁。生于唐懿宗咸通三年（862 年）,成长于雁北。有子六人,皆历军职。另一安元信,"朔州马邑人也"。④ 事后唐庄宗、明宗及后晋高祖、少帝四朝,开运三年（946 年）,亡,年 63 岁。安重霸,"云州人也"。⑤ 后唐武皇李克用时因负罪投奔后梁,复奔前蜀。同光末,回归。清泰初,亡于云州节度任。弟安重进,明宗朝亡。安重海,"应州人"。⑥ 父安福迁,曾为河东将领,安重海自明宗朝入仕,后乾纲独断。长兴二年（931 年）,亡。安重荣,"朔州人"。⑦ 祖、父均曾任刺史。因善骑射受重于后唐明宗。石敬瑭反唐,安重荣自雁北率边士赴晋阳,后晋立,任成德节度使。天福六年（941 年）,因举兵谋反,被诛。安从进,"振武索葛部人也"。⑧ 祖、父均曾为李克用帐下骑将,庄宗朝以将家子入仕,天福六年工（941 年）谋反,事泄,自焚。安叔千,"沙陀三部落之种也"。父为雁北旧将,本人官历沙陀三王朝,广顺二年（952 年）,亡,年 72 岁。

康氏五人。康君立,"蔚州兴唐人,世为边豪"。⑨ 乾符中,在大同军防御使段文楚帐下任云中牙校,与盖寓等人推举李克用发动斗鸡台事件。康义诚,"代北三部落人"。⑩ 入仕在李克用帐下,历庄宗、明宗、闵帝三朝,清泰元年（934 年）,被潞

---

① （宋）薛居正:《旧五代史》卷 61《唐书·列传第十三》,第 815 页。
② （宋）薛居正:《旧五代史》卷 123《周书·列传第三》,第 1614 页。
③ （宋）薛居正:《旧五代史》卷 61《唐书·列传第十三》,第 816 页。
④ （宋）薛居正:《旧五代史》卷 90《晋书·列传第五》,第 1189 页。
⑤ （宋）薛居正:《旧五代史》卷 61《唐书·列传第十三》,第 818 页。
⑥ （宋）欧阳修:《新五代史》卷 24《唐臣列传》,第 251 页。
⑦ （宋）薛居正:《旧五代史》卷 98《晋书·列传第十三》,第 1301 页。
⑧ （宋）欧阳修:《新五代史》卷 51《杂传第三十九》,第 586 页。
⑨ （宋）薛居正:《旧五代史》卷 55《唐书·列传第七》,第 737 页。
⑩ （宋）薛居正:《旧五代史》卷 66《唐书·列传第十八》,第 879 页。

王李从珂所杀。康思立,"本阴山诸部人也"。① 庄宗朝入仕,末帝朝,率军攻打石敬瑭,病亡。康延孝,"代北人也"。② 后梁末帝朝,因有罪投梁,后复归。灭梁、平蜀皆有其功,同光三年(925 年),因谋反,被杀。康福,"蔚州人也,世为军校"。③ 历后唐、后晋两朝,天福七年(942 年),亡,年 58 岁。

史姓有史彦超,"云州人也"。④ 后周将领,以骁勇善战闻于时,世宗朝,阵亡。

药姓有药彦稠,"沙陀三部落人"。⑤ 少从明宗,闵帝朝,率军攻打凤翔,被末帝所杀。

(三)回纥

生活在雁北的回纥人主要有张、何两姓。张姓一族史有其名者计四人。张君政,回鹘部落人。"大中初,随怀化郡王李思忠内附,因家云中合罗川。"⑥李思忠,本名嗢没斯,系回鹘彰信可汗的兄弟。唐文宗开成五年(840 年),黠戛斯进攻回鹘,回鹘汗国在内忧外患中走向衰亡,诸部四散。会昌二年(842 年)四月,嗢没斯率其部众 2200 余人降唐,唐武宗封其为怀化郡王、左金吾卫大将军。⑦ 合罗川,据相关考证,位于鄂尔浑河谷,时漠北回鹘牙帐附近,⑧今蒙古乌兰巴托西北。由此,张君政是 9 世纪 40 年代因回鹘亡国,迁入雁北的回鹘人,较沙陀要晚。其子张存信,初隶于后唐献祖李国昌帐下,后随李克用南下,因骁勇善战,被李克用收为义儿,赐姓李,名李存信。天复二年(902 年),病亡于晋阳,时年 41 岁。其子张从训,字德恭,历后唐庄宗、明宗、闵帝、末帝有后晋高祖五朝,天福中亡,年 52 岁。其弟张从恩,后晋少帝朝,任右金吾卫上将军。据此,张氏回鹘一门四人均曾生活在雁北,9 世纪末,随沙陀南下。

何建,石晋朝,历任泾、邓、贝、澶、孟五镇节度使,官至检校太傅。史载其先祖为回鹘人,"代居云、朔间"。⑨ 祖何庆、父何怀福,均曾在后唐武皇李克用帐下任小校。

---

① (宋)欧阳修:《新五代史》卷 27《唐臣列传第十五》,第 295 页。
② (宋)欧阳修:《新五代史》卷 44《杂传第三十二》,第 485 页。
③ (宋)欧阳修:《新五代史》卷 46《杂传第三十四》,第 514 页。
④ 《新五代史》卷 33《死事传第二十一》,第 364 页。
⑤ 《旧五代史》卷 66《唐书·列传第十八》,第 880 页。
⑥ 《旧五代史》卷 53《唐书·列传第五》,第 713 页。
⑦ 《资治通鉴》卷 246,第 7961 页。
⑧ 钟焓:《辽代东西交通路线的走向——以可墩墓地望研究为中心》,载《历史研究》2014 年第 4 期,第 24 页。
⑨ 《旧五代史》卷 94《晋书·列传第九》,第 1245 页。

（四）突厥

张万进，"突厥南鄙人也。祖拽斤，父腊。"①少听命于李克用帐下，以骑射著名。亡于后晋天福末。张彦泽，"其先出于突厥，后为太原人，祖、父世为阴山府裨将。"②官历后唐、后晋两朝。唐文宗太和四年(830年)三月，河东节度使柳公绰，表奏朝廷以沙陀酋长朱邪执宜为阴山府都督、代北行营招抚使，"使居于云、朔塞下，捍御北边。"③张彦泽祖、父曾为雁北沙陀之副将。

（五）吐谷浑

雁北吐谷浑姓氏有四——白、赫连、慕容、李，白姓吐谷浑史传记有五人——白承福、白奉进、白文珂、白延遇、白再荣。白承福，吐谷浑酋长，石敬瑭割雁门以北之地归于契丹，白承福率其部从雁北南下，晋河东节度使刘知远安其众于岚州、石州之间，后被刘知远所杀。白奉进，字德升，"云州清塞军人也。"④清塞军，唐边地节镇之一，唐德宗贞元十五年(799年)，始置于蔚州。玄宗天宝元载(742年)，王忠嗣任河东节度使、大同军使，将清塞军移置云州，其地位于今山西右玉境内。⑤少善骑射，后随李克用出镇河东，南下晋阳。历后唐、后晋两朝，天福中亡故。白文珂，字德温，"太原人也"。⑥曾祖名白辩，父名白君成，曾任辽州刺史。初事后唐李克用，曾任辽州副使，官历后唐、后晋、后汉、后周四朝，显德元年(954年)，亡，年79岁。由此，白文珂生于唐乾符二年(875年)。辽州，唐武德年间始置，治辽山(今山西左权)县。⑦五代沿置。⑧白文珂及其父白君成两任辽州在唐末，其时辽州属河东。后唐清泰末，河东节度使石敬瑭以燕云之地割让契丹，大批吐谷浑人不满契丹统治，求内附。后晋天福六年(941年)十月，河东节度使刘知远将吐谷浑酋长白承福之部安置于"太原之东山及岚、石之间"，⑨并收其精兵于麾下。太原由此成为大多随雁北沙陀出镇河东的吐谷浑人共认的本贯，如：白延遇，字希望，"太原人也。幼畜于晋之公宫，年13岁，从晋祖伐蜀。"⑩五代十国期间，蜀有前蜀、后蜀，前蜀建于后梁开平元年(907年)，后唐同光三年(925年)，被

① 《旧五代史》卷86《晋书·列传第三》，第1157页。
② 《旧五代史》卷98《晋书·列传第十三》，第1305页。
③ (宋)司马光:《资治通鉴》卷244，第7870页。
④ (宋)薛居正:《旧五代史》卷95《晋书·列传第十》，第1263页。
⑤ 孙瑜:《唐代代北军人群体研究》，第72页。
⑥ (宋)薛居正:《旧五代史》卷124《周书·列传第四》，第1633页。
⑦ (后晋)刘昫等:《旧唐书》卷39《地理志二》，第1479页。
⑧ (宋)欧阳修:《新五代史》卷60《职方考第三》，第724页。
⑨ (宋)司马光:《资治通鉴》卷282，第9228–9229页。
⑩ (宋)薛居正:《旧五代史》卷124《周书·列传第四》，第1635页。

后唐庄宗所灭,任孟知祥为西川节度使。应顺元年(934年),孟知祥据蜀称帝,是为后蜀。后晋立国之后,与后蜀并无兵戈之交,白延遇从晋祖伐蜀应当是在同光年间,由此,白延遇是随沙陀出镇太原之后的第二代吐谷浑人。白再荣,"本东蕃部人也"。① 历后晋、后汉两朝。

李姓吐谷浑两人。李嗣恩,本姓骆,"吐谷浑部人也"。② 少事后唐武皇李克用,因善战,被收为养子,赐姓。后从庄宗征战朱梁,天祐十五年(917年),亡于太原。李金全,"其先出于吐谷浑"。③ 少即在明宗李嗣源帐下,历后唐、后晋。天福五年(940年),逃奔南唐,后卒于江南。

赫连氏一人。赫连铎,唐懿宗朝内附,任阴山府都督,因参与平定庞勋之乱,拜大同军节度使。后与沙陀李氏争夺雁北,乾宁元年(894年),被李克用平灭,其部众散居于蔚州。④

慕容氏一人。慕容彦超,"吐谷浑部人,汉高祖同产弟也。"⑤ 少为明宗李嗣源军校,历后唐、后晋、后汉三朝。

(六)党项

折从阮,"代家云中……唐庄宗初有河朔之地,以代北诸部屡为边患,起从阮为河东牙将,领府州副使。"⑥明宗朝,仍任职府州(今陕西府谷)。后晋朝,其地归属于契丹,契丹欲迁河西民至辽东,折从阮率众抵御。晋少帝朝,与契丹绝好,府州折氏遂为抗御契丹的一支劲旅。后汉立,率众归汉,仍领府州。后周显德二年(955年),亡,年60岁。关于折氏之族属,有党项、鲜卑说,今从前者。

### 二、共生的图景

以上所列之胡人,均出自雁北,其先祖或本人曾生活在雁北。史记所现雁北胡人之生活具有以下特点。

语言多样。雁北胡人族属多样,故其语言亦不同。如前述之回鹘人张从训世居于云中,其祖父张君政,曾在后唐武皇李克用时期任云州长史;父张存信,又名李存信,为李克用义儿军使。史载其祖父"识蕃字";⑦其父"会四夷语、别六蕃

---

① (宋)薛居正:《旧五代史》卷106《汉书·列传第三》,第1399页。
② (宋)欧阳修:《新五代史》卷36《义儿传》,第390页。
③ (宋)薛居正:《旧五代史》卷97《晋书·列传第十二》,第1296页。
④ (宋)欧阳修:《新五代史》卷74《四夷附录第三》,第910页。
⑤ (宋)欧阳修:《新五代史》卷53《杂传第四十一》,第607页。
⑥ (宋)薛居正:《旧五代史》卷125《周书·列传第五》,第1647页。
⑦ (宋)薛居正:《旧五代史》卷91《晋书·列传第六》,第1204页;卷53《唐书·列传第五》,第713页。

书"。粟特人唐福,"善诸蕃语,明宗视政之暇,每召入便殿,咨访时之利病,福即以蕃语奏之。枢密使重海恶焉,常面戒之曰:'康福但乱奏事,有日斩之!'福惧。"后请外任。李存信于天复二年(902 年)亡故,时年 41 岁,生于咸通二年(861 年)。李克用出镇太原在中和三年(883 年),以此作为雁北沙陀南下的时间点,其时,李存信已 22 岁,雁北是其成长的主要地区。张从训,因其家族随李克用迁于太原,遂为太原人。后晋天福中亡,年 52 岁。如以天福四年(939 年)计,生于光启三年(887 年),其成长地为太原,史传未言其晓蕃语。由此,9 世纪的雁北语言多样,且存在不同的部族文字。康福,亡于天福七年(942 年),时年 58 岁,生于中和四年(884 年)。史传载其为蔚州人,祖父名康嗣,曾为蕃汉都知兵马使;父名康公政,历职至平塞军使。本人自少即在李克用帐下听令,后从庄宗、明宗转战中原,历任磁州刺史、凉州刺史等职。唐福出生时,沙陀势力已南下,康福成人之后的官职迁转经历亦不在雁北。康福之通晓蕃语,应源自其家庭及其成长的环境。安重海,应州人,父安福迁,亦为河东军将。本人投李嗣源帐下,后拥戴其即帝位,因功受重,任枢密使,一度独绾大任。长兴二年(931 年),被杀。依其经历,应为 9 世纪后期生人,曾生活在雁北。据姓氏,安重海与康福应同为昭武九姓之粟特人,然而,安重海不晓康福与李嗣源所言之蕃语。康福之例不仅印证了雁北蕃语众多这一事实,而且说明出生于 9 世纪末的雁北胡人,在晋军这一以雁北人为主的军事集团中,仍然有一定的蕃语交流的空间。此外,自 10 世纪初,契丹始兴,在并、幽等州的活动渐频繁,契丹语亦为雁北胡人所熟悉之胡语。天祐十四年(917 年)七月,契丹围困幽州,李嗣源率兵救援,在距离幽州六十里之地,与契丹相遇,契丹兵退却,晋军紧随其后。"至山口,契丹以万余骑遮其前,将士失色,嗣源以百余骑先进,免胄扬鞭,胡语谓契丹曰:'汝无故犯我疆场,晋王命我将万众直抵西楼,灭汝种族!'"①

长相异样。唐天复二年(902 年)二月,晋军攻打临汾,梁晋州刺史氏叔琮严加防备。"于军中选壮士二人,深目虬髯,貌如沙陀者,令就襄陵县牧马于道间。蕃寇见之不疑,二人因杂其行间,俄而伺隙各擒一人而来,晋军大惊,且疑有伏兵,遂退居蒲县。"②由此记载,雁北胡人不仅存在语言的差异,且样貌也与汉人不同。眼睛深陷、胡须卷曲亦不全面,史记中还有关于胡人眼睛颜色的记载,有雁北突厥人张彦泽,"目睛黄而夜有光色,顾视若鸷兽焉"。③

① (宋)司马光:《资治通鉴》卷 270,第 8818 页。
② (宋)薛居正:《旧五代史》卷 19《梁书·列传第九》,第 256 页。
③ (宋)薛居正:《旧五代史》98《晋书·列传第十三》,第 1305 页。

重武轻文。关于有唐一代之风俗流变,已有共识,前期承南北朝离乱之弊,其俗尚武;后期应科举仕进之影响,文风领先。然而,就雁北而言,终未见文风流韵,晚唐五代的动荡时局,愈加凸显了武人领风骚的地域风尚。客观上,汉文化对胡人产生了影响,然而,这种影响只停留在表面,或者说是史官的主观意愿。以姓名为例,凡列入史书的雁北胡人,均从汉俗,有名有字,还遵从行辈及避讳文化。以安审琦家族为例,列史传者四代、九人,名字分为"金""审""守"字辈(参见表十四)。在实际生活当中,雁北胡人多有其胡名。如:后唐明宗李嗣源,本出夷狄,无姓氏,原名邈佶烈。后为李克用养子,赐名李嗣源,又名李亶。同光元年(923年),晋军败梁军,梁将王彦章被俘,后唐庄宗惜其才,欲为己用,遣李嗣源前去说服。"彦章卧谓嗣源曰:'汝非邈佶烈乎?'"[1]后晋高祖石敬瑭,其父蕃名臬捩鸡,汉名石绍雍。避讳文化为儒文化的特有现象,雁北胡人亦遵其道。晋将杨光远,胡名阿檀,汉名杨檀。后唐天成中,因明宗李嗣源改名李亶,"以偏旁字犯之",[2]改名杨光远。其子原名杨承贵,因避晋少帝石重贵之讳,改名杨承勋。

**表十四:安审琦家族世系简表**

| 祖辈 | 父辈 | 本辈 | 子辈 |
|---|---|---|---|
| 安山盛 | 安金全 | 安审琦/字国瑞 | 安守忠 |
| | | 安审晖/字明远 | 安守鳞 |
| | 安金祐 | 安审信/字行光 | 不明 |
| | | 安审通 | 不明 |

就主观层面而言,雁北胡人并不以文化为意,骁勇善战、功于骑射既是他们安身立命的本领,也是其时地域之风尚,不识字而历权任者大有其人。安叔迁,源出于沙陀三部落,少即善骑射,后唐明宗朝,因功历任静难、横海、安国、建雄之四镇节度使。史载其虽然状貌堂堂,然而不通文字,行事粗鄙,时人称之为"安没字"[3],意即如同没有文字的碑碣,徒有其表而已。后唐大将杨光远,"虽不识字,然有口辩,通于吏理"[4],故受重用,明宗朝,官历妫、瀛、易、冀四州刺使。

沙陀出镇河东,离开雁北以后,重武轻文的理念一以贯之。史载后唐、后晋、后汉三王朝之历任皇帝及宗室成员计47人,唯明宗次子李从荣以文才著史,又因

---

① (宋)司马光:《资治通鉴》卷272,第8895页。
② (宋)薛居正:《旧五代史》卷97《晋书·列传第十二》,第1290页。
③ (宋)薛居正:《旧五代史》卷123《周书·列传第三》,第1622页。
④ (宋)薛居正:《旧五代史》卷97《晋书·列传第十二》,第1290页。

文才而丧命。后唐四帝,庄宗,善骑射,胆识过人,"稍习《春秋》,通大义"①,洞晓音律,尤喜歌舞。明宗,少善骑射,年十三,即隶军伍。闵帝李从厚,生于晋阳,"髫龀好读《春秋》,略通大义"②。末帝李从珂,年十岁为明宗养子,为其"担石灰、拾马粪,以相养活"③,及长,随从征讨。宗室诸王计23人,只明宗次子秦王李从荣以好文而与诸王异。史载其雅好诗文,"自谓章句独步一时,有诗千余首,号曰《紫府集》。"④长兴四年(933年),李从荣官至尚书令,天下兵马大元帅。十一月,明宗病重,李从荣兴兵入宫,事败,被杀,并废为庶人。根据相关史料,李从荣谋反的主要原因在于秦王府重文之风与时下武人得势的历史趋势之间的矛盾。李从荣为李嗣源次子,长子李从璟死后,李从荣为第一顺位继承人。天成元年(926年),李从荣即拜天雄军节度使、同中书门下平章事。长兴元年(930年),任河南尹、兼管六军诸卫。少喜儒,好为诗。在明宗诸子中,是唯一一个才兼文武的宗室之王。李从荣平时结交皆为善诗之儒士,出入其门下者,亦是当时之名士,如高辇、张杭、高文蔚、何仲举等。这些所谓的高士名流,在两《五代史》中均无史传,说明他们并不是当时的政治名流。而当时之权臣范延光、赵延寿之流,见秦王李从荣权位日重,皆知其祸将至,遂求解枢密之职,以避其难。以康知训待为代表的中下层武将,因文武分途、所尚不同,而与其为敌。《五代史补》载,康知训等素不满秦王之作为,窃议曰:"秦王好文,交游者多词客,此子若一旦南面,则我等转死沟壑,不如早图之"。⑤ 由此,秦王之败,即在尚文,如史所言"时干戈之后,武夫用事"⑥,秦王之所尚不合时宜。后晋两帝高祖石敬瑭、出帝石重贵,皆尚武。高祖喜"读兵法,重李牧、周晋夫行事"。⑦ 出帝,少善骑射,"高祖使博士王震教以《礼记》,久之,不能通大义,谓震曰:'此非我家事也'。"⑧后晋宗室计12人,仅寿王石重乂,"幼岐嶷,好儒书,亦通兵法。"⑨后汉高祖刘知远,少于雁北种瓜为业,及长因武功得帝位。隐帝刘承祐,仓促即位,为政不显。后汉宗室计8人,唯北汉睿宗刘承钧,"少颇好学,工书。"⑩综上,五代沙陀三王朝皇室尚武轻文之风气相沿而下,是

---

① (宋)欧阳修:《新五代史》卷5《唐本纪第五》,第41页。
② (宋)薛居正:《旧五代史》卷21《唐书·闵帝纪》,第613页。
③ (宋)欧阳修:《新五代史》卷24《安重诲传》,第254页。
④ (宋)薛居正:《旧五代史》卷51《唐书·宗室列传第三》,第693页。
⑤ (宋)薛居正:《旧五代史》卷51《唐书二十七·宗室列传第三》,第659页。
⑥ 同上。
⑦ (宋)薛居正:《旧五代史》卷75《唐书一·高祖纪第一》,第978页。
⑧ (宋)欧阳修:《新五代史》卷9《晋本纪第九·出帝》,第89页。
⑨ (宋)薛居正:《旧五代史》卷87《晋书十三·宗室列传第二》,第1140页。
⑩ (宋)欧阳修:《新五代史》卷70《东汉世家第十·刘旻》,第866页。

晚唐五代时代风气之反映。

聚族而居。雁北胡族以收养义儿这种拟制血亲的方式,聚拢人才、扩展家族势力之史实已为众多史家所关注。此外,隶人、仆人等私属人口的存在,也是雁北胡人家族聚集、聚居的反映。官历后唐、后晋、后周三朝的雁北胡人安审琦,后周世宗显德六年(959年),"为其隶人安友进、安万合所害。"①安友进,因数年与安审琦之爱妾私通,害怕事情败露被杀,于是先下杀手。以其姓氏及经历,安友进、安万合应系与安审琦有仆从关系的"家人"。后晋安州节度使李金全,史载其本为后唐明宗之"小竖"。② 即僮仆,其先祖出于吐谷浑,因善骑射,少小即从明宗帐下。后周同州节度使白延遇,"幼畜于晋之公宫"。③ 后晋检校太保张彦泽,本突厥人,因从沙陀李氏父子征讨,遂为太原人。职后晋泾州刺史任时,其手下有名张式者,"以宗人之分,受其知遇"。④ 后因其家事触犯其意,张彦泽令人将张式逐出府衙。张式携妻小投奔衍州,张彦泽指使其手下李兴领兵追杀,割其心、断其手足。张式之父张铎诉冤官府,朝廷将张彦泽调任他州,未治其罪。张式一事及以上事例足以说明,晚唐五代时,雁北胡族将领仆从相随、聚族而居是较为普遍的现象,且其仆从不但与主人姓氏相同,更具有私属人口的性质。

## 第六节　方志中的历史记忆:雁北沙陀

沙陀部落自9世纪初,自西域来到雁北,因骁勇善战登上晚唐五代的政治、军事舞台,在历史上留下了不可磨灭的印迹。雁北地域因为沙陀再次引起人们的注意,唐末五代的雁北成为北魏都城至辽、金陪都期间的一个亮点。沙陀亦成为雁北历史上的名人群体,在雁北地域史上,西域沙陀已然成为雁北沙陀,地方史志当中,留下了诸多关于雁北沙陀的历史记忆。

### 一、历史名人

在明清两朝的雁北地方志中,列入史记的沙陀及相关人物主要有李克用、李嗣源、李从璟、李从敏、安重诲、安金全、刘知远、康君利(康思立)、李存孝、段文昌、

---

① (宋)薛居正:《旧五代史》卷123《周书十四·列传第三》,第1615页。
② (宋)薛居正:《旧五代史》卷97《晋书二十三·列传第十二》,第1296页。
③ (宋)薛居正:《旧五代史》卷124《晋书十五·列传第四》,第1634页。
④ (宋)薛居正:《旧五代史》卷98《晋书二十四·列传第十三》,第1306页。

沙彦珣、张敬达、周德威、安重荣、杜重威、折从阮、张承业、吴峦、董重进、史彦超、朱邪执宜、朱邪赤心、李嗣本、李德珫、盖寓、康君立、薛志勤、康福等。

（一）李克用

李克用作为沙陀的领军人物;沙陀三王朝的开拓者,是志书着墨最多的人物,依篇章分类,概有巡幸、古迹、祠庙、杂记、墓葬、战事等类别。据正史载,李克用一生以唐之忠臣自居,至死未称帝,然志书中犹有巡幸下封建之记载:"晋王,名克用,本沙陀朱邪氏,其父尽忠归唐为振武节度,赐姓李,生克用于神武川之新城。昭宗光化二年,以讨黄巢功封晋王。子庄宗即帝位,追封太祖。"①概因其受封为晋王,雁北是其出生、发祥之地。与李克用相关的古迹主要有金凤井、透玲碑、四镇、天王祠、应州故城、三灵庙、义井村及哑忽庄、李怀角等。

据明代《应州志》载,金凤井,在应州城东北,相传李克用出生时,有金凤自井中飞出,故名金凤井。"见遗山题咏。"②清代《云中郡志》所记略同。所谓"遗山题咏"即元代诗人元遗山所著诗:"此地曾经海眼开,古今人喜畅其哉。料应丹穴相穿透,飞出摩天金凤来。"③应州志另记应州有金凤城,即应州古城,因后唐明宗李嗣源生于此而得名,县城中有金凤井,并将其定位为元好问题诗所咏之地。④ 清代乾隆年间《大同府志》沿记。

透灵碑,"存于应州之佛宫寺,相传为唐晋王李克用墓上石碑。光明如镜,照见人物。元季兵燹,止留二尺许。正德间,镇守太监刻诗置塔壁。"⑤此碑为玉石质,元代毁坏,断为三截。其中一块横嵌于山西应县佛宫寺释迦塔(俗称应县木塔)底层东南墙壁中,长90公分、宽80公分。碑上有明万历二十年(1601年)七律题刻一首,作者系督理直隶宣大税课太监张烨,题名《李宪台邀登应州塔》:"持节西巡忆旧游,浮图峻拟摘星楼。三千世界供高眺,百二山河入望眸。恰遇神仙登阆苑,恍同学士步瀛州。擎天手段公输力,巩固皇图亿万秋。"另一块,长65公分、宽50公分,亦嵌于应县木塔一层外墙上,碑上亦有题诗一首,名为《登释迦塔》:"孤标紫塞势峥嵘,西北长天赖此擎。指顾山川凭斗立,追陪杯酒踏云行。皇风身沐吟怀爽,白日心悬壮志宏。共喜晴明无点翳,东南追望祝升平。"署名为钦差镇守宣府御马太监刘祥。方志所言正德年间,有镇守太监题刻塔壁一事,概指刘祥

① （清）刘士铭、王霭:《雍正朔平府志》卷之三《方舆志·巡幸》,载《中国地方志集成·山西府县志》辑9,凤凰出版社2005年版,第75页。
② 田惠纂辑、王有容校刊:《应州志》卷一《古迹》,第19页。
③ 田惠纂辑、王有容校刊:《应州志》卷四《艺文》,第137页。
④ 田惠纂辑、王有容校刊:《应州志》卷一《古迹》,第20页。
⑤ 同上。

之题诗。清代张五典亦有诗咏之："谓石非石玉非玉,清光炯炯夺双目。"据今应县民间传说,透玲碑在辽宋交战期间还曾发挥过军事瞭望的作用。当时,应县木塔是观战瞭望、洞察敌情的指挥所,站在木塔上,能将恒山、翠薇山、龙首山及其周边地区尽收眼底。但是,远处的敌情就非肉眼所能及了。有人建议,后唐李晋王墓有一块石碑,能照见千里之外的景物。于是,将士们就把石碑放在木塔上,用于瞭望。果然,在石碑的照耀下,远处的敌情一目了然。人们遂将其视作宝物,并称其为"透玲碑"。之后,石碑被南蛮子发现了,他们在透玲碑上做了手脚,使其失去了望远的能力。人们为了纪念其功绩,将其镶嵌在了木塔外壁最显眼的地方。

四镇为安边镇、司马镇、大罗镇、神武镇,分别位于应州城东二十里、城西五十里、城南四十里、城北四十里,相传为李克用驻扎应州时所建。① 四镇遗址今俱存,安边镇,今名镇子梁,约建于唐后期,现遗址尚存;司马镇,也名大镇子,在城西10公里处的栗家坊村东北。全镇为堡垒状,围以约7米高的土墙,为金城西境的防卫重镇。神武镇,其地现划入怀仁县;大罗镇,金、元时为千户大镇,明、清时毁于水灾。元好问有诗咏之："南北东西俱有名,三岗四镇护金城。古来险阻边陲地,威镇羌胡万里惊。"②

天王祠,在古应州城帅府之东北隅,系唐代魏公李靖创建。"相传:晋王李克用母,尝祷于祠,见壁裂,金甲神人跃出。后生克用。乾符年间,李国昌为大同节度使,重修。辽、金尚存,元末兵燹。"③就其产生的历史文化背景及目的而言,此故事与正史所载李克用出生之神异故事相类,延续了自夏、商、周三代帝王感孕而生的故事,是历代帝王以神异之自然天现象来彰显君权神授、天子权威的政治意图再现为民间神话传说的常例。但是,关于李克用与天王祠的关系,正史如是记载:"新城北有毗沙门天王祠,祠前井一日沸溢,武皇因持卮酒而奠曰:'予有尊主济民之志,无何井溢,故未察其祸神速,惟天王若有神奇,可与仆交谈。'奠酒未已,有神人披金甲持戈,隐出于壁间,见者大惊走,唯武皇从容而退,由是益自负。"④

应州故城。新城,既是唐元和年间,沙陀东迁入居之地;也是李克用出生之地。史载,元和六年(809年),"希朝徙镇太原,执宜从之,居之定襄神武川新城。"⑤李克用"大中十年丙子岁九月二十二日,生于神武川之新城。"⑥新城,其地

① 田惠纂辑、王有容校刊:《应州志》卷一《古迹》,第20页。
② 田惠纂辑、王有容校刊:《应州志》卷四《艺文》,第138页。
③ 田惠纂辑、王有容校刊:《应州志》卷二《祠庙》,第52页。
④ (宋)薛居正:《旧五代史》卷25《武皇纪上》,第332-333页。
⑤ (宋)欧阳修:《新五代史》卷4《庄宗纪》,第31页
⑥ (宋)薛居正:《旧五代史》卷25《武皇纪上》,第332页。

后魏置神武郡,后齐改为太平郡,后周罢置。隋置神武县,属马邑郡。① 唐代,神武县罢置,其地属朔州马邑郡鄯阳县。神武川在鄯阳县界。② 由此,新城即应州城。武州城,"朔州西一百五十里,本赵武州塞,汉改为县,属雁门郡。晋改为新城。后唐李克用生此,金为武州,治宁远县。"③新城,又名应州城,又名武州城。应州故城,"应州东十里。唐李克用迁城于天王村南,此城遂废。"④应州城,"唐天宝初,节度使王忠嗣创建。李克用父子世居之。至乾符间,克用父为大同节度使,因古城废塌,移筑于天王村,距旧城八里余。明洪武八年,知州陈立诚以旧城西北三面多旷地,遂就东南城墙改筑,今城周围千三百三十五丈,计五里八十五步,高三丈二尺,重以瓮圈,池深二丈。原设门三座,东曰畅和,西曰怀城,南曰宣阳,北为楼城,上曰拱极。成化六年,本城千户刘鉴改建玄武庙作镇北方。成化二十年,知州薛敬之修茸,创增月城……嘉靖四十三年,知州宋范、守备萧以望重修……隆庆五年,知州吴守节奉文重修……万历五年,知州徐濂沿壕植柳。二十四年,知州王有容奉文筑关墙……"⑤据上述方志所载,应州城始置于唐天宝初,乾符年间,李克用父子在其西八里左右重筑新城。明清应州城系洪武八年(1375 年),在旧城基础上的重建,明成化、嘉靖、隆庆、万历年间,均有修缮。现应州城之东、西、南门之门额均存,汉白玉质地,保存于应县文物管理所,分书"永安""怀成""宣阳"。永安门石额旁边竖体小字记:"奉议大夫管应州事潞安府同知常山吴守节守备应州城前掌万全都同司事偏关夏芳万历元年岁次癸酉秋九月吉日立。"⑥由此,应州城之东门万历初,已由"畅和"改为"永安"。

三灵庙,在应州城东南大石村。"祀唐李晋王克用,宋杨无敌业,元韩元帅浩。洪武十年创建。正统间,兵燹不存。"⑦杨业,本名杨重贵,本为后汉河东节度使刘崇手下将领,后周广顺元年(951 年),刘崇建立北汉,为彰其功业,赐其刘姓,名继业。因骁勇善战,又名杨无敌。宋太平兴国四年(979 年)五月,宋太宗赵光义北伐,平灭北汉,刘继业归宋。宋太宗任其为左领军大将军,并复其杨姓,改名为业。次年(980 年),辽兵十万攻宋,杨业于雁门关大败辽兵,威服契丹。雍熙三年(986

---

① (唐)魏徵、令狐德棻:《隋书》卷30《地理中》,第853 页。
② (宋)司马光:《资治通鉴》卷237,7661 页。
③ (清)胡文烨:《云中郡志》卷之二《方舆志·古迹》,大同地方志办公室,1988 年,第57 页;
　(清)汪嗣圣、王霱:《雍正朔州志》卷之三《方舆志·古迹》,载《中国地方志集成·山西府县志》辑10,第303 页。
④ (清)胡文烨:《云中郡志》卷之二《方舆志·纪异》,第61 页。
⑤ (清)胡文烨:《云中郡志》卷之三《建置志·城池》,第80 – 81 页。
⑥ 雷云贵:《三晋石刻总目·朔州市卷》,第90 页。
⑦ 田惠纂辑、王有容校刊:《应州志》卷二《祠庙》,第57 页。

年),宋太宗再次北伐,杨业为西路军副都部署,随都部署潘美,征战于云、朔、应、寰等雁北诸州。因潘美指挥失当,杨业被困陈家峪(今山西宁武北),身负重伤,誓死不降,绝食三日而亡。宋太宗为彰其忠烈,追赠其为太尉、大同军节度使。韩浩,大同人,元代任便宜都元帅兼应州彰国军节度使,在任期间,"善拊循士卒,一军倾心。又爱护闾阎,百姓无不戴之如父母。然性持正,人不敢干以私。在事日久,至今土人犹知有韩元帅焉。"①应州城内有梳洗楼、望城楼,均与韩浩相关。梳洗楼,"应州治西南四十五步。世传元元帅韩浩故宅,乃梳洗之所。"②望城楼,"在应州南三十里,即韩元帅游观所。"③

义井村及哑忽庄。在今山西应县北部有一自然村名义井村,根据地方传说,该村名的来历与李克用有关。《旧五代史》载,李克用出生时,"虹光烛室,白气充庭,井水暴溢。"④"义井"即"溢井"。义井村南之另一村庄名哑忽庄,或与李克作之"鸦儿军"有关。

李王庙、李怀角及东史巷。李王庙街,"位于朱衣阁之东,街内有唐朝大同节度使李国昌之家庙。李国昌之子李克用曾受封为晋王,民间遂称李国昌、李克用父子家庙为李王庙,该街亦称李王庙街。"⑤李怀角,位于今山西大同市东街中段。咸通年间,李克用之父李国昌曾任大同军节度使,因其地曾为李国昌后代的宅邸,后人为怀念其德政,取名李怀角。⑥ 东史宅,位于今山西大同东门大巷之南。"后唐末年,一次李克用与胡人作战兵败,在危急时刻,其部将史敬思重伤后拖肠救主于北门外吊桥。后李克用赐史氏宅院一所(现该街 32 号)。其后,虽然逐渐形成街道,但仍以东史宅为名。"⑦

① (清)胡文烨:《云中郡志》卷之六《秩官志·名宦》,第 244－245 页。
② (清)胡文烨:《云中郡志》卷之二《方舆志·纪异》,第 61 页。
③ 同上。
④ (宋)薛居正:《旧五代史》卷 25《武皇纪上》,第 332 页。
⑤ 吕秀琴:《大同军事地名琐谈》,载《今日大同》,2008 年第 3 期,第 32 页。
⑥ 同上。
⑦ 吕秀琴:《大同军事地名琐谈》,载《今日大同》,2008 年第 3 期,第 32－33 页。

图七:李怀角街道一

图八:李怀角街道二

(二)李嗣源及李从璟

李嗣源系五代后唐的第二位皇帝,原名李亶,即帝位后改名李嗣源。少时即听令于李克用帐下,为其养子,并随其入唐郑王属藉,赐姓李氏。唐咸通八年(867年)九月九日,出生于应州之金城县。① 地方志中李嗣源的记载与"金凤城""金城废县""圣母祠""后唐明宗祖庙"等古迹联系在一起。"金凤城,即古州城。后唐明宗生于此。以井飞金凤,因而名城。"②金城废县,"在州城内。唐置。五代、辽、金、元因之。本朝省入州,即卫治。"③圣母祠,"在州治西,霍家巷南。故老相传,唐明宗母建。万历十二年重修增廊。"④后唐明宗祖庙,"州城东北隅,即今净土寺基。州续志云:寺建于金天会年,历今数百载,而佛殿榱桷之下,以木板雕龙镂凤,

———————

① (宋)薛居正:《旧五代史》卷35《明宗纪第一》,第481页。
② 田惠纂辑、王有容校刊:《应州志》卷一《古迹》,第20页。
③ 田惠纂辑、王有容校刊:《应州志》卷一《古迹》,第19页。
④ 田惠纂辑、王有容校刊:《应州志》卷一《古迹》,第53页。

嵌置其间,金碧照耀,尚未剥落,其制异于他寺。故老传系明宗祖庙。前室寝殿在今北城外,后移建,城垣隔断,故址遂废。考《五代史》明宗天成二年追尊四代祖考皆为皇帝,妣为皇后,立庙应州,是必实有其地,所言或非讹传,存疑可也。"①《资治通鉴》载,后唐天成二年(927年)十二月,明宗李嗣源下令,自其高祖以下四代先考妣皆追谥为皇帝、皇后,于应州旧宅置墓,其墓曰陵。四陵皆在应州之金城县。② 金城县,时属应州。应州系晋王李克用时分云州所置,原属于大同军节度。因后唐明宗李嗣源所生之地名金凤城,故名金城县。③ 将正史记载与方志记载对比可见,金凤井、金凤城、圣母祠等一系古迹的诞生,以及应州金城县的设置均与李嗣源称帝有关,尤其是金凤井的传说,系中国古代与帝王相关的神异故事之延续。关于后唐明宗家族墓的相关地方记载,另有朱邪府君墓志石盖,原存于应州之儒学,今已不存。清代学者朱彝尊曾考证并著文曰:"丁未之秋,自代州复至大同,将次应州,避雨马神祠下,前有施石台刻石,列八卦于旁,又书二十八宿字,心异焉。俾从覆而观之,上有篆文曰:'唐故汾州刺史朱邪府君墓志铭。'考后唐家人传无官汾州者,惟明宗之父电尝赠汾州刺史,见《册府元龟》,又葬于应州,其为电墓铭。按:《旧五代史》明宗父名霓,此作电疑误。史称明宗无姓氏,太祖养以为子,不知其父冒姓朱邪者久矣。后明宗即位,谥其考曰考成,庙号德祖。当其时,祠官之守,春秋之察,山陵之封土,未必不崇,敦意为人所发,千载之下并石函亡之,而仅存其盖也,乃言为文记之。"④

李从璟。后唐明宗李嗣源之长子,初名李从审,又名李继璟,庄宗朝为金枪指挥使,为唐将元行钦所杀。李从敏。明宗侄,为人沉稳,善骑射。庄宗朝,任马军都指挥使兼行军司马。明宗嗣立,历横海、义武、成德、归德、保义、昭义、河阳等诸镇,封泾王。后晋朝,封西京留守,封秦国公。后周广顺元年(951年),亡。⑤ 方志列入人物篇,所记与正史同。⑥ 据两《五代史》载,后唐明宗子四人、侄四人,唯子李从璟、侄李从敏列入方志。

① (清)吴辅宏:《乾隆大同府志》卷六《古迹》,大同市地方志办公室整理重印,2007年,第116页。
② (宋)司马光:《资治通鉴》卷276,第9012页。
③ (宋)司马光:《资治通鉴》卷275,第8990页。
④ 山西省地方志编纂委员会:《山西通志》卷97《曝书亭集》,中华书局1995年版,第612页。
⑤ (宋)欧阳修:《新五代史》卷15《李从璟传》《李从敏传》,第161、168页。
⑥ (清)吴辅宏等:《乾隆大同府志》卷之二十一《人物》,第43页。
(宋)欧阳修:《新五代史》卷15《李从璟传》、《李从敏传》,第161页。

（三）安重诲、安金全、折从阮

安重诲。应州人,出身将家,父安福迁以骁勇知名于晋军。明宗朝,因为人明敏,颇受重用,官至兵部尚书、侍中、尚书令。身为佐命之臣,事无大小,皆自专断,虽以天下为己任,而不得善终。如史所言:"其势倾动天下,虽其尽忠劳心,时有补益,而恃功矜宠,威福自出,旁无贤人君子之助,其独见之虑,祸衅所生,至于臣主俱伤,几灭其族,斯其可哀者也。"①安金全。雁北人,世为边将。历后唐武皇、庄宗、明宗三朝,以骁勇闻名于时,梁兵犹惧之,"目之为'安五道',盖比鬼将有五道之名也。"②方志将二人与李从璟、李从敏同列入人物篇,同列者还有康思立、史彦超、折从阮。③ 康思立之史记见下述之康君利。史彦超。云州(今山西大同)人,为人勇悍骁捷,乾祐三年(950年),从后周太祖周郭威起兵反晋。后周立,官虎捷都指挥使,戍守晋州,因功迁龙捷右厢都指挥使、郑州防御使。后率军与后汉、契丹激战高平、太原,阵亡于忻口。后周世宗柴荣追赠其为太师。④《新五代史》列其入《死事》篇。⑤《雍正朔平府志》将其与周德威同视为忠孝之士,列入人物传记,传记内容同两《五代史》。⑥ 折从阮。原名从远,因避汉高祖刘知远之讳,改名从阮。云中(今山西大同)人。后唐庄宗朝,历任河东军牙将、府州(治今陕西府谷)刺史。明宗朝,因其洞习边事,迁检校工部尚书。后晋立国,随云州及河西之地归属契丹。晋少帝石重贵即位,绝好契丹,诏谕折从阮出师,折氏遂率众东渡黄河,抗御契丹。开运初,官至朔州刺史、安北都护、振武节度使、契丹西南行营马步都虞侯。后汉立,折从阮率兵南下,归汉,官至武胜军节度,加特进、检校太师。后周朝,奉朝命镇守陕州,因功官至静难军节度使、侍中。显德二年(955年)冬,病亡。折氏官历后唐、后晋、后汉、后周四朝,抗御契丹、戍守边疆,有攘外安内,屏卫中原之贡献。《雍正朔平府志》因此将其列为《人物》之《事功》篇。⑦

（四）刘知远

刘知远系五代后汉王朝的开国皇帝,纪传体史书载其先祖为沙陀部人,后代世居于太原府(治今山西太原)。刘知远于唐乾宁二年(895年)二月四日,生于太

① (宋)欧阳修:《新五代史》卷24《安重诲传》,第252页。
② (宋)薛居正:《旧五代史》卷61《安金全传》,第816页。
③ (清)吴辅宏、王飞藻、文光:《乾隆大同府志》卷之二十一《人物》,第430－431页。
④ (宋)薛居正:《旧五代史》卷124《史彦超传》,第1630页。
⑤ (宋)欧阳修:《新五代史》卷33《死事·史彦超传》,第364页。
⑥ (清)刘士铭、王霭:《雍正朔平府志》卷之十《人物志·忠孝》,第307页。
⑦ (清)刘士铭、王霭:《雍正朔平府志》卷之十《人物·事功》,第314页。

原府①。地方史志中的相关记载,最早见于明万历20年(1599年)成书的《应州志》,与后唐明宗李嗣源相同,方志没有将刘知远尊为一代之帝王,只是在《古迹》篇中记载有一处与之相关的遗迹,名瓜园,"在城东,辉耀村。相传,刘知远微时种瓜处,有汲水古井存。"②清顺治九年(1652年)修撰的《云中郡志》记载刘知远故宅在"应州东北20里,有石甃井。"据此,刘知远曾经生活于雁北。

(五)康君利

康君利。《旧五代史》史传有名为唐君立者,蔚州兴唐郡(治今河北蔚县)人,世为边豪,唐乾符年间,在唐大同防御史段文楚帐下任云州牙校。后与薛铁山、程怀信、盖寓等随从李克用起事于斗鸡台,并成为雁北沙陀军中的一员骁将,跟随李克用出镇太原,征讨汴军,屡历战功。乾宁初,被李克用赐死。③明《崇祯山阴县志》将其列入《人物·忠信篇》,志载:"十室忠信,何地无人,山阴人才自古以来不可考,五代、辽、金,一二人得之残碑断碣中,余尽寥寥。五代,康君利,勇猛过人,初从李克用破黄巢、攻河阳、取潞州,所向无敌。从庄宗破梁、战柏乡,屡建大功,累迁突骑指挥使。"④另据该志《古迹》篇载,唐明义军留侯康君利墓,在城东十五里。⑤据两《五代史》相关记载,名康君立者,唐乾宁初(894年)即亡故,而晋、汴柏乡之战发生在后梁乾化元年(911年)。又有名康思立者,少善骑射,后唐武皇李克用时任河东亲骑军使。曾随庄宗败梁人于柏乡,因功赐忠勇拱卫功臣、耀忠保节功臣。后唐明宗即位,"以应州所生之地授焉,历三郡三镇,皆得百姓之誉。"⑥后唐末帝清泰三年(936年)九月,康思立奉命率军赴团柏谷抗御石敬瑭与契丹之联军,唐将杨光远率军降于石敬瑭,石敬瑭与契丹联军南下进逼洛阳。康君立因激愤病发而亡。综合以上,方志所载之康君利乃后唐将领康思立,死后归葬雁北。

(六)李存孝

李存孝,李克用义子,义儿军将领之一。本安姓,名敬思。少善骑射,骁勇冠绝。跟从李克用讨黄巢、激战上源驿、克潞州、战汴军,屡历战功。大顺二年(891年)三月,晋军与幽州之李匡威及镇州之王镕联军交战,李克用遣时任邢、洺二州

① (宋)薛居正:《旧五代史》卷99《高祖纪一》,第1321页;(宋)欧阳修:《新五代史》卷10《汉本纪第十》,第99页。
② 田惠纂辑、王有容校刊:《应州志》卷一《古迹》,第21页。
③ (宋)薛居正:《旧五代史》卷55《康君立传》,第737-739页。
④ (明)刘以守:《崇祯山阴县志》卷之四《人物》,载《中国地方志集成·山西府县志辑》7,第24页。
⑤ (明)刘以守:《崇祯山阴县志》卷之二《古迹》,第11页。
⑥ (宋)薛居正:《旧五代史》卷70《唐思立传》,第932-933页。

节度使李存孝进攻镇州、赵州之南境；派李存信、李存审兵出井陉与之会合。李存信与李存孝素不睦，状告李存孝按兵不动、无心退敌，私下与敌寇有联盟。李存孝知道情况后，心生愤懑，遂遣书与王镕，投降汴军。次年(892年)，李克用亲自出马讨伐王镕、李存孝，存孝兵败。乾宁元年(894年)三月，李存孝登城谢罪，李克用将其车裂于市。因惜其才，数日不预政事。每言及存孝，泪流不止。①《旧五代史》载："史臣曰：惟存孝之勇，足以冠三军而长万夫，苟不为叛臣，则可谓良将矣。"②但是，清代方志中，并不以叛臣视之。《康熙灵丘县志》将其记入《人物志·忠义篇》，志载："后唐李存孝，邑人，初名安景思。士人相传其母邓氏为邑中庄头村邓万户女，及笄，与村女采蔬陌上，过古塚旁，有石人侍立，而首偶断，戏谓能续其者即夫也。邓因续之，晚归梦与石人合，遂得孕。万户夫妇疑女数出游，有外遇，逐之。邓哭泣不能白，日行旁近村落丐食。时同伴心知其冤，争相餉，故得不死。万户知其事，后收归，生子名景思。童时，牧羊大涧前，俟晋王李克用围猎得虎，争相逐射，过景思侧。景思恶噬羊，乃徒手搏杀，隔涧掷还，一军皆惊。晋王异而收为养子，赐姓李，名存孝。出入军中，多立奇功，今掷虎涧遗址犹存。"③《光绪灵丘县补志》将其尊为乡贤，列入乡贤祠。志载乡贤祠在文庙戟门外西，列乡贤七位。第一位即李存孝，"后唐勇男侯"。④ 同志之《题咏》篇载诗一首，以咏其忠勇。诗题名《李将军》："逐虎粉粉手搏虎，功当王侯身为虏。一战力保沙陀穴，纵然有过功能补。怪事惊人车裂传，从此河东军不武。一将存亡关盛衰，岂是天数人难主。流泣空有独眼龙，忌才多少含沙弩。不立奇功身不死，不死不冤不千古。晋梁于今无寸土，严然独存将军府。"⑤

　　关于李存孝之故里，史载无异。《新五代史》载其为"代州飞狐人"⑥，《新唐书》称"存孝，飞狐人"⑦，《旧五代史》无载。飞狐县，唐代属蔚州；隋代属易州(上谷郡)。灵丘县，唐属蔚州；隋属代州。⑧ 由此，正史中所言飞狐非县名，乃地

---

① (宋)薛居正：《旧五代史》卷53《李存孝传》，第715–717页。
② (宋)薛居正：《旧五代史》卷53《李存孝传》，第723页。
③ (清)宋起凤原本、岳宏誉增订：《康熙灵丘县补志》卷之二《人物》，载《中国地方志集成·山西府县志》辑6，第110页。
④ (清)雷棣荣、严润林修、陆泰元纂：《光绪灵丘县补志》，载《中国地方志集成·山西府县志》辑6，第188页。
⑤ (清)雷棣荣、严润林修、陆泰元纂：《光绪灵丘县补志》之《贞集·题咏》，第241页。
⑥ (宋)欧阳修：《新五代史》卷36《义儿传·李存孝》，第391页。
⑦ (宋)薛居正：《旧五代史》卷53《李存孝传》，第714页。
⑧ (宋)欧阳修、宋祁：《新唐书》卷39《地理三》，第1007页；(唐)魏徵、令狐德棻：《隋书》卷30《地理中》，第852、858页。

名——飞狐地区。今河北蔚县至涞源县之间东西山脉横亘,中间穿越山脉有一条南北走向的通道,为飞狐道,其周边为飞狐地区。① 另外,灵丘县存《沁州王李存孝故里》碑一通,原碑始建年代不详,碑文漫漶不清。现存碑重建于清道光十六年(1836 年),原位于灵丘县城东之魁见村街西,且建有碑亭。2008 年村政建设中移至魁见小学门外(参见图十二)。碑载:"沁州王护国勇南公太保大将军李存孝故里,大清道光丙申年桂月重建,阖邑士庶敬立。"②据此,李存孝之故里为今山西灵丘应无异议。灵丘县有石人台、掷虎涧二处遗迹,均作为古迹记录于方志:"石人台,县东北五里有石人立田中,相传后唐时,邓氏女采蔬过其侧,归而有感,遂生子,即李存孝。掷虎涧,县东北二十里,存孝牧羊于此,值李晋王围猎逐虎过其地,存孝因搏杀隔涧掷还。晋王异之,收为养子。"③石人台、掷虎涧均位于今灵丘县武灵镇之庄头村(原名邓家庄)境内,村中有邓家堡,堡内建有李存孝庙、李存孝府,每年农历二月,在此举行唱戏祭拜活动。

图九:灵丘县庄头村之存孝府

李存孝作为灵丘县非物质文化遗产的一张名片,在地域文化中有多种表现形式。如:灵丘县地方剧种罗罗腔 2012 年新编剧目《飞虎将军李存孝》、民间传说《石人招亲》《牧羊鞭》《大响石》等。以李存孝为主题的民间故事,与方志所载相同,均以忠义英勇之士视之,如民谣所缅:"两岸西风起白杨,沁州存孝实堪伤;晋官花草埋幽径,唐国山河绕夕阳。鸦谷灭巢皆寂寞,宾州尘路总荒凉;诗成不尽伤情处,一度行吟一断肠。"。

关于李存孝之墓地,有三种说法。其一,灵丘说。《光绪灵丘县补志》之《塚

---

① 严耕望:《唐代交通图考》第五卷《河东河北区》,第 1461 – 1467 页。

② 高凤山主编:《三晋石刻大全·大同市灵丘县卷》,山西出版集团、三晋出版社 2010 年版,第 102 页。

③ (清)宋起凤原本、岳宏誉增订:《康熙灵丘县补志》卷之一《古迹》,第 87 页。

墓》篇载,在县东南门头峪有李将军墓,距城十五里,"后唐李存孝封勇男侯"。[1]据当地学者研究,灵丘门头峪之李存孝墓为衣冠冢。[2] 其二,代县说。据《代县志》载,李存孝墓位于代县城西之七里铺村西。该处是沙陀李氏的皇家墓群所在地,后唐同光三年(925年),庄宗在此兴建柏林寺。据柏林寺藏碑记载,除李存孝处,此处还葬有李克用、李克用之父李国昌、李克用之子李克让。李存孝墓曾有明代石碑一通,今墓与碑均已毁。其三,太山说。太山位于太原市西南20公里处的风峪沟内,山上有太山寺,又名龙泉寺,始建于唐景云年间。龙泉寺山门旁边立石碑一通,上书"大唐将军李存孝之墓",李存孝被尊为太山守护神。史载,乾宁元年(894年)三月,李克用兵围邢州,李存孝泥首谢罪,"囚之,归于晋阳,车裂于牙门。"[3]太山说或由此而来。

图十:太原龙泉寺

图十一:太原市龙泉寺之李存孝墓及墓碑

①  (清)雷棣荣、严润林修、陆泰元纂:《光绪灵丘县补志》,第189页。
②  张卫平:《由太山李存孝墓说起》,载《太原晚报》,2016年3月27日(15版)。
③  (宋)司马光:《资治通鉴》卷259,第8453页。

　　李存孝封勇男侯在两《唐书》及两《五代史》中均无记载,在碑刻中有"勇男公"记载。综合相关史料,"勇南公"及"沁州王"之封号盖出于明代小说《残唐五代演义》,书中第二十一回载僖宗皇帝语:"朕今车驾复转长安,朕怜卿劳苦,封卿为大唐护国勇南公之职,待朕还朝,再赐宴赏。"①

图十二:灵丘县存李存孝故里碑

(七)沙彦珣、张敬达、周德威

　　沙彦珣,两《五代史》无传,后唐末,任云州节度使。燕云十六州归属契丹后,随云州归辽。《崇祯山阴县志》载:"沙节度彦珣墓城南三十里沙家寺"②。同志之人物篇,将其列为辽代忠信之士,志载:"沙彦珣生而异常,及长,多勇略,有大志。唐明宗日,为人杰俾,掌禁军,遂授彰国军节度使。后石晋割山后十六州贿赂契丹,遇阿保机归,过云中,彦珣出迎,遂留之,礼遇同于宿将,以功升平安节度、检校太尉,忠诚天植,百战开疆。"③沙彦珣后唐明宗时任彰国军节度,后唐末帝时任云州节度,入辽后亦受重用。对于这样一位官历后唐、辽代两朝的武将,明代修撰的地方史志将其归入忠信之列,且为辽代之忠信之士,其时之忠义观及民族观值得进一步探究。

　　张敬达,代州(治今代县)人,后唐庄宗朝,以骑射任厅直军使;明宗朝,官至彰国、大同军节度使;废帝清泰三年(935年)五月,为防御河东节度使石敬瑭叛乱,

---

①　(明)罗贯中:《残唐五代演义》第21回《程敬思接驾还朝》,山西人民出版社2009年版,第432页。

②　(明)刘以守:《崇祯山阴县志》卷之二《古迹》,第11页。

③　(明)刘以守:《崇祯山阴县志》卷之四《人物》,第25页。

奉命为太原四面招讨使,屯兵晋安乡(太原晋阳区南)。石敬瑭以契丹为援,围困张敬达于晋安寨(晋祠南)。后唐之援军因其将帅怀有二心,观望不前。张敬达兵粮食尽,不忍叛唐。十一月,副招讨使杨光远斩杀张敬达,以其军降契丹。契丹主耶律德光因其忠义,收葬其尸,并谓其诸将曰:"当汝曹为人臣,当效敬达也。"①五代、宋、辽时,皆以忠义之士视之。欧阳修于《新五代史》中将其列入《死事》篇,以其"初无卓然之节,而终以死人之事"②而嘉其行。地方志循五代、辽、宋故事,将其记入《官师志》之《忠节》篇③,录文源自两《五代史》之《张敬达传》。

周德威,朔州马邑人(今朔州朔城区东北),骁勇善战、胆智过人。少习边地之事,有望烟尘即知兵势之能力。初事李克用,从其征讨,累历战功。乾宁中,因讨王行瑜,官至左仆射。光化二年(900 年),汴军进逼太原,周德威生擒汴大将陈章,扬名于时。天复元年至天祐四年(901—907 年)间,以蕃汉都将之职率军征伐,屡败汴军。天祐五年(908 年),李克用亡,庄宗嗣立,朝议以其手握兵权在外,恐有变故。周德威单骑入谒,伏灵痛哭。后从庄宗战潞州,大败汴军。因功迁检校太保、同平章事、振武节度使。天祐七年(910 年),率晋军于柏乡激战汴军,大获全胜。天祐八年(911 年),率三万骑兵出讨伐桀燕,天祐十年(913 年),平灭桀燕,任检校侍中、幽州节度使。天祐十五年(918 年)十二,随庄宗南下汴州讨伐梁军,战死于胡柳陂(今河南濮阳西)。纵观周德威一生,官历两朝,忠心效主,为沙陀李氏在经营河东、晋汴之争、北御契丹,乃至问鼎中原的征途中,立下了不可磨灭的功绩。④ 后唐立国,追封其为太师,并陪享太庙;后晋立国,追封其为燕王。⑤ 方志列其为地方忠孝之代表人物,生平行文皆抄录自正史,⑥此不赘述。周德威之故里,位于马邑城东十里之红河头。⑦ 红河头村今名红壕头村,是朔州市朔城区神头镇下辖之行政村。据民间传说,其墓原有三冢,系为防备盗墓而设,一座位于红壕头村北侧,一座位于村中古堡北侧,一座位于邻近的马跳庄村南侧。周德威有四子,分别名为周光辅、周光贞、周光逊、周光赞。正史有传。长子光辅,武艺高强,体貌壮硕,十岁即从军旅。后唐庄宗朝,官至检校尚书左仆射;后晋朝,任蔡

① (宋)司马光:《资治通鉴》卷 280,第 9158 页。
② (宋)欧阳修:《新五代史》卷 33《死事》,第 355 页。
③ 陈廷章、霍殿鼇:《民国马邑县志》卷之二《官师志》,载《中国地方志集成·山西府县志辑》10,第 27 页。
④ 李文:《五代名将周德威研究》,河北大学 2008 年硕士论文。
⑤ (宋)薛居正:《旧五代史》卷 56《周德威传》,第 749 – 754 页。
⑥ (清)刘士铭、王霭:《雍正朔平府志》卷之十《人物志·忠孝》,第 307 页;陈廷章、霍殿鼇:《民国马邑县志》卷之二《人物志·忠孝》,第 46 页。
⑦ 陈廷章、霍殿鼇:《民国马邑县志》卷之二《人物志·忠孝》,第 46 页。

州(今河南汝南)刺史,终于官任。次子光贞,勇武善弓马,曾任义州(今甘肃华亭)、乾州(今陕西乾县)刺史。次子光逊,曾继其父任蔡州(今河南汝南)刺史。次子光赞,历任青州(山东青州)、商州(今陕西商县)司马。①

(八)董重进、张承业、吴峦、安重荣、杜重威

董重进,两《五代史》记为李存进,振武人,本姓孙,名重进。从李克用破黄巢,因为其养子,名李存进。庄宗嗣位,数率兵征讨梁军,累历慈州、庆州刺史、振武节度使。天祐十九年(921年),成德军牙将张文礼杀节帅王镕降梁,晋军数出军讨伐不利,遂以李存进为北面招讨使,率军出讨镇州,血战沙场,因援军不继,阵亡。有子四人,长子曰李汉韶,后唐明宗朝复为本姓,任扬州刺史。应顺元年(934年),潞王李从珂起兵凤翔,反叛后唐,孙汉韶率所部逆战。李从珂即位为末帝,孙氏投奔蜀地,历任永平、兴元、武信等三镇节度,卒于蜀。② 方志以其为五代之忠孝人物,所列事迹与李存进相同,而名为董重进。③

张承业,唐僖宗朝的宦官,本姓康,因为内常侍张泰之养子,故改为张姓。唐后期,宦官监军为常例,昭宗朝,张承业为河东监军。唐末,皇权衰微,朝臣与宦官争主朝政,并各自外结藩镇为援。天复三年(903年)正月,宰相崔胤勾结宣武节度使朱全忠,以唐昭宗之名义下令尽诛宦官。张承业蒙李克用护佑,藏匿于斛律寺,得以逃生。昭宗亡,李克用复以其为河东监军,随从左右。庄宗嗣晋王位,张承业以托孤之臣,军国政事,一以代之,慎行其责,且尽心尽力。"凡所以畜积金粟,收市兵马,劝课农桑,而成庄宗之业者,承业之功为多。"④天祐十八年(920年),晋王李存勖欲于魏州(今河北魏县)即皇帝位,张承业时在太原(今太原),且卧病在床,遂让人抬着自太原赴魏县,极力谏止:"大王父子与梁血战三十年,本欲雪家国之仇,而复唐之社稷。今元凶未来灭,而遽以尊名自居,非王父子之初心,且失天下望,不可!"⑤庄宗不听。张承业返回太原,不食而亡。庄宗即位,赠其为左武卫上将军,谥号为正宪。方志列其为名宦之忠节,行文与正史无异。⑥ 自五代以降,后人对于张承业之评说,以褒奖居多,唯明末清初之船山先生,对其所谓忠节之嘉行持疑议:"张承业之忠,忠于沙陀耳,或曰"唐之遗忠"。岂定论哉? 李

---

① (宋)薛居正:《旧五代史》卷91《周光辅传》,第1207页。
② (宋)薛居正:《旧五代史》卷53《李存进传》,第718-719页;(宋)欧阳修:《新五代史》卷36《李存进传》,第394页。
③ (清)刘士铭、王霭:《雍正朔平府志》卷之十《人物志·忠孝》,第307页。
④ (宋)欧阳修:《新五代史》卷38《张承业传》,第404页。
⑤ (宋)欧阳修:《新五代史》卷38《张承业传》,第405页。
⑥ (清)刘士铭、王霭:《雍正朔平府志》卷之六《名宦·忠节》,第188页。

存勖得传国宝,将称帝,承业呕谏止之,欲其灭朱氏,求唐后复立之,削平吴、蜀,则天下自归,虽高祖、太宗复生,不敢复居其上,以立万世之基,此其以曹操、刘裕处存勖,而使长有天下也明甚,岂果有存唐复辟之心乎? 使能求唐后以立邪? 则朱温篡夺之日,可早立以收人心,承业嘿不一语,而必待朱氏既灭之后,此则何心?"①

吴峦。郓州卢县人,明经不第,后唐清泰中,在大同节度使沙彦珣手下任节度判官。天福元年(936 年)十一月,后晋在契丹援助下立国。次年(937 年)二月,契丹北归途经云州,云州节度使沙彦珣出迎,被俘。吴峦在城中,对其众曰:"岂有礼义之人而臣于异姓乎!"②并率领将吏婴城自守,契丹攻城半年不能下。晋高祖遣人致书契丹,云州之围方解。后因其善守之能,调任贝州刺史。天福九年(944年)正月,契丹率奚及渤海等夷众攻城,抗御无果,吴峦投井而亡。方志将其与张承业同视为忠节名宦。③

安重荣。朔州人,出身边地将家,父安全曾任胜州(治今内蒙古托克托)刺史、振武(治今内蒙古和林格尔)藩汉马步军都指挥使。少善骑射、有膂力。后唐明宗朝,任振武巡边指挥使,后因不听诏令下狱,赋闲在家。清泰三年(935 年),时河东节度使石敬瑭被张敬达围困晋阳,遣人召之。安重荣率边士数千南下助之。后晋朝,官至成德节度使、宰相。天福中,后晋朝廷为安定边塞,姑息契丹。安重荣不满契丹之所为,尽杀契丹使者,并致书朝廷,请合吐谷浑、沙陀等北族部落之众,攻灭契丹,朝廷未从其请。天福六年(941 年),举众数万,声言要入朝觐见。朝廷派杜重威率兵防御,安氏兵败,被杀。晋高祖下令:"漆其头胪,函送契丹。"④《康熙朔平府志》视其与折从阮同列;⑤《雍正朔州志》记其入《人物志》之《乡贤》篇。⑥

杜重威。本朔州人,后徙家太原。祖、父均通曾听命于李克用帐下。后唐明宗朝入仕,官历后唐、后晋、后汉三朝。因妻为后晋高祖石敬瑭之妹宋国大长公主,后晋一朝颇受重用,累历要职。天福年间,因平定安重荣之乱,任成德节度使,到任后,税外加赋,重敛于民,并将安氏之家财据为己有。晋少帝朝,因与契丹绝好,契丹军数南下侵扰,生灵涂炭。杜重威身为一镇之首,不思御敌,只顾敛财,引人情怨怒。镇州军粮匮乏,杜氏之私第存粮十万斛,朝廷给绢数万匹,购其存粮以

① (清)王夫之:《读通鉴论》,中华书局 2004 年版,第 87 页。
② (宋)薛居正:《旧五代史》卷 95《吴峦传》,第 1267 页。
③ (清)刘士铭、王霈:《雍正朔平府志》卷之六《名宦·忠节》,第 188 页。
④ (宋)薛居正:《旧五代史》卷 98《安重荣传》,第 1304 页。
⑤ (清)刘士铭、王霈:《雍正朔平府志》卷之十《人物·事功》,第 314 页。
⑥ (清)汪嗣圣、王霈:《雍正朔州志》卷之十《人物·乡贤》,第 411 页。

充军用。开运三年(946年),奉少石重贵之帝命率军经略瀛、鄚二州,晋军出师兵败,杜重威即退兵,并暗中勾结契丹,以十万兵马依附契丹,契丹许其以中原帝位。天福十二年(947年)三月,契丹北归,命其镇守魏州。十月,后汉立,汉高祖刘知远因其不服调遣,率军亲征。十一月,杜重威请降。刘知远亡,宰相苏逢吉等尊其遗嘱,诱杀杜重威及其三子,弃尸于市。①《雍正朔州志》将其与南北朝之侯景、隋唐之际的刘武周、苑君璋同归为豪强,记其终为晋所杀②,与正史相较有误。

(九)其他人物

除上述人物以外,以沙陀为核心的其他人物集中再现于《光绪蔚州志》。朱邪执宜、朱邪赤心、李嗣本、李德珫等人列《名宦记》;盖寓、康君立、薛志勤、康福等人列入《史传》。志书对于所列人物之生平及事迹的叙述皆源于正史,并对其分类及归属给出了解释。依正史记载,盖寓、康君立、薛志勤三人系唐乾符年间,跟从李克用自斗鸡台起事的蔚州人,是沙陀雄起于晚唐五代的功臣。但是,地方志既没有将他们列入名宦之列,也没有列入乡贤之列,而是与康福同列入史传,且排序先后亦有讲究。其中,盖寓列唐;康君立、薛志勤列五代唐(即后唐);康福列五代晋(即后晋)。志曰:"五代旧史载蔚四人,盖寓尚矣。君立、志勤其始事无足称,要其材武,亦沙陀开国之勋臣也。若康福遭遇明宗,幸获高位,复事石晋,浮沈取容,又二人所羞与伍者。欧公列之杂传,有以哉。志补未见辞史,取节焉,以补五代蔚人之阙,无所谓非,而欲祀之乡贤,过矣。其传则二史具备,从彭元瑞五代史合注例,并录之,系之晋,以其终于晋也。"盖寓,蔚州人,自斗鸡台事件起于云中,并随从李克用出镇太原,因多智慧、善解人意而倍受重用,天祐二年(905年),病亡。康君立、薛志勤均为蔚州人,经历与盖寓略同。乾宁初,康君立因言及李存孝之亡,触怒李克用,被赐死。薛志勤,光化元年(898年),亡于潞州。依时间而言,三人均亡于后唐建立之前,而志书唯将盖寓列入唐代,因"寓乃心王室,克用之终臣节,寓有力焉。"③

## 二、战争遗迹

晚唐五代之北中国,因地方藩镇割据而起的叛乱纷争,以李克用、朱温为首的晋、梁之争为线索,演化为后梁、后唐、后晋、后汉、后周的嬗代交替。10世纪初,契丹的崛起,使云、应、寰、朔、蔚等山后诸州之地战事频仍,雁门以北之地遂留下了

① (宋)薛居正:《旧五代史》卷109《杜重威传》,第1433-1437页。
② (清)汪嗣圣、王霨:《雍正朔州志》卷之十《人物·豪强》,第423页。
③ (清)庆之金、杨笃:《光绪蔚州志》卷之十三《史传上》,第173页。

诸多与沙陀有关的战争遗迹。

（一）神堆

"景福元年二月,李可用略地常山,赫连铎自吐浑入,李匡威壁云州北郊。克用自神堆引兵,乘夜潜入云州,出战走之。"①以上是道光《大同县志》所载李克用攻击赫连铎的战事,实发生在景福元年(892年)八月,李克用闻赫连铎与李匡威联兵八万进攻云州,一面派其将李君庆自晋阳发兵征讨,一面暗中率兵潜入新城,伏兵于神堆,前后夹击,大败敌军。《资治通鉴》胡注曰:"神堆在云州城南,新城又在神堆东南。神堆,即神武川之黄花堆,新城在其侧,盖克用祖执宜保黄花堆时所筑也。"②由此,神堆即黄花堆,位于神武川,新城在其东南。元和四年(809年)六月,范希朝任河东节度使,"朝议以沙陀在灵武,迫近吐蕃,虑其反复,又部落众多,恐长谷价,乃命希朝诣河东。希朝选其骁骑千二百,号沙陀军,置使以领之,而处其余众于定襄川。于是执宜始保神武川之黄花堆。"③胡注以为,神武川在汉代郡桑干县界,后魏置神武郡,后周废郡为神武县,属朔州。此时其地在马邑善阳县界。东晋建兴元年(313年),魏穆帝拓跋猗卢以盛乐为北都,以平城为南都,登上平城西山,观望地势,在平城南一百里,桑干河北岸的黄瓜堆修筑了新平城,晋人称之为小平城。④ 所以,黄瓜堆在今山西大同南百里,北魏时即有此地名,唐末又名神堆,且新城或为新平城之省称。后人以为,五代时期,应州之建立亦与黄瓜堆有关,因为此地是沙陀霸业兴盛之根基所在。⑤ 清乾隆《大同府志》载,大同府有黄花岭,"山脉自马邑北洪涛山来,南距山阴县治、西距应州治皆40里,北距怀仁县治六十里,新庄河北来绕之,桑干河径其南,平坡长阪,屈曲联络,延袤50余里……古名黄瓜堆……《水经注》亦作黄瓜阜,其后讹瓜为花。"⑥由此,神堆,在清代又名黄花岭。志中所载其西距应州治四十里有误,应为东距。其地处山阴、应县、怀仁三县交界,又名黄花冈。⑦ 黄花冈乃应州之名胜,全称为三冈四镇,⑧四镇前已述。三冈为黄花冈、护驾冈、赵霸冈。护驾冈在应州城南30里,相传,北魏孝文帝元宏曾驻跸于此,故名,今其地有护驾冈村。赵霸冈在城东20里,9世纪末,辽太祖耶律阿保机率军讨伐室韦,唐卢龙节度使刘仁恭发兵数万拒之,遣其养子赵

---

① （清）黎中辅:《大同县志》卷十五《武事》,山西人民出版社1992年版,第340页。
② （宋）司马光:《资治通鉴》卷259,第8435页。
③ （宋）司马光:《资治通鉴》卷237,第7660—7661页。
④ （北齐）魏收:《魏书》卷1《序纪第一》,第8页。
⑤ （宋）司马光:《资治通鉴》卷275,第8990页。
⑥ （清）吴辅宏:《大同府志》卷之四《山川》,第78—79页。
⑦ （清）吴辅宏:《大同府志》卷之五《形胜》,第105页。
⑧ （清）吴辅宏:《大同府志》卷之六《古迹》,第116页。

霸至武州,辽太祖伏兵桃山(今河北万全)下,擒赵霸。其地称赵霸冈,旧时冈上建有观音阁,今无存。黄花冈今名黄花梁,海拔过千米,梁上原建有黄花寺,已无存。自明后期开始,绵延五十里、海拔过千米的黄花梁是中原人过雁门关、走西口、讨生计的必经之地。由黄花梁向西,经山西右玉的杀虎口出关赴华北驼道是为"走西口";由黄花梁向东,经河北张家口赴东北驼道是为"出东口"。

(二)东城

"冬十月,太祖以骑兵七万会克用于云州,宴酣,克用借兵以报刘仁恭木瓜涧之役,太祖许之。易袍马,约为兄弟。"①此为《大同县志》转自《辽史》的李克用与辽太祖耶律阿保机的云州东城之会。关于10世纪初叶的这次弭兵之会的地址,地方志载在今山西怀仁,其境内有古迹名陶林故县,"辽史地理志奉义县,本汉陶林县地,后唐武皇与太祖会此。"②怀仁县地名之来历,亦与此有关,其地唐属云中县,辽代析云中县地置怀仁县,"因太祖会后唐武皇于此,取怀想仁人之义,故名。"③2005年,怀仁县政府为了纪念这一与民族融合主题相关的历史事件,在怀仁县仁义广场(原迎宾广场)东侧,塑立了命名为"怀想仁人"的雕塑,并立碑以志,碑文突出远溯历史、展望未来的和平主旨:"上溯天祐二年,晋王李克用与契丹耶律阿保机面会东城,互赠金缯良马,欢洽旬日乃去。鼓角灯前,千杯未醉英雄;风云帐下,万民浩歌升平。易袍换马,两朝太祖相握交深;约为兄弟,一代天骄把臂成盟……和平乃发展主旨,仁者爱人本和谐之要义。顾观怀仁一域,仁风行于千载……美好未来,更见文字之外。"④

---

① (清)黎中辅:《大同县志》卷十五《武事》,第341页。
② (清)李长华等:《怀仁县新志》卷二《古迹》,载《中国地方志集成·山西府县志》辑6,第273页。
③ (清)李长华等:《怀仁县新志》卷一《沿革》,第260页。
④ 周志强主编:《三晋石刻大全·朔州市怀仁县卷》,山西出版传媒集团、三晋出版社2014年版,第255页。

图十三:山西怀仁县"怀想仁人"雕塑

### (三)木瓜涧

木瓜涧,"在广昌县。唐乾宁间,李克用计燕帅刘仁恭,遇战于此。"①木瓜涧之役发生在唐乾宁四年(897年),事情的起因是李克用借兵于刘仁恭遭拒。刘仁恭本为卢龙守将,乾宁二年(895年),晋军平定幽州,李克用上表朝廷以其为卢龙留后。乾宁三年(896年)七月,凤翔节度李茂贞进逼京师,唐昭宗欲投奔河东,路上被华州刺史韩建挟持至华州。李克用征兵于刘仁恭,欲与其合力兴兵关中,奉迎天子回长安。刘仁恭以契丹频入寇,须派兵御边为由,请求待契丹退兵后,再派兵河东。之后,李克用数次派人催促,幽州仍未派兵。乾宁四年(897年)七月,李克用致书谴责刘仁恭,刘仁恭将书信掷地,并将使者囚禁。李克用大怒,八月,亲自将兵讨伐刘仁恭,晋军屯兵于安塞军(蔚州之东),幽州将领单可及率骑兵前来应战。李克用正坐在帐中饮酒,前锋进报贼兵已至。李克用问刘仁恭是否来至阵前,军士报之是敌将单可及。李克用瞑目曰:"可及辈何足为敌!"②当日雾大,看不清人物,幽州将领杨师侃伏兵于木瓜涧,河东兵大败,伤亡大半。李克用酒醒后,责备晋将李存信战敌不力。木瓜涧一役遂成为沙陀征战史上因酒误事之代表性案例。广昌县,明清时属大同府辖下之蔚州,在州治东一百零五里处,③治今河北来源。

### (四)斗鸡台

"由弥陀山而东,其在得胜口外者,曰奚望山,新城、得胜二河之所径也,南距府治九十里,北距丰镇厅治十六里,上有斗鸡台,唐乾符中,云中守捉使李克用偕

---

① (清)胡文烨:《云中郡志》卷之一《方舆志·山川》,第40页。

② (宋)司马光:《资治通鉴》卷261,第8508页。

③ (清)胡文烨:《云中郡志》卷之一《方舆志·疆域》,第18页。

程怀信等募土万人次于此。"①方志所载之奚望山上之斗鸡台是与李克用有关的重要事件——斗鸡台事件的发生地。乾符五年(878年),时任云中守捉使的李克用,借口大同军防御段文楚克扣军士衣米,发动武装事变,聚众万人,将段文楚及判官柳汉璋等人杀害于斗鸡台下,并自许为大同军留后。斗鸡台事件不仅反映了雁北复杂的民族关系及政治矛盾,更是沙陀实力强盛、控制雁北的具体表现,沙陀由此而走出雁北,南下晋阳,争锋朱梁,直至问鼎中原。晋梁争霸过程中,晋王李存勖因此常被梁将称为"斗鸡小儿"。② 弥陀山在今山西大同新荣区北部长城脚下,得胜口是始建于明初的重要的外长城关隘,位于大同市西北约四十公里,与内蒙古丰镇市交界处。由此,奚望山在今内蒙古丰镇市界。

---

① (清)呈辅宏:《大同府志》卷之四《山川》,第83页。
② (宋)司马光:《资治通鉴》卷272,第8895页。

# 第三章

# 契丹的桥头堡（936—1044）

## 第一节　大同军易帜

后唐清泰三年(936年)十一月,"契丹主作册书,命敬瑭为大晋皇帝,自解衣冠授之,筑坛于柳林,是日,即皇帝位。割幽、蓟、瀛、莫、涿、檀、顺、新、妫、儒、武、云、应、寰、朔、蔚十六州以与契丹。"①自此,大同军随燕云十六州之地归属于契丹。关于大同军易帜之背景,概有人物和时势两个方面。

**一、大同军易帜的历史背景**

(一)人物背景

1. 沙陀后裔

(1)石氏一族

石敬瑭先祖及兄弟。后晋开国皇帝石敬瑭于唐景福元年(892年),出生于太原,是雁北沙陀雄踞太原后出生的第一代沙陀军人。石氏一族自其四代祖石璟起,于唐元和年间,随李克用之祖父沙陀军都督朱耶尽忠自灵武归唐,居于雁北。石璟历任河东阴山府裨校、朔州刺史。三代祖石郴,早亡。祖父石翌曾任振武防御史。父石绍雍(又名臬捩鸡)听令于后唐武皇李克用、庄宗李存勖帐下,官至平、洺二州刺史,与大将周德威齐名于时。石敬瑭有一兄、两弟,分名石敬儒、石敬德、石敬殷,石敬儒尝为后唐庄宗手下骑将,子石重贵嗣后晋帝位,为少帝。后两者经历不详。

石敬瑭叔侄。叔父石万诠,经历不详。后晋立国后,赠太尉、追封赵王。子石敬威,少善骑射,从后唐庄宗、明宗征战,累历军功。明宗朝,官至检校工部尚书,

---

① （宋）司马光:《资治通鉴》卷280,第9154页。

末帝清泰中,任兵部尚书。石敬瑭反唐,知祸必及己,石敬威乃召集亲近,曰:"夫人生而有死,理之常也。我兄方图大举,余固不可偷生待辱,取笑一时。"①自缢于私第。石晋朝,追封为广王。子石训嗣位,官至左武卫将军。次子石赟,后晋朝,官至陕州、曹州节度使。叔父石万友,追封秦王。子石晖,刚毅有谋,在众族兄弟中最为石敬瑭所重。后唐清泰三年(936),唐将张敬达围攻晋阳,石敬瑭任石晖为突骑都将,率所部出其不意,力战敌军,"虽夷伤流血,矢镞贯骨,而辞气益厉"。②后晋朝,官至检校太师、太保,追封韩王。子石曦嗣位。

石敬瑭子孙。石重贵,本为石敬瑭长兄石敬儒之子,后为其养子,护从左右。随其反唐,并嗣其统,即位为后晋少帝。子二人,分名石延煦、石延宝。石重胤,本石敬瑭之弟,因收为养子,故名从"重"字。封剡王。石重英,石敬瑭长子,天福四年(939年),追封为虢王。石重信,石敬瑭次子;后唐明宗之外孙,天成中,官至刑部尚书、检校司徒、左金吾卫大将军。官历后唐之明宗、闵帝、末帝三朝,克己复礼,不因身为贵戚而骄奢,为时议所称道。后晋朝,战亡。追封沂王,改封楚王。三子石重义,好儒学、通兵法,后晋朝,战亡。追封寿王。五子石重进,天福七年(942年),追封为夔王。六子石重杲,追封陈王。七子石重睿,未封王。

石敬瑭其人。性寡言、沉稳,喜读兵书,志在武略,视李牧、周亚夫为榜样。入仕后立于后唐明宗之帐下,颇受重用,从其征战,累历军功,为后唐立国及李嗣源承统立下了汗马功劳。至清泰三年(936)建立后晋,石敬瑭的政治及军事生涯分为三个阶段——立后唐、保明宗、统河东。

立后唐。唐天祐十三年(916年)二月,李存勖与梁将刘鄩交战于清平,晋军阵势未列即遭遇梁军之突袭,军情危急,石敬瑭率十余骑骑兵,突入敌营,挫败了梁军的气势,使军情转危为安。李存勖因抚其背赞之曰:"将门出将,言不谬尔。"③由是,石敬瑭威武之名扬于时。天祐十五年(918),晋梁对阵于胡柳陂,晋大将周德威阵亡,李嗣源不知所措,问计于石敬瑭:"梁人首获其利,旌旗甚整,何计可以挫之?"④石敬瑭以天寒地冻,梁军易进难退,进言稍安勿躁,屯兵固守以观其变。后形势之演变果如其所言,晋军突发奇兵,梁军大败。石敬瑭复以其谋略为李嗣源所重用,此后四年间三次救李嗣源于危难之中,成为其无可替代的股肱之将、佐命之士。天祐二十年(923年),随李嗣源袭取郓州,平定汴水,灭掉后梁

---

① (宋)薛居正:《旧五代史》卷87《宗室列传第二》,第1137页。
② (宋)薛居正:《旧五代史》卷87《宗室列传第二》,第1138页。
③ (宋)薛居正:《旧五代史》卷75《晋高祖纪第一》,第978页。
④ (宋)薛居正:《旧五代史》卷75《晋高祖纪第一》,第979页。

之宗室,奠定了后唐统一的大局,促成了李嗣源灭梁助唐的功勋。

保明宗。后唐同光二年(926年)二月,效节指挥使赵在礼魏州兵变,朝廷遣元行钦前去招抚,无果,复派李嗣源率军伐之。兵至魏州,军士亦哗变,请求李嗣源称帝河北。李嗣源心存疑虑,欲只身返回向李存勖请罪。石敬瑭遂密言曰:"犹豫者兵家大忌,必若求诉,宜决其行。某愿率三百骑先趋汴水,以探虎口,如遂其志,请大军速进。夷门者,天下之要害也,据之可以自雪。安有上将与三军言变,他日有平手乎!"①李嗣源于是派其率兵先行,占领汴州。随后,进据洛阳,即皇帝位,改元天成。

表十五:石敬瑭一族人物列表

| 四代祖<br>石璟 | 三代祖<br>石郴 | 祖父<br>石翌 | 父石绍雍 | 石敬瑭 | 石重贵(侄子) | 石延煦 |
|---|---|---|---|---|---|---|
| | | | | | 石重胤(养子) | 石延宝 |
| | | | | | 石重英(长子) | |
| | | | | | 石重信(次子) | 子二人 |
| | | | | | 石重义(三子) | |
| | | | | | 石重进(五子) | |
| | | | | | 石重杲(六子) | |
| | | | | | 石重睿(七子) | |
| | | | | 石敬儒 | 石重贵 | |
| | | | | 石敬德 | | |
| | | | | 石敬殷 | | |
| | | | 叔父石万诠 | 石敬威 | 石训 | |
| | | | | 石赟 | | |
| | | | 叔父石万友 | 石晖 | 石曦 | |
| | | | | 石重胤 | | |

统河东。明宗嗣位后,石敬瑭因功累迁要职,并兼任六军诸卫副使。后唐长兴四年(933年),秦王李从荣上奏契丹、吐谷浑及突厥犯塞,北边吃紧,宜派一大将,以安定云、朔之地。石敬瑭早已不愿担任禁军副使,主动请命北上。朝廷遂任其为太原尹、北京留守、河东节度使,兼大同、振武、彰国、威塞等军蕃汉马步军总管。次年(934年),闵帝即位后,潞王李从珂发动岐阳兵变,夺帝位,改元清泰,复

① (宋)薛居正:《旧五代史》卷75《晋高祖纪第一》,第980页。

以石敬瑭为河东节度使,雁门以北诸军总管。但是,唐末帝并不信任石敬瑭,几欲将其调离河东,终至其割土求援,建立后晋。

（2）石氏姻亲

后晋高祖石敬瑭之皇后李氏,系后唐明宗李嗣源之第三女永宁公主,唐明宗为后唐之代州刺史时,因惜其才,以女嫁之。后晋少帝石重贵之皇后张氏,系唐将张从训之女。张从训与石敬瑭同为沙陀南下太原之后的雁北军人,其先祖为随沙陀东迁的回纥人,后世居于雁北,祖张君政及父张存信分别在后唐武皇李克用时任云州长史、河东蕃汉马步军都指挥使。张从训在后唐庄宗时,累从征战,因功获赐名继鸾,从庄宗诸子之行辈。明宗朝,因其父张存信曾为明宗之长史,复旧名,官至石州刺史。石敬瑭出镇太原,纳其女为少帝妃。少帝皇后冯氏乃邺都副留守冯濛之女。楚王李重信之妃白氏系后唐昭信军节度使白奉进之女。白奉进,云州清塞军人,父名白达子,居雁北以射猎为业。其本人因善骑射,跟随晋王李克用出镇太原,官历后唐武皇、庄宗、明宗、闵帝、末帝五朝。

综上,石氏一门实为出于雁北之军将世家,至石敬瑭举兵反唐之时,已历六代。祖上四代、三人为雁北沙陀之骁将,且受重于沙陀李氏,历任要职。10世纪二三十年代,在后唐之洛阳政权中,沙陀石氏亦多领要职,如其族弟石敬威,官历后唐庄宗、明宗、闵帝、末帝四朝,清泰中,至兵部尚书。其次子石重信,历事后唐之明宗、闵帝、末帝,屡任要职。此外,石氏之姻亲集团成员亦多为源出雁北之军将世家,如上述之李皇后、张皇后、白氏王妃,均出自雁北军事集团。石敬瑭作为沙陀出镇太原后的第一代沙陀后裔,仍然是晋军上层军事集团的核心人物,对于后唐之建立、明宗之嗣统立下过汗马功劳。尤其是后唐长兴四年（933年）,执河东之兵柄后,更加稳固了他在后唐的军事地位。因此,石氏代唐,究其人物背景而言,是沙陀集团内部的权力纷争和交替;是晚唐以降武人政治胜利的继续。

2. 榜样力量

欧阳修在总结五代嬗代的历史时,曾说:"于此之时,天下大乱,中国之祸,篡弑相寻……置君易吏,变国若传舍"。① 其说切中五代历史演变中政权交替的特点,权柄交替之快、帝王之宝座易主之易,使所有心怀异想的人很容易产生"王侯将相宁有种乎"的想法。宣武节度朱温立梁;河东节度李克用立唐,无一具有榜样的力量。对于石敬瑭而言,曾经一起出入疆场的李从珂凭借一场兵变即成为皇帝的生动事例,对于石氏代唐更具有现实意义。

李从珂,后唐明宗李嗣源养子,本王姓,小字二十三,镇州平山（今河北平山）

---

① （宋）欧阳修:《新五代史》之序,第5页。

人,出身寒微。唐昭宗景福年间,李嗣源因战事路过平山,因见其母貌美,掠为妻。王二十三遂被收为养子,赐李姓,改名李从珂。少小时即与石敬瑭为玩伴,史载:"(一日),在太原,尝与石敬瑭因击球同入赵襄子庙,见其塑像,屹然起立,帝秘之,私心自负。"①及长,从李嗣源帐下,随后唐庄宗李存勖南下争战后梁,因骁勇善战,名扬于时,为后唐的建立立下了赫赫战功。同光初,李存勖曾对李嗣源有言:"复唐社稷,卿父子之功也。"②后唐明宗朝,历任河中、凤翔节度等要职。长兴四年(933 年)五月,晋封为潞王。十一月,李嗣源病亡,其三子李从厚即皇帝位。次年(934 年)二月,诏令凤翔、河东、成德、天雄四镇节度使易地调换。李从珂拒命,并以清君侧的名义,传檄各州镇,欲兴兵洛阳。闵帝急调各路人马讨伐凤翔。三月,朝廷大军汇集凤翔城下,东西关城接连失守,凤翔城陷于困危中,情急之下,李从珂登上城头,自陈战功,感动诸军,纷纷倒戈,形势逆转。随即,李从珂率军攻入长安(今西安)。诸路军兵败凤翔,洛阳城中朝臣意见不一,李从厚诏令时任镇州节度的石敬瑭率军赴难。之后,仓皇出逃。路遇石敬瑭,见朝廷大势已去,石敬瑭亦弃李存厚于不顾,率军赶往洛阳。四月,李从珂大军入洛,即皇帝位。

石敬瑭与李从珂地位相同,一为后唐明宗之驸马,一为后唐明宗之养子;权势相近,均为兵柄在握的一方节度,一据凤翔,一据河东;经历相同,都曾是跟从明宗李嗣源征战南北,军功起家的武将。石敬瑭不仅亲历了李从珂起兵夺嫡的全过程,而且在末帝即位后,仍居于河东节度使之位,前车之鉴对于石敬瑭来说,具有双重的启示和意义。

(二)时势背景

1. 政治局势

乱由内生。后唐灭梁立国后,凭借强大的武功,先后用兵关中及蜀地,征服岐国、平灭前蜀,将关中及两川之地纳入唐之版图。但是,在开疆破土、扩展地盘的同时,后唐庄宗却因宠信伶人、用人不当而导致吏治腐败,埋下了乱由内生的祸根。同光四年(926 年),李嗣源因镇压魏博兵变而兵变,率军南下,攻入洛阳取而代之。其在位的七年间,重用士人,诛杀宦官,压制强藩,实行了一系列励精图治的改革,朝政较庄宗朝有所改观。但是,最终仍然没能避免内乱的发生。公元933年十一月至934年四月的半年之间,后唐帝位三易其主。长兴四年(933 年)十一月,李嗣源病重。次子李从荣误以为明宗已病逝,武力逼宫,被废为庶人。李嗣源因此病情加剧,悲愤而亡。十二月,三子李从厚于其灵柩前继位为闵帝。次年

---

① (宋)薛居正:《旧五代史》卷46《末帝纪上》,第625页。

② 同上

(934年)二月,即下令调遣凤翔节度使李从珂易镇河东,引发兵变。四月,李从珂率兵攻入洛阳,鸩杀李从厚,取而代之,史称末帝。

契丹伺机。自9世纪末,沙陀南下太原,争雄中原以来,晋军的主要敌人是同据中原的朱梁武装。在晋梁争战的40年期间,契丹的势力在中原的北部边境线上自东至西,逐渐漫延,尚处于由部落统一到国家建立的过渡期,直到后唐长兴元年(930年),在辽太宗耶律德光领导下实现了统一。因此,在石晋割土求援之前,契丹的势力一直被控制在北边线周围,只是在晋梁争雄的背景下,偶尔伺机南下以获取利益。

八国臣服。9世纪末,唐王朝国力衰落,地方藩镇势力四起。晋梁争霸中原的同时,南方先后诞生了八个比较大的割据政权——吴、前蜀、后蜀、吴越、楚、闽、南汉、南平。吴国政权源于唐朝的淮南节度杨行密,10世纪初,杨行密死后,吴国陷入内乱。前蜀系唐壁州(今四川通江)刺史王建据东、西川及汉中之地所立。后唐同光三年(925年),被后唐所灭,李克用之婿孟知祥为两川节度使,掌控其地。应顺元年(934年),趁后唐内乱,于成都称帝,建立后蜀。吴越源于唐代之镇海节度,国力弱小,谨奉中原。南楚由唐代潭州刺史马殷建立,为中原之后梁、后唐所控制。后唐长兴初年(930年),马殷亡故,诸子争立,国家陷入混乱。闽、南汉、南平受封于后梁、后唐。总之,南方诸国在武力上皆处于弱势,以蕃属国的身份臣于中原王朝。

河东重地。后唐之河东节度之地北临契丹、东接卢龙、成德、天雄等河北三镇,辖大同、彰国、振武、威塞等北边节镇。对于定都洛阳的沙陀政权而言,是控遏北边、震慑河北、屏卫京师的核心区域。因为,河东对于起于雁北的沙陀而言,是他们南下中原后的第二个故乡。自后唐武皇李克用始,河东节度使之权柄始终掌握在沙陀手中,历任节度均为雁北沙陀之核心人物——李克用、李存勖、李嗣源、李从荣、石敬瑭。后唐长兴四年(933年),太仆卿何泽上书,请立秦王李从荣为皇太子,明宗不悦,曰:"群臣欲立太子,吾当养老于河东。"[1]河北诸镇与河东不同,自唐末藩镇各自为政后,曾数度与晋军为敌,并反复于晋、梁之间,后唐庄宗朝方纳于后唐管辖之内。此时,南方诸国相对中原而言,在军事上处于劣势,中原政局的主要矛盾是因契丹强大而渐起的南北矛盾,谁掌控了河东,谁就掌握了王朝的命运。

---

① (宋)欧阳修:《新五代史》卷15《唐明宗家人传第三》,第164页。

2. 军事契机

后唐明宗长兴年间,秦王李从荣以河南尹兼任六军诸卫使,石敬瑭时为河阳节度使兼六军诸卫副使。石敬瑭之妻永宁公主与秦王非一母所生,素不睦。"石敬瑭不欲与从荣共事,常思外补以避之。"①长兴三年(932 年)十月,边境奏报契丹将南侵,明宗命臣下推举良将镇边,石敬瑭与康义诚被认为是最佳人选。石敬瑭遂请命赴边,并辞去六军诸卫副使一职。十一月,石敬瑭被任命为北京留守、河东节度使,兼大同、振武、彰国、威塞等军蕃汉马步总管。

**二、大同军易帜的历史过程**

大同军易帜的历史过程也就是燕云十六州北归契丹的过程,可分为缘起、分权、移镇、反唐、坚守五个部分。

(一)缘起

长兴三年(932 年)十一月,石敬瑭因契丹南侵而获迁河东节度使,为其改写历史埋下了伏笔。一年后,秦王李从荣逼宫被废,后唐明宗辞世;长兴四年(933年)十二月,宋王李从厚于明宗灵柩前即位。应顺元年(934 年)四月,潞王李从珂凤翔兵变夺嫡。闵帝自洛阳出逃至卫州东,路遇自河东奔赴洛阳的石敬瑭。石敬瑭因见潞王兵势强盛,朝廷大势已去,遂杀掉闵帝随从人员,置闵帝于不顾,率军至洛阳。李从珂即位后,因其有功,更重要的是为了安抚坐镇幽州、宣武的原梁将赵德钧、赵延寿父子,复任石敬瑭为河东节度、北面行营总管。

(二)分权

李从珂自幼与石敬瑭同隶于李嗣源麾下,且皆以骁勇闻名,心下互不相服。石敬瑭归镇河东后,一方面,与幽州赵德钧联合,以北地近边,契丹寇扰频繁为由,要求朝廷增兵增粮,以增强河东之军力;另一方面,通过其妻晋国长公主贿赂曹太后为其随时打探朝廷的消息,将末帝的一举一动了如指掌。因迫于形势将石敬瑭放归河东后,末帝亦对其怀有戒备之心。后唐清泰二年(935 年)五月,朝廷应河东的要求,派人赴忻州给晋军送夏衣,"时骄兵习于闻见,又欲扶立石敬瑭以希赏"②,遂数呼万岁。石敬瑭心下恐惧,为了打消朝廷的疑虑,派都押衙刘知远将带头唱贺的挟马都将李晖等 36 人悉数斩杀。此种欲盖弥彰的做法更增加了唐末帝对他的怀疑,七月,诏令以武宁节度使张敬达为北面行营副总管,率军屯兵代州

---

① （宋）司马光:《资治通鉴》卷 278,第 9078 – 9079 页。
② （宋）司马光:《资治通鉴》卷 279,第 9131 页。

以分割石敬瑭的权力。①

（三）移镇

后唐清泰三年(936年)正月,晋国长公主参加完末帝李从珂的生日宴会——千春节宴会后,请辞归晋阳,末帝醉曰:"何不且留,遽归,欲与石郎反耶!"②闻听此言,石敬瑭逾加害怕。三月,以助军费为名,将其分布在洛阳及诸道的财物悉数收回晋阳。后唐端明殿学士李崧联合朝臣吕琦进奏皇帝,同意契丹的和亲之请,以打消契丹与河东建立联盟关系的可能。末帝以为此计甚好,随即又因枢密直学士薛文通的进言,以屈身夷狄有辱中原帝王之身份为由,否定了和亲之策。五月,从薛文通之建议,诏令以原出于凤翔的河阳节度使宋审虔为河东节度使,调任石敬瑭为天平节度使。

（四）反唐

朝廷调令一出,河东议论纷纷。掌书记桑维翰进言:"主上初即位,明公入朝,主上岂不知蛟龙不可纵这深渊邪? 然卒以河东复授公,此乃天意假公以利器。明宗遗爱在人,主上以庶孽代之,群情不附。公明宗之爱婿,今主上反逆见待,此非首谢可免,但力为自全之计。契丹素与明宗约为兄弟,今部落近在云、应,公诚能推心屈节事之,万一有急,朝呼夕至,何患无成。"③石敬瑭从其言,决意反唐,上书朝廷,以末帝李从珂系明宗养子,不应承继大统,应让帝位与许王李从益。末帝将其书撕裂并掷地,诏令削其官爵,以张敬达为太原四面兵马都部署,率诸道兵讨之。张敬达屯兵晋安乡(今晋祠南),并在晋阳城外筑起长围以围困叛军。战事初起,西北先锋马军都指挥使安审信、雄义都挥使安元信、振武西北巡检使安重荣等原雁北军人先后倒戈投奔石敬瑭。但是,控御北边的大同(即云州)、彰国(即应州)两军镇并不听从石敬瑭的指挥。七月二日,云州步军指挥使桑迁作乱欲投奔河东,以兵围子城。大同节度使沙彦珣突围出城,三日后,率兵入城诛乱军,执桑迁送洛阳斩首。石敬瑭急命桑维翰上表契丹,表示愿臣服于契丹,并以父礼事之,"约事捷之日,割卢龙一道及雁门关以北诸州与之。"④契丹闻讯大喜过望,八月,即发三千骑兵进攻应州。九月辛丑日,契丹主耶律德光亲率五万骑兵,号称三十万南下,屯兵于虎北口(今太原北),当日交战大败唐军,并与石敬瑭议定,速战速决,以免旷日持久,胜负难定。壬寅日,石敬瑭即与契丹联兵围攻晋安寨,唐兵大

---

① (宋)司马光:《资治通鉴》卷279,第9132页。
② (宋)司马光:《资治通鉴》卷279,第9138-9139页。
③ (宋)司马光:《资治通鉴》卷279,第9142-9143页。
④ (宋)司马光:《资治通鉴》卷279,第9146页。

败。末帝急调洛阳、天雄、魏州、幽州等诸道兵力共救晋安。丁未,唐末帝迫于形势,自洛阳北上亲征,行至河阳,不愿北行。召集宰相、枢密使商议进取方略。朝臣各怀心思,并不以国事为重,皆赞成皇帝宜坐镇河阳,不宜北行。遂以卢龙节度使赵延寿率兵两万赴潞州;以右神武军统帅康思立为北面行营马军都指挥使,率兵赴团柏谷(今山西祁县南);以范延光率兵两万屯辽州。吏部侍郎庞敏献计,立李赞华①为契丹主,送其北归,以破河东与契丹之盟,末帝未采纳。十一月,诏令以赵德钧为诸道行营都统,统兵御敌。赵德钧本意欲借讨伐契丹之名,与契丹联合以图谋取中原之帝位,故引兵至团柏谷月余,仍按兵不动,并以己征战在外,幽州孤立,表奏朝廷任其子赵延寿为成德节度使,以接应幽州。末帝大怒,并责令其速出兵增援晋安。闰十一月,赵延寿致书契丹,若许己为帝,即刻率军平灭洛阳,与契丹国以兄弟相称。耶律德光以孤军南下,而晋安久攻未下,赵德钧兵力强盛,又恐云、应、寰、朔等山北诸州断其归路,欲从其请。石敬瑭听闻,遽派桑维翰前往说服,并久跪帐前,涕泪相争,契丹遂从其意。晋安寨被困数月,料草皆尽,而援军不至。守将杨光远、安审琦劝张敬达投降契丹未果,遂斩杀张敬达,以晋安降契丹。诸州见后唐大势已去,纷纷倒戈。二十六日,末帝携传国玉玺登上玄武门自焚而亡。

(五)坚守

后晋天福二年(937 年)二月,契丹主耶律德光自上党北上归国,路经云州,大同军节度使沙彦珣出迎,被契丹主扣留,不让其还镇。大同军节度判官吴峦对城中众人曰:"吾属礼义之俗,安可臣于夷狄乎!"②遂率众闭城坚守,不受契丹之命。契丹攻城,半年不下。晋高祖石敬瑭下诏将吴峦调离云州,任徐州节度使,契丹进据云州,大同军自是方归于契丹。

## 第二节　契丹南边的战事——以大同军为线索

### 一、后晋时期的雁北战事

后唐清泰三年(936 年)十一月十二日,河东节度使石敬瑭即皇帝位,改元,后

---

①　李赞华原名耶律倍,又名耶律突欲,辽太祖耶律阿保机长子。辽天显五年(930 年),因储位之争,逃奔后唐,后唐明宗李嗣源赐名李赞华。

②　(宋)司马光:《资治通鉴》卷 281,第 9169 页。

晋立国,燕云十六州始归为契丹统御之地。自此至后晋开运三年(946 年)十二月初九,石重贵草降表、奉国宝、脱黄袍、服素衫①,后晋亡国,十年期间,雁北复为战事频仍之地。

(一)后晋高祖朝

自后晋天福元年至天福七年(936—942 年),后晋高祖石敬瑭在位期间,推行倾举国之力臣服契丹以兴基业的政策,七年间,先后十六次遣使朝贡契丹,名马、犀弓、竹矢、樱桃、水晶砚等各种珍物无以计数。② 契丹与后晋之间遂无战事。但是,石敬瑭以燕云十六州之地换取江山、富贵的行为并不是所有士人的一致认同;契丹对于燕云之地归附之民的态度,导致了后晋高祖朝燕、云之地反契丹事件的发生。

1. 吴峦拒命云州

《辽史·太宗纪上》载:“十二年春正月丙辰,次堆子口。唐大同军节度判官吴峦闭城拒命,遣崔廷勋围其城。庚申,上亲征,至城下谕之,峦降。辛酉,射鬼箭于云州北。③”此段史料所载即为燕云十六州入辽之后的次年(937 年)正月,辽太宗耶律德光自太原北还,行至堆子口④,遭遇后唐之大同军节度判官吴峦的抵抗。

吴峦,字宝川,汝阳卢县人。史载其少好学,以经业下第,后投身行伍。后唐明宗长兴初,在云州节度使沙彦珣帐下任从事,后迁任大同军节度判官。契丹出兵太原助石敬瑭叛唐、建立后晋,燕云之地还在后唐节度使守卫之下,时云州节度使沙彦珣见大势已去,经再三思量,出城迎谒,被契丹扣留。时吴峦在云州城中,对众人曰:“岂有礼义之人而臣于异姓乎。”⑤于是,率领云州城的将吏闭门拒守。契丹大怒,举兵攻城,半年未能攻下。吴峦遣使求救于晋,后晋高祖石敬瑭调吴峦任武宁节度副使,并致书契丹,云州方归属于契丹。

吴峦拒命云州一事,是后晋高祖时期,士大夫阶层忠义观念、华夷观念的体现。自汉武帝罢黜百家、独兴儒术以降,以伦理道德为建构基础的儒家理论遂成为国家治政方针和社会认知准则。尤其是文人士大夫,无一不以忠、孝、节、义作为生而为人、安身立命的根本。五代之士亦有此传统,并不似欧阳修所谓五代之时,“臣弑其君,子弑其父,而缙绅之士安其禄位而立其朝,充然无复廉耻之色者皆

---

① (宋)司马光:《资治通鉴》卷 285,第 9321 页。

② (元)脱脱等:《辽史》卷 3 - 4《太宗纪上、下》,第 27 - 52 页。

③ (元)脱脱等:《辽史》卷 3《太宗纪上》,第 40 页。

④ 此次辽太宗耶律德光自太原北还,先后经雁门关、应州,渐次北上,故堆子口应在云州之南。

⑤ (宋)薛居正:《旧五代史》卷 95《晋书·吴峦传》,第 1267 页。

是也"①。除了被后称为"十朝元老"之冯道,如吴峦者还有其人,比如张砺、王权。张砺,磁州滏阳人。自幼好学,有文采,性耿直,有正义,"平生抱义怜才,争于奖拔,闻人之善,必攘袂以称之,见人之贫,亦倒箧以济之"②。后唐同光初,进士及第,入仕。天成初,后唐明宗召为翰林学士。石敬瑭起兵晋阳,奉唐末帝之命随赵延寿进讨之,兵败,被契丹俘虏,为羁縻之,契丹授之右仆射、平章事、集贤殿大学士。张砺不为所动,曾背契丹南归,被追获后,契丹主责之曰:"尔何舍我而去?"③砺曰:"砺,汉人也,衣服饮食与此不同,生不如死,请束就刃。"④后因病卒于契丹。王权,太原人。世为官宦,因举进士入仕唐朝,唐亡,事梁为御史中丞、翰林学士。后唐灭梁,事唐为户部尚书,唐亡入晋,任兵部尚书。后晋高祖以父事契丹,遣其为使,权叹曰:"我虽不才,安能稽颡于穹庐乎?"⑤坚辞不行,被免官。

　　2. 赵崇朔州反叛

　　(1)赵崇朔州反叛

　　辽会同四年(941年),"六月辛卯,振武节度副使赵崇逐其节度使耶律画里,以朔州叛,附晋。丙午,命宣徽使裹古只赴朔州,以兵围其城。有晋使至,请开壁,即勿听,驿送阙下。"⑥七月,裹古只奏请辽太宗遣使至朔州,说服城中守将投降,遭拒,城中官兵坚壁不出。十二月,契丹军攻陷朔州,并派控鹤指挥使谐里劳军。裹古只战亡于朔州城下,辽太宗下令,诛杀朔州城中丁壮,"仍以叛民上户三十为裹古只部曲"⑦。后唐时于朔州置振武军⑧,燕云之地归契丹后,辽沿置,亦称朔州节度。⑨

　　(2)后晋襄州之乱、镇州之乱与赵崇朔州反叛

　　安从进事件。⑩ 安从进,出于雁北索葛部,后唐庄宗时曾任护驾马军都指挥使、贵州刺使;明宗时,为保义、彰武军节度使;愍帝时,徙领顺化、镇山南东道;后晋高祖即位,加同中书门下平章事。后晋天福六年(941年)十月,高祖石敬瑭计

----

① (宋)欧阳修:《新五代史》卷34《一行传》,第369页。
② (宋)薛居正:《旧五代史》卷98《晋书·张砺传》,第1316页。
③ 同上。
④ 同上。
⑤ (宋)欧阳修:《新五代史》卷56《王权传》,第648页。
⑥ (元)脱脱等:《辽史》卷4《太宗纪下》,第50页。
⑦ (元)脱脱等:《辽史》卷4《太宗纪下》,第51页。
⑧ 朱玉龙:《五代十国方镇年表》,中华书局2005年版,第66页。
⑨ (宋)司马光:《资治通鉴》卷282,第9222页。
⑩ (宋)薛居正:《旧五代史》卷98《安从进传》,第1305页;(宋)司马光:《资治通鉴》卷282,第9229－9239页。

出兵讨伐安重荣,十一月,时襄州节度使安从进举兵反晋,晋廷集荆南、湖南诸州兵讨之。天福七年(942年)七月,后晋西京留守高行周率军围襄州久攻不下。八月,襄州城中食尽,城破,安从进举族自焚。

安重荣事件。安重荣,朔州人,祖、父均曾任后唐刺史。后唐明宗时,安氏曾任振武道巡边指挥使。石敬瑭兴兵反唐,被唐将张敬达围困晋阳,派人赴雁北招诱安重荣,安氏遂招边士,以千骑赴援。石敬瑭即帝位后,授之以成德军节度使。史载其以臣于契丹为耻,每见契丹使者,必箕踞①谩骂;如遇契丹使者过其境,有时会暗中派人杀之。天福六年(941年)四月,上千言书,历数契丹之罪过;指斥晋高祖不应父事契丹,竭中国之资,谄媚于求取无限的胡虏。并传檄朝贵及州镇,声称已据大兵,必与契丹决一死战。十二月,安重荣集结境内数万饥民,以入朝觐见为名,南下邺城。后晋朝廷以天平节度使杜重威为诏讨使,率兵讨伐,安重荣战败,率十余骑退还镇州。次年(942年)正月,镇州城内牙将引官军入城,安重荣被斩。首级被送至邺城,晋高祖命漆之,并函送契丹。②

辽会同五年(942年)二月,辽太宗将要南下,因诸路仍有未平之处,诏太子与群臣论议,皆曰:"今襄、镇、朔三州虽已平,然吐谷浑为安重荣所诱,犹未归命,宜发兵讨之,以警诸部。"③由此段史料可见,就契丹而言,赵崇朔州之乱,与后晋襄、镇二州之乱,具有共同性,都是其时契丹所控之地不稳定的表现。此外,赵崇朔州之乱还是安重荣镇州之乱的一个促因。后晋天福六年(941年),安重荣上表朝廷请讨契丹时,曾言:"朔州节度副使赵崇已逐契丹节度使刘山,求归命朝廷。"④

回看三州之乱,有三个共同点,其一,时间相先后,都发生在辽会同四年或五年;其二,前后相关联,赵崇朔州起兵、安从进襄州起兵,都在一定程度上促进了安重荣举兵镇州。其三,性质相同,均系藩镇叛乱。由此,赵崇朔州举兵反叛契丹,虽然是燕云易主后,后唐军将军事反抗契丹的一个个案,但是,赵崇反契丹事件并不孤立,这一事件与后晋镇州节度使安重荣、襄州节度使安从进反晋、反契丹事件密切相关,它所反映的是以节度使为代表的武将阶层对于契丹的反抗心理以及乱世称雄的政治诉求。

---

① 指两脚张开、膝盖微曲,形似簸箕的坐姿,是种不拘礼节、轻慢的姿态。
② (宋)司马光:《资治通鉴》卷282-283,第9222-9233页。
③ (元)脱脱等:《辽史》卷4《太宗纪下》,第51页。
④ (宋)司马光:《资治通鉴》卷282,第9222页。

（3）后晋高祖朝的"诸镇之乱"与赵崇朔州反叛

后唐河东节度使石敬瑭称子、称臣,割地以兴基业的做法,为时人所不耻。后晋高祖在位七年,节帅数次叛乱。除了上述之大同节度判官吴峦据命云州、山南东道节度使安从进兴兵襄州、成德节度使安重荣兵起镇州之外,还有应州指挥使郭崇威挺身南归、天雄节度使范延光反晋于魏州等节帅反乱事件发生。

郭崇威挺身南归。郭崇威,应州(今山西应县)人,少言语,有方略,以勇力应募为卒。后唐时,为应州骑军都尉。后晋天福二年(937年)二月,契丹主耶律德光自上党过云州,大同节度使沙彦珣出迎,被扣留。节度判官吴峦率军守城,拒不受契丹之命。应州马军都指挥使郭崇威"亦耻臣契丹,挺身南归"①。

范延光魏州反晋。范延光,邺郡临漳(今河北临漳南)人,后唐庄宗、明宗、末帝三朝累历要职。后晋立国,范氏据魏博六州之地为雄。天雄二年(937年)五月,晋封其临清郡王,以安抚之。六月,范氏于魏州举兵反晋。未几,晋洛阳巡检使张从宾、右武卫上将军娄继英、右卫大将军九尹晖等皆举兵应之。天福三年(938年)九月,兵败,投降。

石晋以依附契丹立国,晋之节帅,或耻于臣服契丹;或欲仿石帝,趁乱世做皇帝,造成了契丹两方面压力,一是儿皇帝江山不稳,即契丹统治的南部外围不稳;二是新归附的燕云之地不稳,即契丹之南边不稳。所以,雁门以北之地,前有吴峦拒命,后有赵崇反叛。

（二）后晋出帝朝

后晋天福七年(942年)六月,晋高祖殂,齐王石重贵即皇帝位,史称出帝。十二月,奉表契丹,称孙不称臣。后晋对契丹国策的改变,引发了出帝朝契丹三次南伐,雁门以北之地,作为契丹之南边,亦卷入战争。

1. 契丹三伐后晋

后晋天福八年(943年)十二月,契丹首次南下攻晋。契丹主耶律德光,在契丹之幽州节度使赵延寿及后晋平卢节度使杨光远的建议和告密之下,遣赵延寿为先锋,调集山后及卢龙兵共五万人,南下攻晋。"山后,即妫、檀、云、应诸州。卢龙,幽州之军号。此皆天福之初割与契丹之土地人民也。"②辽太宗亲率十万大军继其后。后晋开运元年(944年)正月,赵延寿率领雁门以北及幽州兵攻陷晋之水陆要冲贝州(治今河北清河西北)。另一路契丹军过雁门关,进逼忻州(今山西忻州)。后晋将领高行周、张彦泽、刘知远各率本道兵御敌。二月,双方进入胶着状

---

① （宋）司马光:《资治通鉴》卷281,第9169页。
② （宋）司马光:《资治通鉴》卷283,第9256页。

态。三月,双方撤兵。八月,晋军以刘知远为北面行营都统,调整防务,备战契丹,并派镇州兵自飞狐(时辽蔚州领县,今山西灵丘东南)入契丹偷袭,被契丹之大同军节度使耶律孔阿战败。①

后晋开运元年(944年)闰十二月,契丹二次南下攻晋。次年(945年)正月,双方激战于邺(今河北临漳西南)。三月,契丹八万精骑聚虎北口(今北京密云东北),晋将药元福、符彦卿等率军逆战,契丹军溃散。晋军小胜,欲伺机北伐,并于其年十二月,派人潜入燕云之地,刺探军情,契丹"云州节度使耶律孔阿获晋谍者。"②

后晋开运三年(946年)七月,契丹三次南下。晋集重兵御契丹,并欲北上夺取幽州。十一月,双方鏖战于瀛洲,晋将梁汉璋战败,杜重威退兵,契丹举兵南下。十二月,晋主帅杜重威暗中交通契丹,里应外合,契丹军直入大梁(今河南开封),后晋亡。

2. 后晋战俘北迁云、朔

天福十二年(947年)正月,后晋出帝着素服、纱帽,迎契丹主请罪。契丹将晋出帝及其家人囚于封禅寺,并遣其大同军节度使崔廷带兵守卫。天福十一年(946年),晋军战败,大量战俘将渡河南归。契丹尽取其战马及甲胄、兵器,欲趁其渡河之时,将其全部推入河中,以免后患。赵延寿进言曰:"晋国东自沂、密,西及秦、凤,延褒数千里,边于吴、蜀,常以兵戍之。南方暑湿,上国之人不能居也。他日车驾北归,以晋国如此之大,无兵守之,吴、蜀必相与乘虚入寇……今若徙其家于恒、定、云、朔之间,每岁分番使戍南边,何忧其为变哉!"③由是,大量战俘举家迁入雁门以北之地。

**二、后汉时期的雁北战事**

后汉一朝,不时与契丹有边境的纠葛。后汉乾祐元年(948年)三月,契丹将耶律忠与麻答联合寇扰后汉之定州。后汉定州刺史孙方简,自狼山(今河北易县境内)率其众还踞定州,并上表朝廷以其弟孙行友为易州刺史;孙方遇为泰州刺史,每遇契丹南下,三兄弟联合御之,"于是晋末州县陷契丹者,皆复为汉有矣。"④

孙方简其人其事,始于后晋开运三年(946年),时定州西北二百里的狼山之

---

① (元)脱脱等:《辽史》卷4《太宗纪下》,第54-55页。
② (元)脱脱等:《辽史》卷4《太宗纪下》,56页。
③ (宋)司马光:《资治通鉴》卷286,第9331-9332页。
④ (宋)司马光:《资治通鉴》卷288,第9389页。

上有一座山寨名为狼山寨,是当地乡民为了抵御契丹入寇,自行修筑的堡寨。堡中有一座佛寺,住持是一名比丘尼,名为孙深意,颇通佛法,远近乡民皆信之。有中山人名孙方简者,自称是深意之侄,与其弟孙行友不食酒肉,随侍深意左右,孙深意坐化后,孙方简率领信众据寺为寨以自保,每遇契丹入寇,即率众攻击,屡败契丹,并获其资用无数,名声大振,投附者日渐增加。后晋朝廷遂将其招安,任其为东北招讨指挥使。孙方简间或率众入契丹境内劫掠,并以此邀功于朝廷,稍有不如意,即转引契丹入寇,在晋与契丹之间多有反复。天福十二年(947 年)四月,辽太宗耶律德光北归至定州身亡,耶律兀欲(辽世完)即位,以义武节度副使耶律忠为节度使;调原节度使孙方简为大同节度使。孙方简惧怕入云州后被契丹扣留,拖延不赴大同节度之命,并率领其部众退守狼山寨。后归降后晋,任义武节度使。①

### 三、后周时期的雁北战事

公元 951 年正月初四,后汉天雄节度使周威即皇帝位,后周立,是年为后周广顺元年。其年正月十五日,后汉河东节度使刘崇在晋阳(今山西太原南)即皇帝位,是为北汉,有“并、汾、忻、代、岚、宪、隆、蔚、沁、辽、麟、石十二州之地。”②北汉土瘠民贫,赋役繁重,循晋室故事,礼敬契丹,欲傍之以张国势。终后周一朝,北汉及契丹与后周之间数燃战火,三次涉及雁门以北之地。

后周广顺元年(951 年),契丹助北汉南伐。是年正月,北汉初立,即以刘承钧为招讨使,将步骑万人发兵攻打后周之晋州。二月,北汉调集五道之兵力攻晋州,不克。四月,北汉遣使契丹,以厚礼贿谢契丹,自称“侄皇帝致书于天授皇帝”③,请求册封,更欲求契丹出兵相助伐周。十月,契丹遣彰国节度使萧禹厥率奚、契丹兵五万人进兵南下攻周,北汉皇帝亲自领兵二万进攻晋州。十二月,北汉联合契丹攻晋州已五十余日,适逢天降大雪,天寒地冻,军中乏食,契丹军折损大半,萧禹厥耻于无功,杀大酋长一人,北汉亦无意进取,北汉南伐不了了之。

后周显德元年(954 年),北汉联合契丹再次南伐。是年正月,后周太祖郭威亡,晋王柴荣即帝位。北汉趁后周新丧,请兵于契丹,南下攻周。二月,北汉与契丹进逼潞州。后周群臣以周世宗新即位,人心不稳,不宜轻动,劝皇帝遣将御敌,

---

① (宋)司马光:《资治通鉴》卷 285 – 288,第 9303 – 0389 页;(元)脱脱等:《宋史》卷 252《孙行友传》,第 8871 – 8873 页。
② (宋)司马光:《资治通鉴》卷 290,第 9453 页。
③ (宋)司马光:《资治通鉴》卷 290,第 9459 页。

周世宗力排众议,亲率大军出征。三月,两军相遇于高平南。北汉皇帝见周兵人少,欲不用契丹相助,以汉兵之力击败周军。时风向突变,由东北风转为南风,枢密使王得中劝止出兵,北汉皇帝不听劝助,执意进军。周世宗亲自督战,后周将士拼力死战,再加上风力相助,愈战愈勇,北汉兵大败,尸骨遍野,丢弃的辎重、器械及杂畜不可计数。北汉兵退代州,复求救于契丹。五月,契丹遣数千骑兵屯兵忻、代之间,为北汉之授。北汉、契丹与后周相持数月,互有胜负。十一月,契丹之彰国节度使萧敌烈、太保许从赟奏"忻、代二州捷"。[①] 北汉皇帝刘崇病亡,北汉退兵。

后周世宗显德六年(959年)三月,周世宗北伐。从四月至五月,四十二日内,连下辽之宁州(今天津静海)、瓦桥关(涿州南)、莫州(今河北任丘)、瀛洲(今河北河间)等三州、三关、十七县之地。欲乘胜进取幽州,世宗身体不适,退兵。至是,后周世宗北伐收复燕、云十六州之举搁浅。

### 四、北宋太祖至太宗朝的雁北战事

#### (一)宋太祖朝

建隆元年(960年)正月,北宋立国。宋太祖赵匡胤奉行先易后难、先南后北的政治军事政策,致力于经略南方,宋与北汉及契丹的关系以维和为主。契丹雁门以北之军队,仅在是年六月,南下攻伐。史载:"汉兵以宋兵围石州来告,遣大同军节度使阿剌率四部往援,诏萧思温以三部兵助之"[②]。战争时断时续,至辽应历十四年(964年)二月,以北汉败宋兵于石州告终。

#### (二)宋太宗朝

北宋开宝九年(976年)十月,赵光义即帝位。一方面继续宋太祖以来的南向征伐,一方面开始北向用兵,于太平兴国四年(979年)和雍熙三年(986年)两次北伐,试图收复燕云之地,引发双方多次交战。

##### 1. 灭北汉

北宋太平兴国四年(979年)正月,宋太宗以宣徽南院使潘美为北路都招讨制置使,四面出击征讨北汉。北汉求助于契丹,三月,辽景宗诏令千牛卫大将军韩悮、大同军节度使耶律善补率本路兵南援北汉。北宋军大败契丹援军;接连击败北汉的抗御,于是年四月进攻太原。五月,北汉主刘继元降,北汉平。

---

① (元)脱脱等:《辽史》卷6《穆宗本纪上》,第72页。
② (元)脱脱等:《辽史》卷6《穆宗本纪上》,第76页。

2. 太平兴国年间的宋辽之战

高梁河之战。太平兴国四年(979年)六月,北宋平灭北汉之后,宋太宗亲自率军,继续北进,连破东易州、涿州,进逼幽州。七月,双方交战于高梁河,北宋战败,退兵。北宋与契丹之间的和平关系被打破,双方交恶不断。

满城之战。是年九月,辽景宗诏令以燕王韩匡嗣为都统,南府宰相耶律沙为监军,惕隐休哥、南院大王斜轸、权奚王抹只等各率其所部南伐,仍命大同军节度使耶律善补率领山西之兵分道南进。双方交战于满城(今河北满城北),契丹大败,残部逃往遂城(今河北徐水西北)西,宋兵再败契丹。十一月,交战于忻州,契丹败。

雁门之战。宋辽高梁河战役之后,北宋在雁门一带部署了驻军,以御辽兵。辽乾亨二年(980年)三月,辽景宗遣军大举攻宋,双方交战于雁门北口,宋守将杨业求援兵于节制西北边疆军事潘美,潘美没有及时派遣援兵。杨业急中生智,遣副将留守雁门,亲率数千骑,从背后偷袭契丹军,并斩杀其主帅蒸咄李,契丹大败。

瓦桥关之战。辽乾亨二年(980年)十月,辽景宗命巫者祭祀天地及神兵,亲率大军再次南伐,进围瓦桥关。宋太宗赵光义亲率大军北进,以解瓦桥关之围。十一月初一,宋兵联军夜袭辽营,被击退。初三日,宋军再次出兵,又被辽兵败于瓦桥关东。初九日,两军再次交战,辽军大胜,宋军败逃。

3. 雍熙年间的宋辽之战

辽乾亨四年(982年)九月,辽景宗巡幸云州,狩猎于祥古山(今河北宣化),后行至焦山(今山西大同云冈西),亡故。辽圣宗即位,时年十二,萧太后辅政,欲用兵高丽及女真,统和二年(984年)十月,诏以归化州刺史耶律普宁为彰德军节度,右武卫大将军韩倬为彰国军节度使兼侍卫军兵马都指挥使。次年(985年)七月,诏诸道备军,以东征高丽,以大同军节度使、守太子太师兼政事令刘延构为义成军节度使。宋朝以辽朝幼主新立,国内战事将兴,认为北伐夺取燕云之地的时机到来,屡遣侦察兵入雁北之地刺探军情,统和元年(983年)十一月,"应州奏,获宋谍者,言宋除道五台山,将入灵丘界"①。宋雍熙三年(986年)正月,经过精心的筹备之后,宋发三路大军北伐。山前(太行山以东)一道,兵分两支,一支以曹彬为帅、崔彦时副之,出兵涿州;一支以米信为帅、杜彦圭副之,出兵新城(今河北新城);山后(太行山以西)一道,以潘美为帅、杨业副之,出兵雁门,进取云州;中路以田重进任为定州行营都统、谭延美副之,率兵自定州北上出飞狐道,三路大军共计二十余万。

---

① (元)脱脱等:《辽史》卷10《圣宗一》,第112页。

二月,宋之西路军主帅潘美率军出雁门,三月,潘美军遭遇契丹兵,力战契丹,并追至寰州,大败契丹,其寰州刺史赵彦辛以城降宋。潘美进围朔州,其节度副使赵希赞以城降宋。继而,潘美进围应州,其应州节度使艾正、观察判官宋雄以城降宋。田重进自飞狐道进军,辽之守将吕行德、张继从、刘知进等举城投降。田重进军进围灵丘,辽守将穆超以城降宋。四月,潘美军攻克云州,米信与曹彬兵与辽军战于新城东北,败辽军。田重进军再战飞狐北,败辽军后进至蔚州,辽将李存璋及节度使耿绍宗以城降。总之,西路军连克辽之寰、朔、应、云诸州;中路军连克灵丘、蔚州。

三月,宋之东路军出兵,先后攻克固安、涿州。但是,因为粮草不继,四月初,宋军退回雄州。十八日,契丹夺回涿州。宋太宗责令其与来自新城方向的米信军集合,待潘美攻占山后,与其一道围攻幽州。在西路及中路连胜的情形之下,曹彬之东路军迫于压力,与米信合军后再次进军涿州。二十四日,辽军在攻破固安后,与宋军在涿州南交火。五月初三日,辽军在歧关沟追击宋军,宋军大败,急涉拒马河,军士落河及死伤大半。五月初九日,宋太宗分兵驻守边境,以御边。

宋东路军歧沟关战场的失败,给本来处于优势的中、西路军带来了压力,宋廷急命中路之田重进退守定州;西路之潘美退守代州。七月,辽举重兵南下,接连攻取了蔚州、飞狐、应州、寰州等地。潘美在两军对比身处劣势的情况下,令杨业出兵迎敌,宋军战败,杨业阵亡。宋西路军亦全面溃败,山后诸州复归于契丹,宋朝收复燕云十六州的理想再次破灭。杨业因功被宋朝追封为大同军节度。宋真宗及仁宗朝,辽宋之间仍有交战,因其地不涉及雁门以北之地;史书中亦无雁北军队参战的明确记录,故不记述。

## 第三节　契丹统御下的雁北社会

### 一、雁北的行政区划

后唐清泰三年(936 年)十一月丁酉,后唐河东节度使石敬瑭即皇帝位,"是日,帝言于戎王,愿以雁门以北及幽州之地为戎王寿,仍约岁输帛三十万,戎王许之"①。石氏献与契丹的所谓"雁门以北及幽州之地"即幽、涿、蓟、檀、顺、瀛、莫、

---

① (宋)薛居正:《旧五代史》卷75《晋书·高祖纪一》,第985页。

蔚、朔、云、应、新、妫、儒、武、寰等十六州①。辽在其地置西京道,辖府一、州(军)十一,即大同府(又名西京)、丰州、云内州、宁边州、天德军、奉圣州、蔚州、应州、朔州、东胜州、金肃州、河清军。

西京大同府。始建于后晋,其地原为大同军节度所在,"晋高祖代唐,以契丹有援立功,割山前、代北地为赂,大同来属,因建西京"②。辽代前期,仍称大同军节度,辽重熙十三年(1044年),始升为西京大同府。辽代大同府广袤二十里,四门分别为东迎春、南朝阳、西定西、北拱极。辽置为西京重地,非亲王不得主之。关于辽代大同城的形状及周长,有学者认为:"辽金大同城,呈凸字形,即明清府城与北小城(操场城)之和,也就是将北魏中城与宫城连成一体。据近年大同市古建筑研究所实地丈量,明清府城周长约7270.7米(东墙1771.4,南墙1872.7,西墙1783,北墙1843.6),北小城周长约3508米(东墙810,西墙830,南、北墙各934),两城间距约170米,则凸字形城周长约10184.7米,正所谓'广褒二十里'"③。统七县、二州,即大同、云中、天成、长青、奉义、怀仁、怀安等七县;弘、德二州。

大同县,今大同市东,辽重熙十七年(1048年),析云中县置。云中县,今大同市南,沿革与大同府相同。天成县,辽析云中县置,今大同市东北一百八十里,天镇县所在。长青县,今大同市东北一百一十里,阳高县东北所在。汉初之白登之围即发生在此地。奉义县,辽析云中县所置,今大同市东北,唐末李克用与辽太祖耶律阿保机会晤之地。怀仁县,今大同市西南六十里之怀仁县,辽置,唐末,李克用北伐云州,曾驻兵于此。怀安,辽置,今河北怀安东南。弘州,今河北阳原所在。唐开元年间曾置横野军安边县,天宝废。辽统和中,因寰州近边,为宋将潘美所破,于此置州,初置永宁军,后为博宁军。领永宁、顺圣二县。德州,今内蒙古凉城东北,唐会昌中置,辽沿置,领宣德县。

丰州,治富民(今内蒙古呼和浩特西)。领富民、振武二县。唐武德元年(618年),置丰州总管府;贞观四年(630年),置丰州都督府;后唐改称天德军;辽神册五年(920年),为辽所属。

云内州,治柔服县(今内蒙古呼和浩特西南),领柔服、宁人二县。原为中受降城属地,辽置州。

天德军,本中受降城所在,唐曾置横塞军、天安军、天德军,辽沿置天德军节度。

① (宋)欧阳修:《新五代史》卷8《晋高祖纪》,第79页。
② (元)脱脱等:《辽史》卷41《地理志五》,第506页。
③ 张焯:《云冈石窟编年史》,第235页。

宁边州,今山西偏关西北,辽置,镇西军驻地。

奉圣州,治永兴(今河北涿鹿),唐置新州,后唐置威塞军,辽改为武定军,置奉圣州。统永兴、矾山、龙门、望云等四县,以及归化、可汗、儒州等三州。

蔚州,治灵仙(今河北蔚县),北周始置,唐至德二年(757年),曾改兴唐县,乾元年间,复置。辽置忠顺军节度,统和四年(986年),宋辽争战,蔚州入宋,后归辽。统和二十九年(1011年),升为观察使,后复为忠顺军节度。领灵仙、定安、飞狐、灵丘、广陵等五县。

应州,治金城(今山西应县),彰国军节度。唐武德中置金河县,后改为应州。后唐天成年间,置彰国军,辽沿置,领金城、浑源、河阴三县。

朔州,治鄯阳(今山西朔州朔城区),顺义军节度。唐置朔州,辽升为顺义军节度。统鄯阳、宁远、马邑三县,及武州。

东胜州,治今内蒙古托克托县,武兴军节度。隋开皇七年(587年)置胜州,大业五年(609年)改榆林郡。唐贞观五年(631年)改称东胜州,乾元元年(758年)复为胜州。辽太祖神册元年(916年)攻下振武军,迁其民于黄河以东,州废。后唐河东节度使石敬瑭以雁北之地献辽,州复置。领河滨、榆林二县。

金肃州,今内蒙古准噶尔旗西北,置金肃军,辽重熙十二年(1043年)置。

河清军,今内蒙古东胜东北,重熙十二年(1043年)建城。

关于上述之大同府云中县,有四通碑刻与之相关:《刘延贞庄帐及刘重绍地莂》、大同市博物馆藏墓志——《茹承诲等墓志铭》《故归化州都提辖使、银青光禄大夫、检校右散骑常侍,兼殿中侍御史、武骑尉、陇西郡李府君墓记》《李翊为考妣建陀罗尼经幢记》等。《刘延贞庄帐及刘重绍地莂》载:

(碑阳)大同军云中县北刘庄刘延贞开立庄帐地段顷亩如后:壹段,村西,东西畛,计贰拾捌亩,东南西至道,北至刘加和……壹段,村北坡下,南北畛,壹拾伍亩,东至坡,南至刘加和,北至万延璲。村东坡上,共计壹拾叁段……其庄田地土玖□。后有粘带,交加读验碣为凭。

(碑阴)买地壹块,东至青龙,西至白虎,前至朱雀,后至玄武,上至穷仓,下至黄泉,四至分明……开泰五年四月一日,没殁人刘重绍遂于后土黄灵君边,买上件地安置坟茔,交邀钱九万九千九伯九十九文……保人东王公、西王母。官有明文,以为后捡。急急如律令勒摄合同天地。

以上碑阳所载为刘延贞所拥有庄田土地的四至及亩数,碑阴所载为死者刘重绍所买墓地之地券。该碑高55厘米,宽44厘米,于2003年出土于山西大同市城北。由碑记可知,辽开泰年间,云中县为大同军节度下的属县。《茹承诲等墓志铭》载:

茹承诲等。右承诲等四房下分另,到今年深,所有在州并州外庄田、地土、物业等,四房下各自为主。今因三叔身亡,虽有旧坟,缘承诲等亡父、亡叔等俱在浅土,承诲与房兄承行、房弟承遂、房侄文贵、翁儿等,都启移亡翁、亡父、亡叔等灰骨,就云中县西阳河庄上一处安置坟园。如经葬后,承诲与诸房子弟兄却称:在州地宅并西阳河庄田、地土稍有分剂,或承诲等三房下后廿子孙,亦称有分剂之时,罚军粮叁佰硕,征马壹疋,没纳入官,罪取官裁。巩后无凭,立此文总为验。太平十一年岁次辛未,二月戊寅朔,五日午建墓,故记。①

该墓志所载是一份有关家族庄田、地土及物业等财产的分割契约,事主茹承诲一姓四房,财产本已分割,因其三叔身亡,二、三、四房的儿孙辈,共同请求长房茹承辇将已亡故的长辈之骨灰一并迁葬于云中县西阳河庄的家族坟园。茹家之庄田及土地涉及日后再次划分及交纳官税的问题,因此,立此契约。该志石出土于今山西大同市南郊区阳合坡村,与志文所言之葬地——西阳河庄在方位上一致,均位于大同府(今大同市)南。由此墓志可知,确实存在云中县,且位于今大同市南。《故归化州都提辖使、银青光禄大夫、检校右散骑常侍、兼殿中侍御史、武骑尉、陇西郡李府君墓记》载:

夫生前可尊者礼之与乐,殁后所重者坟与铭……古贤若此,今士宜然。粤有大同军都商税务使、盐铁出使巡官李璲,奉为先有女人于考司空、姚亲娘子博陵崔氏,殂落年深,攀思日积,既安厝之未就,在寝寐以不遑。今天于云中县右衙堡子住人李彦进等处买地,南北长陆拾步,东西阔肆拾步。以统和二十年五月一日合祔,礼也。②

该墓志系时大同军都商税务使及盐铁出使巡官李璲为其父母所立的合葬墓志,葬地为云中县。墓志不但反映了辽统和年间大同军所属之云中县的建置,而且,也透露了当时军人家属随军居住的信息,及云中县人口的多样及流动的特点。《李翊为考妣建陀罗尼经幢记》载:

今于坟所建斯幢者,奉为荐亡考妣之亡灵也……时统和十八年庚子四月戊申朔七日甲寅丙时建。大同军节度管内观察处置使、金紫光禄大夫、检校太保、使持节、云州诸军事、云州刺史、兼御史大夫、上柱国、陇西县开国男、食邑三百户李翊,弟将仕郎、守秘书省校书郎懿建幢。③

---

① 许德合:《三晋石刻大全·大同市南郊区卷》,山西出版传媒集团、三晋出版社2014年版,第64页。

② 张焯:《云冈石窟编年史》,第229页。

③ 同上。

由该经幢所载,辽统和时期,雁北仍有云州置,云中县为大同军节度下之云州云中县。另据《辽史》记载,辽曾于开泰八年(1019年)十一月,在云州管内置宣德县①,位于今内蒙古凉城岱海东北。

## 二、吐谷浑部族迁徙所见雁北社会的多元与流动

### (一)吐谷浑与雁北

#### 1. 吐谷浑简介

吐谷浑,族属鲜卑,是鲜卑慕容部的一支,后北迁辽水之西徒河(今辽宁义县)之青山,故被称作辽东鲜卑或辽西鲜卑。3世纪后期,吐谷浑部族西迁至阴山(今内蒙古阴山,又称大青山),4世纪初,又西渡洮水(黄河支流),居于今青海地区。公元329年,始建立政权,国号为吐谷浑。其国人主要以畜牧为业,多产良马。政权制度亦仿中原而设,刑罚较重。婚姻习俗具有游牧民族传统色彩,盛行收继婚和报嫂婚。5世纪始,吐谷浑逐渐强大。北魏神麚四年(430年),其君主受魏册封为西平王,与北魏之间既有战争,也有互市、遣使之举。5世纪末至6世纪40年代期间,吐谷浑之国力达到极盛。隋朝,吐谷浑与中原的关系基本保持臣服和友好的基调。隋朝初年,因致力于北方突厥的平定及南方陈朝的吞并,西边防务空虚,吐谷浑多有侵扰之举。隋开皇九年(589年),平灭陈朝,统一中原之后,吐谷浑再无寇边之举。开皇十六年(596年),隋之光化公主妻于吐谷浑之世伏可汗,双方关系进一步亲密。隋炀帝朝,一改隋文帝朝对于吐谷浑的安抚政策,于大业四年(608年)和五年(609年)连续用兵吐谷浑,尽占其地,并在疆域内设置了西海、河源、鄯善、且末等四郡。唐朝建立,吐谷浑恢复了与中原的经济及文化往来。唐武德二年至贞观八年(619—634年)的十六年间,唐吐之间一直保持着友好互利的关系。贞观八年(634年),东突厥平定之后,唐朝拟打通西域通道,恢复汉朝丝绸之路的繁荣景象,遂于次年(635年),用兵于吐谷浑,将吐谷浑完全置于唐王朝管控之下。唐贞观十三年(639年),循和亲故事,唐以宗室女为弘化公主嫁与吐谷浑王诺葛钵。龙朔三年(663年),吐蕃攻战吐谷浑,并占有其地,吐谷浑政权灭亡,诺葛钵及弘化公主率千余帐弃国归附于唐,唐朝将其部众迁徙至灵州(今宁夏灵武南),并以其地置安乐州,以诺葛钵为安乐州刺史。居留青海地区的大部分吐谷浑人归附了吐蕃,其中,吐谷浑王室还与吐蕃缔结姻亲关系,双方成为了甥舅之国。9世纪中叶,吐蕃由于内讧,国力渐衰。9世纪末,吐蕃在河陇地区的势力基

---

① (元)脱脱等:《辽史》卷16《圣宗纪七》,第187页。

本消失,原役属于吐蕃的吐谷浑人散居于河西走廊及青海地区。①

2. 入迁雁北的吐谷浑

唐龙朔三年(663年),吐谷浑国灭以后,其部众分为两部分,一部分如上所述居留故地,为吐蕃所役属;一部分入迁唐境。入迁唐境的吐谷浑人又分为两部分,一部分系吐谷浑王室及其追随部众,被安置于灵州、安乐州和长乐州等地。一部分为吐谷浑普通部众,多就地居住于凉、甘、肃、瓜、沙等河西诸州。另有部分吐谷浑部族入居夏州,唐在夏州境内置宁朔州及浑州安定之。这两部分吐谷浑都曾涉足雁门以北之地。

(1)吐谷浑王室与雁北

根据文献史料记载,唐龙朔三年(公元663年),因遭到吐蕃的攻击,吐谷浑政权灭亡,吐谷浑王诺曷钵率部众归唐,被封为青海国王。诺曷钵之后,其子慕容忠、孙慕容宣超、曾孙慕容曦皓、玄孙慕容兆先后继任青海国王。② 安史之乱后,安乐州等地被吐蕃所占据,吐谷浑部众东迁夏州等地。贞元十四年(798年),唐封慕容氏之后人——朔方节度副使、左金武卫大将军慕容复为长安都督、青海国王,袭可汗号。③ 然而,另据吐谷浑王室墓志所载,吐谷浑王室的成员及世系与史书所载有所不同,更为重要的是,吐谷浑王室的一支还曾入迁雁北之地,相关考证如下:

自20世纪初始,在甘肃武威及宁夏同心县,先后出土了十方吐谷浑王室的墓志。④ 这些墓志的出现,引发了学界对于吐谷浑史新的关注。夏鼐先生在《武威唐代吐谷浑慕容氏墓志》⑤一文中,对《慕容曦光墓志》进行了详实的考辨。先生认为,慕容曦皓、慕容曦光不是同一个人,"《志》主曦光即袭封'青海国王'慕容曦皓之昆仲也。"⑥理由是,在光志中"不应漏载袭封青海国王事"。⑦周伟洲先生,参

---

① 参见林幹:《中国古代北方民族通史》之第三章之第四节《吐谷浑》,内蒙古人民出版社1998年版,第198－203页;周伟洲:《吐谷浑史》,宁夏人民出版社1985年版;卢勋等:《隋唐民族史》之第二章《吐谷浑》,四川民族出版社1996年版,第103－132页。

② 《新唐书》卷221《吐谷浑传》上:"诺曷钵请内徙,乾封初,更封青海国王……诺曷钵死,子忠立。忠死,子宣超立……宣超死,子曦皓立,曦皓死,子兆立。"中华书局1975年版,第6227－6228页。

③ 参见卢勋等:《隋唐民族史》之第二章《吐谷浑》,第128－129页。

④ 周伟洲:《吐谷浑史》:"《西平公主墓志》《慕容忠墓志》《慕容宣彻墓志》《慕容宣昌墓志》《慕容明墓志》《金城县言墓志》《武氏墓志》《李氏墓志》《慕容曦光墓志》《慕容威墓志》。"宁夏:宁夏人民出版社,1985年,第159页。

⑤ 夏鼐:《考古学论文集》,河北教育出版社2000年版,第210－250页。

⑥ 夏鼐:《考古学论文集》第221页。

⑦ 夏鼐:《考古学论文集》第221页。

据《大唐武氏墓志》，对此持不同观点。认为："武氏丈夫为'慕容氏'，其嗣子为'兆'。两《唐书·吐谷浑传》均云：'曦皓死，子兆立'；则武氏丈夫当为慕容曦皓。曦光墓志载其封爵、职衔为大唐故朔方军节度副使兼知部落使、金紫光禄大夫、行光禄卿员外置同正员、五原郡开国公、燕王、上柱国，而武氏丈夫曦光的爵衔为唐朔方节度副使、金紫光禄大夫、行光禄卿、上柱国、五原公、燕王，两者基本一致。又曦光志云其为本藩嫡子，即宣赵（超）之子。故曦光、曦皓当为一人，承父宣赵为吐谷浑可汗者"。① 并对夏鼐先生所讲，慕容曦光墓志不应漏载其袭封青海国王一事，给出了解释："按曦光曾祖诺曷钵最初也号燕王，后唐又封其为青海国王，可能曦光或曦皓初也号燕王，而后再未为唐敕命承袭青海国王号，故墓志不载。"② 显然，两位先生对于慕容氏的考辨，均未曾采用《慕容曦皓墓志》的内容。冒忖其中缘由，或许有二：其一，先生成文时，未见此材料；其二，对于此墓志材料的真实性有所怀疑。以先生之学识及学养，后者的可能性更大一些。《慕容曦皓墓志》于20世纪90年代初，出土于陕西省西安市，志石现藏于西安市小雁塔保管所。③ 为行文所需，现将墓志内容摘录如下：

盖：唐故慕容府君墓志铭

志文：唐故大同军使云麾将军左武卫大将军宁朔县开国伯慕容公墓志铭并序

朝请郎殿中侍御使内供奉孙成撰

朝议郎守楚州功曹参军直集贤翰林供奉刘朝书

公讳曦皓，字曦皓，京兆长安人。故属昌黎，僻在辽右。玄宗朝，特发音诰，隶于神州。并□汉楼船将军徙关之明比也。肇基命氏，首于□□，而盛于晋魏。自二燕启祚，叶布拔流，特为茂族，世以勋烈，□□□朝，自梁迄今，至公六代，代为帝属所出，虽百世九流，殊门异说，而地望显赫，冠冒当时。公即□化公主曾孙，姑藏县主次子，曾祖□，大父忠烈，考宣超，世袭可汗，□□海国王，咸以忠顺显名先朝，其德洪休，彪焕锺册。及君之身，岁奉成构。少以强荫补千牛备身，授尚舍直长。于时西戎为国□敌，势倾山海，蕃邦病之，附落请公追继前绪。制授押蕃浑使。转足前蹈，戎亭罢警。

朝庭□禄报功，超拜尚衣奉御。无何，匈奴远离巢窟，至于太原。公前逞胜图，□除此患。由是北门寝扃，玉关静析。累转左武卫大将军、大同军使。而后开

① 周伟洲：《吐谷浑史》，宁夏人民出版社1985年版，第159–160页。
② 周伟洲：《吐谷浑史》，第159–160页。
③ 吴钢：《隋唐五代墓志汇编》陕西卷第四册："唐大历四年（公元769年）二月十日葬。陕西省西安市出土，石藏西安市小雁塔保管所。拓片长63厘米，宽60厘米，盖长61厘米，宽58厘米，孙成撰。"天津古籍出版社1991年版，第37页。

门延敌,讫不复至。公统武行师,大抵以检身禁暴为军志。士□乐放纵者,或未便之;然履忠□蹈义之人,亦为公殚力。凡所著绩□□劳而成。以宝应元年九月十二日遘疾终于任,春秋五十五。以大历四年岁次己酉二月十日自太原启殡,卜于长安县高原阳,礼也。嗣子崇、信、岗、述、近、迥、遂、遽等,狎贯义方,不损休绪,乃粗述景行,访余缀集。是用酌考声称溢于人听者,以镌纪焉。铭曰:

步摇之族,基于帝轩,天锡义烈,世为国蕃。雄才虎将,继出其门,氏族之本,洪可等源。庆延于公,才武而忠,北倾猃狁,西走獯戎。谋无舆辈,功王舆同,刊纪素行,垂之无穷。①

该墓志从内容上可分为以下几个部分:墓主人姓氏、籍贯(郡望);先祖冠冕、世系;本人为官情况;卒、葬时间、殡葬地及享年;子嗣及铭文。依墓志,慕容曦皓乃吐谷浑之后裔。根据现有研究成果,吐谷浑原属于辽东慕容鲜卑,秦汉之际,为匈奴所败,分保鲜卑山。东汉居于右北平以西上谷一带,曹魏初年,由右北平迁至辽西。魏明帝景初年始迁于辽河西昌黎郡的棘城之北(今辽宁省锦州市附近)。西晋太康年间,西迁今内蒙古河套以北的阴山地区,西晋末年,由阴山迁入青海地区。东晋十六国时期,与吐谷浑相先后的鲜卑政权有代、前燕、西燕、后燕、南燕、西秦等,其中,前燕和后燕是慕容鲜卑建立的较有影响力的政权。南北朝时,吐谷浑在与南北各政权的交流互动中兴盛发展。

《志》曰:"故属昌黎,僻在辽右……而盛于晋魏。自二燕启祚,叶布拔流,特为茂族,"所述与吐谷浑迁徙发展的历史大体相契合。昌黎指汉魏时辽西昌黎郡,即吐谷浑先祖魏晋时所居之地。古人以西为右,东为左。辽右,即辽西。二燕或指十六时期的慕容氏政权——前燕和后燕。另参见《慕容威墓志》:"君讳威,字神威,其先昌□□也,即前燕□□武宣皇帝庱□□";《慕容曦光墓志》:"君讳光,字晟,昌黎鲜卑人也,"《慕容明墓志》:"王讳明,字坦,昌黎鲜卑人也,"可见,慕容曦皓之族望与吐谷浑慕容王室之族望相同。

隋朝统一后,在隋文帝开皇初期,吐谷浑对隋朝的西部边陲时有寇扰。时隋朝国力不强,对吐谷浑的政策以平息和安抚为主。开皇九年(公元589年),隋平灭陈朝后,吐谷浑的寇边行动有所收敛。此后,隋吐关系由寇扰与反寇扰走向和亲,开皇十六年(公元596年),吐谷浑王世伏尚隋光化公主,两国建立甥舅关系。炀帝即位后,一改从前对吐谷浑的温抚政策,大业四年、五年,两次出兵征吐谷浑,败之。隋在其故地置西海、河源、鄯善、且末四郡,统治青海大部分地区。炀帝立伏允(世伏弟)子慕容顺为吐谷浑王。唐朝立国后,初期,为了平灭西凉李轨的割

---

① 周绍良、赵超:《唐代墓志汇编续集》,第697页。

据势力,对吐谷浑采取联合政策。吐谷浑也借唐朝忙于统一全国、巩固中原统治无暇西顾机会,大力发展自己的实力,对唐西部边境寇扰不断。贞观九年(公元635年),唐太宗在初步完成了统一大业后,开始着手处理西部事务。是年,唐三路大军进讨吐谷浑。大军压境,慕容顺计无所出,遂率众降唐,唐封其为西平郡王。慕容顺因内乱被杀后,唐立其子燕王诺曷钵为河源郡王,授乌地也拔勤豆可汗。贞观十三年(公元639年),循隋朝故事,诺曷钵尚唐弘化公主,续甥舅关系。7世纪初,吐蕃兴起,介入唐吐关系。其后,在唐蕃争斗中,诺曷钵统治下的吐谷浑部基本与唐保持友好关系。龙朔三年(公元663年),吐蕃灭吐谷浑后,诺曷钵率其部数千帐归唐,避难凉州。咸亨三年(公元672年),唐于灵州境内设安乐州,安置吐谷浑部。安史乱起,唐朝势弱,吐蕃东进,至德后,安乐州陷于吐蕃。安乐州的吐谷浑人部分迁居盐、庆、夏州。夏州境内的宁朔州和浑州即为吐谷浑人居所。

《志》曰:"宁朔县开国伯慕容公",盖因此时,吐谷浑人逐渐东迁,远离青海故地,由凉州而安乐州;由安乐州而宁朔州。所以,以宁朔州为其封地。又按唐制:"凡爵九等,一曰王,食邑万户,正一品;二曰嗣王、郡王,食邑五千户,从一品;三曰国公,食邑三千户,从一品;四曰开国郡公,食邑二千户,正二品……七曰开国县伯,食邑七百户,正四品上。"①慕容曦皓为宁朔县开国伯,系七等爵位。从唐代吐谷浑的发展情况来看,吐谷浑王室所部入迁中原的时间,在唐高宗龙朔三年,《志》曰:"玄宗朝,特发音诰,隶于神州。"或指开元三年(公元715年),吐谷浑首领慕容道奴率部降唐一事。《志》曰:"并□汉楼船将军徙关之明比也,"是将吐谷浑归唐,与西汉武帝时因楼船将军杨仆而移关一事相比拟。汉楼船将军徙关的故事发生在西汉武帝元鼎三年(公元前114年),武帝下令将函谷关东移三百里。历史上有一种观点认为,汉武帝移关是因为楼船将军杨仆耻居关外,上书请移而致。

《志》曰:"唐故慕容府君墓志铭;公讳曦皓,字曦皓,京兆长安人;地望显赫,冠冒当时;以宝应元年九月十二日遘疾终于任,春秋五十五。以大历四年岁次已酉二月十日自太原启殡,卜于长安县高原阳。"

据王芑孙《碑版文广例》:"汉唯守相称府君,降及六朝魏晋,犹沿其例,故称府君者至少。此例自唐而变……唐一代版碑在今传世者至多,不论其人文武大小贤愚贵贱,通谓之府君,今世俗所称,皆唐人之遗风也。"②墓志中府君之称谓,是唐人的习惯用法。如《慕容曦光墓志》中志盖称:大唐慕容府君墓志铭。

君讳某,安某,也是唐人墓志中多见的形式。如:《大唐故雁门郡解府君墓

① (宋)欧阳修、宋祁:《新唐书》卷46,第1188页。
② 夏鼐:《考古学论文集》,第220页。

志》："府君讳进，安进"①；《唐故洛州司户参军事格府君墓志》："君讳处仁，字处仁，汝南郡人也。"②唐人崇尚门第，墓志中惯于祖述三代，即使祖上无官爵，往往也要牵强假托为某先世名人之后。如：《大唐故张府君墓志》："府君讳行本……其先清河郡人也。暨自周、隋及唐，冠盖不绝，唯唐初将军僧遥，即其裔也。"③就殡葬地而言，唐人讲求叶落归根，为官或他因亡于他地者，如果条件允许，事后都要归葬桑梓之地。慕容鲜卑之故地，应当在辽东地区。其后，吐谷浑迁居之地，先后有上谷、昌黎、阴山、青海、凉州、夏州等。吐谷浑王室一支中，根据其墓志材料显示，自弘化公主起，慕容忠及其妻金城县主、慕容宣彻及妻崔氏、慕容宣昌、慕容神威及妻封氏、慕容曦光及武氏等人，均迁葬于凉州地区。如：弘化公主"以圣历元年五月三日寝疾，薨于灵州东衙之私第……以圣历二年三月十八日葬于凉州南阳晖谷治城之山岗。"慕容忠："圣历元年五月三日薨于灵州城南浑牙之私第……以圣历二年三月十八日，葬于凉州城南之山岗。"慕容宣彻："以景龙三年四月十一日，奉于州神鸟县界。"；慕容宣昌："权殡于京三辅……以神龙二年九月十五日，葬于神鸟县天梯山野城里阳晖谷之原。"慕容曦光："以大唐开元二十六年七月二十三日，薨于本衙，其年闰八月五日赠持节凉州都督，归葬于凉州。"其实，吐谷浑在凉州所居时间并不长，之所以选拔凉州作为埋骨之地，概因故乡青海为吐蕃所占，而凉州是距青海较近的地方，也是吐谷浑自青海内迁的第一处所。

　　唐朝对于内迁的少数民族首领及其后代，待遇优厚。依惯例，赐宅京师；入迁少数民族子嗣一般童年入侍，以门荫起步，而后逐渐因军功超迁。如，慕容曦光十四岁离家赴长安，且家于长安。④长安从某种意义上讲，是入迁民族上层的第二故乡。慕容曦皓也许是少小离家，因以长安为其郡望，并于死后由太原迁归长安。《志》曰："自梁迄今，至公六代，代为帝属所出……公即□化公主曾孙，姑藏县主次子，曾祖□，大父忠烈，考宣超，世袭可汗，□□海国王，咸以忠顺显名先朝，"据此内容，参照文献史料，可列其世系如下：伏允（光化公主）——慕容顺——诺曷钵（弘化公主）——慕容忠（金城县主）——慕容宣超（姑藏县主）——慕容曦皓。其中，慕容伏允在位于隋文帝开皇十七年至唐太宗贞观九年（公元597—635年），《志》中所言"自梁迄今，至公六代，"与史事不符。

　　《志》言慕容曦皓为姑藏县主次子，是其它材料中不曾提及的内容。史载弘化

①　周绍良、赵超：《唐代墓志汇编》（下），第1979页。
②　周绍良赵超：《唐代墓志汇编续集》，第276页。
③　张焯：《云冈石窟编年史》，第202页。
④　参见《大唐武氏墓志》："以开元二十三年十月二日薨于京兆长安延福里第。"本书以为武氏即慕容曦光之妻。

公主之子慕容忠及闷卢摸末,分别尚金城县主及金明县主。① 按唐朝惯例,出嫁县主多为宗室之女,姑藏县主也当是宗室之女,但限于史料无法确知其所出。据夏鼐先生研究,"县主之封似限于当时之县名"②"公主及郡县主所封之地,并不一定与其和亲之国有关。"③也就是说,"姑藏县主"之姑藏是当时的县名,但其所封不一定与吐谷浑有关。《新唐书》卷四十《地理志》载:"陇右道……凉州武威郡……县五……姑藏、神鸟、昌松、天宝、嘉麟。"④姑藏县主所封,概取陇右道凉州武威郡之姑藏县。

《志》曰:"少以强荫补千牛备身,授尚舍直长。于时西戎为国□敌,势倾山海,蕃邦病之,附落请公追继前绪。制授押蕃浑使。转足前踏,戎亭罢警。朝庭□禄报功,超拜尚衣奉御。无何,匈奴远离巢窟,至于太原。公前逞胜图,□除此患。由是北门寝扃,玉关静柝。累转左武卫大将军、大同军使。而后开门延敌,讫不复至……以宝应元年九月十二日遘疾终于任,春秋五十五。"

此段内容勾勒了慕容曦皓一生自门荫入仕后的迁升过程:尚舍直长——押蕃浑使——尚衣奉御——左武卫大将军、大同军使。尚舍直长及尚衣奉御分属于殿中省的尚舍局和尚衣局,尚舍局职掌殿庭祭祀、皇帝出行及朝会时的器用及场面布置;尚衣局掌供祭祀、朝会时的冕服及几案。尚舍直长官阶为正七品下,尚衣奉御为正五品上。⑤ 押蕃使,是唐中后期为加强对周边内附部族的控制,而设置的职使。也称押蕃落使、押使。⑥ 如铁勒族将领浑瑊曾任押蕃部落使。⑦ 志文中慕容曦皓任押蕃浑使即有安抚入迁部众之意。押蕃浑使或是押蕃使的又一种名称。在武威出土的《慕容明墓志》中,有慕容明任职"押浑副使"的记述。(从墓志看慕

① (宋)欧阳修、宋祁:《新唐书》卷221上《吐谷浑传》:"高宗立……帝又以宗室女金城县妻其长子苏度摸末……主与次子右武卫大将军梁汉王闷卢摸末来请婚,帝以宗室女金明县主妻之。"中华书局1975年版,第6227页。
② 夏鼐:《考古学论文集》,第215页。
③ 同上。
④ (宋)欧阳修、宋祁:《新唐书》卷40,第1044页。
⑤ (宋)欧阳修、宋祁:《新唐书》卷47《百官志二》,第1216–1219页。
⑥ (唐)李肇:《唐国史补》卷下:"开元已前,有事于外,则命使臣,否则止。自置八节度、十采访,始有坐而为使,其后名号益广。大抵生于置兵,盛于兴利,普于衔命,于是为使则重,为官则轻。故天宝末,佩印有至四十者。大历中,请俸有至千贯者。今,在朝有太清宫使、太微宫使、度支使、盐铁使……外任则有节度使、观察使、诸军使、押蕃使、防御使、经略使……"中华书局1986年版,第78页。
⑦ (清)董诰等:《全唐文》卷461:"开府仪同三司检校尚书左仆射同中书门下平章事、兼灵州大都督府长史、充灵盐银夏等节度管内观察处置度支营田押蕃部落等使,仍充朔方邠宁振武等道奉天永平军行营节度副元帅柱国楼烦郡王浑瑊,神降才杰,天资忠厚,叶于兴运,为国辅臣。",第4262页。

容明系吐谷浑宗室,卒于开元二十六年。)

据墓志,慕容曦皓卒于宝应元年(公元762年),时年55岁,则其生年当为707年。根据唐代墓志内容,唐人门荫入仕的年龄大约在12—15岁。那么,慕容曦皓由尚衣奉御擢为左武卫大将军、大同军使的时间,最早应在15(开元十年,722年)岁之后。《志》言慕容曦皓累转左武卫大将军、大同军使,是因在当时针对突厥(志中称匈奴,大概是因时人以突厥为匈奴之别种)的北部防务中有上佳表现,因功累迁。又据史料统计,唐玄宗开元、天宝年间任职大同军使一职的有:王忠嗣"领河东节度副使、大同军使。二十九年,节度朔方,兼灵州都督。"①高秀岩"(755年12月)安禄山大同军使高秀岩寇振武军……子仪大破之。"②据此,慕容曦皓任大同军使应在开元十年至开元二十八年或天宝元载至十三载之间。据史载,在唐玄宗开元年间,后突厥开始走向衰落。716年,默啜被杀后,部分突厥部众及九姓铁勒拔也固、回纥等五部相继归唐。继任的毗伽可汗大体上与唐保持友好关系。天宝四载(公元745年),回纥怀仁可汗杀后突厥白眉可汗,后突厥毗伽可敦率众归唐,后突厥汗国亡。唐朝"北部宴然,烽燧无警。"③在722—755年间,没有突厥入寇太原的记载。《志》中所言:"匈奴远离巢窟,至于太原。"许是墓志作者歌功美言的夸大之词。

《志》曰:"唐故大同军使云麾将军左武卫大将军宁朔县开国伯慕容公墓志铭并序",其中云麾将军,据《新唐书》载,为武散阶,品级从三品上,是唐代对武将的一种荣誉称谓。左武卫大将军,是十六卫之一,正三品。大同军使系正六品下。志文将左武卫大将军置于大同军使之后,概因唐玄宗时期,府兵制已名存实亡,左武卫大将军属有名无实之职位。《志》曰:"步摇之族,基于帝轩,天锡义烈,世为国蕃。"步摇之称,系因吐谷浑始祖莫护拔好冠步摇之冠,其部被呼以步摇。④

综上所述,《慕容曦皓墓志》的内容,基本与有关的历史事实相符合。首先,该墓志的行文方式、行文习惯,反映了唐人墓志的格调。墓志分志文和铭文两部分。志文先书墓主名讳,而后,追溯其六代先祖的功名官爵;墓主人慕容曦皓的出身及致仕升迁情况;亡故的时间、地点,享年及归葬故土的时间。铭文采用唐人墓志中惯用的四字韵文,内容多为赞颂、溢美之词。唐人崇尚门第,不论高门大户还是低门小姓,墓志中均要夸大其词标榜门楣,该墓志也未免俗,言其"代为帝属所出,虽

---

① (宋)欧阳修、宋祁:《新唐书》卷133,第4552页。
② (宋)司马光:《资治通鉴》卷238,第6944页。
③ (宋)司马光:《资治通鉴》卷215,第5674页。
④ 夏鼐:《考古学论文集》,第220页。

百世九流,殊门异说,而地望显赫,冠冒当时。"其次,根据《慕容曦皓墓志》可列其五代世系:曾祖诺曷钵——大父慕容忠——考慕容宣超——慕容曦皓——子崇、信、岗、述、近、迥、邈、遂。从其曾祖诺曷钵至慕容曦皓的继承顺序,与周伟洲先据武威出土的吐谷浑慕容王室墓志所列的世系大体相同。复次,墓志所列墓主人慕容曦皓自门荫入仕后,历任的官职名称:尚舍直长、押蕃浑使、尚衣奉御、左武卫大将军及大同军使等,均在唐朝的职官范围之内。其官职迁转的原因及过程也基本与当时的史实相合。因此,《慕容曦皓墓志》的真实程度较高,利用其内容有助于进一步完善相关的研究。

《慕容曦皓墓志》的出现,首先可以明确慕容曦皓与慕容曦光不是同一个人,证实了夏鼐先生在《武威唐代吐谷浑慕容氏墓志》①一文中"曦光即袭封'青海国王'慕容曦皓之昆仲也。"的推测。而且可进一步理清慕容曦皓、慕容曦光及武氏三人之间的关系。根据《慕容曦皓墓志》《慕容曦光墓志》及《大唐武氏墓志》可列下表。

表十六:慕容曦光、慕容曦皓及武氏生、卒年对比表

| 墓主人 | 生年 | 卒年 | 享年 | 相差年岁 |
|---|---|---|---|---|
| 慕容曦光 | 690 | 738 | 49 | 比曦皓大 13 岁,比武氏大 8 岁。 |
| 慕容曦皓 | 707 | 762 | 55 | 比武氏小 5 岁。 |
| 武氏 | 702 | 735 | 33 | 比曦光小 13 岁,比曦皓大 5 岁。 |

依表十六,慕容曦光大慕容曦皓 13 岁,慕容曦光为兄;慕容曦皓为弟。《慕容曦皓墓志》言慕容曦皓是慕容宣超次子;《慕容曦光墓志》言其"年甫三岁以本蕃嫡子孙号观乐王,年十岁以本蕃嫡子号燕王。"根据夏鼐先生研究,"慕容氏初居昌黎,古属燕国,故五胡十六国时,慕容氏所建之四国,皆号称为燕,诺曷钵未经袭为吐谷浑王以前,亦号燕王。"②又慕容曦光为"五原郡开国公";慕容曦皓为"宁朔县开国伯"。如前所述,据唐代九等爵位,开国郡公,食邑二千户,正二品;开国县伯,食邑七百户,正四品上。由此,可进一步确立慕容曦光的嫡长地位及与慕容曦皓的昆仲关系。武氏较慕容曦光小 13 岁,较慕容曦皓大 5 岁。按照一般情况,武氏为慕容曦光之妻更为合理。再据周伟洲先生所言"曦光墓志载其封爵、职衔为大唐故朔方军节度副使兼知部落使、金紫光禄大夫、行光禄卿员外置同正员、五原郡

---

① 夏鼐:《考古学论文集》,第 210–250 页。
② 同上。

开国公、燕王、上柱国,而武氏丈夫曦光的爵衔为唐朔方节度副使、金紫光禄大夫、行光禄卿、上柱国、五原公、燕王,两者基本一致。"由此,可推定武氏与慕容曦光为夫妻关系。另外,《大唐武氏墓志》中载:"夫人……以开元廿三年十月二日薨于京兆长安延福里第……嗣子右金吾卫沁州安乐府果毅都尉兆,擗摽棘心……"《新唐书》卷221《吐谷浑传》上载:"诺曷钵死,子忠立。忠死,子宣超立……宣超死,子曦皓立,曦皓死,子兆立。"《慕容曦皓墓志》载:"……嗣子崇、信、岗、述、近、迥、遨、遂等,狎贯义方,不损休绪,乃粗述景行,访余缀集"。武氏墓志中所记载其嗣子名为慕容兆;《新唐书》中记慕容曦皓之子名为慕容兆,且在慕容曦皓后继为青海国王;而慕容曦皓墓志中所记其子八人,无有名兆者。根据嫡长子制度,继为青海国王者,当是慕容王室的嫡长孙。前文已确定了慕容曦光是慕容宣超的嫡长子,慕容曦皓为次子,则慕容兆当系慕容曦光之长子。《新唐书》所记有误。

其次,根据《慕容曦皓墓志》可以进一步完善吐谷浑慕容王室的婚姻关系及世系传承。

诺曷钵——慕容忠——慕容宣赵——慕容曦光——慕容兆……慕容复

闼卢摸末　慕容宣昌　　　慕容曦皓——慕容崇、慕容信、慕容述

慕容万　　　　　　　　　慕容岗、慕容近、慕容迥

　　　　　　　　　　　　慕容遨、慕容遂

慕容宣彻——慕容神威——慕容全、慕容亿、慕容造

表十七:吐谷浑慕容王室婚配简况表

| 姓名 | 世系 | 婚配 | 籍贯、封号 |
|---|---|---|---|
| 诺曷钵 | 慕容顺子 | 弘化公主 | 陕西李世民族女,后封西平大长公主。 |
| 慕容忠(长子) | 诺曷钵长子 | 金城县主 | 陕西李氏宗室道恩第三女。 |
| 闼卢摸末(次子) | 慕容忠弟 | 金明县主 | 唐宗室女。 |
| 宣王万(第五子) | 慕容忠弟 | 不明 | 不明。 |
| 慕容宣超(长子) | 慕容忠子 | 姑藏县主 | 唐宗室女。 |
| 慕容宣彻 | 慕容忠子 | 崔氏 | 博陵崔氏,封博陵郡夫人。 |
| 慕容曦光(长子) | 慕容宣超子 | 武氏 | 则天皇后侄孙女,封太原郡夫人。 |
| 慕容曦皓(次子) | 慕容宣超子 | 不明 | 不明。 |

| 姓名 | 世系 | 婚配 | 籍贯、封号 |
|---|---|---|---|
| 慕容威 | 慕容宣彻子 | 武氏 | 则天皇后侄孙女,封平阳郡夫人。 |
| 慕容若 | 吐谷浑王族别支 | 李氏 | 陇西李氏,父灵,原两州都督正□,封陇西郡夫人。 |

复次,据墓志,慕容曦皓卒于宝应元年(762年),时年55岁,则其生年当为景龙元年(707年)。根据唐代惯例,唐人门荫入仕的年龄一般大约在12—15岁。那么,慕容曦皓由尚衣奉御擢为左武卫大将军、大同军使的时间,最早应在开元七年(719年)之后。据现有史料,大同军原名大武军、神武军、平狄军,开元十二年(724年)始有大同军的名号。① 安史叛将高秀岩约于天宝十四载(755年)被安禄山任为大同使,割据云州,至德二载(757年)十二月降唐。② 志言慕容曦皓任职大同军使后再无迁转,并于宝应元年终于大同军使任上,则其任职时间可能在至德二载到宝应元年(757—762)之间。最后,志主人所任"押蕃浑使"一职,有助于我们进一步了解这一使职名称上的变化及含义。据《新唐书·唐方镇年表》记载,此类使职出现于唐后期边镇,且多由节度使统领。其名称有:押诸蕃部落使、押北山诸蕃使、押近界诸蛮使、押蕃落使等③;在唐人墓志中,出现了押浑使④、押蕃浑使⑤、押奚、契丹两蕃使等名称。⑥ 据史料分析,该使职的全称应是押诸蕃部落使,简称为押蕃落使。根据所辖蕃部的位置和族别,该使职的名称会有所变化,比如押北山诸蕃使、押近界诸蛮使及押奚契丹两蕃使等。其中,押奚契丹两蕃使这个名称中的"奚"和"契丹"是其所辖蕃族部落的名称。同样,慕容曦皓所任的"押蕃浑使"一职中的"浑"字,指的是其所辖的吐谷浑部落。

总之,入唐后吐谷浑王室的第四代传承者系慕容曦光而非慕容曦皓。后者系吐谷浑宗室成员,入唐后居于京师,以门荫入仕,曾于唐至德二载至宝应元年(757—762年)间外任大同军使。

---

① (宋)王溥:《唐会要》,第1687页。
② (清)董诰:《全唐文》,第6944、7084页。
③ (宋)欧阳修、宋祁:《新唐书》,第1763、1817、1877、1885页。
④ 夏鼐:《考古学论文集》,第249页。
⑤ 周绍良、赵超:《唐代墓志汇编续集》,第697页。
⑥ 吴纲:《全唐文补遗第三辑》,第289页。

(2)吐谷浑普通部众与雁北

8 世纪中叶,唐王朝因安史之乱、吐蕃东进;唐驻守河陇的将士多被调往关内,因此,有不少吐谷浑部众东迁进入中原。其中,一支吐谷浑部落入迁唐之河东道,居于太原、潞州(今山西长治)一带;一支吐谷浑部落约有三千帐迁往朔方之丰州,隶属于天德军管辖,时称为"生退浑部落"。① 关于丰州之退浑部落,史书中有如下记载:

赫连铎本吐谷浑部酋也,开成中,其父率种人三千帐自归,守云中十五年。② (乾符三年),国昌与党项战,未决,大同川吐浑赫连铎袭振武,尽取其赀械。③ (文宗开成元年二月),天德奏生退浑部落三千帐来投丰州。④ 退浑者……唐至德后,吐蕃强盛,乃徙居阴山,赫连铎则退浑之酋帅,咸通中,以从康承训破庞勋有功,补阴山都督。⑤ 吐谷浑谓之退浑,盖语急而然。圣历后,吐蕃陷安乐州,其众东徙,散在朔方。赫连铎以开成元年将本部三千帐来投丰州,文宗命振武节度使刘沔以善地处之。及沔移镇河东遂散居川屈,音讹谓之退浑。其后吐谷浑白姓皆赫连之部落。赫连铎为李克用所逐,归幽州李匡俦,遂居蔚州屈,部落代建,其氏不常。白承福自庄宗后为都督,依北山北石门为栅,赐其额为宁朔府,以都督为节度使。⑥

云中,此指云州云中郡,唐属河东道。丰州,唐属于关内道,其西二百里大同川(今属内蒙古乌拉特前旗)有天德军,天宝十二载(753 年)置⑦大同川即在阴山脚下。振武,即振武节度,唐至德初置,领麟、胜二州。⑧ 综合以上史料,唐至德后,吐谷浑之赫连部以千余帐徙居丰州之大同川,文宗开成中,徙居振武,继而东进至云州。赫连铎部生息于雁门以北之地,因唐末农民起义的契机,与沙陀一同登上的唐末的政治舞台,在与沙陀的角力中败北,唐乾宁元年(894 年),赫连铎为沙陀李克用所亡,"其部族益微,散处蔚州界中"⑨。后唐庄宗朝,吐谷浑之白氏部落突显,以其首领白承福为都督,置其部众于宁朔、奉化两府,并赐其姓名为李绍鲁,终后唐一朝,吐谷浑遣使朝贡于后唐。后晋立,雁门以北之地归入契丹,吐谷

① 卢勋等:《隋唐民族史》之第二章《吐谷浑》,第 130 页。
② (宋)欧阳修、宋祁:《新唐书》卷 212《李全忠传》,第 5984 页。
③ (宋)欧阳修、宋祁:《新唐书》卷 218《沙陀传》,第 6157 页。
④ (后晋)刘昫等:《旧唐书》卷 17 下《文宗纪下》,第 564 页。
⑤ (宋)王钦若:《册府元龟》卷 956《外臣部·种族》,第 24356 页。
⑥ (宋)司马光:《资治通鉴》卷 282,第 9219 页。
⑦ (宋)欧阳修、宋祁:《新唐书》卷 37《地理志一》,第 976 页。
⑧ 吴廷燮:《唐方镇年表》,中华书局 1980 年版,第 160 页。
⑨ (宋)欧阳修:《新五代史》卷 74《四夷附录·吐谷浑传》,第 910 页。

浑为契丹所役属。后晋一朝,吐谷浑反复于晋与契丹之间。后晋开运三年(946年)八月,后晋之河东节度使刘知远,"威诱承福等入居太原城中,因诬承福等五族谋叛,以兵围而杀之,合四百口,籍没其家资……吐谷浑由是遂微。①

### 3. 雁北吐谷浑与沙陀的争斗

(1)结怨沙陀

唐末,进入雁门以北之地的吐谷浑部落众多,有王氏、薛氏、康氏、党氏、梁氏、慕容氏、赫连氏、白氏等②,其中,最为强大且与沙陀矛盾最深是赫连部。赫连部自唐文宗开成中徙居振武,直至唐懿宗咸通年间,因助唐廷讨伐庞勋之功,受封为阴山都督。乾符五年(878年)五月,沙陀首领李国昌、李克用父子,发动斗鸡台事变,欲并据振武、大同两镇,以扩张沙陀之势力,并出兵攻击遮虏、宁武、岢岚诸军。十月,唐廷调集昭义及幽州两镇节度,联合吐谷浑酋长赫连铎、白义诚及沙陀酋长安庆、萨葛酋长米海万等,合力讨伐李克用父子。广明元年(880年)五月,赫连铎暗中派人说服李克用之朔州守将高文集归降朝廷,高文集遂与沙陀酋长李友金、萨葛都督米海万、安庆都督史敬存等降唐。朔州失守,李克用父子败局已定。七月,唐军在药儿岭大败沙陀军。赫连铎进兵蔚州,再败李国昌。李氏父子及宗族北逃入达靼境内。赫连铎因功受封为云州刺史、大同军防御使。为了将沙陀的势力彻底逐出雁北之地,数月后,赫连铎遣人贿赂达靼,并暗喻其首领,以李克用父子之才勇,他日必将占有其部落,不如将李克用父子早日除掉,以免后患。李克用知道后,一方面在游猎时在达靼酋帅面前展示自己的武功;一方面对达靼陈述心意:"吾得罪天子,愿效忠而不得。今闻黄巢北来,必为中原患,一旦天子若赦吾罪,得与公辈南向共立大功,不亦快乎!"③达靼酋长知其心怀大志,不会久留阴山、图谋其部落,于是没有杀害李氏父子。吐谷浑赫边氏与沙陀李氏就此结下仇怨。

(2)掣肘沙陀

广明元年(880年)十月,黄巢的军队进据长安,时唐参与平乱的各路节度使虽云集长安附近,但大多持保守观望的态度,灭巢之战事无甚进展,唐遂下诏征调沙陀军入关勤王。这给了沙陀东山再起、立功建业的机会。中和元年(881年)三月,李克用遂自达靼出发,五月,率部众屯兵代州,唐封其为检校工部尚书、兼代州刺史、雁门以北行营兵马节度等使。中和二年(882年)十一月,进为雁门节度使。

---

① (宋)司马光:《资治通鉴》卷285,第9307页。
② 樊文礼:《李克用评传》,第111页。
③ (宋)司马光:《资治通鉴》卷253,第8232页。

十二月,李克用率军至河中,开始剿灭之战。次年(883年)正月,败黄巢军于沙苑;二月,败黄巢军于梁田陂;三月,攻拔华州;四月,与黄巢军决战于渭南,三战三捷,黄巢败走,李克用率兵进入长安。中和四年(884年)四月,李克用率军大破黄巢军于太康(今河南西华),黄巢弃营而逃。五月,李克用率军一路追剿,终至黄巢平灭。中和三年(883年)七月,李克用因镇压黄巢之功被唐廷任为河东节度使,次年(884年)八月,晋爵为陇西郡王。李克用自离开达靼重登政治舞台之后,就心怀立功建业之梦想,尤其是出镇河东之后,即开始南征北战,扩大地盘。期间,赫连铎部屡与沙陀之敌对势力联合,掣肘沙陀势力之扩张。

阻沙陀寇蔚州。为平定黄巢之乱,中和元年(881年)三月,唐廷诏令李克用出山,至中和二年(882年)十一月,李克用方率其部众南下。期间,沙陀迁延不下,是因为唐廷只赦免其罪,并没有恢复其在雁北的地位和职位。于是,沙陀以代州为根据地,四处出击,试图以武力争取地盘。中和二年(882年)二月,李克用出兵进攻蔚州。三月,振武节度使契苾璋与天德军、大同军联合共同讨伐李克用。四月,赫连铎联合李可举再战李克用。①

助河北二镇攻击沙陀。光启元年(885年)三月,河北之卢龙节度使李可举、成德节度使王镕不愿意看到李克用居功自傲、一支独大。另外,当时河北诸镇中唯义武节度尚归属朝廷,且义武节度使王处存与李克用有姻亲关系,李可举等人恐其依傍李克用壮大实力后会图谋河北之地。于是,相约联合攻击王处存,灭其势力并分割其地盘,并与云中节度使赫连铎联合,使其从背后对李克用军进行攻击。五月,李可举遣其将李全忠率众六万围攻易州;王镕率兵进攻无极。王处存求援于太原,李可用亲自率军助援,大败李、王、赫连之联军,李可举兵败后举族自焚。②

助孟方立攻沙陀。黄巢兵乱期间,昭义节度使高浔率兵赴国难,昭义军府内乱,部将孟方立趁机夺得节帅之位,引起公愤。监军使祁审海等人遣使求助于李克用。"昭义镇所统之五州,是河东进入河南和河北地区的主要通道,而且这里也是河东道较为富庶的地区,李克用正打算如何将其夺取到自己手中。"③于是,李克用出兵攻打潞州。孟方立以朱全忠为援,坚守不退。文德三年(888年),孟方立以重金利诱云中节度使赫连铎,约定共同出兵攻打沙陀军。孟方立遣其部将奚忠信率兵三万进据辽州(今山西昔阳南),赫连铎因为契丹入寇而未能如约,致使

①　(宋)司马光:《资治通鉴》卷254,第8263–8264页。
②　(宋)欧阳修:《新唐书》卷137《李可举传》,第5983页。
③　樊文礼:《李克用评传》,第106页。

孟方立兵败,几乎全军覆灭。①

4. 五代时期雁北吐谷浑的迁徙

五代之后晋、后汉、后周三朝,吐谷浑反复于中原王朝和契丹之间。

后晋高祖石敬瑭以燕云十六州之地归属契丹后,处于雁门以北之地的吐谷浑部落亦归属于契丹。契丹统御严苛,赋役繁重,吐谷浑不堪其苦。后晋天福五年(940年),在后晋成德节度使安重荣招诱之下,雁北吐谷浑弃契丹南归。安重荣曾就此事上奏后晋朝廷:"臣昨据熟吐浑节度使白承福、赫连公德等,各领本族三万余帐,自应州地界奔归王化。续准生吐浑并浑、契苾两突厥三部落,南北将沙陀、安庆、九府等,各领部族老小,并牛羊、车帐、甲马,七八路慕化归奔,俱至五台及当府地界已来安泊。"②据以上史料,此次自契丹南归后晋的吐谷浑有六万余帐。契丹因之大怒,遣使责问后晋。天福六年(941年)正月,迫于契丹的势力,后晋一方面遣人搜索散居于并、镇、忻、代四州的吐谷浑,将其遣返;一方面暗中诏见吐谷浑酋长白承福。遣返北归的吐谷浑仍然继续南逃,天福六年(941年)五月,"吐浑夷离董苏等叛入晋"③;九月,"又遣首领白可久来朝"④。

后晋出帝朝,对契丹称孙不再称臣,并数次诏令吐谷浑酋长白承福入朝,厚加赏赐。后晋开运三年(946年),承后晋之命,白承福率其部众与契丹战于澶州、滑州。迁居于岚、石二州的吐谷浑部落,在后晋河东节度使刘知远辖下,多有违法。三月,吐谷浑遣军校献生口千户与契丹;四月,酋长白可久以牧马为由,率部北归契丹,契丹任之以云州刺史。白承福因之亦有北归之念。刘知远遂设计将白承福诱入太原城中,以谋乱为罪名,诛杀白承福及其族人白铁匮、赫连海龙等五家,共计四百余人,并没收其牛马、资财。

后周广顺元年(951年)正月,北汉新立,联合契丹南下进攻后周。吐谷浑首领白从晖为副招讨使,率所部南下进攻晋州。⑤

5. 北宋以降雁北吐谷浑的足迹

北宋建国后,吐谷浑在宋、辽之间流动现象依然存在,从流动的原因来看,主要有因战事而产生的人员流动,以及以贸易为目的的交流两种情况。因战事而起

① (宋)欧阳修:《新唐书》卷187《孟方立传》,第5448-5449页。
② (宋)薛居正:《旧五代史》卷98《安重荣传》,第1302-1303页。
③ (元)脱脱等:《辽史》卷4《太宗纪下》,第50页。(宋)司马光:《资治通鉴》卷285载:"其年五月,大首领白承福及麾下来朝",第9307页。据此,《辽史》所载之"夷离董"即白承福。
④ (宋)司马光:《资治通鉴》卷285,第9307页。
⑤ (宋)司马光:《资治通鉴》卷291,第9455页。

的较大规模的流动分别发生宋太平兴国八年(983 年)和雍熙三年(986 年)。史载:"太平兴国八年,太原迁云州及河界吐浑立,屯并、代州。雍熙三年,又得云、朔归明吐浑增立,屯潞州。①"据此条史料,自辽迁徙北宋的吐谷浑,入宋后被纳入了北宋的骑兵编制。关于此次南迁吐谷浑的来源,宋史本纪中有明确记载:"雍熙三年,徙云、应、寰、朔吏民及吐浑部族,分置河东、京西。②"此外,小规模的迁徙也时有发生,如辽保宁九年(977 年)十一月,"吐谷浑叛入太原者四百余户,索而还之"③。国家层面以战争为主的交流之外,辽宋之间的民间贸易也是吐谷浑流动的一种形式。辽统和十五年(997 年)七月,辽朝下令:"禁吐谷浑别部鬻马于宋"④。此一条禁止令的发出,说明了吐谷浑在辽宋的边贸活动比较频繁。

(二)雁北社会的多元与流动

自公元 936 年燕云十六州归属于契丹之后,雁门以北之地遂成为契丹统御之下的多民族聚居之地。生活在雁北的民众,以族属来分,有汉、契丹、吐谷浑、契苾、奚、沙陀、粟特、达靼等。与吐谷浑相比,其他族群在雁北之地迁徙、流动的脉络虽然不是十分的清晰,但是,仍然留下了历史的印迹。

在胡汉交汇的背景下,契丹人浸染汉俗,遂立法度、威四众,燕云之地似渐有欣然之景,如《儒林公议》所载:"契丹,自阿保机雄据燕北之地,修其国之威法,诸戎逐渐为所制……石晋求援,为耶律德光所立,约为父子之国,岁输绢三十万,举雁门以北及幽州之地为德光寿……山后郡县,俗情笃实,高上武士,士农工商,四者俱备,以资其用。其主虽迁徙出入,非庐不居,然有垣垒宫室矣。其民虽瘵堕寒冽,非旃毳不御,然有衣服染绩矣。自开运中,德光乱华,尽得吾朝帑实、图书、服器、工巧,事多摹拟中国,久而益盛矣。⑤"然而,辽国初创,新增归附汉民与契丹及其他少数族群杂居共处,律法不平等、不完善,同罪不同罚的事情屡见不鲜。⑥ 如《续资治通鉴》所载:"先是,辽人犯法,例须汉人禁勘,受枉者多。"⑦因此,因民族歧视、战事频仍而致的汉民及其他少数族群的流动是吐谷浑族群迁徙流动之外的又一主流。

辽会同四年(941 年)六月,契丹之振武节度副使逐杀节度使耶律画里,以朔

---

① (元)脱脱等:《宋史》卷 187《兵志一》,第 4587 页。
② (元)脱脱等:《宋史》卷 5《太宗纪二》,第 78 - 79 页。
③ (元)脱脱等:《辽史》卷 9《景宗纪下》,第 100 页。
④ (元)脱脱等:《辽史》卷 13《圣宗纪四》,第 150 页。
⑤ (宋)田况:《儒林公议》,中华书局 2016 年版,第 56 页。
⑥ 刘美云:《十至十三世纪北方游牧民族探析》之第二章第三节《因俗而设的法律》,中国文联出版社 2006 年版,第 40 - 49 页。
⑦ 毕沅:《续资治通鉴》卷 2《太祖》,中华书局 1979 年版,第 176 页。

州归叛,依附于后晋。① 战事持续半年之久,十二月,契丹军攻陷朔州。因辽将裹古只战亡于朔州城下,辽太宗下令,诛杀朔州城中丁壮,"仍以叛民上户三十为裹古只部曲"②。次年(942 年)正月,为了防止边地汉人叛乱,"诏政事令僧隐等以契丹户分屯南边"③。

后晋天福十二年(947 年)正月,辽太宗耶律德光欲尽诛后晋之降兵。后唐、后晋两朝重臣、契丹之幽州节度使、燕王赵延寿在协助契丹灭亡后晋之后,有邀功自居、继后晋为帝之打算。因此,进言辽太宗将降兵及其家属悉数迁徙至"恒、定、云、朔之间,每岁分番使戍南边"④,以绝后患。

辽庆历四年(954 年)七月乙酉,穆宗诏令:"汉民有为辽军误掠者,遣使来请,诏悉归之。"⑤是年,后周太祖郭威殂,柴荣初即帝位,北汉联合契丹南侵,后周之民被契丹北掠,故有南归之诏令。

由此,五代时期,"始石晋时,关南、山后初莅虏,民既不乐附,又为虏所侵夺,日久企思中国声教,常若偷息苟生"⑥,以雁门以北之地为视野,军民往复迁徙为流动之常态。北宋建立,所谓:"岁月既久,汉民宿齿尽逝,亲少者渐便习不怪,然居常右虏下汉。"⑦雁门以北之民仍有南迁之举。

北宋太平兴国四年(979 年)三月,北汉与北宋之间交战于北汉境内,北汉遣使契丹求援,契丹派左千牛卫大将军韩侼及大同军节度使耶律善补率本路兵南援,战事持续至九月仍未止息。雁门以北之云、朔、应三州之地的大批部落民南迁入宋境,被编入北宋之骑兵阵营,分名安庆直、三部落、清朔及擒戎。《宋史·兵志一》载:"安庆直……太平兴国四年,迁云、朔及河东归明安庆民分屯并、潞等州,给以土田。三部落……太平兴国四年,亲征幽州,迁云、朔、应等州部落于并州,因立。清朔……太平兴国四年,迁云、朔民于内地,得自置马以为骑兵,为之家户马。雍熙四年立。擒戎……太平兴国四年,迁云、朔州民于西京、许汝等州,给以土田,充家户马。端拱二年立。"⑧三部落,即"沙陀三部落",指唐末迁居雁北的以沙陀及粟特人为主体的部落,由沙陀、萨葛(也称薛葛、索葛)、安庆三个部落组成。⑨

① 参见本书之第三篇第二章第一节。
② (元)脱脱等:《辽史》卷4《太宗纪下》,第51页。
③ 同上。
④ (宋)司马光:《资治通鉴》卷286,第9331－9332页。
⑤ (元)脱脱等:《辽史》卷6《穆宗纪上》,第72页。
⑥ (宋)田况:《儒林公议》,第79页。
⑦ (宋)田况:《儒林公议》,第110页。
⑧ (元)脱脱等:《宋史》卷187《兵志一》,第4587页。
⑨ 樊文礼:《李克用评传》,第22页。

安庆,即其中的安庆部落,其主体为粟特人。此次宋辽战争之后,也有边民北迁入辽的记载,辽统和元年(983后)五月,"耶律善补招亡入宋者,得千余户归国,诏令抚慰"①。

辽统和四年(986年)之三月至十月间,宋、辽交战于雁门以北之地,"政事令室昉奏山西四州自宋兵后,人民转徙,盗贼充斥,乞令有司禁止"②。另据《宋史》所载:"(雍熙三年),五月丙子,徙云、应、寰、朔吏民及吐浑部族,分置河东、京西……七月壬午,徙山后降民至河南府、汝等州……赐所徙寰、应、蔚等州民米。"③由此,是年因战事迁徙的雁北之民实为云、应、寰、朔、蔚五州之民。

辽统和四年(986年)之后,宋辽之间涉及雁北之地的战事不再现于史籍,但是,两国之边民的流动仍然时有发生,且涉及汉、吐谷浑、回鹘、吐蕃、党项等多个族群。辽统和七年(989年)四月,"吐浑还金、回鹘安进、吐蕃独朵等自宋来归,皆赐衣带"④。辽统和十四年(996年)五月,"朔州威胜军一百七人叛入宋"⑤。辽统和二十三年(1005年)正月,宋辽缔结澶渊之盟,宋辽战事平息,始进入较长时段的和平共处期,双边贸易也渐行恢复,二月,辽即下令"复置榷场于振武军"⑥。辽兴宗朝,雁北之地的边民贸易及人员流动在史籍中亦有记载,辽重熙八年(1039年)六月,"禁朔州鬻羊于宋"⑦。重熙十一年(1042年)十二月,"以吐浑、党项多鬻马夏国,诏谨边防"⑧。

北宋雍熙三年(986年)的宋辽战争之后,复加以霜旱天灾,雁门以北之地流民聚集,辽朝廷数下令安抚流民。辽统和六年(988年)八月,辽大同节度使耶律抹只奏:"今霜旱乏食,乞增价折粟,以利贫民"⑨。统和七年(989年)三月,"诏免云州通赋"⑩。统和八年(990年)十一月,"以吐谷浑民饥,振之"⑪。统和十年(992年)二月,"诏免云州租赋,给复云州流民"⑫。五月,"朔州流民给复三

---

① (元)脱脱等:《辽史》卷10《圣宗纪一》,第110页。
② (元)脱脱等:《辽史》卷11《圣宗纪二》,第125页。
③ (元)脱脱等:《宋史》卷5《太宗纪二》,第78 – 79页。
④ (元)脱脱等:《辽史》卷12《圣宗纪三》,第135页。
⑤ (元)脱脱等:《辽史》卷13《圣宗纪四》,第148页。
⑥ (元)脱脱等:《辽史》卷14《圣宗纪五》,第161页。
⑦ (元)脱脱等:《辽史》卷18《兴宗纪一》,第221页。
⑧ (元)脱脱等:《辽史》卷19《兴宗纪二》,第228页。
⑨ (元)脱脱等:《辽史》卷12《圣宗纪三》,第131页。
⑩ (元)脱脱等:《辽史》卷12《圣宗纪三》,第134页。
⑪ (元)脱脱等:《辽史》卷13《圣宗纪四》,第140页。
⑫ (元)脱脱等:《辽史》卷13《圣宗纪四》,第142页。

年"①。统和十四年(996年)三月,"诏安集朔州流民"②。

### 三、释教之繁荣——以佛寺为视角

契丹人崇信佛教,比鲜卑有过之而无不及。10世纪30年代,雁门以北之地归属于契丹后,佛寺的修葺、兴建或可作为契丹统御时期,雁北之地佛教隆盛的例证。

(一)云州灵岩寺

云州灵岩寺位于今山西大同市西约16公里的武周山南麓,系开凿于山崖石壁间的石窟寺,故又名武州山大石窟寺、代京石窟寺,今名云冈石窟。辽代重熙前曾有三次相关活动,一次为民间行为;两次为皇家行为。

□□□□□□□?马□张?间?□□□□征?□□□□□□契丹□□□□郭?四?□□耶律□□□教?征?妻□□□□□郭?署传?□□妻□氏张通?判?官行□□□□□□妻张氏□□大小一千八百七十六尊。戊?午?十二月一日建,六月三十日毕。③

以上造像题记刻于云冈石窟第13窟南壁西侧大龛下,宽40厘米,高32厘米。关于其镌刻时间有辽圣宗开泰七年(1018年)及辽道宗大康四年(1078年)两种说法。辛长青曾对此作详细论证,认为此题记的年代应为开泰七年(1018年)。④ 本书赞同此说。根据残缺内容推断,此造像题记系辽圣宗开泰年间以祈福为目的的一次民间造像,历时七个月。

辽重熙十八年,母后再修;天庆十年,赐大字额;咸熙(雍)五年,禁山巡牧,又差军巡守;(寿)昌五年,委转运使提点;清宁六年,又委刘转运监修……此则历年之大略也。⑤

此为《大金西京武州山重修大石窟寺碑》所载辽代重熙年间曾经两次修葺云冈石窟的内容。据相关研究,"母后"为辽兴宗之生母——法天皇后,法天皇后笃信佛教,"洞达三乘之义"⑥,曾于辽重熙年间两次参与云冈石窟的修缮,其身后,

---

① (元)脱脱等:《辽史》卷13《圣宗纪四》,第142页。
② (元)脱脱等:《辽史》卷13《圣宗纪四》,第147页。
③ 《辽代张间□妻等修像铭记》,员小中:《云冈石窟铭文楹联》,山西出版传媒集团、山西科学技术出版社2014年版,第74页。
④ 《云冈石窟的辽代修建工程》,大同东方历史文化研究院:《云冈探索》,山西人民出版社2004年版,第47－49页。
⑤ 《大金西京武周山重修大石窟寺碑》,张焯:《云冈石窟编年史》,第250页。
⑥ 陈述辑校:《全辽文》卷2,中华书局1982年版,第178页。

云冈石窟的修缮工程亦未中断。①

辽统和年间大同军节度管内观察使李翊为其父母所建之经幢亦可作为时云州佛教信仰兴盛之佐证。《李翊为考妣建陀罗尼经幢记》载:

今于坟所建斯幢者,奉为荐亡考妣之亡灵也……是以特抽净俸,用构良缘,市翠琰于灵岩,命奇工于帝里;磬之巧思,运彼殊材,次皓以翔飞,列狻猊而绕座……时统和十八年庚子四月戊申朔七日甲寅丙时建。大同军节度管内观察处置使、金紫光禄大夫、检校太保、使持节、云州诸军事、云州刺史、兼御史大夫、上柱国、陇西县开国男、食邑三百户李翊,弟将仕郎、守秘书省校书郎懿建幢。②

该幢所载"市翠琰于灵岩"之灵岩,即灵岩寺,也称灵岩寺石窟,即今云冈石窟。幢言大同军节度管内观察使李翊自灵岩石窟寺买翠玉、请工匠,制作狻猊(狮子)石幢,说明时云冈石窟仍然是佛教及佛教文化传播的重要场所。云州亦是出高僧之地,于北宋大中祥符元年(1008 年),终于五台山之太平兴国寺的释睿谏,俗姓刘,即云州人也。③

(二)云州华严寺

华严寺位于今山西大同城区西南,辽重熙十三年(1044 年)前,属大同军节度下的云中县。华严寺分为上寺和下寺,上寺之主殿建于金代,下寺之主殿——薄伽教藏殿④建于辽重熙七年(1038 年),根据下华严寺薄伽教藏殿北梁及南梁上的墨书题记。

推诚竭节功臣,大同军节度,云、弘德等州观察处置等使、荣禄大夫,检校太尉,同政事门下平章事,使持节,云州诸军事,行云州刺史,上柱国,弘农郡开国公,食邑肆仟户,食实封肆百户杨又玄。(大同下华严寺薄伽教藏店北梁上墨书)维重熙七年岁次戊寅玖月甲午朔十五日戊申午时建。(大同下华严寺薄伽教藏殿南梁上墨书)⑤

杨又玄,系辽统和十六(998 年)进士,曾于辽开泰七年(1018 年)、太平五年(1025 年)、太平七年(1027 年),知详覆院;以枢密副使迁吏部尚书、参知政事兼枢密使;以知贡举身份主持科举。⑥ 作为辽圣宗的重臣,由他来主持薄伽教藏的修

---

① 《云冈石窟的辽代修建工程》,大同东方历史文化研究院:《云冈探索》,第50 - 54 页。
② 张焯:《云冈石窟编年史》,第229 页。
③ 张焯:《云冈石窟编年史》,第230 页。
④ 薄伽系梵语,为佛之十大称号之一;教藏即佛教经典,薄伽教藏殿即藏经殿。
⑤ 张焯:《云冈石窟编年史》,第234 页。
⑥ (元)脱脱等:《辽史》卷14《圣宗纪五》,第154 页;卷16《圣宗纪七》,第184 页;卷17《圣宗纪八》,第197、201 页。

建,足见辽朝对佛教的重视。薄伽教藏殿面阔五间、进深七间,系国内较为珍贵的木结构建筑。殿内有三十一尊辽代彩塑,中间为三世佛,周围分列四大菩萨、胁侍菩萨、供养童子及四天王雕像。

（三）云州观音堂

观音堂,位于今山西大同城区西约 15 里处的蛤蟆石湾。① 观音堂之主体建筑有山门、戏台、钟楼、鼓楼、观音堂、三清殿。山门为砖券建筑,门额上书"观音堂"三字。门洞之上是坐南朝北的戏台,戏台与观音殿、三清殿沿中轴线前后排列,戏台与观音殿之间的左右两侧分别是钟楼、鼓楼及碑亭。观音殿面阔三间,正殿内正中为一尊六米高的砂岩石雕观音立像,两侧分立两米高的胁侍菩萨,东西两侧各列五尊明王像。观音殿后即三清殿,雕像已毁。观音堂前有三龙琉璃照壁一座,系双面照壁,为明代所建。观音堂西侧的石崖上,有高丈余的双钩"佛字"石刻。观音堂的四到八至,史载:"本寺四至,东至蝦蟆石湾东,北至雷公阳和坡山北黄草梁,西北至□林寺,西至□□□,南至木门头山坡,东南至王家园周围。"②观音堂钟、鼓楼的券洞门额上分别镌刻着"洛伽""潮音"两块匾额,刻于辽重熙年间。③

图十四:观音堂钟、鼓楼券洞门额上的匾额

关于观音堂的始建时间,现存碑刻中相关记载如下:

云中城以西越十五里之遥,有观音古刹流传,原名虾蟆石湾,怪物数扰其间,民用不宁,道路阻塞。金重熙年之六月又九日,忽大士现丈六金身,偕左右菩萨明王,从秦万佛洞飞往水门头顶山头,从此妖魔降灭,地方宁谧。父老聚族而议,山势峣屼不便修庙貌,请得移平地,便旋像神显灵异,顿从坦途。繇是大众鸠工立寺……

---

① 其地处今山西省大同市南郊区马军营乡小站村西。

② 《云中城西十五里观间古刹碑记》,立碑于明万历三十五年(1607 年),现存于观音堂钟楼碑亭。

③ 许德合:《三晋石刻大全·大同市南郊区卷》,第 65 - 66 页。

万历三十五年丁未岁孟春月吉旦

赐进士第通奉大夫福建布政使司右布政使前奉敕分巡冀北兵备道山西右参政提督学校副使云杜陈所学顿首拜譔①

大同西距十五里蝦蟆湾,旧有观音菩萨及十大明王像,叩之土人云,像自秦之万佛洞飞来,缘此地妖孽为害,随响而至,祟即寝灭,斯非千万亿化身以声闻大觉者乎!然庙创于拓跋氏,迄今兴废洊臻而法像犹存,似不能与世推移也,明矣!……大清顺治八年岁次辛卯仲夏之吉,钦命总督宣大山西、兵部右侍郎佟养量谨撰。②

堂去城十五里,地名蝦蟆石湾。金重熙年间,大士忽现金身,偕左右菩萨明王,来自秦之万佛洞,住水门顶山头而降众魔。寻以地方祷请,移驻山下而堂成矣。③

盖闻名山古刹标奇称胜,第是年远岁久,致多□□□落,深可叹惜哉!况乎斯地,我观世音大士灵显丈六之石像,□□□十大明王,是从西秦远隔飞来。传云:降灭妖魔于此处蝦蟆□□□□□□□,非大慈大悲灵捷於影响,普济大千世界,遍五须□□□□□□□□□□□苦拔危,以一佛能于遍沙河诸国也哉。④

云郡城西十五里观音堂者,盖古刹也。刹东湾有石形似蝦蟆,旧传物曾作祟,居民被扰非一日矣。忽灵感大士发大慈悲,偕诸菩萨十大明王,於金淳熙间,自西秦万佛洞降临,现像山巅,妖乃降伏,人民顶感,移像於兹,遂建寺焉。⑤

以上五条史料中,一条是明万历三十五年(1607年),余皆为清代,分别为清顺治八年(1651年)、雍正十二年(1734年)、乾隆三十七年(1772年)及道光二十年(1840年)的重修碑记。其中,清顺治八年(1651年)条,认定观音堂兴建于北魏之外,明万历三十五年(1607年)及清雍正十二年(1734年)、道光二十年(1840年)的碑记皆以"金重熙年间"或"金淳熙间"为准。参见《乾隆大同府志》的相关记载:"观音堂,府城西十五里佛字湾。辽重熙六年建"⑥碑记所书应为失误。此外,位于观音堂西北的摩崖石刻——"佛"字,据梁思诚先生考证,为辽代遗迹。⑦考虑两处佛教遗迹的一体性,观音堂始建于辽代更具合理性。再者,观音堂门洞

---

① 《云中城西十五里观间古刹碑记》,立碑于明万历三十五年(1607年),现存于观音堂钟楼碑亭。

② 《无题碑》,立碑于清顺治八年(1651年),现存于观音堂山门通向观音殿有腰门左侧。

③ 《礼观音堂》,立碑于清雍正十二年(1734年),现存于观音堂山门通向观音殿的腰门右侧。

④ 《重修观音堂碑记》,立碑于清乾隆三十七年(1772年)三月初三,现存于观音堂观间殿前。

⑤ 《重修观音堂碑记》,立碑于清道光二十年(1840年),现存于观音堂鼓楼碑亭。

⑥ 《乾隆大同府志》卷15《祠祀》,第318页。

⑦ 廉慧斌:《同朔佛道志》,第55页。

上的"洛伽""潮音"两块匾额的书体,接近宋代的行书,可视为辽代说的又一佐证。观音堂内现存辽代石雕观音菩萨像一尊,高约 6 米。

(四)蔚州金河寺

金河寺,位于辽蔚州境内之五台山。五台山,"在城东一百里内,其山五峰突起,俗称小五台,又曰东五台"①。该寺因河水得名,始建于辽统和年间。《山西通志》载:"金河十寺,在蔚州东八十里五台山下,河中碎石如金,故名金河寺,俱辽统和间所建"②。

辽圣宗、道宗均曾巡幸金河寺,辽圣宗统和十年(992 年),"九月癸卯,幸五台山金河寺饭僧。"③辽道宗咸雍九年(1064 年),"幸金河寺"。④ 辽代帝王对金河寺的巡幸,虽然带有一定的政治军事色彩,但也从一个侧面反映了辽代金河寺佛教信仰之兴盛。此外,从考古发掘资料来看,该地曾出土成排的辽代八角莲花柱础,可以想见辽代金河寺雄伟壮观的景象。⑤ 五代辽初活动于燕云地区的名僧行均,曾在金河寺出家,并于辽统和十五年(997 年),完成了便于僧徒识字念经的佛教工具书《龙龛手镜》。出生于云州的辽代高僧道殿法师的代表作《显密圆通成佛心要集》亦撰写于金河寺。

(五)应州永固山寺

永固山寺,位于辽应州浑源县(今山西浑源)境内。该寺在正史及相关方志中均未见记载,只现于碑刻——《大辽国应州彰国军浑源县永固山寺创建碑》,今录部分碑文如下:

伏以坚居圣所,肇角立于□□,释子释流后毛分于□域,不思议界。可□□闻夫索诃界内赡部州,中有形胜□□山势自□山为道一带,环绕至停子蔑为中,其蔑者地接云南,岗连混北,东枕吴王城,西临汉帝庙。稽往昔《幽明录》去:公孙锺,曾有设蔀之阴德,感而后通,共出七帝:锺生坚,坚生权,权生亮,亮生休,休生和,和生皓。其□太子因机事不密,致父王以金镞射煞,葬在兹山,故号停子□□蔑。蔑者高下八里,中有神仙龛室,其间杳杳冥冥、昏昏默默,内高下约三丈,阔二丈五尺。此蔑群峦竞秀,数壑绝流。近下有浑赤砂石,内出水一泉,迨麓底有村栅数户,其水酌之不竭,故名赤泥。泉次有同县北赵壁村一户陇西郡公李讳文兴,夙有产业,生五子:其长子讳延遂,次延恕,次延煦,次延照,次延贞,并经缊矣,皆□善

---

① (清)庆之金、杨笃:《光绪蔚州志》卷 4,第 57 页。
② 《山西通志》卷 10《祠祀》,第 1457 页。
③ (元)脱脱等:《辽史》卷 13《圣宗纪四》,第 143 页。
④ (元)脱脱等:《辽史》卷 68《游幸表》,第 1072 页。
⑤ 雷生霖:《河北蔚县小五台山金河寺调查记》,《文物》1995 年第 1 期,第 64 - 69 页。

人也。其次三子延煦,世生所傑,神产其英,有子三人:震男惟从、次男惟吉经缢矣,亦中善人也。其秘岩者,风神□□□幽闲,宿钟十善之心,终结六和之侣,十七岁谛思出家,遂慕法辞亲,染衣削发,自他骨利,行愿非虚。遂后五教弘宣,三乘备演……有时禀业于应州兴福寺,彭城郡三藏讳睿扃为师,至重熙十七祀受大戒……果为苾众之楷模。此之师也,自幼及耆,不犯他染,此真比丘焉。尔后,因忆故乡,得达是岳,□□圣迹合建仁祠,乃化善友杨承演同纠千人邑,焚崖爆石,殿始构于三间……复修石洞于内,另起木藏,皆以彩绘金饰毕备,远观壮丽……近目庄严,仿佛而地中涌出……其寺场东至漫泉沟,南至临窄崖,西至神堂岭,北至分水岭。后摄授徒众数十人……次思昱、思玄、思定、思觉、思闰、思林担簦披锡,途遐计务于法筵,挂钵佩瓶,冬夏垣拘于论席,异哉!……铭曰:觉闻梵释……得生自昔,益赡部州,福大辽国,世产高人,神生□德……夫□住新授将仕郎中均州参军杨承演,妻李氏,长男文日妻王氏,次男随驾知把皇帝殿,御衣写发都监文达妻刘氏、长孙马儿、次孙仁永妻刘氏、次孙仁温妻刘氏、次孙仁拱妻李氏、次孙佛留住、次孙贤奴、长孙女名哥,曾孙韩八,次孙韩九、孙女次孙女称哥。

蔚州老成进士贾渊书并撰

朔州石匠彭城刘□本镌①

据以上碑文记载,永固山寺,位于辽应州浑源县境内的一处山崖之上,其地名为停子嵬,该地名来源于《幽明录》中的公孙锺之故事。山下有一眼泉水,名赤泥泉。赤泥泉边之赵壁村,有一户李姓人家,户主名李文兴,其孙李惟吉,年十七出家为僧。曾于应州兴福寺拜三藏法师睿扃为师,学习佛法。辽重熙十七年(1048年),受大戒,正式位列比丘。之后,因怀念故乡,所以,来到浑源境内停子嵬。在信士杨承演的帮助下,发动邑人,烧山炸石,开山建寺,是为永固山寺。文中还具体描绘了该寺的位置,以及永固山寺僧不畏寒风酷暑,传法讲经的活动。文末记录了永固山寺的筹建者杨承演一家四代的名讳。通过以上事实可知,辽重熙十七年(1048年)之前,雁门以北之应州即有佛法相传,当地民众是佛事活动的主要参与者。

永固山寺,位于今山西浑源县沙圪坨镇赤泥泉村(县城东北20公里处),毁于民国初年的战乱之中,现仅留有天然溶洞一个;泉眼一处,以及风化十分严重的古碑几通。该碑为圆首青石质,碑高180、宽68、厚20厘米,已断为两截。② 现存于

① 陈学峰:《三晋石刻大全·大同市浑源县卷》,山西出版传媒集团、三晋出版社2012年版,第8-9页。
② 陈学峰:《三晋石刻大全·大同市浑源县卷》,第8页。

山西应县净土寺的一件经幢亦是当时应州佛事兴盛的佐证。该经幢为青石质,八楞柱体,已断为上下两截,上截高 45 厘米,面宽 11 厘米,其中一面上残书"东方□□佛";下截高 100 厘米,面宽 18 厘米,一面存"佛顶尊胜陀罗尼幢"字样。据考证该经幢为净土寺舍利塔的一部分,塔座残存"(重)熙九年岁次庚辰八月"字样。①

### 四、仕宦阶层的生活——以节度使为例

(一)雁北节度使群体的构成

表十八:936—1044 年雁门以北之地节度使任职列表②

| 时间 | 职掌 | 姓名 |
|---|---|---|
| 天显十一年(936 年) | 云州节度使 | 沙彦珣 |
| 天显十二年(937 年) | 大同军节度判官 | 吴峦 |
| 天显十二年(937 年) | 新州威塞军节度使 | 翟璋 |
| 天显十一年至会同九年间<br>(936—946 年) | 云州节度使 | 张彦超 |
| 会同四年(941 年) | 朔州节度使 | 刘山 |
| 会同四年(941 年) | 朔州节度副使 | 赵崇 |
| 会同七年(944 年) | 云州节度使 | 耶律孔阿 |
| 会同九年(946 年) | 云州观察使 | 白可久 |
| 天禄二年(948 年) | 大同军节度使 | 孙方简 |
| 天禄元年(947 年) | 大同军节度使 | 许从赟 |
| 应历元年(951 年) | 彰国节度使 | 萧禹厥 |
| 应历七年(957 年) | 大同节度使 | 崔勋 |
| 应历十年(960 年) | 大同军节度使 | 阿剌 |

---

① 雷云贵:《三晋石刻总目·朔州市卷》,第 87 页。
② 本表史料源于《新五代史》《旧五代史》《辽史》《资治通鉴》等书。

续表

| 时间 | 职掌 | 姓名 |
| --- | --- | --- |
| 保宁十一年(979 年) | 大同军节度使 | 耶律善补 |
| 统和二年(984 年) | 彰国军节度使 | 韩倬 |
| 统和三年(985 年) | 大同军节度使 | 刘延构 |
| 统和六年(988 年) | 大同军节度使 | 刘京 |
| 统和六年(988 年) | 大同军节度使 | 耶律抹只 |
| 统和三十年(1012) | 大同军节度使 | 邢抱质 |
| 开泰二年(1013 年) | 大同军节度使 | 耶律化哥 |
| 太平四年(1024 年) | 武定军节度 | 萧绍 |
| 太平五年(1025 年) | 武定军节度使 | 张俭 |
| 太平五年(1025 年) | 武定军节度使 | 耶律晨 |
| 太平五年(1025 年) | 顺义军节度使 | 刘京 |
| 太平六年(1026 年) | 武定军节度使 | 耶律洪古 |
| 重熙七年(1038 年) | 大同军节度使 | 杨又玄 |

沙彦珣,两五代史无传。后晋天福元年(936 年),任云州节度使,契丹援晋后还塞,路过云州,沙氏出迎,被契丹所掳。①

吴峦,字宝川,汶阳卢县人。后唐长兴初,从沙彦珣帐下,后迁大同军节度判官。后晋天福二年(937 年),沙彦珣被契丹所掳,吴峦据守云州城,不事契丹。后累迁后晋之徐州刺史、右谏议大夫、复州防御使等职。②

翟璋,出身不详,骁勇善战。后唐一朝,自天成至清泰,统兵新州③,任威塞军节度使。后晋朝,新州归属契丹,"时契丹大军归国,遣璋于管内配率犒宴之资,须及十万缗,山后地贫,民不堪命。始戎王以软语抚璋,璋谓必得南归,及委璋平叛奚、围云州皆有功,故留之不遣。璋郁郁不得志,遇疾,寻卒焉。"④

张彦超,沙陀人。后唐天成中,任蔚州刺史。素与后唐之河东节度使石敬瑭不睦,"属其总戎于太原,遂举其城投于契丹,即以为云州节度使。"⑤数率军南下

① (宋)薛居正:《旧五代史》卷 48《唐书·末帝纪下》,第 663 页。
② (宋)薛居正:《旧五代史》卷 95《晋书·吴峦传》,第 1267 页。
③ 燕云十六州之一,后唐置威塞军节度,天显十三年(938 年),辽改新州为丰圣州。参见《辽史》卷 4《太宗纪下》,第 45 页。
④ (宋)薛居正:《旧五代史》卷 95《翟璋传》,第 1268 - 1269 页。
⑤ (宋)薛居正:《旧五代史》卷 129《张彦超传》,第 1706 页。

攻掠。后汉立,复南归,后周显德三年(956年),因病亡故。

刘山、赵崇,史无传。后晋天福六年(941年)六月,镇州节度使安重荣上书后晋朝廷,言雁北及幽州各地蕃汉所部,不愿受契丹所累,乞南归,欲说服后晋出兵北伐契丹,曾言:"朔州节度副使赵崇与本城将校杀伪节度使刘山,寻已安抚军城,乞归朝廷。"①

耶律孔阿,史无传。辽会同七年(944年)八月,"晋镇州兵来袭飞狐,大同军节度使耶律孔阿获晋谍者。"②

白可久,史无传,吐谷浑部首领,后晋天福年间,率所部自契丹南逃至后晋。后晋开运三年(946年)八月,因不堪后晋河东节度使刘知远对其部族的严苛束缚,率其部逃归契丹,契丹任其为云州观察使。③

孙方简,《新五代史》记为孙方谏。后晋开运年间,定州兴起一支反抗契丹入寇的民间武装力量,其头领即孙方简,所部屡败契丹,名声大噪,后晋朝廷将其招安。后反复于晋与契丹之间。天福十二年(947年),契丹以义武节度副使耶律忠为节度使;调原节度使孙方简为大同军节度使。孙方简惧怕入云州后被契丹扣留,拖延不赴大同节度之命,并率领其部众退守狼山寨。④ 后汉立,孙氏率部众归汉,拜为武定军节度使。后周朝,曾从周世宗攻伐太原,年六十二,因病卒于洛阳。⑤

许从赟,史无传。据其墓志所载,许氏出身于官宦之家,祖上三代均为地方中低级官吏,本人以武职入仕,于后唐清泰初,事云中元帅沙公为马步使。燕云易主之后,曾职任大同军节度副使、大同军节度使。

萧禹厥,史无传。后周广顺元年(951年),北汉在契丹的援助下,进攻后周之晋州,"契丹遣彰国节度使萧禹厥将奚、契丹五万会北汉入寇"⑥。

崔勋,史无传。后周世宗显德四年(957年)十一月,北汉联合契丹南侵,"契丹遣其大同节度使、侍中崔勋将兵来会北汉,欲同入寇"⑦。

阿剌,史无传。辽应历十年(960年),宋与北汉交战,六月,"汉以宋兵围石州

① (宋)薛居正:《旧五代史》卷98《安重荣传》,第1302–1303页;(宋)司马光:《资治通鉴》卷282,第9222页。
② (元)脱脱等:《辽史》卷4《太宗纪下》,第46页。
③ (宋)司马光:《资治通鉴》卷285,第9306–9307页。
④ (宋)司马光:《资治通鉴》卷286,第9389页。
⑤ (宋)欧阳修:《新五代史》卷49《孙方谏传》,第560页。
⑥ (宋)司马光:《资治通鉴》卷290,第9466页。
⑦ (宋)司马光:《资治通鉴》卷293,第9547页。

来告,遣大同节度阿剌率四部往援。"①

耶律善补,辽景宗朝,任千牛卫大将军、大同军节度使。辽保宁十一年(979年),宋辽交战,率兵参战。统和年间,因南征之功,迁南院大王。②

韩倬,史无传。辽统和二年(984年)十月,辽圣宗以右武卫大将军韩倬为彰国军节度使兼侍卫亲军兵马都指挥使。③

刘延构,史无传。辽统和三年(985年)七月,辽圣宗治甲兵,准备东征高丽,以大同军节度使、守太子太师兼政事令刘延构为义成军节度使。④

刘京,史无传。辽统和六年(988年)二月,"大同军节度使、同平政事刘京致仕。"⑤七月,以耶律抹只为大同军节度。

耶律抹只,少以皇族身份入侍,乾亨元年(979年),辽宋满城之战中,辽诸军皆溃,只有耶律抹只所率领的军队军容整齐,因功拜枢密副使。统和初,任东京留守。统和六年(988年)二月,大同军节度使、同平章政事刘京致仕。七月,"东京留守兼侍中、漆水郡王耶律抹只为大同军节度使。"⑥屡率军御边。

邢抱质,应州人(今山西大同应县),出身仕宦之家,与其兄邢抱朴皆以儒术显贵于时,官至侍中。统和三十年(1012年)五月,任大同军节度使。⑦

耶律化哥,善骑射。辽统和年间,两次率军南侵宋,因功拜南院大王、北院枢密使。开泰元年(1012年)封豳王,率军御边。次年(1013年)十一月,因西征失利,被削去王爵,以侍中遥领大同军节度使。⑧

萧绍、耶律晨、刘京,均无史传。辽太平四年(1024年)四月,以驸马萧绍为武定军节度使。次年(1025年)三月,以丞相张俭为武定军节度使、同中书门下平章事。五月,以耶律晨为武定军节度使,十二月,以参知政事刘京为顺义军节度使。⑨

张俭,宛平人(今北京西南),辽统和十四年(996年),以进士第一,入幕云州节度。辽圣宗狩猎云中,依辽朝惯例,皇帝车驾经行之处,地方官员当有所献,云

---

① (元)脱脱等:《辽史》卷6《穆宗纪上》,第76页。

② (元)脱脱等:《辽史》卷84《耶律善补传》,第1310页。

③ (元)脱脱等:《辽史》卷10《圣宗纪一》,第114页。

④ (元)脱脱等:《辽史》卷10《圣宗纪一》,第115页。

⑤ (元)脱脱等:《辽史》卷12《圣宗纪三》,第131页。

⑥ (元)脱脱等:《辽史》卷84《耶律抹只传》,第1308页;(元)脱脱等:《辽史》卷12《圣宗纪三》,第131页。

⑦ (元)脱脱等:《辽史》卷80《邢抱朴传》,第1278-1279页;卷15《圣宗纪六》,第171页。

⑧ (元)脱脱等:《辽史》卷94《耶律化哥传》,第1381-1382页。

⑨ (元)脱脱等:《辽史》卷17《圣宗纪八》,第198页。

中节度使进曰："臣境无他产,惟幕僚张俭,一代之宝,愿以为献。"①张俭遂因此受重用,开泰中累迁同知枢密院事。太平五年(1025年),出任武定军节度使(奉圣州),后移镇大同军。次年(1026年),由大同军节度迁南院枢密院使、左丞相兼政事令。后拜太师、中书令,为辽代名臣。

耶律弘古,耶律化哥之弟,辽统和年间,曾任顺义军节度使。太平元年(1021年),加同政事门下平章事,出任彰国军节度使,后徙武定军节度使。重熙六年(1037年),迁南院大王,后授武定军节度使。②

杨又玄,史无其传。辽统和十六年(998年),以进士入仕辽朝。开泰七年(1018年)十一月,以杨又玄知详覆院。太平二年(1022年),任枢密副使。太平五年(1025年)三月,任吏部尚书、参知政事兼枢密使。太平七年(1027年)十一月,知贡举。重熙七年(1038年),在大同军节度任上,主持华严寺薄伽教藏大殿的建造。③

上述26位节度使,依其任期及族属可分为四类——燕云之地易主初期的节度使、辽朝为牵制中原王朝而立的节度使、辽所立耶律氏及萧氏节度使、辽所立汉人节度使。

燕云之地易主初期的雁北节度使。此类节度使分为被动归辽和主动归辽两种,前者如翟璋、赵崇;后者如张彦超。后晋天福元年(936年)十一月,石敬瑭以燕云十六州之地送于契丹,获得契丹之援助。次年(937年),契丹援军自太原北还,过雁门以北之云州,时节度使沙彦珣出迎,被契丹扣留,不许之还镇。与沙颜珣同样遭遇的诸节度使还有赵德钧、董温琪、翟璋、赵崇等。④翟璋本为后唐之新州威塞军节度,雁北归辽后,为契丹所留用,郁郁寡欢,因病而亡。赵崇本为后唐之朔州守将,辽任之为朔州节度副使,后晋天福六年(941年)六月,杀节度使刘山,反契丹归后晋。张彦超,后唐时与石敬瑭同殿为臣,因与其不和,后晋立,即率所部投奔辽朝。晋亡汉兴,又自辽归汉。

辽朝为牵制中原王朝所立的节度使。后晋出帝朝,因改变对契丹的国策,只称孙不称臣,辽晋关系一度紧张,契丹曾三次南下攻伐。辽晋战争引起了生活在边境地区的胡汉民众的不稳定和变乱,契丹首领白可久及定州边民孙方简被契丹任为大同军节度使就是在这一历史背景之下发生的。后唐以来,原本生活在雁门

① (元)脱脱等:《辽史》卷80《张俭传》,第1277页。
② (元)脱脱等:《辽史》卷95《耶律弘古传》,第1389页。
③ 张焯:《云冈石窟编年史》,第234页。
④ (宋)司马光:《资治通鉴》卷282,第9223页。

以北之地的吐谷浑部众,因燕云易主归属于契丹,因不满契丹的统御,在后晋镇州节度使安重荣的招诱之下,于后晋天福六年(941年)率所部南下归晋,被后晋安置在太原东及岚州和石州之间,隶晋河东节度使刘知远麾下,并多次在其首领白承福带领下,随晋军攻击契丹。后晋开运三年(946年),因不满刘知远的约束,部分吐谷浑人又北归于契丹。契丹为了笼络人心,任其副首领白可久为云州观察使,以招诱其首领白承福北归。后晋开运年间,契丹与后晋间的战争亦引起了边民的反抗,在定州一带出现了边民聚集自保的现象,这一支武装力量的头领即是孙方简。孙方简所率领的边地社会武装,以自保为主要诉求,反复于后晋和契丹之间,天福十二年(947年),为了拉拢这一支力量,契丹封其为大同军节度使。

耶律氏及萧氏节度使。在雁北节度使群体中,有近三分之一的节度使来自契丹部落或出于契丹的姻亲家族——萧氏家族。如上述之耶律孔阿、萧禹厥、耶律阿剌、耶律善补、耶律抹只、耶律化哥、萧绍、耶律晨、耶律弘古等,其中,凡史书有传者,均官居要职,封王封爵。如耶律善补累迁至南院大王;耶律抹只,官至东京留守兼侍中,封漆水郡王;耶律化哥因功拜南院大王、北院枢密使,封豳王;耶律弘古,官至南院大王、加同政事门下平章事;萧绍以驸马身份出任大同军节度使。雁门以北之地归辽后,辽朝极其重视对该地的经略和管辖,契丹大同军节度的任职,正所谓:"辽即建都,用为重地,非亲王不得主之"①。

辽朝所立汉人节度使。雁门以北之地归辽后,诸军节度使的任职中共有11位汉人,其中,武将出身者7人;以文士仕进者4人。武职者,如许从赟,出身官宦之家,皇祖曾任怀州别驾;王父任宪州长史;烈考任隰州都押,据相关考证,其先祖任职分别在唐末、后唐及后晋时期,且任职在今山西及其附近地区。② 志言其:"骨貌多奇,幼状穴中之虎;胸襟有变,长侔水上之蛟。唐清泰初,事云州元帅沙公,遂补为马步使……会嗣圣皇帝提虎旅而越雁门,羁唐师而解晋难,公遂率身而归焉,乃授大同军节度副使、尚书右仆射、御史大夫,上柱国……洎天授皇帝出绍丕基,特旌勋旧,授大同军节度使、检校司徒。"③由此,许从赟本人由武职仕进,后唐清泰初,云州节度使为沙彦珣。后晋天福二年(937年)二月,契丹主耶律德光自上党北还,至云州,"大同军节度使沙彦珣出迎,契丹主留之,不使还镇。"④志所

---

① （元）脱脱等:《辽史》卷41《地理志五》,第506页。

② 曹彦玲、王银田:《许从赟墓志考略》,载《文物世界》2009年第3期,第47页。

③ 曹彦玲、王银田:《许从赟墓志考略》,《大契丹国故大同军节度管内观察处置等使、特进、检校太保、右领军卫上将军兼御史大夫、上柱国、高阳县开国男、食邑三百户、赠太傅许公洎夫人康氏墓志铭并序》,第47－48页。

④ （宋）司马光:《资治通鉴》卷281,第9169页。

言"嗣圣皇帝"即辽太宗耶律德光;"天授皇帝"即辽世宗耶律阮。许从赟系以沙彦珣帐下之步军使之职,被契丹扣留而入仕辽朝,迁大同军节度副使;辽圣宗朝,迁大同军节度使。文士如杨又玄、张俭、邢抱质等。此三人均系辽统和年间入仕的文士,辽圣宗在位期间重视吏治,亦仿宋制,开科取士,注重人才的选拔和任用。张俭出身于文士之家,兄弟五人皆以进士赐第,本人于辽统和十四年(996年)举进士第一,入仕云州节度幕下。后累历要职,官至南枢密院史、左丞相兼政事令、太师、中书令。杨又玄为辽统和十六年(998年)进士,该年辽仅放进士二人。后官至吏部尚书、参知政事兼枢密使。邢抱质,与其兄抱朴皆为好学博古之人,"受经于母陈氏,皆以儒术显"①。官至侍中。以上为辽天显十一年至重熙十三年(936—1044年)间,雁门以北之地的节度使群体之简况。

(二)仕宦阶层的日常生活——以许从赟为例

据相关史料记载,以雁门以北之地的节度使为视角,因官入迁并举家定居雁北是较为常见的一个现象。以许从赟为例,志载:

公讳从赟,字温毅,其先炎帝之胤。太岳佐尧而有功,文叔事周而封许,因以命氏焉。皇祖讳景亮,摄怀州别驾。王父讳廷秀,摄宪州长史。烈考讳昭胤,隰州都押衙。爰董牙璋,克扬仁望,果诞英子,尤大吾门。公即都衙之长子也,气禀五行之秀,神融万物之精。骨貌多奇,幼状穴中之虎;胸襟有变,长侔水上之蛟! 唐清泰初,事云州元帅沙公,遂补为马步使。典疑难之狱,明且绝私;惩暴恶之徒,刚而能断。奏为内外巡检斩斫使、银青崇禄大夫兼监察御史、武骑尉。会嗣圣皇帝提虎旅而越雁门,翦唐师而解晋难,公遂率身而归焉,乃授大同军节度副使、尚书右仆射、御史大夫,上柱国。声猷允洽,睿渥益隆,加检校司空。既嗣晋渝盟,王师震讨,及中原大定,乃异数端,加授建雄军节度使。旋值圣上升遐,群方溃命,洎天授皇帝出绍丕基,特旌勋旧,授大同军节度使、检校司徒,由是安民和众,吐惠含仁,抑菑豪而恤鳏寡,重刑罚而轻赋役。期月之间,政成事立;三年之内,家给人足。才解殿帮,尤资卫社,授右领军卫上将军、特进、检校太保。方佐周龄之运,忽钟杞国之忧。天顺皇帝缵登大宝,甫拔将材,权侍卫步军都指挥使。陈师鞠旅,正图战伐之勋;泰始否终,遽染膏肓之疾。以应历八年九月六日薨于燕京肃慎坊之私弟,享年五十七。圣君垂悼,优赠迴加。夫人长沙康氏,故云州都指挥使敬习之女也。姿容端丽,词气柔顺,在室以女德传芳,故备六仪而归于我;殒天以妇道哭昼,乃感四时而成其疾。以保宁八年三月五日薨于云州丰稔坊之私弟,享年六十五。以乾亨四年十月二十七日取公之神榇于燕,与夫人灵枢合葬于云中县权宝

① (元)脱脱等:《辽史》卷80《邢抱朴传》,第1279页。

里,并二子附于坟,成公之先志也。有男七人:长曰守伦,衙内都指挥使。次曰守贞,西头供奉官,并早卒。次曰守节,安众银冶都监、右千牛卫将军、银青崇禄大夫、检校工部尚书兼御史大夫、上柱国,蔚有父风,必隆家道。次曰守忠、守素、守恒、守筠,谅承余庆,即趋亨衢。姪一人彦琼,都知兵马使,早卒。有女七人:长适前艾構子银冶都监程光胤,次适推官陈讽,次适教练王忩,次出家曰妙净,次早卒,次适虞部员外郎房修己,次在室。孙男一十四人皆幼,孙女九人皆幼。公风仪瑰伟,度量弘雅,洎豹变之后,鹰扬已来,宣化一方,美事旋腾,于人□□戎(?)□载,大(六?)星忽堕于营门,嗟夫! 谅绵. 茅土之荣,可以足矣;遽奄龟鹤之寿,不知何也。嗣子□冲□□营大葬。弥怀罔极之恩,不刊贞珉;虑泯平生之迹,固兹见托。是可摭实,乃为□□。卓哉许公,挺神如虎。奋武隆家,竭诚致上。仗节拥旌,陈师鞠旅。遽谢遐年,泡晞朝露。懿哉夫人,维容□□。妇德无加,母仪有度。暗萎蕣花,忽坠星娥。生则同室,□□同墓。骨掩玄堂,魂归冥路。庶万古千秋兮,记大葬于此处。①

据志文所载,志主许从赟出身仕宦之家,祖上三代分别曾职任怀州(今河南沁阳)别驾、宪州(今山西楼烦)长史、隰州(今山西隰县)押衙。本人于后唐清泰初,因武职仕进,在云州节度使沙彦珣麾下任马步使。云州归辽后,入仕辽朝,先后任大同军副使、大同军使。因此,许氏本非雁门以北之人,系因官职迁转而入居雁北。辽应历八年(958年),因病亡于燕京(今北京)肃慎坊之私第,并葬于燕京,享年五十七岁。其夫人康氏,系长沙郡(亦称潭州,今天湖南长沙)人,其父为云州都指挥使康敬习。夫人于辽保宁八年(976年),亡于云州,并葬于云州丰稔坊之私第,享年六十五岁。夫妻于辽乾亨四年(982年),合葬于云州云中县之权宝里,且其二子亦与父母同葬云州。由此,许从赟之妻康氏亦系随其父云州都指挥使康敬习之官职迁转而入居云州的外地人,两人之间的婚姻关系的缔结也与云州之地域相关。虽然在燕京有府第,但常居于云州,在许氏故去后,其妻子康氏仍居于云州,并在云州亡故,葬于云州。6年后,夫妇方合葬于云州。许氏有子7人,3人成年,均为武职;有侄一人,亦为武职;有女7人,4人出嫁,夫婿亦为军职,孙男14人、孙女9人,合家计40口人,并居于云州。

许从赟墓志于1984年出土于今山西大同市西南之新添堡村,这一带曾先后发现过唐、辽、金、元代墓群。②除了许从赟墓之外,雁门以北之地还有后晋末、辽初云州节度使沙彦珣墓,位于今山西大同山阴县南三十里沙家寺东山坡;辽统和

---

① 曹彦玲、王银田:《许从赟墓志考略》,第47-49页。
② 曹彦玲、王银田:《许从赟墓志考略》,第47页。

三十年(1012年)之大同军节度使邢抱质之兄——辽枢密使邢抱朴之墓,位于今山西大同应县东二十里。① 沙彦珣墓地南北长500米、东西长300米,明正德六年(1511年),曾出土碑碣一通,上书其姓名及官职。② 其墓地现存长0.9米、高0.7米、石羊两只;1.7米长石碣一通,额篆书"沙公碣铭"。后唐清泰三年(936年),沙氏随云州归辽,后迁任平安节度使、检校太尉。卒于辽之河阴(今山西山阴东南)县。辽大安七年(1091年),其家乡建瑞云寺,也称沙家寺,以示纪念。许从赟、沙彦珣、邢抱朴墓在今山西大同的发现,说明当时有一些官员及其家属定居云州。

许丛赟夫妇墓是辽乾亨四年(982年)的墓葬,规模大、壁画内容丰富,是雁北甚至于燕云地区辽代早期壁画墓的代表,从中可以看到辽早期雁北地区仕宦阶层的日常生活图景。

该墓葬的壁画主要在墓室,壁画内容分上、中、下三层:"上层:位于穹隆顶的四周,原绘有星宿图案,可惜大部分已经脱落,只残存北侧的北斗七星和西侧的残月与云朵图案。中层:位于育隆顶与立壁上端。墓室周壁为仿木结构的梁架,斗拱及屋檐部分设影作立柱6根,并用黑、红两种颜料绘制出颜色鲜艳的斗拱、批竹昂和替木等。在柱头铺作与补间铺作之间的空隙绘出了人字拱,柱头枋上隐刻有小驼峰。下层:位于墓室立壁至近墓室地面处,画面以人物为主。"③壁画所展示的生活场景主要在下层壁画中。

墓室为坐北朝南仿木结构的穹隆顶样式,外形似蒙古包。墓门为砖砌拱形,宽1.57米,高2.1米。门上筑门楼,通高4.55米。墓室底径4.92米、高5.2米。墓室壁画所展现的是墓主人生前使奴唤婢的奢华生活,7幅壁画对称排列在墓门东、西两侧;墓室的东、西、北壁;及墓室之东北角和西北角,人物共计14人,全部为侍女和侍者。墓门西侧,绘有一侍女,左手执碗,右手持勺,正在往灯盏里添油。墓门东侧,绘有一男性侍者,双手交叉,面向墓门站立。④

① 大同地方志办公室点校、(清)吴辅宏纂辑:《大同府志》,第126 – 127页。
② 大同地方志办公室点校、(清)吴辅宏纂辑:《大同府志》,第129页。
③ 王银田等:《山西大同市辽代军节度使许丛赟夫妇壁画墓》,载《考古》,2005年第8期,第37页。
④ 根据王银田的文章,此幅图本为两个相对而立的侍者,右侧人物残缺。

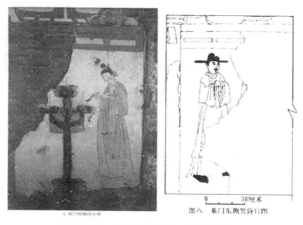

**图十五：许从赟墓墓门东、西两侧壁画**

进入墓室后，正对墓门的北壁正中，是一幅侍者图。画面中央是一扇朱漆大门，门两侧各有一侍者，相向而立。

**图十六：许从赟墓北壁壁画**

墓室之东、西两壁是对称的两幅画，构图方式与北壁相同，均为正中大门、大门两侧为侍女或侍者。东壁图中，左侧为侍女，手捧唾壶；右侧为侍者，画面已脱落。西壁图中，左右两侧均为侍女，右侧画有脱落。

图十七:许从赟墓东壁及西壁壁画

墓室之东北角和西北角的壁画也是对称的,均为侍女图,画面构图与墓室之东、西、北三壁的壁画不同,图像正中不再是门,而改为了窗户和衣架,展现的是墓主人内室的生活。东北角的画中,窗户两侧各有两位侍女,两两相对站立,似做交谈状。右侧两人,一人手执佛尘;一人右手执毛笔、左手托碗。左侧两人,一人持碗,一人托盘。窗户下面,是一只黑白相间的花猫,正在捕捉绣球。整个画面灵动、自然,极富生活气息。西北角的壁画正中是一个大衣架,两侧各有一侍女。

图十八:许从赟墓东北角及西北角壁画

从许丛赟夫妇墓葬壁画来看,以仕宦为视角,辽代前期的雁北地区的生活有如下特点:第一,生活舒适。以上壁画展现了墓主人生前富足、安逸,甚至是奢华的生活,说明在辽代前期,雁门以北之地虽然战事较多,但是,仕宦阶层的生活还是十分舒适的。第二,多承唐风。许氏墓葬壁画中的人物形象及服饰均为汉人,侍女头梳单髻,以发带高束于顶,身着襦裙即掩脚长裙,面容丰腴,体态雍容,颇具唐代侍女之风范。侍者头戴展角黑色幞头,身着圆领宽袖长袍,腰束带,足蹬黑履。幞头为圆顶,双带有呈下垂者,也有呈平展形,兼具唐宋风格。第三,胡汉交融。许氏墓志壁画虽以唐风为主,但是,墓志的形制,尤其是墓室的穹隆顶,反映了胡汉文化交融的特点。

## 第四节　葬俗视角下雁北社会之变迁

近代史学家刘咸炘在继承纲纪天人、会通古今的传统上,提出了"察势观风"的历史认识论和方法论,并在纵横两个维度上,界定了时风和土风的概念,所谓土风即一定地域空间的风气和风俗。相较之下,察势较易,而观风较难。但是,土风确是观察社会变迁之良好视角,本节即以葬俗为视角,通过唐、五代至辽代前期,丧葬习俗的对比,纵览雁北社会民众生活之历史变迁。

**一、唐、五代、辽代前期雁北社会之丧葬习俗**

目前,在山西大同地区先后出土并已公布的唐、五代及辽代前期墓葬计 30座。其中,唐墓 24 座、五代墓 1 座、辽前期墓葬 5 座,其墓葬形制、葬具葬式及随葬器物等方面均有所沿习及变化。

(一)唐代葬俗

迄今为止,大同地区所公布的唐代墓葬计 24 座,根据发掘的时间排列,分为五组:1956 年南郊唐墓(3 座)、1987 年振华南街唐墓(1 座)、2000 年南关唐墓(15座)、2004 年振华北街唐墓(4 座)、2010 年浑源县唐墓(1 座)。

1. 南郊唐墓

南郊唐墓共有 3 座。1 号墓为穹隆顶土洞墓,阶梯墓道,墓室为一正室、二侧室,整个呈斧头状,正室平面呈圆形,墓底平铺含煤砂土坯一层,厚 5 厘米。封门为砂岩片石。砂岩片石砌棺床,木棺。夫妻合葬。随葬器物有彩绘陶器、灰陶器、白瓷碗、铜饰带扣、铁板、铁钩、开元通宝、铜簪等。

彩绘陶器由座、盆、罐三部分组成,全高 1.69 米。其中,罐包括罐身、罐盖、罐尘三部分。座呈圆形塔式,下口直径 0.58 米,座面贴模制饕餮兽头、站人、菊花等纹样。盆面贴模制八瓣莲花,花内站舞人做飞舞姿态。陶罐带盖,面涂白色陶衣,"以朱黑二色绘八瓣莲花,并有附加双卷云头、饕餮、菱角、蝉圆等"[1]。灰陶器由两部分组成,陶壶座及长颈陶壶,合高 1.38 米。"座子形式像喇叭,高 0.68 米,下口直径 0.56、上口直径 0.13,中部留有小孔 4 个。[2]"陶壶为枭首捲唇长胫壶,高

---

① 山西云岗古物保养所清理组:《山西大同市西南郊唐、辽、金墓清理简报》,载《考古通讯》,1958 年第 6 期,第 30 页。

② 山西云岗古物保养所清理组:《山西大同市西南郊唐、辽、金墓清理简报》,第 30 页。

0.68、腹径0.33米。白瓷碗一对,上下叠扣,置于彩绘陶罐内。铜饰带扣数枚,长方形,发现于死者腰部。铁板一块,长20厘米、宽10厘米,放在死者头部。铁钩一个、开元通宝八枚、铜簪一件。

2号墓为穹隆顶土洞墓,斜坡墓道,墓室为三室,正室平面呈圆形,东北有两侧室。封门为含煤砂土坯。一夫二妻合葬,木棺。随葬器物有彩绘四孔盆、彩绘陶罐各一件;铜饰带扣一件;开元通宝一枚。3号墓为土洞墓,竖穴,墓室平面呈长方形。单人葬,木棺。随葬器物较简单,只有灰陶器一件、开元通宝一枚。

表十九:1956年南郊唐墓墓葬情况一览表

| 编号 | 形制 | 墓室 | | | 墓道 | | | 骨架 | | | 随葬器物 |
|---|---|---|---|---|---|---|---|---|---|---|---|
| | | 长 | 宽 | 高 | 长 | 宽 | 深 | 头向 | 性别 | 葬具葬式 | |
| 1 | 阶梯墓道穹隆顶土洞墓,斧头形墓室,主室平面为圆形。 | 4.3 | 2.8 | 3.7 | 6.5 | 1.05 0.75 | 1.8 | 西南 西南 | 男 女 | 侧卧屈下肢 侧卧伸直 | 塔形彩陶罐1.69米、塔形灰陶壶1.38米、白瓷碗、铜饰带扣、铁板、开元通宝、铁簪、铁钩、帽子上铜丝 |
| 2 | 斜坡墓道穹隆顶土洞墓,正室近圆形。 | 2.8 | 2.8 | | 4.3 | 0.8 | 5 | 不明 | 1男 2女 | 木棺 散乱 | 彩陶罐、盆 |
| 3 | 竖穴土洞墓,墓室长方形。 | 2.5 | 0.6 -0.9 | | | | | 南 | | 木棺 仰卧平伸 | 灰陶罐、开元通宝 |

2. 振华南街唐墓

振华南街唐墓是土圹木棺墓,无墓室,无纪年铭文。土圹为长方形,葬式为尸葬,头南脚北。随葬器物有白瓷钵、三彩小盂、铜镜。[1]

3. 南关唐墓

南关唐墓共计15座,2个砖室墓;13个土洞墓。土洞墓中9个为竖穴墓道、4个为刀把形土洞墓,所谓刀把形土洞墓是指其墓室平面呈圆角梯形。随葬器物主要有陶罐、陶壶、陶钵、三彩罐;青釉注壶;铜镜、铜带扣和铜带饰、铜耳挖、铜钗;开

---

[1] 白艳芳:《山西大同振华南街唐墓》,载《文物》,1998年第11期,65–66页。

元通宝和五铢钱;铁剪;骨梳、墓志。①

陶壶共 3 件,"泥质灰陶,素面,口部捏成三瓣状,细高颈,圆肩鼓腹,平底,沿、肩各捏成'U'形带穿纽,桃形器盖与壶口组成凤首状,壶座呈束腰喇叭口。②"陶罐有四种形制,前三种为塔式罐,均由盖、罐、座三部分组成,可分体。通高分别为49.8、58.2、55.8 厘米。第四种陶罐无盖、无座,通高 21.1 厘米。陶壶和陶罐的制作方法大体相同,均为白色陶衣、黑红描彩或素面,轮制与模印粘贴相结合。

该批唐墓共出土墓志三合,只有第 14 号墓志志文约略可见,残文如下:

□□□文□□唐□重贤□□□□五□□夫人薛氏孝义自天□□□□坑内贞顺以养曹氏之凤闰□□□□姜恙之志夫人之德□□□□□□行其六唯令□松元启□□□□广施闰门之□□九误既睦归元□隶斯道之永不 不夫人之命行年□奋 四百六十二甲□□永贞元年一月□日迁祔于军□□ 三里□原□□□□□豪□

从志文可见,志主曹姓,迁祔时间在唐顺宗永贞元年(805 年),其生前可能系大同军军人。据此可定该批唐墓为中唐时期的墓葬。

### 4. 振华北街唐墓

振华北街唐墓共 4 座。1 号墓为竖井土洞墓,阶梯形墓道,墓室平面呈圆角梯形,墓门呈拱形,封门为单层土坯砖。单人直肢葬式。木棺。出土器物有素面灰陶壶一件,"口沿塑成凤首状,后部上卷,溜肩,斜腹,平底。塔形陶罐一件,泥质灰陶彩绘,无盖,由罐、座两部分构成,可分体,座为喇叭形,通高 39.5 厘米。2 号墓为斜坡土洞墓,墓室平面呈圆角形梯形,墓门为拱形,封门为生土块。夫妇合葬,葬形不明。木棺。出土器物有塔形陶壶、塔形陶罐、银帽钉、银饰件、骨器、开元通宝。塔形陶壶,泥质灰陶,素面,由颈陶壶和喇叭形底座组合而成。"长颈陶壶,口部塑凤首形……下底为平面,底心塑一乳突,口沿和腹部塑桥形穿带纽,颈肩部施凸弦纹和两个圆形穿孔……喇叭形座,中空,上部为罐形插座……腹部施三道壶门镂空装饰,每道 4 个,呈对称形……通高 130 厘米。③"塔形陶罐,泥质灰陶,白底,红黑彩绘,模印贴塑工艺。由下至上依次由座、盆、罐、盖四部分组成,可分体。喇叭形座,"中空,上部为罐形插座,承载盆托……腹部绘三朵团花,下腹为喇叭形座身,座身以堆塑波浪纹和凸棱分隔成三道装饰带,上层施 3 个对称镂空壶门,壶门间绘花卉,下层施 4 个对称镂空壶门,壶门间绘花卉。盆托中空……腹部贴塑

---

① 该 15 座唐墓之墓葬简表参见:刘俊喜:《大同市南关唐墓》,载《文物》,2001 年第 7 期,第57 页。

② 刘俊喜:《大同市南关唐墓》,第 55 页。

③ 伊刚:《山西大同新发现的 4 座唐墓》,载《文物》,2006 年第 4 期,第 36 – 37 页。

两层仰莲,莲瓣上模印童子,左手叉腰,右手上举,双腿弯曲分叉。陶罐置于盆托内,为侈口,圆唇,圆肩,弧腹,平底,肩腹部绘覆莲、团花。盖置于陶罐上,盖为宝塔形,"中空,子母扣,上部堆塑两周莲瓣,莲瓣上模印童子,姿态同上。下部施4个对称镂空壶门,壶门间贴塑4个兽面,怒目,高鼻,大嘴……通高129厘米。①"开元通宝3枚,视形制分别为初唐、盛唐和晚唐钱币。②

3号墓为斜坡土洞墓,墓门为拱形,封门以石头和生土块,墓室平面呈圆角梯形。木棺。出土器物主要有塔形陶壶、塔形陶罐、白釉碗、鎏金铜带板和开元通宝等。塔形陶壶,与2号墓的塔形陶壶形制相似,通高117厘米,略低于前者。塔形陶罐,形制与制作方法与2号墓塔形陶罐相似,盖已失,由下至上依次为喇叭形座、盆托、罐。喇叭形座分三层,盆托与2号墓稍有不同,"上部为陶盆形,承托陶罐,底心塑圆环形插座,置于喇叭形座内,为敞口,圆唇,斜腹,底作平面,底边作凸棱,腹部绘花卉。③"陶罐肩腹绘覆莲、牡丹,罐内置一件白釉碗。通高114厘米。开元通宝为唐早期特征。

4号墓为斜坡土洞墓,墓门拱形,封门为生土块,墓室平面呈圆角梯形。木棺。夫妇二人和一个小男孩三人葬,葬形不明。出土器物主要有塔形陶壶、塔形陶罐、白釉执壶、陶罐、陶盆等。塔形陶壶做法及形制与2号、3号壶相似,通高121厘米。塔形陶罐器形与制作方法与前二者相同,较2号罐多一层覆盆形底座,通高185厘米,为三者中最大;图案在三者最为繁复、多样。由下至上依次为覆盆形底座、喇叭形座、盆托、陶罐、盖等五部分组成。"覆盆形底座,中空……腹部以三层凸棱分隔为三层装饰带。上层贴塑横印兽面和纵向纵向联珠纹泥条,各13个,共26个,并相互间隔对称;中层贴塑横印团花和菱形花卉……下层施4个镂空门,门间以红黑颜料绘花卉。④"喇叭形座与3号墓相似,图样不同,且底部为两层。盆托亦然。陶罐及盖与2号墓相似,但图案及纹样要复杂得多。

---

① 伊刚:《山西大同新发现的4座唐墓》,第37页。
② 伊刚:《山西大同新发现的4座唐墓》,第38页。
③ 伊刚:《山西大同新发现的4座唐墓》,第40页。
④ 伊刚:《山西大同新发现的4座唐墓》,第45页。

表二十:2004 年振华北街唐墓墓葬情况一览表

| 编号 | 形制 | 墓室 | | | 墓道 | | | 骨架 | | | 随葬器物 |
|---|---|---|---|---|---|---|---|---|---|---|---|
| | | 长 | 宽 | 高 | 长 | 宽 | 深 | 头向 | 性别 | 葬具葬式 | |
| 1 | 竖井土洞墓,墓室呈圆角梯形。 | 2.6 | 1.28－1.5 | 1.7 | 2.5 | 0.8 | 4.7 | 西 | 不明 | 木棺仰身直肢 | 陶壶、塔形陶罐 |
| 2 | 斜坡土洞墓,墓室呈圆角梯形。 | 3.2 | 0.88－1.92 | 1.92 | 12 | 0.8 0.88 | 6.8 | 不明 | 不明 | 木棺不明 | 塔形陶壶、塔形陶罐、铁帽钉、银饰、开元通宝 |
| 3 | 斜坡土洞墓,墓室呈圆角梯形。 | 3.72 | 1.44－1.76 | 1.6 | 13 | 0.5 0.84 | 7 | 不明 | 不明 | 木棺不明 | 塔形陶壶、塔形陶罐、白釉碗、铜带板、开元通宝 |
| 4 | 斜坡土洞墓,墓室呈圆角梯形。 | 3.6 | 1.6－2.64 | 1.96 | 15 | 0.8 | 8 | 不明 | 夫妇小孩 | 木棺不明 | 塔形陶壶、塔形陶罐、白釉执壶、陶罐、陶盆 |

上述四座唐墓均没有明确的纪年铭文,根据相关考古学的研究认定,1、2、3 号墓为唐中晚期墓葬;4 号为晚期唐墓。①

5. 浑源县唐墓

浑源县唐墓为单室砖券墓,斜坡墓道,长 8.73 米,宽 1.56 米,深 4.43 米。墓室平面呈比较规则的圆形,内径 3 米,高 3.28 米。墓门为拱形,门楼采用砖雕仿木彩绘技艺,封门为条砖。墓室为穹隆顶,四壁砌砖。墓室周壁为砖雕影作仿木结构,以立柱将周壁分为六幅空间。壁画分上、中、下三层,上层绘星宿图,中层是仿木结构的梁架,"墓壁砖砌六根立柱之上砌柱头铺作六朵,知倚柱间砌门窗及家具浮雕。补间铺作 6 朵,柱头铺作用砖砌出一斗三升泥道栱上承替木,下部栌斗直接放置于柱头之上不用拍枋。②"墓室周壁的六幅壁画,以砖雕构图。北壁砖雕一门二窗;西壁雕 w 形衣架及直棂窗;南壁中间为墓门,两侧白灰泥上施黑彩,已脱落;东壁画面为砖雕灯檠、三支灯盏及开字形桌子、椅子。

夫妇合葬,葬具为砖床,无棺。出土器物有铜钗、铁牌、彩绘枭首陶壶、彩绘陶罐、墓志等。彩绘枭首陶壶为泥质灰陶,由枭首壶和喇叭形底座构成,可分体。通高 43.2 厘米。彩绘陶罐为泥质灰陶,自下而上,由座、罐、盖三部分组成,可分体。通高 48 厘米。铁牌长 22、宽 8 厘米。墓志书文漫漶,无法辨识。考古鉴定为唐晚

① 伊刚:《山西大同新发现的 4 座唐墓》,第 45－46 页。

② 大同市考古研究所:《山西大同浑源唐墓发掘简报》,载《文物世界》,2011 年第 5 期,第 13 页。

期至辽早期墓葬。

总之,上述24座唐代墓葬在墓葬形制、葬具葬式、出土器物等方面的演变如下:

第一,上述唐墓中,除振华南街唐墓时段无法判定外,其余均为9世纪后的中晚唐墓葬,南关墓葬在9世纪初;浑源唐墓在9世纪七、八十年代;南郊及振华北街之唐墓应在9世纪末期。

第二,土洞墓和砖室墓并存,土洞墓多、砖室墓少。砖室墓出现在9世纪初期,比如上述南关出土的14号唐墓,据曹氏墓志,在唐顺宗永贞元年(805年)。土洞墓并没有因为砖室墓的出现而消失,在9世纪末仍然存在。因此,土洞与砖室这两种墓葬形制在唐代并存,墓葬形制的不同与死者的身份及经济水平相关。土洞墓有竖穴和横穴两种,横穴墓又有斜坡(包括阶梯)和竖井墓道两类。土洞墓的多室墓之正室平面呈圆形,为穹隆顶;单室土洞墓之墓室平面呈圆角梯形。砖室墓为单室墓,墓室平面呈圆边方形或圆形(穹隆顶)。从南关唐墓的出土塔式壶和塔式罐来看,竖穴土洞和刀把土洞墓为同一时期流行的墓葬形制。3座砖室墓中,南关的2座出土器物较少,墓室情况不明。浑源的单室、穹隆顶砖券墓墓葬形制与2001年河北宣化出土的3座纪年墓①的墓葬形制非常相似,因此,浑源唐墓应为晚唐墓葬(9世纪中后期)。

**表二十一:24座唐墓墓葬形制对比表**

| 墓葬分组名称 | 墓葬形制简况 | 墓室简况 |
|---|---|---|
| 南郊 | 3座均为土洞墓,2个横穴(1个阶梯、1个斜坡墓道)、1个竖穴 | 横穴墓室为一正二侧,正室为穹隆顶;竖穴为长方形墓室。 |
| 振华南街 | 竖穴土洞墓 | 无墓室。 |
| 南关 | 13个土洞(9个竖穴直壁形、4个刀把形即竖井墓道)、2个砖室 | 刀把形墓葬的墓室为圆角梯形;砖室墓墓室平面呈弧边方形。 |
| 振华北街 | 4座均为土洞墓,1个竖井、3个斜坡墓道 | 墓室均为圆角梯形。 |
| 浑源 | 为单室砖券墓,斜坡墓道 | 墓室平面呈圆形,穹隆顶。 |

---

① 张家口市宣化区文物保管所:《河北宣化纪年唐墓发掘简报》,载《文物》,2008年第7期,第23-48页。

第三,葬具及葬式。不论土洞还是砖室墓,均为木棺,棺床有的有、有的无,材质为片石或砖,均为尸骨葬,没有火葬。葬式以直肢仰身、头南脚北居多。

第四,就出土器物而言,以振华北街唐墓为例,有塔式陶壶加塔式陶罐组合现象的出现。此种葬器广泛出现在内蒙古河套地区、河北北部及山西北部的唐墓中,是北部缘边地带的典型风格。[1] 其中,塔式陶壶为泥质、灰陶、素面;塔式陶罐为泥质、灰陶、彩绘。两者均为可分离式,通高均在 1 米以上,陶壶枭首,其特征是壶口是带流的三瓣状,有人认为这种作法不似中土器物的制作传统,而是与河西、西域以迄中亚一带长期流行的单把流陶器一脉相承,是异域文化因素在传播过程中的异化和改造。[2] 南郊唐墓亦是此种类型。这种组合形式与辽乾亨四年(982年)许从赟墓的器物组合相同,器物的制作方式及纹样也相近。浑源唐墓出土的组合与此不同,塔式陶壶与陶罐均为彩绘灰陶,器形不大,通高不足 50 厘米。同一时期的宣化纪年墓葬中出土的塔式罐器形不过 1 米,纹样亦不及振华北街及南郊唐墓之器物复杂。如此,南郊及振化北街之唐墓应较浑源唐墓年代较后,而比较接近辽代早期。

第五,铜质装饰带、板及铜钱是唐代流行的一种束在腰间的饰品及随葬品,直至唐末仍然存在。前者在死者腰间;后者一般在死者口中。

**表二十二:唐墓中出土的铜带扣、带饰、带板及铜钱简况表**

| | 铜钱 | 铜带扣、铜带饰、带板 |
|---|---|---|
| 南关唐墓 | 铜钱二种,一为五铢钱 2 枚;一为开元通宝 13 枚 | 铜带扣 1 件,似现代人用的裤带头,椭圆形铜环与铜片相边,两侧有轴可转动,环内有卡孔舌。铜带饰 5 件,由两片组成,一片为长方形(长、宽、厚分为 3、2.8、0.1 厘米);一片为长方半圆形(长、宽、厚分为 2.9、2.1、0.1 厘米),两片均有矩形孔,似穿结用。 |
| 振华北街唐墓 | 2 号墓开元通宝 3 枚,分具初、盛、晚唐特征<br>3 号墓开元通宝 3 枚,均为初唐特征 | 3 号墓鎏金铜带板一副共 16 件,8 件长方形(长、宽、厚分为 4.1、3.7、1 厘米);2 件心形带板(直径、厚分为 2.6、0.9 厘米);1 件圭形(长、宽、厚 6.9、4、0.9 厘米);2 件带扣、1 年带尾。长方及圭形带板上饰鹿纹,神态安详。 |

---

[1] 岳敏静:《唐薛莫夫妇墓出土塔式罐风格考》,载《文博》,2014 年第 5 期,第 24 - 28 页。

[2] 李雨生:《山西隋唐五代墓葬析论》,《西部考古》(第 6 辑),三秦出版社 2012 年版,第 126 页。

续表

| | 铜钱 | 铜带扣、铜带饰、带板 |
|---|---|---|
| 南郊<br>唐墓 | 1号墓开元通宝8枚<br>2号墓开元通宝1枚<br>3号墓开元通宝1枚 | 1号墓长方形铜片数枚,在人骨架腰部发现。<br>2号墓长方形铜带扣长、宽9、3.5厘米。 |

### (二)五代葬俗

2014年在山西大同市西北郊发现一座墓葬,出土墓志一合,上书志文一行:"燕故河东道横野军副使贾府群墓志并序"①,据此及其它出土器物定其为五代墓葬,下葬时间在10世纪初。该墓葬为斜坡墓道、单室、砖室、穹隆顶墓,墓室平面呈圆角方形。棺床为砖砌,没有棺木,墓室地砖不完全。出土器物有:骨钗、铜钱、铜带具、铜镜、陶罐及银下颌托等。

铜钱为开元通宝31枚,钱文清秀、铸工精美,具唐早期特征。铜带具一套4件,表面鎏金,形制大小与南关唐墓相近。铜镜2个,"双鸾宝相花镜。器表呈银白色。八瓣葵花形,圆纽,无纽座。镜缘凸起。镜背一周凸棱将其分为内外两区。内区镜纽两侧为两鸾鸟,单足而立,展翅翘尾,比翼相望;镜纽上下为两朵宝相花。外区四只蜂蝶间饰四朵折枝花卉。直径17.7厘米。雀绕花枝镜。器表呈黑色。八瓣菱花形,圆纽,无纽座。镜缘凸起。镜背一周凸棱将其分为内外两区。内区四禽鸟与四折枝花卉相间分布,两鹊展翅飞翔,两雁羽翼未张呈站立状,折枝花卉均为四叶两花苞。外区四只蜂蝶与四朵两叶一苞折枝花卉相间排列。直径7.2厘米。②"银下颌托一件,由托片(也称托颌片)和两根长条线组成环状。托颌片长、宽、深分别为6.2、4.6、0.15厘米,两侧的线状长条宽0.4-0.6厘米、厚0.1厘米、长18.5厘米。样式见图十九。关于下颌托的用途,王银田在《再议"下颌托"》③一文中作如下阐释:"下颌托"属丧葬用品,其材质有金、银、锡以及棉、毛、绢等织物,环绕于人头部及下颌后绾结于颅顶处,用以固定死者面部以防变形。"④关于下颌托的文化渊源,目前有两种不同的看法,一种认为此器物源于袄教,是粟特人带到中国来的具有中亚文化特色的器物,"是受袄教祭司神灵戴口罩

---

① 大同市考古研究所:《山西大同西北郊五代墓发掘简报》,载《文物》,2016年第4期,第29页。

② 大同市考古研究所:《山西大同西北郊五代墓发掘简报》,第28页。

③ 王银田:《再议"下颌托"》,《暨南史学》(第9辑),2014年,第52-56页。

④ 王银田:《再议"下颌托"》,《暨南史学》(第9辑),第52页。

的艺术形象影响而产生的神器,具有神灵佑护的含义"①。另一种观点则持相反意见,认为下颌托可能起源于古希腊,不一定与祆教有关。但是,并不否认该器物在中国流传与丝绸之路和中外文化交流密切相关。②

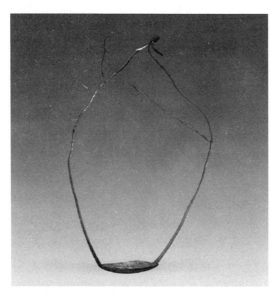

图十九:大同西北郊五代墓葬中的银下颌托图样

(三)辽代前期葬俗

辽代前期的墓葬目前共有5座,分别是许从赟夫妇合葬墓、龙新花园墓、五法村墓、周家店墓和机车厂墓。

1. 许从赟夫妇合葬墓

该墓于1984年出土于山西大同市南郊新添堡村南,是目前大同地区唯一一座有明确纪年的辽代前期墓葬。该墓为斜坡墓道、单室、穹隆顶、砖雕墓,墓室平面呈圆形。墓门为砖砌圆拱形,门楼为仿木结构雕砖式,制式为唐代风格。墓室壁画分上、中、下三层,下层由6根立柱划分为6幅。上层绘星宿图案;中层仿木结构架梁;下层以人物为主构图。人物形象及服饰颇具唐代风格。出土器物有塔式枭首壶及塔式罐组合、铜镜、铁器、瓦当、墓志等。塔式枭首壶为泥质、灰陶、素面,通高151厘米,形制及纹样与南关之唐代墓葬中出土的塔式枭首壶(通高分为

---

① 冯恩学:《下颌托——一个被忽视的祆教文化遗物》,载《考古》,2011年第2期,第62 – 67页。

② 王银田:《再议"下颌托"》,马明达、纪宗安:《暨南史学》(第9辑),广西师范大学出版社2014年版,第52 – 56页。

130、117、121 厘米)几近一样。彩绘喇叭口形器和彩绘将军罐二者合起来的形制(通高 258.5 厘米)①与南关 4 号唐墓的塔形陶罐(通高 185 厘米)相似,自下而上,分别是覆盆底座、喇叭形座、莲花盆、陶罐、罐盖。覆盆底座图案分三层,上层主图为 8 个力士;中层是模制兽面纹圆形装饰片与镂孔相间隔,四周配以卷纹及花朵图案;下层为 4 个托重力士与镂孔相间。喇叭形座分两部分,上半部分为内外两层,外侧镂空,露出内侧的四个模制兽面,下半部分分四层,自上而下为条状插口、8 个模制力士层、菱形纹片及元宝形镂孔层、圆形兽面及元宝形圆形镂孔层。莲花盆形似碗状,主图为一舞蹈状童子,辅以莲花纹饰,上口径 46 厘米。陶罐底径 21 厘米,周身贴附团花、大小兽面及火焰纹。罐盖周饰团花、兽面、菱形纹、火焰纹。铁器主要为釜、臼、碾、锁、铃、钩、灯盏等日用品。

2. 龙兴花园墓

该墓为 1996 年在山西大同市迎宾西路北龙兴花园建筑工地发掘,斜坡墓道土洞墓,墓室平面呈长方形,出土器物主要是塔式壶及塔式罐组合。塔式壶为泥质、灰陶、素面,上、下两部分,通高 99 厘米。塔式罐为泥质灰陶彩绘器物,白陶衣施彩。自下而上分别是覆盆底座、喇叭形座、莲花盆。覆盆底座分两层,上层贴印 10 个竖向联珠泥纹条,下层为 5 个力士与镂孔的间隔图案。喇叭形器分两部分,上半部分为球状,分内外两层,内层为 4 个圆形兽头。下半分分四层,自下而上为圆形兽面贴片与卷云纹图案、7 个圆形弧门与 10 个竖向联珠泥文条间隔、5 个贴塑圆形兽面、6 个竖向联珠条纹与镂孔间隔。莲花盆上装饰莲瓣云纹,莲瓣上塑童子,做叉腰托举状。此两件陶器与许氏墓出土的组合陶器形制、花纹几乎一样,只是器形略矮。

3. 五法村墓

1991 年发掘于山西大同市南郊区西万庄乡五法村东南,单室砖券墓,墓室平面呈圆形,穹隆顶。出土器物主要有单把黑陶罐、黑釉注壶、石臼杵等。壁画共 10 幅,墓门东有 3 幅,第 1 幅为门吏一人,身着红色长袍,足蹬尖头靴。第 2 幅为单人牵马图,身穿红色圆领窄袖衫,足蹬皂靴,左手执辔、右手持鞭,似等待主人出行。身后绘衣架,衣架上晾晒有衣被之类物品。第 3 幅为马群和羊群,左边一匹马在低头吃草。墓门西有 3 幅,第一幅画门吏一人;第二幅上有鸡腿坛 3 个,钵一个;

---

① 考古相关研究中将其视为两件器物:彩绘喇叭口形器(通高 133 厘米)和彩绘将军罐(通高 125.5 厘米)。参见王银田等:《山西大同市辽代军节度使许从赟夫妇壁画墓》,载《考古》,2005 年第 8 期,第 42 页。

第3幅为动物,中间是一头牛,牛身后两个动物,漫漶不清。①

### 4. 周家店墓

1974年发掘于山西大同市城区纸箱厂附近。该墓为阶梯墓道砖券单室墓,砖砌拱形墓门,做法及形制与许氏墓门相近。墓室平面呈圆形,穹隆顶。墓室为砖雕影作仿木结构,6根立柱分隔7幅画面。壁画分3层,上层绘有人身兽首十二生肖图,中层为仿木结构架梁,下层为人物为主的壁画。甬道两侧绘两幅门神图,身着戎装,怒目而视,东侧门神持弓;西侧门神执剑。墓门西侧为"收财帛图";东侧绘"灯檠侍女图"。东壁正中砖雕影作大门一座,门两侧分立一女侍及男侍,男侍头梳高髻,身着圆领窄袖长袍,足蹬黑履,女侍头梳双髻,身着长袍。东北角绘"备膳图",画面上有直棂窗、火盆、方炕桌、盒、箱、碗;另有4个侍女、1个男侍,男侍身着圆领窄袖长袍,手托一盘食品,回头与一侍女作交谈状。北壁正中绘"守门侍官图",画面正中砖雕影作红色大门,两侧各一守门侍官,软角幞头,圆领宽袖长袍,黑靴。北壁西北角绘"待客图",画面正中为土红色直棂窗,窗下为长方形高桌,桌上有盒、盘、碗及食品。桌两侧着官服侍者各一,均为黑色硬角幞头、圆领宽袖长袍、黑靴。西壁正中绘侍女图。画面正中为砖雕大衣架,两侧各一侍女,均梳高髻,身着交领宽袖掩脚长裙,神态安祥。②

### 5. 机车厂墓

该墓为2004年在山西大同市机车厂北发掘,斜坡墓道砖室墓,墓室平面呈圆形,穹隆顶。墓门为拱形,门楼为砖砌仿木结构。出土器物主要有喇叭形器,泥质灰陶,覆盆形。自下而上共3层,上层模印贴塑力士4个与4个镂空壶门间隔;中层贴塑联珠纹菱形征片4个,间隔4个镂空壶门;下层有镂孔,图案漫漶不清。整体形制及图案纹饰与许氏墓塔式陶罐的底座相似。壁画3层,下层以人物为主,共8幅。西南壁为二侍者,题记"马郑"者为男性,单髻,宽额大耳,圆领长袍,紧口长裤,黑白相间布鞋;题记"八旦"者为女性,双髻,宽额大眼,弯眉挺鼻,圆领长袖窄口袍,双手端盘,盘内有酒杯。西壁为一朱色大门。西北壁为"出行准备图",南侧题记"牛哥",男性,单髻,两鬓发呈绺状垂于耳前。宽额、粗眉、阔目、高鼻、大耳、抿嘴,着圆领宽袖长袍。北侧题记"大喜子",女性,双髻,宽额、弯眉、高鼻、抿嘴。北壁题记"韩郎",人像不清。东北壁画"侍卫图",东侧题记"望奴",男性,头顶及脑后头发剃光,鬓侧各一绺长发垂于耳前,立眉、大鼻、长脸,圆领窄袖长袍、紧口裤、黑白相间布鞋,雄健有力。西侧题记"福奴",女性,鬓两侧扎小辫,宽额、

---

① 王银田等:《山西大同辽墓的发掘》,载《考古》,2007年第8期,第34－46页。

② 王银田等:《山西大同辽墓的发掘》,第39－41页。

弯眉、高鼻、宽脸。东壁正面画半启墓门。东南壁两人,北侧男性单髻,宽额大耳,
胸上部袒露,双手端盘,盘内置酒杯。西侧女性双髻,两鬓长发过耳,宽额、弯眉、
深目、高鼻、鼓腮,两手托盘,盘内置瓶。[①]

表二十三:大同地区辽代前期墓葬情况一览表

| 编号 | 形制 | 墓室 | | 墓道 | | | 葬式葬具 | 墓葬壁画 | 随葬器物 |
|---|---|---|---|---|---|---|---|---|---|
| | | 直径/长 | 高/宽 | 长 | 宽 | 深 | | | |
| 1 | 单室砖墓、穹隆顶、斜坡墓道 | 4.92 | 5.2 | 7.8 | 1.32 - 1.98 | 6.3 | 骨灰葬石棺 | 上、中、下三层6根立柱6幅壁画 | 塔式枭首壶、塔式罐等陶器、铁器、铜镜、瓦当、墓志 |
| 2 | 斜坡土洞墓,墓室平面长方形 | 4.2 | 3.6 | 3.2 | 1.05 | 3.5 | 不详 | 无 | 塔式枭首壶、塔式罐 |
| 3 | 单室砖券墓、墓室平面圆形、穹隆顶 | 2.76 | 1.6 | 不详 | 不详 | 不详 | 不详 | 10幅壁画 | 单把黑陶罐、黑釉注壶、石臼杵 |
| 4 | 阶梯墓道、砖券单室墓、穹隆顶 | 4.85 | 4.78 | 10.25 | 1.42 - 1.85 | 5.48 | 不祥 | 7幅壁画 | 不详 |
| 5 | 阶梯墓道、砖券单室墓、穹隆顶 | 2.28 | 2.18 | 3.2 | 1.29 | 3.2 | 砖砌棺床、石棺 | 上、中、下三层8幅壁画 | 喇叭形器、青釉碗 |

从上述5座辽代前期墓葬来看,墓葬形制以穹隆顶的单室砖券墓为主,葬具
多为石棺,火葬为主要葬式。出土器物中塔式枭首壶与塔式罐的陶器组合较为多
见,铜带扣及开元通宝这两种晚唐墓葬多见的随葬品没有再现。墓葬壁画的构成
及构图形式基本相同,采用砖雕影作技艺,壁画均由上、中、下三层构成,上层绘星
宿及云朵。中层做仿木结构架梁。下层以壁画以人物为中心,以立柱分隔成偶数

① 大同市考古研究所:《山西大同机车厂辽代壁画墓》,载《文物》,2006年第10期,72 - 77
页。

幅面,有6、8、10幅壁画。壁画的构图以大门、直棂窗、大衣架等居中,在其两侧或前方绘制人物、动物或器物。南门为墓门,墓门的东、西两侧作画,壁画内容两两对称。不同之处有两点,其一,周家店墓葬壁画的上层绘制的不是通常所见的星宿图案,而是十二生肖图。其二,壁画人物形象及服饰以机车厂壁画例外,男侍为头顶单髻,两鬓垂发,或头顶及脑后头发剃光,两鬓各一绺长发垂于耳前,宽额、深目、粗眉、阔目、高鼻、大耳。女侍为头扎双髻,宽额、大眼、弯眉、高鼻,具有明显的异域特点。

## 二、葬俗视角下的社会变迁

### （一）葬俗变迁

**表二十四:唐、五代、辽前期葬俗对比表**

| 类目 / 时段 | 唐墓 | 五代墓 | 辽代前期墓 |
|---|---|---|---|
| 墓葬形制 | 1号墓:阶梯墓道土洞墓,南北朝向,墓室由正室一、二侧室构成,正室为穹隆顶,片石封闭墓门。<br>2号墓:斜坡、穹隆顶土洞墓,土坯封门。<br>3号墓:长方形竖穴土洞墓。 | 斜坡墓道、穹隆顶、砖室墓,南北向。 | 1号墓:阶梯墓道、南北向、砖砌单室墓、穹隆顶,仿木结构。<br>2号墓:斜坡墓道、砖构单室墓、南北向、砖砌穹隆顶墓室,仿木结构。 |
| 葬具葬式 | 1号墓:片石棺床,棺木已朽,男侧女仰,夫妇合葬。<br>2号墓:葬具腐朽,铁棺钉数枚,一夫二妻合葬。<br>3号墓:葬具腐朽,南向仰卧,骨架完整。 | 砖砌棺床,人骨一具,东西向。 | 1号墓:木棺罩、砖砌棺床、石棺、骨灰葬。<br>2号墓:砖砌棺床、石棺。 |
| 出土器物 | 1号墓:彩绘陶器、灰陶器、白瓷碗、铜带饰、帽子铜丝、开元通宝、铜簪、铁片。<br>2号墓:彩绘陶器、灰陶盆、铜饰带扣、开元通宝。<br>3号墓:灰陶罐、开元通宝。 | 灰陶罐、铜镜、铜带具、铜钱、银下颌托、骨钗、墓志。 | 1号墓:陶器、铁器、铜镜、木俑、瓦当、墓志。<br>2号墓:灰陶器、青釉碗、石棺。 |

| 时段 \ 类目 | 唐墓 | 五代墓 | 辽代前期墓 |
|---|---|---|---|
| 墓葬壁画 | 无。 | 无。 | 有。 |

表二十四中,唐墓之 1、2、3 号,均于 1956 年出土于山西大同市西南郊;五代墓,于 2014 年出土于大同市西北郊;1 号辽墓于 1984 年出土于大同市西南郊、2 号墓于 2004 年出土于大同市西南郊,距离 1 号墓 1 公里。从表中所列类目可见:

1. 墓葬形制

上列 6 个墓葬中,除 3 号唐墓为长方形竖穴墓之外,其余皆为坐北朝南的横穴墓,墓葬形制基本由四部分组成——墓道、甬道、墓门、墓室。1 号和 2 号唐墓从南至北,经过墓道、甬道即是墓门,墓门前片石或砂土坯叠砌,封住墓门。墓道均为斜坡阶梯式墓道,坡度深浅不同,最深的是辽代 1 号墓,即许丛赟夫妇合葬墓,该墓亦是 6 墓葬中最为复杂、丰富的一座。唐墓的墓道为南宽北窄,五代及辽墓的墓道正好相反,是南窄北宽。甬道的区别在于唐墓是夯土券顶,五代及辽墓是砖砌券顶。墓门,由唐至五代、辽代渐呈复杂态势。唐墓墓门没有留下形制,或是木制已腐朽,只以片石或土坯封门。五代墓门也没有形制,以砖为封门。辽代墓门较唐、五代而言,复杂且讲究。2 号辽墓墓门"门楼正面用砖拼砌仿木构建筑中的檐壁柱、普柏枋、栏额、撩檐檩、椽、飞、连檐、瓦口,承托滴水和板瓦,上有正脊。后用草拌泥和白灰通抹滴水以下部分,磨光作画。绘出檐柱、普柏枋,上用栌斗支撑着五铺作双抄计心造斗拱。铺作之间用拱眼壁相连,各部件用赭、黑、白色勾绘边框,内填赭色和橘黄色。墓门两侧用砖砌突出的倚柱,门额上有两个花边形门簪。①"1 号辽墓墓门为砖砌拱形,形制更为复杂。1 号、2 号唐墓为三室土洞墓,进入墓门是正室,其东北为二侧室,正室是穹隆顶,墓底平铺 5 公分厚土坯一层。二侧室内用砂岩片平砌棺床。五代墓葬及两座辽代墓葬均为穹隆顶、砖砌单室墓。五代墓为土圹墓,墓室筑砌于方形土圹内,北部设棺床,与墓室等宽。地面之棺床位置及棺床连通甬道的等宽地面,铺设地砖。2 号辽墓墓室与五代墓室大同小异,棺床占据墓室之一半,棺床立壁彩绘壶形小龛。1 号辽墓墓室四壁及地面均用砖砌铺陈,"墓室为仿木结构,设影作立柱 6 根,将画面分成 6 幅。每幅画面正中设假门、直棂窗或大衣架,南侧一幅正中为墓门。人物皆分立画面两侧。同墓门墙

---

① 大同市考古所:《山西大同机车厂辽代壁画墓》,第 72 页。

一样,墓室中柱头铺作的栌斗也直接放置在柱头上而不用普柏枋,这种做法与现存的唐代和宋初的一些建筑实物一致。斗拱为五铺作单抄单昂单拱计心造,施用了批竹昂及替木等。柱头铺作与补间铺作之间的空隙处绘出了人字拱,柱头仿上隐刻有小驼峰,这种小驼峰在五台南禅寺大殿(公元782年)中可以看到。①"

总之,就墓葬形制而言,首先,唐代与五代、辽前期的不同点在于,唐代为土洞墓,墓室为多室,五代及辽前期为砖砌单室墓。唐代墓门之封门用材为片石或土坯,五代为墓砖,唐及五代墓门均无形制。辽代前期之墓门为仿木砖砌,构图延续唐代及宋初实物风格。唐墓室结构简单,地面以土坯铺陈,五代及辽前期之墓室结构复杂,五代墓室为半砖砌,辽代为全砖铺砌。上列6座墓葬中,1号辽墓之墓主身份明确为大同军节度使;五代墓葬墓主为河东道横野军副使,其余均身份不明。忽略因墓主身份而导致的墓葬档次之高低,从唐、五代至辽前期,墓葬形制渐行复杂、奢华。其次,斜坡阶梯形墓道及穹隆顶、坐南朝北的墓室是唐至辽前期,雁门以北地区墓葬形制的相同之处,其中的"穹隆顶"或可作为该地区民族交流及融合的一个标志性现象。复次,在由土洞墓向砖室墓过渡的过程中,墓室经过了由弧方形至圆形的变化。如上述浑源唐墓为圆形;北郊五代墓为弧方形②;之后的砖室辽墓均为圆形。

2. 葬具葬式

就葬具葬式而言,唐代、五代与辽代前期的最大的不同在于:唐代、五代是尸骨葬(土葬),辽代前期是骨灰葬(火葬);唐代、五代的葬具是木棺,辽代前期的葬具是石棺。根据有关统计,雁门以北地区辽金时期的墓葬大部分为火葬。其时,火葬业已成为燕云地区之习俗,如金大定年间亡故的西京玉虚观宗主大师阎德源临终时,"特谓门弟子曰:云中故俗人亡则聚薪而焚之,吾所旨欲也,当以遗骸座之于丈室之后,无扰乡人。"③对于该地辽金时期火葬习俗的形成,有人认为是契丹和女真统治阶级大力倡导和崇奉佛教,使得实行于僧侣的火葬形式在北方民间得以盛行。④ 辽金时期雁北佛教繁荣是不争之事实,唐代,雁北地域虽然地处偏远,但是佛寺众多,佛事兴隆。⑤ 因此,辽代前期雁北火葬习俗的盛行,不只是受佛教

---

① 王银田等:《山西大同市辽代军节度使许从赟夫妇壁画墓》,第36页。
② 弧方形墓葬是山西唐墓的主要类型,参见李雨生:《山西隋唐五代墓葬析论》,第138页。
③ 解廷琦:《大同金代阎德源墓发掘简报》,载《文物》,1978年第3期,第34页。
④ 宁立新、雷云贵:《朔州市朔城区发现金代僧人丛葬墓》,张畅耕主编:《辽金史论集(第六辑)》,社会科学文献出版社2001年版,第402页。
⑤ 孙瑜:《隋唐大同地区的佛教信仰形态》,载晋学会:《第二届晋学与区域文化国际学术研讨会暨荀学与诸子学论坛论文集》,2015年,第359–366页。

习俗这一个因素①影响。雁北自古即是多民族交汇之地,民族习俗之间的浸染和融合是不可避免的历史过程。北魏时期这里就有火葬习俗的记载,北魏永安二年(529年)的一则墨书题记载:"明堂西南,正是四耶耶骨。长男蒋公全,次男蒋公寿;长孙蒋愿,次孙蒋润,次孙蒋建喜,次孙蒋通喜,次孙蒋通口,蒋润为三阆? 之是。永安二年十一日。"②此题记发现于2002年,在山西大同西南魏辛庄出土一长方形石函,黄色泥岩,内装骨灰渣。石盖内敷刷白土底色,上即书写此题记。③由此,北魏永安时期雁北就有火葬情况存在。在中国古代火葬习俗以东胡民族为主,比如契丹及奚族,史载:"契丹之先,与库莫奚异种而同类……父母死而悲哭者,以为不壮,但以其尸置于山树之上,经三年之后,乃收其骨而焚之。"④10世纪前期燕云归于辽,契丹人之于雁北地区火葬习俗的影响也是值得探究的一个因素。

3. 出土器物——魂瓶所见葬俗之变迁

如上所述,唐、五代、辽前期这一时段内,出土器物主要有陶器、瓷器、铜器、铁器等。其中,以陶器和铜器为例,呈现两个反向的现象。首先,在死者的口中含放铜钱是唐代及五代时期雁北葬俗中常见现象,最为常见的铜钱是开元通宝,在唐及五代墓葬中大多有开元通宝出土,辽代前期的5座墓葬中均不见开元通宝。但是,在辽代后期的墓葬中,死者口中含钱的现象又出现了。其次,塔式枭首陶壶和塔式陶罐组合陶器的出土,是晚唐迄辽代前期的一个常见现象。以上列举的墓葬中,共有14组(件)陶器出土。其中,唐墓出土11组、辽墓出土3组。南郊唐墓出土两套,均无图,其中一套有器形高度,壶通高138厘米、罐通高169厘米。南关出土四套,三套无壶。机车厂辽墓只有喇叭形器即覆盆式底座一只。

图二十:浑源唐墓塔式罐、壶组合(壶通高43.2厘米、罐通高48厘米)

---

① 唐代河北北部的赵县及张家口宣化区有火葬墓的出现,且与佛教有一定的关系。参见李雨生:《山西隋唐五代墓葬析论》,第156页。

② 殷宪:《北魏石棺墨书"四耶耶骨"》,载《书法丛刊》,2005年第3期,第25页。

③ 张焯:《云冈石窟编年史》,第157页。

④ (唐)魏徵、令狐德棻:《隋书》卷84《北狄传》,第1881页。

图二十一：振华北街唐墓塔式罐、壶组合一（壶通高 39.5 厘米、罐通高 39.5 厘米，
壶缺底座；罐缺盖）

图二十二：振华北街唐墓塔式罐、壶组合二（壶通高 130 厘米、罐通高 129 厘米）

图二十三：振华北街唐墓塔式罐、壶组合三（壶通高 117 厘米、罐通高 114 厘米）

图二十四:振华北街唐墓塔式罐、壶组合四(壶通高 121 厘米、罐通高 185 厘米)

图二十五:许氏墓塔式罐、壶组合(壶通高 151 厘米、罐通高 258.5 厘米)

图二十六:龙兴花园辽墓塔式罐、壶组合(壶通高 99 厘米、罐通高 88 厘米)

图二十七:机车厂辽墓喇叭形器(通高 21 厘米、底径 46.5 厘米)

　　从墓葬简报对器物的描述,并参照以上器物图片,塔式枭首陶壶和塔式陶罐组合式陶器从器物高度可分为两组,一组高度在 50 公分左右;一组高度大多超过一米。前者花纹简单,绘牡丹图案或饰以云纹、花纹、莲纹,器物的高度及形制像实用器物。后者纹饰繁复、器形高大,不似实用器物。关于它们的用途,大多归为明器,器身的神兽及莲纹图案,带有一定的宗教色彩,塔式罐即文献中的"五谷仓",是佛教文化与中国传统丧葬文化融合的产物,其功用在于帮助亡人在冥界的饮食及来世的超生。① 神兽亦具有驱邪作用,也有人将其视为是用来安息逝者灵魂的祭祀器物,有"魂坛""魂瓶""魂塔"等称谓。也有人认为这陶器与有关部族的丧葬习俗有关。② 这类组合式陶器在山西北部、内蒙古中部及河北北部地区的唐墓中较为多见,其中的塔形陶器与唐代前期陕西、宁夏等地出土的塔形罐在纹饰上均有较大差距,后者的肩部通常塑有龙、虎、狮、象、羊等兽首及铺首等纹饰。③ 据相关研究,这种组合式陶器在北方及大同地区,辽代中期以后就现不再出现。④ 因此,它们也被视作墓葬断代的一种证据,凡是有这种组合式陶器出土的墓葬即可视为是北方晚唐、五代及辽前期的墓葬。

　　4. 壁画

　　自唐迄辽代前期,雁北地区墓葬壁画经历两个时期——晚唐及辽前期。根据

---

① 袁胜文:《塔式罐研究》,载《中原文物》,2002 年第 2 期,第 56 - 64 页。
② 《和林格尔县南园子墓葬清理简报》,《内蒙古文物考古文集》第二辑,中国大百科全书出版社 1997 年版。
③ 岳敏静等:《唐薛莫夫妇出土塔式罐风格考》,第 25 页。
④ 大同市考古研究所:《山西大同机车厂辽代壁画墓》,第 77 页。

上述墓葬样例,雁北地区的唐墓壁画出现在9世纪七、八十年代,以浑源唐墓为代表。墓室壁面采用砖雕影作技法,壁画分上、中、下三层,上层为星宿图;中层为砖雕影作之梁架,栌斗直接放置于柱头之上不用普柏枋(与辽代许氏墓相同),下层壁画构图亦以立柱分隔,南为墓门,北壁绘大门与窗户,西壁绘大衣架与直棂窗,东壁绘灯檠图,与辽代许氏墓室壁画的构图方式完全相同。与辽代许氏墓的不之处在于,墓室下层壁画构图中没有人物;壁画中的门、窗、衣架等均为砖雕影作。

图二十八:浑源唐墓北壁及西壁之壁画

　　辽代前期墓室壁画有两组不同风格,第一组,以许氏墓与机车厂辽墓为代表,呈现不同风格。许氏墓的壁画人物及服饰为唐代风格;机车厂辽墓壁画则极具东胡风格。第二组以许氏墓与五法村及周家店墓对比,在画面内容上有较大变化。前者以侍女、侍官等人物及门、窗、衣架、灯檠等物品为主要构图元素,画面简洁、安静、对称感较强,以展现室内生活图景为主。五法村墓葬壁画中出现了马、牛、羊等动物及辽代独有的鸡腿坛。周家店墓葬壁画中除了晚唐至辽前常见的侍女灯檠及侍官图以外,还出现了"收财帛图""备膳图"及"待客图",画面中增加了火盆、炕桌、箱、盆、碗等生活用具,较许氏墓葬壁画更为丰富。

图二十九:周家店墓墓门西侧"收财帛图"

(二)生活方式变迁

以上述墓葬史料为依据,中晚唐至辽代前期(9世纪初至10世纪末)雁门以北之地人们的生活有如下变迁:

首先,生活水平逐渐提高。从墓葬形制来看,唐代流行的土洞墓葬在五代及辽代前期几乎不再出现。从墓室结构来看,墓室渐呈复杂且讲究的态势,经历了无壁画、无人物壁画、有人物壁画、人物为主多样元素并存壁画等发展阶段。从出土器物来看,以塔式陶罐为例,陶罐的器形渐次高大,罐身图案及纹样日渐复杂,制作手法日渐多样。

其次,生活习俗有所改变。以出土器物为例,在死者口中含放铜钱的习俗自唐至五代相沿而下,仅在辽代前期墓葬中较少见到开元通宝一类的铜钱,在辽代后期及金代墓葬中比比皆是,如20世纪50年代大同出土的辽乾统七年(1109年)的墓葬中,11枚铜钱,分别为开"开元通宝""周元通宝""太平通宝""治平元宝""熙宁元宝""元祐通宝"。[①]"下颌托"及"铜带饰"等具有唐代典型特色的随葬器物在辽代不再出现。

复次,民族融合是雁北生活的一大特色。墓葬壁画生动地展现了雁北生活的图景,其中的一大特色是民族融合。辽代前期的墓葬壁画中,既有高髻、樱唇、体态丰腴、宽袖襦裙的唐代侍女、头戴展角幞头、身着圆领宽袖长袍的唐、宋风格的侍官;也有宽额、深目、高鼻、两鬓长发过耳的侍女;宽额、粗眉、阔目、高鼻、髡发、袒胸的侍卫。

---

① 张秉仁:《山西大同卧虎湾四座辽代壁画墓》,载《考古》,1963年第8期,第435页。

　　最后,游牧生活是雁北生活的主题之一。雁门以北之地自古即是游牧与农耕交汇之地,经济上属于半农半牧地区。辽代前期的墓室壁画为我们展示了雁北地区游牧生活的生动图景。比如:五法村墓葬壁画中出现的牵马图、牧群图;周家店墓葬壁画中出现的颇具北方生活特色的火盆、炕桌等。

# 第四章

## 华夷之辨场域下的国家认同与民族认同

华夷之辨是什么。华夷之辨，是中国古代以儒家理论为主导的政治文明体系之下的一个基本理论，而且是中原王朝、正统王朝话语权之下的论断。华夷之辨的核心要义有两点，其一，华夏和夷狄是有区别的，即所谓夷夏之防；其二，夷狄终究要被华夏所同化，即所谓以夏变夷。这一政治文明理论符合文化发展和进步的基本规律，即低势文化向高势文化的靠拢和转变，正如马克思所言："野蛮的征服者总是被那些他们所征服的民族的较高文明所征服。这是一条永恒的历史规律。"简言之，华夷之辨是一把标尺，历代儒家用它来横量某一政权的合理、不合理；某一个人或某一个群体是先进亦或是落后的，而这个理就是儒家的"礼"。

国家认同与民族认同。中国古代儒家理论的基本内涵可以概括为两个字——"孝"和"忠"。以孝、忠理念所建构的儒家的政治理论体系的特点是忠、孝同伦；家、国一体。一个皇帝的诞生就代表着一个政权的产生；一个国家的产生，就意味着一国一君一统，大一统是儒家政治文明不言而喻的本质。因此，每当分裂时期，数个政权并立，问题就出来了，哪一个是唯一的一个？古代中国的政治语汇中有一个专用的词语——正闰，即正统和非正统，这就是国家认同问题。如汉末之三国，魏、蜀、吴并列，谁是中原正朔，不仅是史家记史时要思考和解决的问题，也是每一个士大夫甚至于每一个民众都要考虑的问题。当这个政权亦或国家亦或以皇帝为代表的统治阶层的族属是非汉族①的时候，国家认同在其它因素之外又增加了一个重要的因素——民族，就需要用华夷之辨这一标尺去衡量，谁合乎儒礼，谁就是华夏、就是正统。比如，对于历史上拓跋鲜卑的北魏王朝、蒙古的元帝国、契丹的辽朝、女真的金朝、满族的清王朝等一系列非汉族群所建立的政权，在儒家文化为主导的政治体制下，无一例外，都受到过华夷之辨的衡量和洗礼。因此，国家认同与民族认同是华夷之辨语境下的同一个问题的两个方面。

本章在华夷之辨这一理论前提下，以唐末五代至辽代前期生活在雁北的沙

---

① 此处非汉指来自于游牧地区的与中原地区有不同生产和生活方式的族群。

陀、突厥、回纥、吐谷浑、契丹等不同族群的人们为研究对象,通过他们的历史活动和历史思想,对于"中华民族多元一体"形成理论,从国家意识与民族认同的角度进行研究和印证。

## 第一节　他族认同与我族认同的变换:李克用民族心理的多元变化及历史评价

李克用是唐末五代的一位风云人物,他和他所领导的沙陀集团,以唐末农民起义为契机登上了唐末五代的政治舞台,伐藩镇、灭朱梁,先后建立了后唐、后晋、后汉三个沙陀王朝。以沙陀为首的雁北武人政治集团在中古晚期的历史上纵横驰骋近一个世纪,创造了不足万余人的游牧部落入驻中原并建立王朝的历史奇迹。李克用也因之成为后世评论的焦点人物。

### 一、李克用的历史评价

历史上从宋代至清代,从正史到私传、从士大夫的政治言论到民间的诗歌平话,对于李克用的评价可谓多矣。现视其观点归类如下:

(一)正史中的评价

正史当中对于李克用的评价以《旧唐书》为代表,在他对于唐室的态度及他的历史贡献两个方面,都给予了褒贬不一的评价。首先,既肯定他赴难勤王有功于唐室,又明言他有"震主之威"。其次,谈及他的历史作用,论累功积德,难及周公;论创业开基,不比拓跋。①

(二)正史之外的评价

正史之外,在士大夫的私家撰述中,以宋代的范祖禹和清代的王夫之为代表,形成了两种截然不同的态度:范祖禹在《唐鉴》中认为,李克用虽尝跋扈,但不失臣节,忠于唐室,是唐廷可以依赖的信臣。但是,唐王室却因华夷之辨、内外之别,对

---

① (宋)薛居正:《旧五代史》卷26《武皇纪下》:"武皇肇迹阴山,赴难唐室……可谓有功矣。然虽茂勤王之政绩,而非无震主之威……矧累功积德,末比于周文;创业开基,尚亏于魏主。",第363页。

李克用"疑而不信,外而不亲",终致唐亡。① 王夫之在《读通鉴论》中则认为,李克用是异类入侵中原,是亡唐之国贼。②

　　除士大夫一处,在宋、元、明、清各朝的诗歌、戏剧、小说当中也有关于李克用的故事和评说。这一类史书因更多地加入了作者的个人情感和价值观念,内容上写实的成份少一些,而演义的成份多一些。但是,由于作者的写作角度不同、目的不同,所以它们更多地反映了来自民间的对于李克用的真实的看法。如宋元之际的《五代史平话》、元代白朴的《李克用箭射双雕》、关汉卿的《哭存孝》、元代诗人李俊民的诗、明代罗贯中的《残唐五代演义》及清代诗人严燧成的诗中,无一例外,都把李克用刻画为一位尊王攘夷、匡复唐室的英雄人物。

　　(三)现代评价

　　现代人在对李克用及沙陀现象进行思考和分析时,往往从意识形态的层面上,将沙陀的成功归因于以李克用为首的沙陀集团,在胡汉交融中,对儒家思想文化的认同,以及对中原农业文明社会的价值观念的接受。在现有相关著述及文章当中,均从不同侧面,不同程度地给出了大体同样的结论:李克用受儒家文化的熏染,汉化的程度逐渐加深,忠于唐室。③ 但是,即使以这种观点为先导,当我们回到文献所记载的历史本原当中去印证这一问题时,还是会发现多处矛盾的现象。如何解释这现现象,如何看待李克用及其汉化,又如何评价他,恐怕是我们要重新思考的问题。

**二、李克用儒化过程中的矛盾现象——史书中的历史本原**

　　根据史书中有关李克用的记述,分析李克用的行为及其行为背后的心理时,往往会遇到相互矛盾的现象,现举两例:

　　① (宋)范祖禹:《唐鉴》卷12:"唐之乱……僖昭之时,惟李克用最为功,虽尝跋扈,而终不失臣节,王室可倚以为藩捍……疑而不信,外而不亲……是以不竟于汴而全忠独强,吞噬诸镇,卒灭唐室。自古忠者不见信而所信者不忠,岂有秒亡者乎?"上海古籍出版社1984年版,第339页。
　　② (清)王夫之:《读通鉴论》卷26:"取亡唐之贼加之于李克用,非深文也……以异类而怀野心……起而据云中以反……结鞑靼而窥中国……公为国贼而莫之忌。"中华书局2004年版,第231页。
　　③ 李玉林:《一代豪酋李克用的汉化》,载《民族研究》,1990年第2期;房忠伟:《沙陀突厥对唐的态度的变化及其原因与影响》,载《民族研究》,1990年第2期;李锋敏:《唐五代时期的沙陀汉化》,载《民族研究》,1990年第2期;樊文礼:《李克用的尽忠唐室及其背景分析》,载《民族研究》,1990年第2期;李鸿宾:《沙陀贵族的汉化问题》,载《民族研究》,1990年第2期。

(一)李克用勤王政绩中的矛盾现象

1. 剪黄巢

"臣父子三代,受恩四朝,破庞勋、剪黄巢、黜襄王、存易定,至陛下今日冠通天之冠,佩白玉之玺,未必非臣之力也!"①

以上是大顺元年(890年)唐廷讨伐河东时,李克用心中不平,对唐"附表讼冤"时讲的一段话,李克用总结了沙陀的勤王之绩。其中除了破庞勋一事以外,剪黄巢、黜襄王、存易定的主角都是李克用。剪黄巢一事发生在中和二年(882年)。据史载,黄巢军队起义后,于广明元年(880年)十一月进据长安,时唐参与平乱的各路节度使虽云集长安附近,但大多持保守观望的态度,灭巢之战事无甚进展,唐遂下诏征调雁北沙陀军入关勤王。中和元年(881年)三月,唐下诏令后,李克用自鞑靼出发,于五月兵屯代州,不再前行。直到中和二年(882年)十一月,沙陀兵方赴河中。② 依据史料,李克用中和三年(883年)三月受唐命出兵,之所以迟至中和二年(882年)十一月方赴河中,是因为时任河东节度使的郑从谠给沙陀的钱米不足。根据樊文礼先生对这一问题的研究,沙陀罢兵于代州的根本原因,是因为当时唐廷仅仅赦其刺杀防御使之罪,而没有明确其在雁北的地位。③ 本书同意这一观点。李克用是想借机得到唐廷的认可,恢复其在雁北原有的地位。可见,李克用为唐朝出力,是以唐廷是否保障沙陀的利益为先决条件的,他对于唐朝的效忠,是相对的、有条件的,其思想上没有儒家所谓的"君臣之义"的概念。

2. 黜襄王

黜襄王,是指光启元年(885年),邠宁节度使朱玫改立襄王(肃宗子襄王僙的曾孙李煴)一事。当时李克用站在唐僖宗一方,对于襄王的拥立持反对态度。依事实分析,李克用此番对唐室的忠诚,也是前后矛盾、不一致的。

首先,朱玫得以另立朝廷,是因为李克用铺垫在先。光启元年(885年)三月,黄巢平灭,唐僖宗回到长安,时唐廷所能号令的只有河西、山南、剑南等数十州,唐财政捉襟见肘,田令孜为了解决军需资用,欲将河东节度范围内的蒲州、安邑两县的盐利收归国有。河东节度使王重荣不愿意失去自己的利益,求助于李克用。

---

① (宋)司马光:《资治通鉴》卷258,第8408页。
② (后晋)刘昫等:《旧唐书》卷19下:"中和元年三月,陈景思赍诏入鞑靼,召李克用屯蔚州,克用因大掠雁门已北军镇……四月以前大同军防御使李克用为检校工部尚书,兼代州刺使、雁门以北行营兵马节度等使……五月,沙陀军赴代州……丁巳,沙陀军至太原,郑从谠供给粮料,辛酉,沙陀求发军赏钱,从谠与钱千贯、米千石,克用怒,纵兵大掠,六月沙陀退还代州。""中和二年十一月,沙陀李克用监军东景思以部落之众一万七千骑自岚、石路赴河中。"第710-713页。
③ 樊文礼:《李克用评传》,第54-62页。

李、王以讨田令孜为名兴兵京城,致使田令孜携僖宗逃奔兴元(今陕西汉中)。朱玫于光启二年(886 年)四月在凤翔立李煜为帝。李克用助王重荣出兵,一为亲戚之谊(王重荣子王珂是李克用女婿),更为稳定其在河东周遭已结成的同盟关系。

其次,李克用的善后之举,是为了开脱自已的"罪名"。光启二年(886 年)五月,当襄王诏至时,李克用颇为犹豫,其大将盖寓说服李克用曰:"銮舆播迁,天下皆归咎于我,今不诛玫,黜李煜,无以自湔洗。"①李克用于是大怒,"燔诏书、囚使者",发兵讨凶逆,以洗刷罪名。

### 3. 存易定

乾宁二年(895 年),河东节度使王重盈亡,其侄王珂(李克用女婿)与子王珙争节度使之位。李克用自然站在王珂一边,朝廷迫于李克用的实力,同意王珂为河中节度使。王珙遂纠集其同盟——邠宁节度王行瑜、凤翔节度李茂贞、镇同节度韩健拥兵入关,胁迫朝廷改立王珙为河中节度使。李克用出兵南下勤王,讨伐三镇。三镇败散,李克用军还渭北,欲乘胜进讨凤翔李茂贞,朝廷欲平衡各方力量,恐李克用势大难制,阻其进讨,李克用退还河东。

显然,三镇之乱与李克用有直接关系,关于河东节度使人选的确定,唐廷唯李克用的马首是瞻,所谓的三镇之乱的根源,在于李克用和三镇之间的势力之争。所以李克用既是事件的始作俑者,又扮演了平息态势的角色。在这一层意义上来讲,李克用此次勤王,也是为了满足既得利益。此外,三镇各自还镇后,李克用欲进讨凤翔,在接到昭宗止其觐见的诏令后,并没有马上撤兵,而是犹豫不决。其将盖寓曰:"嚮者王行瑜辈纵兵狂悖……百姓奔散。今天子还未安席,人心尚危,大王若引兵渡渭,窃恐复惊骇都邑……人臣尽忠,在于勤王,不在于入觐,愿熟图之。"②李克用笑曰:"盖寓尚不欲吾入朝,况天下之人乎。"③之后,方引兵东归。李克用此次退兵,恐怕不是为了盖寓所言——停兵甲,息战事,安百姓,而是另有考虑,难说其没有入凤翔,定关中,夺唐室之意。

综上所述,李克用自平黄巢,出镇河东成为唐末强藩以来,几次所谓勤王之举,无不是因私利而起,无不伴有"震主之威"。李克用和唐王室之间的忠诚关系之存在及其程度变化,是由身为人臣的一方来操控的。他对于唐室的效忠是有条件的,是以满足既得利益为前提;是暂时的,视形势变化而定的。他对唐室的忠诚,和儒家所倡导的君臣之义是不一致的,两汉以来的儒家认为,君臣之间的关

① (宋)司马光:《资治通鉴》卷258,第8336 页。
② (宋)司马光:《资治通鉴》卷258,第8481 页。
③ 同上。

系,是天定的永恒不变的尊卑关系,臣子对于君主的效忠是绝对的、无条件的。李克用的勤王之绩所体现的忠君行为是矛盾的,他既忠于唐朝,又不完全的、无条件的忠于。李克用忠君行为所反映的忠君思想是矛盾的,与两汉以来的儒家思想相矛盾。

（二）民族认同上的矛盾现象

李克用在民族认同上的矛盾现象表现在两个方面。一是自我认同,一是对他族的认同。

1. 自我认同

在自我认同上,他一方面强调自己是中原正朔,一方面又因自己的沙陀出身忐忑不安。大顺元年(890年),唐廷欲讨伐李克用,先削其属籍、官爵。① 李克用上诉曰:"臣之属籍,懿皇帝所赐;臣之师律,先帝所命。"②

"臣父子三代,受恩四朝,破庞勋、剪黄巢、黜襄王、存易定,至陛下今日冠通天之冠,佩白玉之玺,未必非臣之力也！若以功云州为臣罪,则拓跋思恭之取鄜延,朱全忠之侵徐、郓,何独不讨？赏彼诛此,臣岂无辞！且朝庭当阽危之时,则誉臣为韩、彭、伊、吕,既安之后,则骂臣为戎、羯、胡、夷。"③

中和四年(884年),李克用因上源驿一事,欲举兵攻打朱全忠,其妻刘氏曰:"公比为国讨贼,救东诸候之急,今汴人不道,乃谋害公,自当诉之朝庭。"④乾宁二年(895年),李克用伐三镇,存易定后,欲入关进讨李茂贞,昭宗下诏免其入觐之礼,李克用私与诏使曰:"朝庭之意,似疑克用有异心也？"⑤

从以上几条史料可以看出,虽然李克用强调自己是李唐后裔,而且自视为国之忠良,但他对自己沙陀异族的身份有清醒的意识,而且对唐廷对于夷狄的防范之心也很明白。除了在自我认同上有矛盾心里以外,李克用在对于沙陀之外的游牧民族的认同上也存在矛盾。

2. 他族认同

《新五代史》义儿传中载,李克用有九位义儿。其中五位汉人;一位吐谷浑人;一位粟特人;一位回纥人;一位是后唐明宗李嗣源,书中称其"世本夷狄,无姓

---

① 咸通十年,李克用的父亲朱邪赤心,因平庞勋之乱有功于唐朝,被赐李姓,名国昌,归郑王属籍。(郑王,李元懿,高祖李渊第十三子。)见《旧五代史》卷218:"庞勋乱,诏义成康承训为行营招讨使……赤心以突骑三千从……勋平,进大同军节度使,赐氏李,名国昌,预郑王属籍,赐亲仁里甲第。"第6156页。
② (后晋)刘昫等:《旧唐书》卷179,第4659页。
③ (宋)司马光:《资治通鉴》卷258,第8408页。
④ (宋)司马光:《资治通鉴》卷255,第8306页。
⑤ (宋)司马光:《资治通鉴》卷260,第8481页。

氏。",没有一位沙陀人。可见,李克用在选择义儿时,没有民族上的偏见,没有华夷之别。

后梁太祖开平元年(907年),李克用与契丹主阿保机会盟于云州,有人建议趁机擒阿,李克用说:"仇敌未灭,失信夷狄,自亡之道也。"①此处,李克用视与其同为游牧的契丹为夷狄。与之前对于吐谷浑、粟特及回纥的态度大相径庭。

综合以上两点,李克用在对唐廷的态度上,既忠于唐朝,又不是完全的、无条件的忠于;在民族认同上,既自视为华夏,又对自己的沙陀身份有自觉清醒的认识;对于其他的民族,有时无民族偏见,有时又斥之为夷狄。对于这种前后自相矛盾的行为和心理,我们该如何理解? 作何种解释?

### 三、李克用儒化过程中矛盾现象的理解和解释

如果我们从华夏中原王朝的立场出发,或许可以作这样的猜测:李克用是四夷入侵中原,而且是唐末割据势力中举足轻重的人物,难免没有自立王朝,取李唐而代之的野心。他自认为华夏并强调自己李唐后裔的身份,是为了凭借华夏之名号、唐室之威信,以区别四夷,称霸于诸藩,在尊王攘夷、勤王忠唐的旗号下,壮大实力,伺机僭越。

显然,这样的理解和解释是有失公允的,因而是偏颇的,有待榷正的。如果我们能够站在游牧民族的立场上看待这一问题,会得出什么样的结论呢? 近代欧洲历史人类学者关于游牧民族的人类学研究成果,为我们提供了这样的视角。为了便于说明问题,有必要简略介绍一下他们的研究成果。历史人类学家认为:游牧是一种完全不同于定居生活的生存方式,相对于定居生活,游牧生活更具易变性、灵活性和艰辛性。由于生存环境的易变和艰难,游牧民族形成了自己独特的社会组织结构,有自己独特的社会价值体系和道德观念。

(一)游牧民族的社会结构

游牧民族的社会结构是分枝性的,分枝性的社会结构的特点是,大大小小的社会组织,比如家庭、牧团和部落,都是以血缘关系而形成的。但是其成员之间的地位是相互平等的。也就是说,游牧民族也讲血缘关系,讲同宗共祖,但是,与农业定居民族的所不同的是,宗与宗之间,甚至于不同班辈之间,在利益和权利面前是平等的,没有汉族宗法体系所谓的大宗、小宗、嫡庶、长幼之别。

(二)游牧民族的社会组织原则

游牧民族的社会组织原则是,以实际需要为准则,需要时结合,不需要时分

---

① (宋)司马光:《资治通鉴》卷266,第8680页。

离。家庭、牧团、部落等各级社会组织,均具有一定的独立性。比如,某些家庭,平时是自由活动的,在遇到困难时,会选择其他家庭结成牧团,困难过后,牧团也许就不存在了。也就是说游牧民族社会组织的结合和分离,视现实需求而定。"为了现实,牧团或部落中可以容纳'外人'(没有血缘关系的人),决定亲属关系的族源记忆经常被遗忘或改变,甚至有时可以联合外人对付近亲。"①

可见,由于生活环境的不同,游牧社会的组织结构和价值观念与定居社会全然不同。游牧者的生活和生存理念,是一种物竞天择、适者生存的理念。我们从游牧的角度出发,再看前文所讲的矛盾现象,或许可以找到解决问题的关键。沙陀部落自德宗贞元十七年(801年),由朱邪执宜率众归唐,到李克用坐镇河东的10世纪后叶,沙陀人的在农业社会的定居历史不过八十余年,期间生活习俗及价值观念难免因受到中原汉俗的影响而有所改变。比如李克用兄弟及其诸子的名字,以《旧五代史为》据,分别取"克"、"嗣"、"存"字。克字辈有克用、克让、克宁、克恭;嗣字辈有嗣恩、嗣本、嗣昭;存字辈有存信、存孝、存贤、存礼等。嗣、克、存、让、恭、宁、恩、本、孝、贤、礼、信这些字眼都与儒家的礼义孝悌精神相符合,以这些字来取名,多少反应了李克用为首的沙陀人对于"父义、母爱、兄友、弟恭、子孝"的儒家伦理道德观念的认同。但是,几十年的定居生活,完全抛弃原来游牧的社会价值和道德观念也是不可能的。因此,李克用及其沙陀部落的所思所想、所作所为必然会受到游牧社会价值观念的支配和影响。在其力量不足以威服诸镇、战胜朱梁时,需要效忠于唐室;需要视契丹为夷狄;也需要假拟血缘笼络各族精英来壮大沙陀部落的力量。因此,上述李克用在忠于唐室时的矛盾行为及其在民族认同上的矛盾心理,在游牧民族一切以利于生存为指归的价值观念下,都得到了合理的解释:游牧民族和定居民族一样有生存的权利,为了生存是人类最为朴素、最无可辨驳的理由。在对李克用儒化过程中的矛盾现象找到相对客观的解释后,需要重新审视对于李克用的评价。

### 四、李克用评价的重新审视

首先,从历史人类学的角度,无论是历史的还是现代的对于李克用的评价,都是以中原华夏去看待四夷枝叶,去评判李克用对唐王朝的忠与不忠,其角度都是不正确的。其次,既使是从中原王朝的立场出发,评价的标准也是不恰当的。隋唐时期虽然重新确立了儒学作为封建统治指导思想的正统地位,特别是唐中后期,以啖赵新经学、韩李卫道复兴运动、元白新乐府运动及韩柳古文运动为代表,

---

① 王明珂:《游牧者的决择》,广西师范大学出版社2008年版,第55页。

掀起了儒学在哲学及思想文化领域的全面复兴,但是,社会价值观念及习俗的改变,总是要滞后于政策的改变及理论的导引。所以,魏晋以来社会上对于儒家礼教轻慢甚至于颠覆的风气,直到唐末五代也没有发生实质性的变化。因此,在这种社会环境下,去考量李克用的汉化程度对于唐王朝的忠诚程度,是不恰当的。

总之,对于李克用的评价,应当站在一个相对公允的立场上,应当回归历史的本原。

## 第二节　沙陀三部落的国、族观念

### 一、有国与无国

（一）国家理念下沙陀三部落的历史表现

国家,在现代语境下,是一个国家政权所领有的区域;是阶级统治的机关,是占统治地位的阶级为维护本阶级的利益、巩固其统治,对被统治阶级施用暴力的机器;是阶级矛盾不可调和的产物和表现,随着阶级的产生而产生,也将随着阶级的消灭而自行消亡。[1] 在中国古代,国家是一姓之家、一姓之国,国就是家、家就是国,国家的意义可以用一句话来阐释——"溥天之下,莫非王土;率土之滨,莫非王臣。"[2]所谓国家之义即君臣之义,忠君与孝国是为同意。自后梁讫后周,53 年间,五朝嬗代、诸王兴替,沙陀三部之胡人的国家观念表现为两种形态——有国、无国。

后梁代唐。公元907 年四月,唐朝四镇节度使朱温称帝,国号大梁,改元,是年为后梁开平元年。割据四川的王建遣使河东,劝李克用各王一方,等平灭朱梁后,访李唐宗室嗣继帝位,然后诸王各自归镇。李克用拒绝了王建的建议,并回书明志:"誓于此生,靡敢失节,仰凭庙胜,早殄寇仇。"[3]遂以李唐宗室之身份,率领晋军举起了复兴唐王朝之家业的大旗。

后唐代梁。公元923 年四月,晋王李存勖在魏州即皇帝位,仍用唐之国号,改天祐年号为同光。李存勖称帝之前,曾侍其父子两代的晋军监军张承业卧病在床,听闻其将称帝,让人抬着,赶赴邺都,谏之曰:"吾王世奉唐家,最为忠孝,自贞

---

① 新华词典编纂组:《新华词典》,商务印书馆1982 年版,第312 页。
② （清）阮元:《十三经注疏》卷42《毛诗正义》,北京:中华书局,2009 年,第698 页。
③ （宋）薛居正:《旧五代史》卷26《武皇纪下》,第361 页。

观以来,王室有难,未尝不从。所以老奴三十余年为吾王捃拾财赋、召补军马者,誓灭逆贼朱温,复本朝宗社耳。今河溯甫定,朱氏尚存,吾王遽即大位,可乎?"①李存勖对曰:"奈诸将意何!"②张承业劝阻无效,遂概叹:"诸侯血战者,本为李家,今吾王自取之,误老奴矣!"③

后晋代后唐。后唐清泰三年(936年),后唐之河东节度使石敬瑭以割地称臣为代价,借契丹之力灭了后唐,建立后晋。对于后晋代唐一事,源出于雁北的沙陀诸部表现出两种态度——赞成和反对。

赞成。安重荣,朔州人,祖上三代世居边塞,本人因善骑射,于后唐长兴中,官至振武道巡边指挥使,后因犯罪而失官。石晋兴兵反唐时,"闻重荣在代北,使人诱之,重荣乃召边士,得千骑赴焉。"④后晋立国,任成德军节度使,后累迁至相位。杨光远,沙陀部人,后唐庄宗朝以骑将入仕,明宗朝因战功,至四州刺史。石晋兴兵,后唐末帝遣其与张敬达屯兵晋阳城下,阻击叛军。杨光远见军中食尽;契丹围困日紧;朝廷援军未至,遂与次将安审琦等杀主帅张敬达,降于晋军。安审琦,沙陀部落人,出于朔州。后唐庄宗朝入仕,清泰三年(936年),与杨光远共杀主帅,反唐降晋。安审晖,安审琦之兄,"晋高祖龙飞,以霸府上僚授振武兵马留后,迁河阳节度度使。"⑤安审信,安审琦之从父兄。骁勇善战,明宗朝历同、陕、许三州马步军都指挥使。"晋祖起义于太原,唐末帝命张敬达以兵攻之,而审信率先以部下兵遁入并州。"⑥安元信,朔州马邑(今山西朔州朔城区)人,后唐庄宗朝以善骑射入仕。后唐清泰三年(936年),迁任雄义都指挥使,奉命屯兵代州。是年五月,石敬瑭兵兴太原。安元信听闻不久契丹人将南下助援晋兵;安重荣、安审信等皆以骑兵赴太原,于是率领手下部曲投奔石敬瑭。

反对。后唐清泰三年(936年)五月,河东节度使石敬瑭兴兵晋阳,反唐。后唐唐州刺史张从训,奉唐末帝之命,率军赴晋阳,兵败,"潜身民间,高祖入洛,有诏搜访,月余乃出焉。"⑦后唐大同、振武、威塞等军蕃汉马步军都部署张敬达奉末帝之命,以太原四面招讨使之职,率兵围攻晋阳。契丹主耶律德光亲自率大军自雁门关南下,兵围唐军,契丹军阵绵延百里,远远望去,"穹庐连属如冈阜"。⑧ 后唐

①　(宋)薛居正:《旧五代史》卷72《唐书四十八·例传第二十四》,第953页。
②　同上。
③　同上。
④　(宋)薛居正:《旧五代史》卷98《晋书二十四·列传第十三》,第1301页。
⑤　(宋)薛居正:《旧五代史》卷123《周书十四·列传第三》,第1616页。
⑥　(宋)薛居正:《旧五代史》卷123《周书十四·列传第三》,第1617页。
⑦　(宋)薛居正:《旧五代史》卷91《晋书十七·列传第六》,第1205页。
⑧　(宋)欧阳修:《新五代史》卷33《死事传第二十一》,第361页。

之援军因主帅皆有二心,迁延不进。唐军因久被围困,粮草殆尽,"削木筛粪以饲其马,马死者食之,已而马尽。"①副招讨使杨光远劝张敬达投降晋军,张敬达不忍背叛后唐,且相信救兵将至,坚拒。杨光远等遂将其斩杀,降晋。契丹主耶律德光听闻张敬达之死,"哀其忠,遣人收葬之。"②后唐怀州刺史康思立,奉末帝之命,率其所部赴团柏谷以助张敬达之军。康思立军到达晋阳不久,杨光远杀张敬达降与太原,"思立因愤激,疾作而卒焉。"③刘延皓,应州浑元(今山西浑源)人,后唐末帝李从珂之刘皇后之弟。清泰末,官至邺都留守、检校太傅。石晋之兵攻入洛阳,刘延皓藏匿于龙门广化寺,"数日,自经而死。"④张彦超,本为沙陀部人,后唐庄宗朝以武功入仕,明宗朝,曾为养子,官至蔚州刺史。后晋代唐,因"素与晋高祖不协,属其总戎于太原,遂举其城投于契丹,即以为云州节度使。"⑤后汉立,张彦超飞书表示归顺,乾祐初,归汉。

后汉代晋。天福十二年(947年),后晋出帝石崇贵为契丹所俘,后晋亡。后晋之河东节度使刘知远于汴梁(今河南开封)称帝,后汉建立。在晋、汉嬗代之间,因契丹势力的介入,时沙陀三部之人对于汉、晋之向背实以对契丹的态度为分野。

安叔千,沙陀三部落之后,后唐庄宗朝从军征讨。后晋朝,曾历任邠、邢、沧、晋四镇节度使,官至宰辅。开运末,石晋兵败与契丹,耶律阿保机南下入汴梁,晋百官素服列队迎见,唯左卫上将军安叔千一人出班,以胡语问候契丹主并以夷礼拜谢,契丹主对曰:"汝昔镇邢州,已累表输诚,我不忘也。"⑥杜重威,朔州人,出于将家,祖、父均曾为李克用帐下军将。本人明宗朝入仕,且与后晋高祖石敬瑭为姻亲,其妻即晋高祖之妹也。后晋高祖朝,荣宠至极。少帝朝,与契丹绝好,契丹连年伐晋,杜重威奉命守边,壁垒自保,并不负御边之责。开运三年(946年)十二月,契丹与后晋军队激战于镇州(治今河北正定)境内滹沱河两岸,杜重威以十万晋兵投降契丹,契丹以其为邺都留守。天福十二年(947年)二月,后汉代晋,汉高祖刘知远许其不死,命其归阙。杜重威拒命,并求救于契丹。十一月,杜重威在粮草食尽的情况下,降汉。张彦泽,本为雁北突厥部人,后随晋军居太原。后唐庄宗及明宗两朝,因战功,继领郡守。晋高祖即位,累官至检校太保。开运三年(946

①　(宋)欧阳修:《新五代史》卷33《死事传第二十一》,第361页。
②　(宋)欧阳修:《新五代史》卷33《死事传第二十一》,第361页。
③　(宋)薛居正:《旧五代史》卷70《唐书四十六·列传第二十二》,第933页。
④　(宋)薛居正:《旧五代史》卷69《唐书四十五·列传第二十一》,第921页。
⑤　(宋)薛居正:《旧五代史》卷129《周书二十·列传第九》,第1706页。
⑥　(宋)司马光:《资治通鉴》卷286,第9327页。

年)冬,契丹军南下攻晋,张彦泽"为契丹所唉,密已变矣,乃通款与戎王,请为前导。"①随后,与杜重威勾结,为契丹南下汴梁之先锋,于是年十二月十六日夜,兵围宫城,大肆劫掠,并斩杀后晋股肱之臣桑维汉。

何建,原雁北回纥部人,祖、父均曾隶李克用帐下为小校。本人自少即从于后晋高祖石敬瑭帐下,石晋朝,历泾、邓、贝、澶、孟五镇节度使,官至检校太傅。开运三年(946年),契丹入汴梁,契丹主遣人持诏书赐与何建,见诏后,何建愤然曰:"吾事石氏二主,累拥戎旃,人臣之荣,亦已极矣。今日不能率兵赴难,岂可受制于契丹乎!"②随即投奔后蜀,官至中书令,并卒于蜀地。周密,应州神武川人,后唐武皇李克用时即入仕,后唐、后晋均历要职。开运末,契丹攻陷中原,应后汉高祖刘知远之邀,投奔太原,历汉、周两朝。折从阮,世为云中边豪。后唐,任府州(治今陕西府谷)刺史、检校工部尚书。后晋朝,契丹欲徙河西之民以充实辽东,折从阮率领部民拒命保境。晋少帝朝,与契丹断绝臣属关系,折氏数率军抗御契丹,因功兼领朔州刺史,官至安北都护、振武军节度使、契丹西南面行营马步都虞候。后汉建义于晋阳,折从阮遂率其部众归汉,仍领府州刺史,赐功臣名号。

后周代汉。公元951年,后汉原河东节度使郭威兴兵灭汉,建立后周,改元。对于汉周之易代,沙陀三部中反对者只有后汉宗室及皇亲慕容彦超一人。慕容彦超,吐谷浑部落人,本为后汉高祖刘知远之同母弟,后唐明宗朝,因犯罪,流放房州。契丹灭后晋,后汉兴起于太原,慕容彦超自流所归汉,任兖州刺史。隐帝朝,郭威兴兵进犯开封,慕容彦超奉隐帝之命,率军抗击郭威军。兵败,逃归兖州。后周立,慕容彦超遣使入贡。不久,刘崇据并、汾等十二州之地建立北汉,慕容彦超复谋反后周。广顺二年(952年)五月,后周太祖亲征,兖州平,慕容彦超投井而亡。

(二)沙陀三部落的忠孝节义观

从以上后梁、后唐、后晋、后汉、后周等五个王朝嬗代的过程中沙陀三部落人的表现,可见其在国家层面上的忠孝节义观念有如下四个方面的特点。

1. 利益定位的国家观念

沙陀三部落作为起自雁北的一个曾经具有共同政治、军事及经济利益的集团,在五朝嬗代的过程中,其共同体的特征在逐渐衰退。如果将这一衰退的过程置于国家兴替的背景下观察,会发现,沙陀三部落的国家观念是以个人的实际利益的获取为前提来定义的,谁能使他们获得利益;谁能使他们的既得利益最大化,

---

① (宋)薛居正:《旧五代史》卷98《晋书二十四·列传第十三》,第1307页。
② (宋)薛居正:《旧五代史》卷94《晋书二十·列传第九》,第1245页。

谁就是他们认可的皇帝,他们就服从于以这个皇帝为标志的国家。简言之,国家,对于沙陀而言,只是他们安身立命、获取利益的一个符号,至于这个符号的族属、历史,并不在他们的关心之列。

9 世纪后期,因骁勇善战,沙陀在唐末的政治及军事舞台上争得了一席之地。以平定黄巢之乱为契机,以李克用为首的沙陀集团成为了唐末中原节度使割据混战中的一支劲旅,与朱梁各占半壁江山。公元 907 年,唐王朝灭亡、朱梁建国,沙陀遂以李唐臣民的身份,以平灭朱梁、恢复李唐大业为己任,继续与朱梁的争斗。真至公元 923 年,李克用之子李存勖击败朱梁,缔建后唐,沙陀集团一直是一个具有共同诉求的共同体。因此,当天祐十八年(921 年),朱梁甫定,李存勖欲化家为国、另立庙朝时,沙陀集团中只有张承业一人表示反对,并对沙陀李氏自朱邪执宜、李国昌、李克用以来世代忠于唐室,而今背唐另立朝廷的行为发出了诘问。张承业其人,从文化角度而言,并不属于沙陀集团。张承业出身于宦官,唐光启年间,任河东军监军。朱温联合朝官,斩杀宦官、打击宦官势力时,李克用以犯罪之人的首级冒名顶替张承业交差,并将其藏匿于佛寺,保全其性命。张承业自此成为沙陀晋军中忠心耿耿的元老,辅佐沙陀李氏父子两代,形同家人。但是,就其文化背景而言,张承业与沙陀三部落之人不同,他是唐王朝宦官体制的既得利益者,对于唐朝怀有臣民的感情和责任。沙陀三部之人与张承业不同,正是李唐王朝的衰败和覆灭给了他们生存乃至获得荣华富贵的机会。所以,后梁代唐、后唐代梁,对于沙陀而言,是沙陀集团针对朱梁集团政治及军事斗争的契机和胜利,无论是唐朝的灭亡,还是后唐的建立,对于沙陀集团的整体利益而言,都是有利的,因而,从唐至梁再至后唐的三朝嬗代期间,沙陀集团的利益是一致的,唐朝灭亡了,他们以唐朝臣民的身份,继续所谓复兴唐室的大业;条件成熟时,便毫不犹豫地建立了自己的国家,弃唐于不顾。这种以利益驱使的国家观念,必然会导致共同体的解体;新的国家的诞生。

后晋代唐,与后梁代唐及后唐代梁不同,不再是以李克用及朱温为首的晋、汴两个军事集团之间的争斗,而是沙陀集团内部的利益争斗和分割。因而,当石敬瑭借契丹之力以割让土地为代价革命时,沙陀集团共同体亦随之分裂,大部分人顺应变革,以求自保。赞成和反对者分为两列。赞成者六人分三种情况。一种以安重荣为代表,因与后唐结怨,所以积极促进后晋代唐。安重荣世居于雁北,出身生军将世家,祖、父都曾官至刺使,本人亦以武力及骑射仕军中。后唐长兴中,职任振武道边指挥使,因犯罪下狱,振武节度使高行周欲杀之。其母奔走于时枢密使安重海门下,安重海奏于明宗,方免其一死,其后即以布衣身份生活在雁北。石敬瑭举兵太原时,知其在雁北,"使人诱之,重荣乃召边士,得千骑赴焉。高祖大喜,誓以土地。及即位,授成德军节度使,累加至相。"①一种以安审信、安审琦、安审晖为代表,与石敬瑭有旧谊,遂随其反唐。安审信,沙陀部人,世为边将。父安金祐为沙陀部偏将;世父安金全,后唐天成初,任振武节度使,安审信因之补为振武节度牙将。不久,因族兄安审通为沧州刺史,转任沧州衙内虞候。石敬瑭起兵太原,安审信"率先以部下兵遁入并州,晋祖以其故人,得之甚悦。"②其族兄安审晖,"晋高祖龙飞,以霸府上僚授振武兵马留后,迁河阳节度使。"③族兄安审琦,本奉唐末帝之命,随从主帅张敬达围困晋阳,"及杨光远举晋安寨降于晋祖,审琦亦预焉。"④由此,安氏一族本为与石敬瑭同出于雁北且与其有旧谊的沙陀人,属于沙陀集团中的一个小群体,安审信投奔太原后,其妻及二子均还在洛阳,被后唐末帝所杀。一种以杨光远、安元信为例,为保全性命及富贵,遂投诚。石敬瑭兵兴太原,杨光远奉后唐末帝之命以招讨副使之职,随张敬达围讨太原。数月后,城中粮草已尽,外无救兵,契丹围困日紧,杨光远数次劝降张敬达,未果。遂趁其不备,杀害张敬达,率众将投降契丹。契丹检点战利品时,城中仍有战马近五千、铠仗五万,尚未至弹尽粮绝的地步,而杨光远执意投降契丹的举动,只有一个解释,就是他不愿如张敬达一样因为唐尽忠而失去性命。安元信,本奉末帝之命,驻守代州,听闻石敬瑭起兵,且有契丹相助;安重荣、安审信等人都先后率骑兵赶赴太原,遂率其部曲投降石敬瑭。安元信与安审信等人不同,石敬瑭与其交情尚浅,故而问其曰:"尔觇何利害,背强离弱?"⑤安元信曰:"某非知星识气,唯以人事断之。夫帝王者,出语行令,示人以信。尝闻主上许令公河东一生,今遽改之,是自欺也。且令公国之密亲,亲尚不能保,肯保天下之心乎!以斯而言,见其亡也,何得为强也。"⑥由安元信与石敬瑭的对话可见,安氏弃唐归晋是因为他认为当时形势之下晋强唐弱,投奔石晋,荣华富贵更有保障。反对者亦分为三类。一类以张敬达、康思立、张以训为例,因受恩于后唐,不忍遽离。三人之表现略有不同,张敬达在晋安寨被困数月,城中几乎弹尽粮绝的情况下,仍然坚守不弃,最后被部下杀害。康思立在率兵赴援张敬达的路上,听闻张敬达被杀、晋安寨破、唐军降晋的消息后,愤激发病而亡。张从训,亦奉唐末帝之命救援张敬达,唐兵败,张从训没有如杨光远等人,立即投诚新主,而是藏身于民间,石敬瑭入主洛阳后,才将其从民间找回,

① (宋)薛居正:《旧五代史》卷98《晋书二十四·列传第十三》,第1301页。
② (宋)薛居正:《旧五代史》卷123《周书十四·列传第三》,第1617页。
③ (宋)薛居正:《旧五代史》卷123《周书十四·列传第三》,第1616页。
④ (宋)薛居正:《旧五代史》卷123《周书十四·列传第三》,第1614页。
⑤ (宋)薛居正:《旧五代史》卷90《晋书十六·列传第五》,第1190页。
⑥ 同上。

并赐以官职。一类如刘延皓,作为后唐皇帝外戚,在后晋高祖入主洛阳后,自杀而亡。一类如张彦超,其对于后晋的反对,是因为与石敬瑭不睦,遂弃之投奔契丹。

后汉代晋,与后晋代唐相似,是沙陀集团内部因权力分割而导致的共同体的分裂;旧国家的灭亡及新国家的诞生。沙陀三部落人员对于后汉建立的态度及选择亦与后晋建立时情况相近,安叔千、杜重威、张彦泽等人出于个人利益,赞成并积极推动契丹灭掉后晋,及后汉的建立。何建、周密、折从阮因与后晋皇室的旧谊;不满于契丹的统治,以各自不同的表现表示出对于契丹灭晋的反对。

后周代汉,不同于后晋代唐及后汉代晋,不再是沙陀集团成员内部的权力交替,而是沙陀集团与汉人之间的权力争夺。然而,沙陀三部落的表现并没有政治意义上的民族分界,对于后周王朝的建立,大部分沙陀人是顺应和赞成的,只有后汉宗室及外戚另立朝庭并与之对抗。

综上所述,在五代交替的过程中,沙陀三部落成员的表现充分体现出个人利益至上的特点。从后梁立国的反对到后唐立国的赞成,是沙陀集团作为一个政治军事集团在与朱梁集团斗争过程中,群体利益一致性的表现。从后晋立国到后汉立国再到后周立国,是沙陀集团内部成员因个人利益的追逐而导致的权力交替和王朝更迭。沙陀集团不是一个具有共同宗教信仰的共同体,没有统一的、可以为之奉献一切的精神寄托;也不是一个具有共同政治信仰的共同体,没有明确统一的政治理想;它只是一个因生存所迫、时代机遇而凝聚在一起的武人集团,因利益而聚集,也因利益而分散。五朝嬗代、国家的兴替是个人利益追逐的结果,沙陀三部落之人对于社会演进的认知远未达到、也不可能达到近古社会所谓的"天下兴亡、匹夫有责"的境界。

2. 胡人亦懂忠孝

对于儒家基于伦理本体的父慈、子孝、兄友、弟恭的家庭及社会组织模式,以及君君、臣臣、父父、子子的国家结构和政治文明理念,沙陀三部之人是知晓的,但是,在文化层面的认同上存在偏差。

首先,对于维系家庭和谐及社会安定的忠义理念,他们与汉人有同样的认知。如李存勖,自继其父李克用为晋王,统领晋军后,张承业即随其左右,为其掌管晋军一切政务。一次,李存勖从魏州至太原,看望其母贞简皇太后,需要钱赏赐伶官、赌博。于是,在泉府(储备钱物的府库)宴请张承业,畅饮后,安排兴圣宫使李继岌为张承业起舞助兴,舞罢,张承业将宝带和马匹作为酬谢献与李继岌。庄宗指着钱堆对张承业说:"和哥无钱使,七哥与此一积,宝马非殊惠也。"[1]张承业回

---

① (宋)薛居正:《旧五代史》卷72《唐书四十八·列传第二十四》,第951页。

答说:"郎君歌舞,承业出已俸钱。此钱是大王库物,准拟支赡三军,不敢以公物为私礼也。"①庄宗因而不悦,借酒醉责难张承业。张承业说,臣系宦官,此举不是为子孙谋划,节省钱物是为了大王的基业,大王如果将其散施,老夫也阻拦不住,不过将来财尽兵散,一事无成而已。庄宗因之大怒,要杀张承业。贞简太后闻听庄宗酒后失德,急派人将其召入内庭。李存勖性至孝,闻听太后召唤,连忙向张承业叩头赔罪。安叔千,开运年间,后晋与契丹绝好,曾为一已之私利,主动示好契丹,契丹大军入洛后,主动以契丹语及契丹礼仪拜谒契丹主。"汉初,遇代归京,自以尝附幕庭,居常愧惕。"②张从训,出于雁北的回纥部落,父张存信又名李存信,系李克用义儿军首领,本人因骁勇善战,被后唐庄宗李存勖赐名继鸾,从李存勖诸子之行辈。后唐明宗朝,因明宗与其父有旧谊,历任石州、宪州、德州等刺史。此外,其女嫁与时任河东节度使石敬瑭之子李从训为妻。石敬反唐时,张从训奉命屯兵于团柏谷,抗击晋军。后唐兵败后,张从训趁天黑逃跑,藏身于民间。石晋立国,入主洛阳后,下诏令寻访,"月余乃出焉,及见戚里之故,深加轸恻。寻授绛州刺史、检校太保。"③总之,李存勖虽然因宠爱伶官而借酒恣意,却不敢违拗母亲的心意,足见其纯孝之心。安叔千,虽曾因一已之私利弃后唐而示好契丹,但其心下常怀愧疚之感。张从训,一家四代均因沙陀李氏而位至显贵,其父还曾是李克用拟制血亲体系下的义儿军使,本人也因善战,而被后唐庄宗列为义子。因此,后晋代唐时,他虽然是后晋的皇亲国戚,亦未遽有投诚之举,而是藏匿民间,久寻乃出。张从训所感念是后唐沙陀李氏给予他的恩惠。从以上三例可见,沙陀三部之人亦懂得为人子、为人臣应当具有的忠孝节义的基本德性。

其次,知行不一。胡人对于儒家汉文化所倡导的忠孝理念的认知、认同,在超越家庭的社会及国家层面上,更多地体现为他们对以忠孝理念为基础的尊卑上下、严整有序的政治秩序的尊从,甚至是利用。换言之,他们对于忠孝二字所代表的含义并未达到信仰的高度。因此,所谓君子言而有信、行而有义的标准对于他们来说是可笑的,是可资利用的社会认同和价值观念。如李存勖,承其父李克用之事业,作为忠孝唐臣的代表,在天祐十八年(921 年),将要化家为国,建立后唐之时,面对张承业的劝阻和诘问,以"此诸将之所欲也"④作为搪塞。李嗣源,同光四年(926 年)四月,在平定魏博镇叛乱之际,攻取汴京,入主洛阳,即位称帝。在

---

① （宋）薛居正:《旧五代史》卷72《唐书四十八·列传第二十四》,第 951 页。
② （宋）薛居正:《旧五代史》卷133《周书十四·列传第三》,第 951 页。
③ （宋）薛居正:《旧五代史》卷91《晋书十七·列传第六》,第 1205 页。
④ （宋）欧阳修:《新五代史》卷38《宦者传第二十六·张承业》,第 405 页。

讨论即位仪式时,有人以唐之运数以衰,建议更改国号;有人以梁朝旧人,不愿新皇帝称唐为由,请求更改名号。李嗣源说:"予年十三事献祖,以予宗属,爱幸不异所生。事武皇三十年,排难解纷,栉风沐雨,冒刃血战,体无完肤,何艰险之不历!武皇功业即予功业,先帝天下即予天下也。兄亡弟绍,于义何嫌。且同宗异号,出何典礼?运之衰隆,吾自当之,众之莠言,吾无取也。"①二十日,李嗣源"服斩衰,亲奉攒,涂设奠,哭尽哀",②如唐睿宗、文宗、武宗之故事,弟兄相继,于后唐庄宗灵柩前即皇帝位。石敬瑭,后唐清泰末,兴兵反唐时,曾上表朝廷曰:"帝养子,不应承祀,请传位许王。"③杨光远,石晋反唐,奉唐末帝之命,以副招讨使之职随张敬达征讨太原,在唐兵军粮食尽、外无救援的情况下,置为臣之忠义于不顾,杀主帅张敬达以城降于晋军,石敬瑭任其为宣武军节度使、同平章事。然而,杨光远每次面见晋高祖时,总是闷闷不乐,晋高祖以为对其赏赐尚有不足,遂派人询问情由。杨光远附奏曰:"臣贵为将相,非有不足,但以张生铁死得其所,臣弗如也,衷心内愧,是以不乐。"④晋高祖闻听此言,认为杨光远是最为忠纯之臣。"其实光远故为其言,以邀高祖之重信也。"⑤李存勖一门三代以李唐宗室、唐之忠臣自居,在平定朱梁、自立朝庙时,非不知身为人臣,理当尽忠、复兴唐室之义,所以才会将代唐之责推卸在诸将身上。李嗣源以李克用之义子、李存勖之义兄的身份篡夺后唐江山时,非不知以血缘为纽带的宗法分封体制下,亲疏有别、嫡庶有序的基本礼制,所以会搬出兄终弟及的故事,并亲行斩衰之礼。石敬瑭,身为后唐明宗李嗣源帐下佐命之臣,深受李嗣源重用,历任保义军节度使、天雄军节度使、驸马都尉、河东军节度使,并加封检校太傅、同中书门下平章事、侍中、太原伊、北京留守。先后获赐"竭忠建策兴复攻臣""耀忠匡定保节功臣""竭忠匡运宁国功臣"等名号。在明宗一朝极尽荣宠。然而,应顺元年(934年),潞王李从珂兵变岐阳,石敬瑭奉后唐闵帝之命率兵讨伐,在卫州(治今河南卫浑)路遇自洛阳出逃的闵帝。因见潞王兵强,闵帝复位无望,石敬瑭遂下令尽杀闵帝的随从侍卫,率军奔赴洛阳向潞王李从珂请功,将闵帝一人留在驿舍,后被潞王所杀。石敬瑭作为李嗣源之婿,弃其子李从厚于不顾,是为不孝;作为后唐明宗、闵帝两朝重臣,助潞王反唐,是为不忠,如此不忠不孝之人,在兴兵反唐时,还要强调末帝李从珂之名位不顺,显然是在伦理孝悌政治理念下,不得不寻找的一个借口。石氏对于忠、孝、节、义的遵从,不是

①　(宋)薛居正:《旧五代史》卷35《唐书十一·明宗纪第一》,第491页。
②　(宋)薛居正:《旧五代史》卷36《唐书十二·明宗纪第二》,第495页。
③　(宋)司马光:《资治通鉴》卷281,第9143页。
④　(宋)薛居正:《旧五代史》卷97《晋书二十三·列传第十二》,第1291页。
⑤　同上。

出于道德的认同,而是出于对以忠孝理念建构的儒家政治体制的认同。杨光远所为,非但对儒理不尊,甚至于是对儒家忠孝节义理念的嘲笑和践踏。杨氏与张敬达同出于沙陀集团,同殿为臣,然不惜杀之以求取富贵,还要利用他的忠义行为,博取新皇帝的对自已"忠纯"行为的认可。杨氏视忠孝节义为粪土;为玩弄于股掌之间的利器,他的行为极好地诠释了沙陀三部之人对于汉文化体系之精髓——忠孝节义的认知和态度,认识到其存在的合理性和必然性,但是,并不把它视作道德及价值判断的标准,更不把它当作行为的指南,而是当作可资利用的手段和工具。

### 3. 义气与节义

在五代交替的过程中,沙陀三部的举动不乏与"义"字相关。晋、唐交替时,后唐之北面行营都招讨使张敬达宁死不降于晋;怀州刺史康思立,因杨光远降晋,后唐兵败,激愤而死;唐州刺史张从训奉命助张敬达攻晋,唐军败,遂藏匿民间。相反,后唐之北面行营招讨副使杨光远则为一已之私利,杀主帅张敬达以求富贵;代州守将安元信,因见唐弱晋强,遂弃唐归晋;原后唐振武巡边指挥使安重荣、蔚州刺使张彦超,因与后唐及后晋有仇怨,遂各自向背。汉、晋交替时,何建、周密、折从阮、安叔千、杜重威、张彦泽,同为后晋之朝臣,在契丹灭晋时,以"义"字为标尺,表现两种截然不同的态度。

沙陀之义或不义,究竟是义气还是节义,难以界定。所谓义气,此指甘于替人承担风险或牺牲自已利益的气概;为朋友两肋插刀的勇气。所谓节义,指因某一信仰或理念而秉持的操守和义行。下以张敬达为例,试作剖析。后唐清泰末,河东节度使石敬瑭兴兵叛乱,张敬达作为后唐之主帅奉命讨之。六月,张敬达率兵至太原,屯兵于晋安乡,设置长城围栅、云梯飞炮准备围攻晋阳城。然天公不作美,每致城栅将成,就有暴风大雨,平地水深数尺,城栅即崩堕,不能合围。九月,石敬瑭之契丹援军自雁门关南下晋阳,两军交锋,唐军大败,契丹兵围晋安栅,旌旗招展,绵延百余里。后唐援军之主帅皆有二心,无意施救。不久,城中粮草几尽,张敬达命令削木筛粪以喂马,马死则人食之。副将杨光远、次将安审琦按连劝张敬达投降晋军。张敬达对曰:

> 吾受恩于明宗,位历方镇,主上授我大柄,而失律如此,已有愧于心也。今救军在近,旦暮雪耻有期,诸公何相迫耶!待势穷,则请杀吾,携首以降,亦未为晚。[1]
> 诸公何相迫邪!何不杀我而降?[2]
> 吾受明宗及今上厚恩,为元帅而败军,其罪已大,况降敌乎!今授兵旦暮至,

---

[1] (宋)薛居正:《旧五代史》卷70《唐书四十六·列传第二十二》,第934页。
[2] (宋)欧阳修:《新五代史》卷33《死事传第二十一·张敬达》,第361页。

且当俟之。必若力尽势穷,则诸军斩我首,携之出降,自求多福,未为晚也。①

杨光远、安审琦恐城破后成为鱼肉,遂趁其不备,斩其首,率军降于契丹。从事情之经过及张敬达之言行来看,够得上忠孝节义之标准。时人之议也说明张敬达之义乃节义之义也。张敬达死后,契丹主命人将其安葬,并对其下属及晋将曰:"汝曹为人臣,当效敬达也。"②晋高祖石敬瑭即位后,将其所有田宅均赐与其妻子。"时议者以敬达尝事数帝,亟立军功,及领藩郡,不闻其滥,继屯守塞垣,复能抚下,而临难固执,不求苟免,乃近代之忠臣也。"③唯宋代之欧阳修认为其行为距节义之标准尚有差距,将其最入死事之列。欧阳修认为:"自开平讫于显德,终始五十三年,而天下五代,士之不幸而生其时,欲全其节而不二者,固鲜矣……至于儒者,以仁义忠信为学,享人之禄,任人之国者,不顾其存亡,皆恬然以苟生为得,非徒不知愧,而反以其得为荣者,可胜数哉!"④故列以全节之士列入《新五代史·死节传》者只有王彦章等三人,张敬达以"初无卓然之节,而终以死人之事者"⑤列入《死事传》。王彦章,少为军卒,隶后梁太祖朱温帐下,因骁勇善战,军中号称"王铁枪"。晋、梁对峙中,其妻子被晋军所俘获,后唐庄宗将其安置于太原,赐以宅第,并派人招降王彦章,彦章将使者斩杀以明其志。同光元年(923年)十月,王彦章被俘,庄宗怜羿惜其才,数使人劝降,王彦章对曰:"余本匹夫,蒙梁因,位至上将,与皇帝交战十五年,今兵败力穷,死自其分,纵皇帝怜而生我,我何面目见天下之人乎!岂有朝为梁将,暮为唐臣!此我所不为也。"⑥史载,王彦章本为武人,并不识书,但是,"常为俚语谓人曰:'豹死留皮,人死留名。'其于忠义,盖天性也。"⑦张敬达少时亦以骑射著名,小字生铁,历后唐庄宗、明宗两朝。长兴四年(933年),任云州节度使,率军御边。"时契丹率族帐自黑榆林捺刺泊至没越泊,云借汉界水草,敬达每聚兵塞下,以遏其冲,契丹竟不敢南牧,边人赖之。"⑧相比两人之经历,均以武职入仕,战功显赫,且均以人臣之分尽忠守节,以节义两字衡量,并无区别。再如石金俊,与后唐明宗李嗣源同为应州人,历后唐、后晋、后汉、后周四朝。明宗朝,"明宗皇帝以府君貔貅良将,丰沛故人,制授资州刺史……以长兴七

---

① (宋)司马光:《资治通鉴》卷280,第9157页。
② (宋)司马光:《资治通鉴》卷280,第9158页。
③ (宋)薛居正:《旧五代史》卷70《唐书四十六·列传第二十二》,第934页。
④ (宋)欧阳修:《新五代史》卷33《死事传第二十一·张源德》,第355页。
⑤ 同上。
⑥ (宋)司马光:《资治通鉴》卷272,第8895页。
⑦ (宋)欧阳修:《新五代史》卷32《死节传第二十·王彦章》,第350页。
⑧ (宋)薛居正:《旧五代史》卷70《唐书四十六·列传第二十二》,第933页。

年六月二十一日,遘疾卒于太原私第,享年五十八。"①后唐明宗之长兴年号只有四年(930—933年),长兴四年(933年)十二月二十六日,明宗崩,宋王李从厚即皇帝位,是为闵帝。次年正月(934年)改元应顺。四月三日,潞王李从珂入洛阳,即帝位,废闵帝为鄂王,改元清泰。墓志中所谓长兴七年应为清泰三年或天福元年(936年),"长兴七年"之说系石金俊对于明宗皇帝的追忆和忠诚。

与张敬达相较,五代沙陀之义举,多为义气之举。如张彦超,曾为后唐明宗之养子,天成中,任蔚州刺使。因与素石敬瑭不和,石晋反唐时,遂以其城降与契丹,契丹任其为云州节度使,"契丹之南侵也,彦超率部众,颇为镇、魏之患。"②后汉高祖刘知远入主洛阳后,张彦超飞表输诚,归汉,后继为周臣。后周显德三年(956年),因病而亡。康思立,少事武皇李克用,后唐庄宗及明宗两朝,因功获赐"忠勇拱卫功臣""耀忠保节功臣"。末帝清泰三年(936年),以六十三岁高龄率军讨伐石敬瑭晋阳之乱,因杨光远降晋,激愤病发,亡于军。史言其"本出阴山部落,性纯厚,明宗素重之,故即位之始,以应州的生之地授焉。"③张彦超弃晋归于契丹,又弃契丹归汉,均与忠孝节义无关,皆因个人之恩怨、义气。康思立对于后唐之忠诚,多半出于与明宗之旧谊,并未上升至一臣不事二主之高度。究其原因,在于胡汉之间的文化认同与融合是一个慢长的过程,对于离开雁北尚不足半个世纪的沙陀三部之人,对于忠孝节义的体认多半还停留在朋义之义的层面,所以,很难有欧阳修所谓的死节之士。在他们道德及价值标准体系中,更为多见的是契约精神和丛林法则。

4. 契约精神和丛林法则

五代时期,在以胡人为主体的圈层中,无论是社会层面的人际交往还是国家层面的交互关系中,存在文化同一性,即契约精神和丛林法则。

契约精神,作为一定时空条件下的一种约定,是以互利互惠为前提的共同约定,无关道德,没有确定的时效性,一方私悔,约定即行结束。义儿制即是五代前期在社会群体内部较为盛行的一种契约,其文化根源在于夏、商、周三代以降,以血缘为纽带的宗法分封制度。晋、汴争霸时期,以李克用为首的沙陀军中义儿现象较为突出,能与沙陀李氏建立义儿关系的均为时下之能征惯战之士。欧阳修以其为"因时之隙,以利合而相资者邪。"④并将李克用之义儿中之九人以为代表,列

① 吴纲:《全唐文补遗》第二辑,《大周故北京飞胜五军都指挥使银青光禄大夫检校司空兼御史大夫上柱国赠左骁卫将军石公(金俊)妻河南郡太夫人元氏墓志铭并序》,第455页。
② (宋)薛居正:《旧五代史》卷129《周书二十·列传第九》,第1706页。
③ (宋)薛居正:《旧五代史》卷70《唐书四十六·列传第二十二》,第932页。
④ (宋)欧阳修:《新五代史》卷36《义儿传第二十四·李嗣昭》,第385页。

入《新五代史·义儿传》。后唐庄宗朝,义儿现象仍然存在,如梁将朱友谦,原名朱简,骁勇善战,且工于心计,天复末,位至侍中。因与朱温同姓,遂陈情曰:"仆位崇将相,比无勋劳,皆元帅令公生成之造也。愿以微生灰粉为效,乞以姓名,肩随宗室。"①于是,改名朱友谦,编入属籍,与朱温诸子同列。后因与朱友珪不睦,暗通晋军。同光元年(923年),助庄宗灭梁,获封为西平王。三年(925年),赐姓李,名继麟,复入李氏属籍。康延孝,雁北人,因在晋军中获罪,逃命于汴梁。同光初,自梁返唐,因助唐平定汴梁之功,赐姓李,名绍琛。② 另有宋州节度使袁象先、许州匡威军节度使温韬,赐姓名李绍安、李绍冲。③ 徐州节度使霍彦威赐名李绍真。④ 袁象先、温韬、霍彦威,原均为梁将,于庄宗朝自梁归唐,皆位至宰辅且领节帅之职。后唐庄宗赐之以姓名,以示亲近和重用,此类拟制血缘关系的建立,显然是以利益为基础的契约。改朝换代,羁縻基础的消失,契约关系也就随之解除了。后唐明宗天成元年(926年)五月,明宗上台伊始,徐州节度使李绍真、贝州刺史李绍英、齐州防御使李绍虔、河阳节度使李绍奇、洺州刺史李绍能等上书朝廷,请求将前朝宠赐姓名改为旧名。李绍真复为霍彦威;李绍英复为房知温;李绍虔复为王晏球;李绍奇复为夏鲁奇;李绍能复为米君立。⑤

社会群体亦或是国家之间的契约也是五代胡人之间存在的一种现象,同样因利而结,因利而解,无关乎忠义。后梁开平元年(907年),后梁代唐,晋王李克用派人致书与契丹,欲联合契丹讨伐朱梁。五月,契丹主耶律阿保机率其部众三十万至云州,与李克用会面东城,把酒言欢,约为兄弟,相约于是年冬季共讨朱梁。十二月,李克用卧病,阿保机背盟,更附于梁,云州之约即告解除。天祐十四年(917年)二月,新州守将卢文进杀节度使李存矩,叛逃契丹,并引领契丹攻取新州。"帝以契丹王耶律阿保机与武皇屡盟于云中,约为兄弟,急难相救,至是容纳叛将,违盟犯塞,乃驰书以让之。"⑥清泰三年(936年)五月,河东军掌书记桑维汉在力谏石敬瑭联合契丹另立新朝时,曾说:"契丹数与明宗约为兄弟,今部落近在云、应,公诚能推心屈节事之,万一有急,朝呼夕至,何患无成。"⑦七月,石敬瑭即遣使契丹,以称臣、称父、输币、割地为代价,换取契丹支持,另立朝庙。由此,后晋

---

① (宋)薛居正:《旧五代史》卷63《唐书三十九·列传第十五》,第845页。
② (宋)薛居正:《旧五代史》卷74《唐书五十·列传第二十六》,第967页。
③ (宋)薛居正:《旧五代史》卷30《唐书六·庄宗纪第四》,第418页。
④ (宋)薛居正:《旧五代史》卷31《唐书七·庄宗纪第五》,第433页。
⑤ (宋)薛居正:《旧五代史》卷36《唐书十二·明宗纪第二》,第496页。
⑥ (宋)薛居正:《旧五代史》卷28《唐书四·庄宗纪第二》,第389页。
⑦ (宋)司马光:《资治通鉴》卷280,第9143页。

高祖与契丹之间的父子之约，与后唐武皇、庄宗及明宗与契丹之间兄弟之约具有同样的文化基础——契约精神，其本质在于利益。对于契约精神的认知和理解，有助于我们对五代时期人们的行为的客观理解，有助于回归历史现场的正确的价值观、世界观的形成，而不至于将历史置于现代价值体系的绑架之下。

契约精神之外，五代胡人世界通行的另一条社会运行的规则是丛林法则，其基本要义有两点，一是强者胜；二是抓住机会，弱者可以成为强者。在这一理念之下，所谓五代"置君犹易吏，变国若传舍"①的情况就可以理解了。以五朝嬗代的帝王为榜样，为王称帝是很多武将的人生理想。因为，他们信奉这样的道理——"天子，兵强马壮者当为之，宁有种耶！"②这句代表五代武将心声的壮语是后晋成德节度使安重荣的名言。安重荣本为后唐雁北边将，明宗朝因犯罪失去官职。后唐河东节度使石敬瑭反唐时，派人至雁北利诱其出山，安重荣遂号召边士，以千余骑南下晋阳。后晋建国，以其为成德节度使。史载，梁、唐以来的藩侯郡牧，多因功勋授官，不明吏治之道，"例为左右群小惑乱，卖官鬻狱，割剥蒸民，率有贪猥之名，其实贿赂半归于下，唯重荣自能钩距，凡有争讼，多廷辩之，至于仓库耗利，百姓科徭，悉入于己，诸司不敢窥觊。"③安重荣不仅有敛财之能，而且有断讼之功。曾有夫妇二人共至公堂诉其子不孝，安重荣抽出宝剑令其自杀其子，为父者哭泣不忍；为母者大骂其子，并持剑刺之。安重荣因之而困惑，仔细讯问后，方知其乃继母也，遂将该继母呵斥出公堂，并一剑将其射死。闻者以其公道而大为称赞，安重荣因此颇得民情。21世纪初，在今河北正定一施工工地出土了一尊巨型赑屃碑座，及数块残碑。④ 经考证此碑座及残碑系后晋天福二年（937年）太子宾客任赞所撰文的《安重荣德政碑》。关于此碑的来历，《册府元龟》有载："晋安重荣为成德军节度使。天福二年，副使朱崇节奏镇州军府将吏、僧道、父老诣阙，请立重荣德政碑。高祖敕安重荣功宣缔构，寄重藩维，善布诏条，克除民瘼。遂致僚吏、僧道诣阙上章，求勒碑铭，以扬异政。既观勤政，宜示允愈。其碑文仍令太子宾客任赞撰进。"⑤另有《全唐文》所载晋高祖《允成德军请立节度使安重荣德政碑敕》⑥一文所载内容与上同。《宋高僧传》记载，（镇州）府帅安重荣"讽军吏州民，例请

---

① （宋）欧阳修：《新五代史·序》，第5页。
② （宋）薛居正：《旧五代史》卷98《晋书二十四·列传第十三》，第1302页。
③ 同上。
④ 郭玲娣、樊瑞平：《正定出土五代巨型石龟碑座及残碑》，载《文物》，2003年第8期，第22页。
⑤ （宋）王钦若：《册府元龟》卷820《总录部》，第9747页。
⑥ （清）董诰等：《全唐文》卷116，第4857页。

朝廷立德政碑"。①据此,此碑是安重荣晓谕手下进奏朝廷为其所立。该碑座残长七点七米、宽三点一五米、高二点三二米,重达一百余吨,碑高应在十四、五米左右,是目前史料所见唐、五代时期最高的德政碑。唐中叶以降始有为重臣树立巨型德政碑的现象,如成德镇首任节度李宝臣碑;魏博镇节度使何进滔碑,这些巨型碑的出现,"不是让人读的,而是作为政治权威的象征物被树立起来,'看'才是它们被塑造时的第一要义。"②朝廷为雄藩大镇之节帅树立德政碑,主要是为了张扬朝廷对其政绩的肯定,以安其心,有笼络羁縻之意。安重荣德政碑的出现,说明其作为一镇之节帅,在地方有一定的权威性和跋扈性;后晋高祖石敬瑭对其有安抚之意。然而,朝廷的姑息没能遏制安重荣日益膨胀的野心。天福五年(940 年)十二月,安重荣利用雁北之吐谷浑部与契丹之间的矛盾,引诱其南归,吐谷浑部落千余帐弃契丹归晋。天福六年(941 年)五月,斩杀契丹使者。六月,扣压契丹使者,并上表朝廷,言雁门以北之吐谷浑、两突厥、浑、契苾、沙陀等部因不满契丹统治,各率其部众归附;没于虏庭之诸节度使亦翘首以盼王师北上;指责朝廷不应奉表称臣,倾中国之资以输契丹,并传檄诸镇,欲讨伐契丹。晋高祖以其手握重兵,心下忧虑,先后十次以诏书谕之,大意为:"吾因契丹而兴基业,尔因吾而致富贵,吾不敢忘,尔可忘耶!且前代和亲,只为安边,今吾以天下臣之,尔欲以一镇抗之,大小不等,无自辱焉。"③安重荣并不以意,继续联络北地诸蕃。十一月,安重荣之故交后晋襄州刺使安从进兴兵反晋,安重荣反意遂决,十二月,集管内饥民数万人南下,至魏州西北之宗城,初遇官军,所部大将赵彦之即叛,安重荣惊慌退守,遂大败。次年(942 年)正月,后晋斩其首,函送契丹。

对于安重荣所为,欧阳修未作评价,以其事入《新五代史·杂传》;王夫之认为其"事虽逆而名正";④现代人有将其与石敬瑭相比,视其为敢于反抗契丹的民族英雄。⑤从安重荣兴兵的过程来看,有两点值得进一步思考。第一,安重荣兴兵的动机是什么;第二,安重荣是否与契丹为敌。就安重荣的奏书所言,他兴兵的原因是耻臣契丹,且不满朝廷竭中国之资献媚契丹;吐谷浑等诸部因不愿受契丹压迫有南归之心;没于虏庭的诸镇节度使亦盼望归阙。当年,石敬瑭借契丹之力兴兵反唐,邀其共举大业时,安重荣自雁北欣然南下,并以功臣之资位及宰辅、领强

---

① (宋)赞宁:《宋高僧传》卷22,中华书局1987年版,第69页。
② 仇鹿鸣:《读者还是观众:石刻景观与中国中古政治》,载《文汇报》,2016 年 5 月 27 日。
③ (宋)薛居正:《旧五代史》卷98《晋书二十四·列传第十三》,第1304页。
④ 王夫之:《读通鉴论》,第77页。
⑤ 《正定赑屃体积最大》,http://ll. sxgov. cn/content/2014 – 08/20/content_4897864_all. htm (访问时间 2014 年 8 月 20 日)。

藩、掌兵权,作为因契丹之力而得以建立的新王朝的既得利益者,他对契丹的反对不合常理。吐谷浑等部落的南归,与利诱有关。天福六年(942 年)九月,后晋河东节度刘知远重赂吐谷浑部酋长白承福,并对其晓以利害,白承福遂率众弃安重荣归于刘知远,朝廷任其为大同军节度使。其余蕃部闻白承福降,亦不赴安重荣之约。随燕云十六州归顺契丹的节帅,有愿南归者,也有不愿南归者,而安重荣暗中联系的幽州节度使刘晞恰恰属于后者。据其史传,刘晞少以儒学称名,天福中,契丹任之以燕京留守,曾以知贡举身份,为契丹三次主持科举考试,官至同平章事、侍中。所以,安重荣兴兵不是因为与契丹的国仇家恨,而是以反契丹为借口,夺王位,做皇帝。只两点足以为证,其一,如若是反抗契丹,为何不是率军北上虏庭,而是南下洛阳。其二,安重荣将举兵反晋,其母曾表示反对,安氏于是占卜以劝其母,"指其堂下幡竿龙口仰射之,曰:'吾有天下则中之。'发而中,其母乃许。"①

图三十:安重荣德政碑赑屃碑座

图三十一:安重荣德政碑残片

---

① (宋)欧阳修:《新五代史》卷51《杂传第三十九·安重荣》,第585页。

综上所述,沙陀国家观念的淡漠,究其原因,主要有两个方面,其一,作为一个出自雁北的武人集团,他们对于国家的理解还停留在部落制的层面。其二,儒家忠孝节义观尚未成为沙陀意识层面的共同认知。

### 二、谁是蕃、汉

据史载,晚唐五代及辽前期,雁门以北地区是多民族聚居地,有明确族称的有沙陀、契丹、吐谷浑、突厥、回纥、安庆、浑、契苾、奚、党项等诸多部族。他们有不同的语言;不同的样貌;不同的礼仪文化。如后唐之康福,"善诸戎语"。[1] 后晋之安叔千,天福十二年(947 年)正月,契丹主在开封西北之大梁城接见晋臣,独自出班以胡语、夷礼拜谒契丹主。天福二年(902 年),梁将氏叔琮率军攻伐太原,曾以"深目虬髯,貌如沙陀者"[2]牧马道间,以麻痹晋军。雁北诸部符合民族概念所谓共同语言、共同地域、共同经济生活、共同文化、共同心理素质的共同体定义。这些民族群体的自我认知及相互认知,即民族认同问题,是一个生动而复杂的问题。在史书记载的历史场景中,与民族相关的高频词语有——蕃、夷、汉、胡等。

(一)蕃和夷

1. 蕃

蕃,在中国古代传统的中原及四夷的二元政治格局理念下,以中原为本位,有远、外、臣属、屏卫之意。如《周礼》所载:"乃辨九服之邦国:方千里曰王畿,其外方五百里曰侯服,又其外方五百里曰甸服,又其外方五百里曰男服,又其外方五百里曰采服,又其外方五百里曰卫服,又其外方五百里曰蛮服,又其外方五百里曰夷服,又其外方五百里曰镇服,又其外方五百里曰藩服。"[3]蕃字的定义是基于政治背景下的、具有地域性界定的概念。在五代时期,蕃字作为与"汉"字相对的、特定族群的指称最为多见,有两种情形——自称和他称。

自称为蕃。后唐庄嗣位后,在拜将封官时,尝对手下人说:"我本蕃人,以羊马活业。彼康福者,体貌丰厚,宜领财货,可令总辖马牧。"[4]沙陀本出雁北,游牧是基本生活形态。庄宗此番自认蕃人的举动,是对蕃人游牧为生的自然生活状态的客观表述。但是,在自我认定为蕃人的同时,也明确了蕃人是与以农耕为业的汉人相对不同的群体。唐乾符年间,以沙陀三部落副兵马使李克用为首的雁北沙陀

---

① (宋)欧阳修:《新五代史》卷46《杂传第三十四·康福》,第515页。
② (宋)薛居正:《旧五代史》卷19《梁书十九·列传第九》,第256页。
③ (清)阮元:《十三经注疏》,第789页。
④ (宋)薛居正:《旧五代史》卷91《晋书十七·列传第六》,第1200页。

欲起事雁北时,云中郡沙陀兵马使李尽忠曾私下对牙校康君立等说:"段公儒者,难与共事。"①稍后,遂有斗鸡台事件的发生,云州防御使段文楚因之被杀。沙陀与段文楚并无仇怨,之所以将其杀害,是因为段文楚为汉人之儒士,与雁北蕃人无共同志趣。以上两例沙陀对自身蕃人身份的认定,系经济及文化角度的认定,虽与汉人相对,并无自我贬低之意。依据当下民族认同的定义,所谓民族认同指构成民族的成员(个体)对本民族(整体)的起源、历史、文化、宗教、习俗的接纳、认可、赞成和支持,并由此产生的一种独特的民族依附感、归属感和忠诚感。② 沙陀对蕃人的自我认同符合民族认同的基本定义,在五代之沙陀三部中存在民族认同。

称他族为蕃。长兴中,契丹与后唐交战于中山,大败,后唐擒其大将李和等数十人,之后,契丹与后唐通和,遣使讫放归李和等人。明宗与诸大臣商议,杨光远曰:"李和等北土之善战者,彼失之如手足;又在此累年,备暗中国事,若放还非便。"③明宗曰:"蕃人重盟誓,既通欢好,必不相负。"④天福中,后晋成德节度使安重荣密结雁北吐谷浑、突厥等部落,欲抗契丹,曾上书朝廷称"窃以诸蕃不招呼而至,朔方不攻伐而自归,盖系人情,尽由天意。更念诸陷蕃节度使等,本自勋劳,早居富贵,没身边塞,遭酷虐以异常,企足朝廷。"⑤并与"北蕃来使并辔而行"。⑥ 明宗所言"蕃人"指契丹。安重荣所言"诸蕃"及"北蕃"指居于雁北的吐谷浑、突厥等部落;陷蕃节度使指燕云十六州归于契丹后,原雁北诸镇节度随所领州郡一并归于契丹者,如天福二年(937 年)二月,契丹主自上党北归,路过云州,大同军节度使沙彦珣出迎,被契丹扣留。此"蕃"指契丹。此外,五代时,梁人称晋人也为"蕃"。天福二年(902 年),梁将氏叔琮率军攻打晋军,通情选貌如沙陀者,牧马于道间,目的使"蕃寇见之不疑",⑦梁军伺机取胜。上述三例中,蕃有三个指向,一指占据雁北的契丹;一指契丹统御之下的雁北游牧部落;一指沙陀。指代契丹的"蕃"字还对应于"中国"一词。中国的意义,"在商代出现时只是一个地理的概念。到秦汉时候,'中国'一词已经具备了它在后来被长期使用的三层含义。一是指包括关东和关中在内的北部中国的核心区域;二是指中央王朝直接统治权力所

① (宋)司马光:《资治通鉴》卷 253,第 8197 页。
② 陈茂荣:《论"民族认同"与"国家认同"》,载《学术界》,2011 年第 4 期,第 34 页。
③ (宋)薛居正:《旧五代史》卷 97《晋书二十三·列传第十二》,第 1290 页。
④ (宋)薛居正:《旧五代史》卷 97《晋书二十三·列传第十二》,第 1290 页。
⑤ (宋)薛居正:《旧五代史》卷 98《晋书二十四·列传第十三》,第 1303 页。
⑥ (宋)薛居正:《旧五代史》卷 98《晋书二十四·列传第十三》,第 1304 页。
⑦ (宋)薛居正:《旧五代史》卷 19《梁书十九·列传第九》,第 256 页。

及的全部版图,在这个意义上它实际指的已经是一个国家;第三,它也是一种对汉族的称呼。"①与中国密切关联的另一个词是"天下",中国古代的天下,亦有三层含义,一指中原王朝可控之地;二指中国与四夷;三指中国、八荒之外更大的地域空间,类今之世界。秦帝国缔建以后,天下归于一国,"天下中国"观建立,"天下中国观形成一个中心投影的图像。中国在投影的中心部位,从一个中心点向外辐射。统一国家的边界可以随国力的盛衰而伸缩。非汉族的部落被压缩在边缘地区。"②由此,后唐明宗及其臣下杨光远以"蕃"所称谓的契丹,是位于中国边缘的非汉族部落,地位与雁北吐谷浑等诸部相同。而同属于非汉族的沙陀则因为承接唐之胤绪,且其政权所掌控的地区相较于契丹更接近中原的地域定位,而自然地、理所当然地自认为是中国之主。梁将氏叔琮称沙陀为蕃,与沙陀称契丹为蕃是基于同样的政治心理,即天下中国观导引之下的中原正朔的王朝观念。总之,他称的"蕃"与自称的"蕃"不同,是基于天下中国的政治理念之下的民族定位,是对于某一民族群体从政治角度认定的概念。

2. 夷

后梁开平元年(8680 年)五月,契丹主耶律阿保机应晋王李克用之邀,赴会云州,相约是年冬共击朱梁。有人建言借机杀掉阿保机,晋王曰:"仇敌未灭而失信夷狄,自亡之道也。"③后唐清泰三年(936 年)三月,石敬瑭反状已露,端明殿学士李崧等进言唐末帝与契丹言和,以破石敬瑭之预谋,末帝认可其言,并命其草拟《遗契丹书》。而后,末帝将李崧之计言与枢密使薛文遇,文遇对曰:"以天子之尊,屈身夷狄,不亦辱乎!"④后晋天福十二年(947 年),契丹灭晋,后晋秦州节义使何重建逃奔蜀地,河东节度使刘知远叹曰:"戎狄凭陵,中原无主,今藩镇外附,吾为方伯,良可愧也!"⑤后晋天福五年(940 年),安州(治今湖北安陆)节度使李金全因吏治腐败,恐朝廷降罪,"命从事张纬函表送款于淮夷。"⑥后卒于江南。后唐武皇李克用、后唐枢密使薛文遇、后晋河东节度使刘知远所谓夷(戎)狄皆指契丹;后晋安州节度使李金全之"淮夷"指地接淮河以南之南唐。夷之称谓,与前述之用于他指的蕃相同,是以中原正朔自居的沙陀政权的精英阶层对于居于其北、南的契丹和南唐的蔑称,是政治取向的民族政权的称谓。

---

① 姚大力:《中国历史上的民族关系与国家认同》,载《中国学术》,2002 年第 4 期,第 189 页。
② 姚大力:《中国历史上的民族关系与国家认同》,第 190 – 191 页。
③ (宋)司马光:《资治通鉴》卷 266,第 8680 页。
④ (宋)司马光:《资治通鉴》卷 280,第 9140 页。
⑤ (宋)司马光:《资治通鉴》卷 286,第 9339 页。
⑥ (宋)薛居正:《旧五代史》卷 97《晋书二十三·列传第十二》,第 1298 页。

夷、蕃是古代中国天下中国或中原正朔政治理念下的两个近义概念,都有地居边缘、附属的、非正统的属性,是以中原正统地位自居者对于边缘地区民族群体的蔑称。

(二)汉

沙陀称契丹为蕃、夷,契丹对居于其南的沙陀王朝,则习惯以"汉"称之。后唐清泰三年(936年)十一月,唐招讨副使杨光远杀主帅张敬达,率诸将降于契丹。契丹主接见诸降将,并赐以裘帽,戏之曰:"汝辈亦大恶汉,不用盐酪啖马万匹!"①后梁开运二年(945年)六月,契丹连年南侵,人畜多死,民心生怨。述委太后对契丹主曰:"使汉人为胡主,可乎?"②契丹主曰:"不可。"③太后曰:"然则汝何故欲为汉主? 汝今虽得汉地,不能居也……汉儿何得一向眠! 自古但闻汉和蕃,未闻蕃和汉。汉儿果能回意,我亦何惜与和!"④

沙陀人亦自称为汉人。后晋天福三年(946年)冬,晋将杜重威向契丹暗送降表,以十万兵马降于契丹,契丹军入洛阳,大肆劫掠钱帛,并分派属下。杜重威以分配不多,心下不悦,对契丹主曰:"臣以十万汉军降于皇帝,不免配借,臣所不甘。"⑤

综合以上,就契丹和沙陀这两个北族群体而言,契丹称沙陀为"汉";沙陀称契丹为"蕃""夷"。他们相互的民族认定是基于天下中国观的认定,"蕃""夷"与"汉"作为政治定位的民族称呼,均有贬义。就民族认同这一主题而言,沙陀的自我认定有两个概念——蕃、汉,蕃是基于文化层面的定位;而汉则是基于政治层面的定位。史书中,沙陀的民族认同更多时定位为汉。契丹的自我民族认定只有一个,即蕃,有时亦称胡。契丹既为游牧,又处于汉地之边缘,其民族认同具有文化、政治的双重属性。可见,五代时期,北族的民族认同,多数情况下,是深受华夷之辨理念影响之下的政治认同,而非现代民族认同概念所界定的基于共同语言、服饰、经济条件、生活环境下的文化认同。

---

① (宋)司马光:《资治通鉴》卷280,第9158页。
② (宋)司马光:《资治通鉴》卷284,第9293页。
③ 同上。
④ 同上。
⑤ (宋)薛居正:《旧五代史》卷109《汉书十一·列传第六》,第1435页。

## 第三节 从后晋兴亡之际汉人仕宦阶层的决择
## 看国家认同与民族认同的关系

后晋王朝的兴、亡作为王朝嬗代的两个节点在五朝交替中别具意义,因为后晋的产生及其灭亡都与契丹有关。当这支来自东北的游牧民族与以往的鲜卑、沙陀一样以其强大的军事实力加入到中原与北疆、农耕与游牧政权的二元对峙模式中来的时候,汉人仕宦阶层的决择在家国情怀及民族意识的层面上有如下四种表现。

### 一、汉人仕宦阶层的决择

（一）反抗契丹

后晋天福二年(937 年)二月,契丹主耶律德光在册立后晋之后北返,过云州,大同节度使沙彦珣出迎,契丹将其扣留,不让其还镇。大同军节度判官吴峦在城中,对众人曰:"吾属礼仪之俗,安可臣于夷狄乎!"①于是率领城中军士闭城不受契丹之命。契丹主大怒,下令攻城,半岁不下。石敬瑭致书契丹,云州围解,吴峦调任徐州节度使。后唐应州马军都指挥使郭崇威,"亦耻心契丹,挺身南归。"②后唐清泰末,翰林学士张砺随张敬达围攻晋阳,唐兵败,陷于契丹。天福二年(937 年)二月,张砺欲自契丹逃归,被契丹兵抓获。契丹主责之曰:"何故舍我而去?"③对曰:"臣华人,饮食衣服皆不与此同,生不如死,愿早就戮。"④后晋天福中,朝廷命兵部尚书王权出使契丹,"权以前世累为将相,未尝有奉使而称陪臣者,谓人曰:'我虽不才,年今耄矣,岂能远使契丹乎!违诏德罪,亦所甘心。'由是停任。"⑤

后晋开运元年(944 年)冬,契丹南寇后北返过祁州,刺史沈赟下令州兵攻打契丹,祁州兵败。赵延寿对沈赟曰:"沈使君我故人也,择祸莫若轻,早以城降,无自辱也。"⑥赟登城呼曰:"侍中父子误计,陷于契丹,忍以羶幕之众,残害父母之

① （宋）司马光:《资治通鉴》卷 281,第 9169 页。
② 同上。
③ （宋）司马光:《资治通鉴》卷 281,第 9170 页。
④ 同上。
⑤ （宋）薛居正:《旧五代史》卷 92《晋书十八·列传第七》,第 1222 页。
⑥ （宋）薛居正:《旧五代史》卷 95《晋书二十一·列传第十》,第 1267 页。

邦,不自羞惭,反有德色。沈赟宁为国家死,必不效汝所为也。"①次日,城陷,沈赟自刎身亡,家属被契丹所掳。后晋少帝开运四年(947年),后晋之招讨使杜重威暗中勾结并降于契丹,滑州节度使皇甫遇耻于其谋。恰逢契丹命之率军先入汴梁,临行前皇甫遇私下对人曰:"我身荷国恩,位兼将相,既不能死于军阵,何颜以见旧主! 更受命图之,所不忍也。"②次日,行至赵郡,"顾其从者曰:'我已信宿不食,疾甚矣,主辱臣死,无复南行。'因绝吭而殒,远近闻而义之。"③开运末,杜重威降于契丹后,曾亲至镇州说服节度使王周随其降,"周泣曰:'受国重恩,不能战死,而以兵降,何面南行见人主与士大夫乎?'乃痛饮欲引决,家上止之。"④

(二)服从契丹

后唐清泰末,河东节度使石敬瑭与契丹联兵围攻唐军,云州节度使沙彦珣,"二三顾望"⑤,及唐军败,契丹还塞,路经云州,沙彦珣出城迎接,被契丹扣留,遂入仕契丹,并葬于雁北。沙彦珣手下马步军使许从赟,后唐清泰初,"会嗣圣皇帝提虎旅而越雁门,翦唐师而解晋难,公遂率身而归焉,乃授大同军节度副使、尚书右仆射、御史大夫,上柱国。"⑥后唐新州节度使翟璋,清泰末,随新州一同归属于契丹。契丹许其南归,遂随从征讨,累历战功,契丹留之不遣,"璋郁郁不得志,遇疾,寻卒焉。"⑦

(三)投降契丹

清泰末,唐末帝以幽州节度赵德钧为诸道行营都统;以其子赵延寿为太原南面招讨使,使其率军讨伐契丹与河东之联兵。赵氏父子见后唐大势已去,遂暗中交通契丹,与石敬瑭争当儿皇帝,不果,降契丹。桑维翰,后唐河东节度之掌书记,清泰末,石敬瑭反唐之首议者及主谋者。天福元年(936年)闰十一月,赵德钧父子以厚礼贿赂契丹,请立为帝。桑维翰奉石敬瑭之命出使契丹,说之曰:"大国举义兵以救孤危,一战而唐兵瓦解,退守一栅,食尽力穷。赵北平父子不忠不信,畏大国之强,且素蓄异志,按兵观变,非以死徇国之人,何足可畏,而信诞妄之辞,贪豪末之利,弃垂成之功乎! 且使晋得天下,将竭中国之财以奉大国,岂此小利之比乎!"⑧后唐同州节度使、司空冯道,唐晋嬗代,顺利过渡,继为后晋之首相,天福二

---

① (宋)薛居正:《旧五代史》卷95《晋书二十一·列传第十》,第1267页。
② (宋)薛居正:《旧五代史》卷95《晋书二十一·列传第十》,第1260页。
③ (宋)薛居正:《旧五代史》卷95《晋书二十一·列传第十》,第1260-1261页。
④ (宋)薛居正:《旧五代史》卷106《汉书八·列传第三》,第1391页。
⑤ (宋)薛居正:《旧五代史》卷95《晋书二十一·列传第十》,第1267页。
⑥ 曹彦玲、王银田:《许从赟墓志考略》,第47页。
⑦ (宋)薛居正:《旧五代史》卷95《晋书二十一·列传第十》,第1268-1269页。
⑧ (宋)司马光:《资治通鉴》卷281,第9165页。

年(937 年),奉命出使契丹,面无难色,欣然前往。开运末,契丹灭后晋,兵入汴梁,契丹主问冯道:"天下百姓,如何可救?"①冯道对曰:"此时百姓,佛再出救不得,唯皇帝救得。"②

(四)不事二主

清泰末,石敬瑭欲取后唐而代之,曾经向三个人邀约、征询意见。一个是代州刺史张朗,收到石敬瑭遣使送来的书信,朗曰:"为人臣而有二心可乎!"③遂斩其使。一个是北京副留守杨彦询,知晓其欲举事,恐其失臣节,委婉劝阻曰:"不知太原兵甲刍粟几何,可敌大国否? 请明公反复虑之。"④一个是河东军观察判官薛融,石敬瑭就兴兵一事征询其意,对曰:"融本儒生,只会读三五卷书,至于军旅之事,进退存亡之机,未之学也。"⑤

### 二、国家认同与民族认同的关系

后晋兴亡之际,在国家层面上,有两组概念,一组是后唐、后晋和契丹;另一组是后晋、后汉和契丹。在民族层面上,有三个概念——汉人、沙陀人和契丹人。根据以上汉人仕宦阶层的历史表现,他们的国家认同、民族认同及两者之间的关系呈现两种形态。

(一)国家意识的单纯体现

在后唐、后晋交替之际,国家意识只在少数人的行为上有所体现,而且与民族因素无关。如上述之张朗、杨彦询及薛融,作为后唐的官员,在石敬瑭欲颠覆国家、取而代之的时候,表现出不同程度及不同方式的反抗。张朗斩杀了石敬瑭派来的说客,斩钉截铁地表明了为臣不事二主的态度。杨彦询知其有反意,只从侧面提醒其以一镇之力不可与国家抗衡,见其不听,遂止。薛融借口自己为一介书生,只会读书,不晓治国兴衰之大事。读书、明道以治世是中国古代士人的基本路径和价值取向,薛融之语明显是不愿预其谋的托辞。三人的不同表现与个人的出身、学识、性格及经历有一定的关系。张朗,出身仕宦,其父张楚通获赠工部尚书。本人以武功入仕,因善射、膂力过人而闻名。杨彦询之经历与张朗略同,喜读书,性沉厚。薛融,性纯和,素以儒学为业。然而,在国家兴亡之际,作为臣子的爱国情怀及国家意识的产生基础是相同的,其行为是深受儒家理论熏陶之士人基本素

---

① (宋)薛居正:《旧五代史》卷126《周书十七·列传第六》,第 1660 页。
② 同上。
③ (宋)薛居正:《旧五代史》卷90《晋书十六·列传第五》,第 1191 页。
④ (宋)薛居正:《旧五代史》卷90《晋书十六·列传第五》,第 1187 页。
⑤ (宋)薛居正:《旧五代史》卷93《晋书十九·列传第八》,第 1233 页。

质的本能反应。这一点,与同朝为臣的沙陀人有本质的不同。如安元信,出自朔州马邑郡,清泰三年(936年),受诏率所部六百余人戍守代州,代州太守张朗与之以兄弟相称。五月,石敬瑭兴兵反唐时,曾说服张朗:"张敬达虽围太原,而兵尚未合,代郡当雁门之冲,敌至其何以御!仆观石令公素长者,举必成事,若使人道意归款,俟其两端,亦求全之上策也。"①张朗拒其所言。

作为前朝的官员不做新朝的官员,以此来表示自己对于前朝的忠诚,此类基于道德约束的节义行为自宋朝起方被大力宣扬和提倡。因而,张朗等人的表现在五代时期并不具有普遍性。此外,汉人仕宦阶层国家意识的体现是中原王朝政权交替时,士大夫群体忠孝理念的体现,不关乎民族问题。无论是后唐还是后晋对于张朗等人而言,都是中原政权,尽管后唐及后晋两朝包括皇帝在内精英阶层大部分是出于雁北边地的沙陀人;尽管沙陀人在文化上与汉人还有较大区别,但是,他们已然进入中原,并掌控了中原政权,在政治民族心理上,他们已不是夷狄,而是汉人。

以上四人虽同为后唐臣僚,然其族属及文化根源均不同。张朗、杨彦询、薛融是来自中原的汉人;安元信是来自雁北的胡人(属于沙陀三部落)。儒家文化所谓忠孝节义之价值观念并不为胡人所认同,他们崇尚的弱肉强食、趋利避害的丛林法则。这种源自不同族群的文化差异是国家认同之不同的根本原因。

(二)国家意识因民族意识而产生

与张朗等人不同,王权等人的表现则反映出当时社会国家认同的另一种表现形态,即国家意识因民族意识而产生,或者说民族意识先于国家意识。如前所述,吴峦、郭崇威、王权、沈赟等人,在晋唐及汉晋交替之际,首先表现出来的是对于契丹的敌视和反对意识,而这种民族意识的产生又与国家观念密切相联。以王权为例,本贯太原,"积世衣冠"。②曾祖王起,官至左仆射、山南西道节度使;祖王龟,浙东观察使;父王荛,右司员外郎。本人以进士入仕,唐代历任左拾遗、右补阙。后梁,以翰林学士任御史中丞。后唐,累至户部尚书。后晋立朝,转任兵部尚书。以中古社会之观念及特点,王权应为门阀士族,是典型的汉人士大夫。一生历经唐、后梁、后唐、后晋四朝,对于后唐、后晋等北族国家的建立,并没有表现出所谓的民族意识。然而,当石晋皇帝派其出使契丹,却不愿以陪臣之身份"稽颡于穹庐"。③显然,王权之民族意识或民族认同是以中原汉人与四周夷狄之二元政治

① (宋)薛居正:《旧五代史》卷90《晋书十六·列传第五》,第1190页。
② (宋)薛居正:《旧五代史》卷92《晋书十八·列传第七》,第1222页。
③ (宋)欧阳修:《新五代史》卷56《杂传第四十四·王权》,第648页。

架构为前提的,契丹所建立的北族政权尚未进入中原,所以是割据于周边的夷狄。沙陀虽然也来自北边,且在文化上与契丹相近,但沙陀作为唐王朝统治之下的一支北族部落,在政治上已然是中原的一份子,其所建立的后唐、后晋属于中原政权体系之内的王朝嬗代,所以,沙陀王朝是正统王朝;沙陀是汉人,契丹是非汉人。总之,以王权等汉人士大夫为代表的五代时期的民族认同是以基于政治的认同而非基于文化的认同,且其对于政权或国家的认同既没有如欧阳修所谓的道德评判或标尺,也没有如张方平所谓的地域观念①而是顺应历史演进的客观规律、基于实用主义的、简单的二元评判。比如张希崇,幽州蓟县(今天津蓟州区)人,少好学,通《左氏春秋》。天祐中,为晋王李存勖驻守平州(治今天河北卢龙)。天成中,契丹王耶律阿保机攻陷平州,以其为儒人,任为平州节度使。刘希崇召集其手下之汉人部曲,并对其曰:"昔班仲升西戍,不敢擅还,以承诏故也。我今入关,断在胸意,何恬安于不测之地而自滞耶!我陷身此地,饮酪被毛,生不见其所亲,死为穷荒之鬼,南望山川,度日如岁,尔辈得无思乡者乎!"②于是,率其部众二万人弃契丹而南归。以刘希崇之出身,本为蓟州人,蓟州紧临平州,饮食习惯相近。原为沙陀守平州,今为契丹所任之平州节度,仍然戍守在平州。契丹治下之平州即为"饮酪被毛"之穷荒之地,必弃之而归。显然,在刘希崇心中,地域并不是正闰之分及国家认同的影响因素,该地域为谁所占有才是关键。

现代意义下的国家认同,有诸多定义,概其要是指一个公民对自己的国家的强烈归属感,涉及民族、文化、政治制度、政权结构、政治信仰及国家主权等多方面的内容。民族认同是指个体对于自己所属民族的认知,及在此基础之上感情衣行为依附,即归属感,涉及文化、价值、历史、政治认同等四个层次。国家认同与民族认同之间的关系,就多民族国家而言,在于保持民族文化多样性同时,增强民族凝聚力,强化国家认同。简言之,即多元一体。以此来回看以上两种五代时期的历史表现,无论哪一种表现都在一个预设的前提之下,那就是中原华夏与四周夷狄的二元政治及民族格局,其精要即是中华民族之多元一体。

---

① 王晴佳:《中国史学的元叙述:以"文化中国"说考察正统论之意涵》,载《江海学刊》,2017年第 1 期,第 34 – 35 页。

② (宋)薛居正:《旧五代史》卷 88《晋书十四 · 列传第三》,第 1147 – 1148 页。

# 第五章

# 文化认同:民族融合的重要途径

7世纪80年代以降,因后突厥复兴而牵动的雁北地区的民族互动和交流,虽有间歇却从未停止。因战争而入居雁北或经雁北进入中原的游牧民族有突厥、回纥、同罗、仆固、拔野古、阿跌、契苾、霫、党项、吐谷浑、沙陀、粟特、达靼、契丹、奚、室韦等。其中,晚唐五代的沙陀三部落在民族融合的道路上留下了较为清晰而完整的印迹,本章即以之为主要对象,探讨文化认同在民族融合过程中的作用。

## 第一节 多元一体与文化认同

### 一、"烂兮"与"烂奚"

康福,蔚州人,世为本州军校……制加福光禄大夫、检校司空、行凉州刺史,充朔方、河西等军节度、灵威雄警甘肃等州观察处置、管内营田、押蕃落、温池榷税等使……福镇灵武凡三岁,每岁大稔,仓储盈美……在天水日,尝有疾,幕客谒问,福拥衾而坐。客有退者,谓同列曰:"锦衾烂兮!"福闻之,遽召言者,怒视曰:"吾虽生于塞下,乃唐人也,何得以为烂奚!"因叱出之,由是诸客不敢措辞。①

福世本夷狄,夷狄贵沙陀,故常自言沙陀种也。福尝有疾卧于阁中,僚佐入问疾,见其锦衾,相顾窃戏曰:"锦衾烂兮!"福闻之,怒曰:"我沙陀种也,安得谓我为奚?"闻者笑之。②

以上是两《五代史》所载后唐、后晋两朝重臣康福生活中的一个片段,该片段反映出五代雁北地区在民族及其相关问题上,存在两种现象——二元对立和多元一体。

---

① (宋)薛居正:《旧五代史》卷91《晋书十七·列传第六》,第1199-1201页。
② (宋)欧阳修:《新五代史》卷46《杂传第三十四·康福》,第514-515页。

（一）二元对立

所谓二元对立,是指其时存在两个对立的民族群体——唐人和非唐人。"唐人"之说并不多见,其意义需从康福所言"吾虽生于塞下,乃唐人也,何得以为烂奚!"这句话的内涵及外延进行分析。康福本为蔚州人,蔚州地处河东之北境,对于以长安为核心的唐王朝而言,在政治及军事的层面上是当然的边塞之地。7 世纪 70 年代,庞同本因"胡尘未静,边郡须才",①职任蔚州刺史;韩忠节于开元年间,任蔚州司马兼支度营田判官,功绩"著于边陲"。② 因此,如其所言,康福确系塞下之人。奚,为匈奴之别种,唐代,与契丹同为活动于王朝东北边境的游牧民族,居于营州以西、幽州西南之滦河上游地区。贞观二十二年(648 年),于其地置羁縻府——饶乐都督府,开元二十三年(723 年),曾改名奉诚都督府。五代及辽初,继为后唐、后晋及辽之蕃属。后唐都洛阳(今河南洛阳)、后晋都开封(今河南开封),蔚州及营州之西均为其边地,只是奚族所居更为偏远。居于蔚州之康福为唐人;而居于营州之西的奚人即非唐人。显然,边塞并非"唐人"之必要条件。

康福与奚人之不同。康福之祖父康嗣曾为蕃汉都知兵以使,累赠太子太师;父康公政,官至平塞军使,累赠太傅。本人以骑射事晋王李克用为偏将,庄宗朝,任马坊使。明宗即位,历任磁州刺史、凉州刺史、彰义军节度使、秦州刺史。后晋天福年间,转河中节度,加开府仪同三司,增食邑五千户,实封五百户。天福七年(942 年),亡于京师,享年五十八岁,生于中和四年(884 年)。以其生卒年,自其祖父起,康福一家约自唐武宗会昌年间始生活于雁北之蔚州。以其三代之职官经历,康福系出身于武将之家的武人,如其传所言"世为本州军校"。然而,随着晚唐五代沙陀的崛起及后唐的建立,康福已不是普通的边塞武人,而是跻身于后唐及后晋王朝的达官显贵,与奚人在政治意义上属于截然不同的两个阵营,二者的关系是统治者与被统治者的关系。

综上,唐人与非唐人是中原与边塞的对立;先进与落后的对立;华夏与夷狄的对立;汉人与非汉人的对立。此二元对立的过程,就是在中国古代中原王朝和四周夷狄的二元政治格局下,农耕与游牧两大族类交流、互动、融合的过程。在这一交融的过程中,不断有非唐人变为唐人,唐人的群体逐渐扩大。长时段视角下,唐人与非唐人二元对立的动态过程,就是中华民族形成的过程。

①　吴纲:《大周故忠武将军守左千牛卫将军检校太子右卫率上柱国安化县开国男庞府君(同本)墓志铭并序》,《全唐文补遗》第七辑,第 327 页。
②　吴纲:《唐故雁门郡雁门县尉摄蔚州司马兼河东道支度营田铸钱判官韩君(忠节)墓志铭并序》,《全唐文补遗》第七辑,第 384 页。

（二）多元一体

"福世本夷狄,夷狄贵沙陀,故常自言沙陀种也。"①此夷狄乃宋儒对康福及沙陀等非汉族裔的统一称谓,是宋代理学导引下带有民族歧视色彩的政治定位。抛开其政治正确性与历史客观性之间的矛盾,它所反映的历史真实是康福所言之唐人并不是一个单一民族群体,而是由多个民族组成的群体。换言之,唐人是一个多元一体的民族群体。同为唐人,但是,语言不同、外貌不同、饮食习惯不同;价值观念亦不相同。

史载,康福为官别无他能,有两项长处,一是"善诸戎语"②;一是善于养马。后唐明宗朝,康福因通晓诸部族语言而受重用,明宗常在政事之余,将康福召入便殿,询问时事,康福通常以蕃语与明宗对答。时任枢密使安重海非常厌恶其所作所为,常当面警告曰:"无妄奏事,当斩汝!"③安重海,应州人,家世与康福相似,父安福迁曾为晋军将领。本人少隶明宗麾下,随从征讨,官至枢密使。长兴二年(931年),被杀身亡。其弟安重遇,广顺元年(951年)亡,时年六十一岁。④ 以此推算,安重海约为9世纪80年代生人,与康福为同时代人。应州,本属大同军节度,晋王李克用分云州而置。⑤ 东北距蔚州约三百里。应州、蔚州同为雁门以北之属州;唐末同为沙陀三部落居留、发迹之地。应州之安重海却听不懂蔚州之康福所谓之蕃语,足以说明当时的雁北诸民族语言的多样性。后唐庄宗朝,因"状貌类胡人而丰厚,胡宜羊马",⑥康福被任以马坊使,赴相州养马,"逾年马大蕃滋。明宗自魏反,兵过相州,福以小坊马二千匹归命,明宗军势由是益盛。"⑦康福由是受重于明宗。长相类胡人者即善于养马固为托辞,然而,胡汉外貌上的差异确是事实。此外,康福自蔚州至相州,复转凉州,虽离开雁北多年,然其饮食习惯却依然不变,"每食非羊之全髀不能饫腹"。⑧

与语言、外貌、饮食习惯的多样性相比,价值观念的不同在唐人这个群体内表现的较为单一,仅为胡汉之差异。此举一例,安元信弃唐归晋。安元信系朔州马

① （宋）欧阳修:《新五代史》卷46《杂传第三十四·康福》,第514页。
② 同上。
③ （宋）欧阳修:《新五代史》卷46《杂传第三十四·康福》,第515页。
④ 吴纲:《全唐文补遗》第二辑,《大周故护国军节度行军司马金紫光禄大夫检校司徒兼御史大夫上柱国武威县开国男食邑三百户安公(重遇)墓志铭并序》,第450页。
⑤ （宋）司马光:《资治通鉴》卷275,第8990页;（宋）欧阳修:《新五代史》卷60《职方考第三》,第739页。
⑥ （宋）欧阳修:《新五代史》卷46《杂传第三十四·康福》,第514页。
⑦ 同上。
⑧ （宋）薛居正:《旧五代史》卷91《晋书第十七·列传第六》,第1201页。

邑人,少以骑射事后唐之庄宗,后隶于明宗麾下,累立战功。明宗即位后,官至兵部尚书。清泰三年(936 年),任雄义都指挥使,屯驻代州。五月,河东节度使石敬瑭起兵反唐,契丹将南下助之。代州是契丹南下之必由之路,安元信以为唐军必难抵挡契丹之武功,石敬瑭多年掌河东兵柄,又有契丹相助,成功的可能性较大,又闻安重荣、安审信等已先后率兵赴太原,遂率其部曲投奔石敬瑭。与安元信不同,时任代州刺史张朗,在接到石敬瑭兴兵反唐的邀约后,对曰:"为人臣而有二心可乎!"①并斩其使者。安元信之举所反映的是当时大多数胡人所秉持的附强离弱、趋利避害的观念,与张朗所谓一臣不事二主的忠孝理念不同,胡人崇尚强者为上的自然生存法则,不认同儒家义礼至上的忠孝观念,二者的区别反映了胡汉在意识形态领域内更深层次的不同,即深层次的文化差异。简言之,多元的唐人在民族融合的一体化进程中,文化认同是关键因素。需要进一步强调的是,所谓文化认同是超越物质层面的、深层次的认同。北魏太年和间,南齐秘书丞王肃因父、兄被齐明帝萧赜杀害,投奔北朝,因博识多才深得魏孝文帝元宏之重用,位至宰辅。王肃初至北国,常以鱼肉、茗汁为食,不喜羊肉、酪浆。数年后,一次宴会,王肃食羊肉、酪浆甚多,孝文帝大惊,问其缘由,肃对曰:"羊是陆产之最,鱼乃水族之长;所好不同,并各称珍;以味言之,甚是优劣。羊比齐鲁大邦,鱼比邾莒小国。唯茗不中,与酪作奴。"②而私下里,王肃还是喜食鱼肉、饮茶茗。北魏朝臣给事中刘缟慕南风仿王肃,专习茶饮。彭城王笑之曰:"卿不慕王侯八珍,好苍头水厄。海上有逐臭之夫,里内有学颦之妇,以卿言之,即是也。"③王肃与北臣之间看似简单的饮食习惯之差异,实则是价值观念、文化理念的差异,王肃身为儒士,以叛臣之身份来至北国,羊肉和酪浆可以接受,忠君效国的理念或是其心中难以逾越的底线。

### 二、文化认同

康福误以"烂兮"为"烂奚",以及僚佐的窃笑,表面上呈现的是康福文化水平的低下,实质上反映出胡人对于汉文化的认同存在差异。因为文化认同之差异,必然会导致文化歧视之结果。

---

① (宋)薛居正:《旧五代史》卷90《晋书十六·列传第五》,第 1191 页。
② (北魏)杨衒之著、杨勇校笺:《洛阳伽蓝记校笺》,中华书局 2006 年版,第 135 - 136 页。
③ (北魏)杨衒之著、杨勇校笺:《洛阳伽蓝记校笺》,第 136 页。

（一）文化差异——以门阀文化为例

康福为了强调自己异于奚人的唐人身份，自称为沙陀种。显然，在康福心目中，沙陀即是最高贵的唐人。曾有一位骆姓评事①，其先祖在贞元年间与后唐之懿祖朱邪执宜同自北庭都护府东归唐朝。在一次公宴上，康福对手下说："骆评事官则卑，门族甚高，真沙陀也。"②闻者窃笑之。

"真沙陀"的故事反映出三个问题，其一，五代时期，在社会层面上，门阀的势力及影响仍然没有消退，门阀文化在一定意义上仍然是主流文化之一。其二，沙陀在以康福为代表的胡人心中是当然的高门贵姓。其三，康福对于门阀的定义及内涵存在认识上的误差。

门阀即门阀地主，作为一个特殊的社会群体，有三个身份标签——经济地位、政治权力、文化水准，缺一即不可称为门阀，文化尤其是身为门阀不可或缺的必要条件。自西汉中期以降，随着大土地所有制经济的发展，因土地买卖逐渐诞生了一个新兴的地主群体——大地主。这些大地主也被称为豪强地主，因为他们不仅占有大量的土地，而且在土地以庄园经济模式发展的过程中，聚集了大量的人口，形成了宗族聚居的形态。为了保护庄园经济的发展，豪强地主还建立了以宾客和部曲为主要力量的私人武装，成为地方割据势力。至东汉末期，大土地所有制经济的发展及大地主群体的扩大最终导致了汉朝的灭亡。魏晋时期，大地主或曰门阀地主已成为一个成熟的社会群体，经济上，他们是国家命脉的掌控者。曹魏建国即凭借了荀彧等世家大族的支持。政治上，他们从操纵选官制度开始，逐渐控制朝政，与皇权分庭抗礼，甚至成为皇权的实际操控者。曹魏以降九品中正制的腐败，即源于曹丕对世家大族的权力让度；"王与马，共天下"之说，是门阀势力在东晋王朝登峰造极的真实写照。文化上，他们是亨有者和引领者。自先秦始，文化即是贵族的特权，春秋起，旧有的统治秩序变乱，士阶层从统治者序列中脱出，才有了文化的下移。然而，读书依然是以一定经济基础为前提的尊贵行为，所以，从汉代的察举制开始，有钱人家的子孙通过读书仕进的道路成为新贵，他们的子弟继续他们道路，在周而复始的良性循环中，文化渐成为官宦家族的特权和身份标签。有钱、有权、有闲的门阀地主，在衣食无忧的同时，开始思考万物之宗主、自然与名教等关乎宇宙和人类社会发展的哲学问题；开始追求更合乎人本的自由、随性而放任的生活，于是就有了魏晋名士和他们的人生哲学——玄学。在社会生

① 职官名，大理寺属官，列从八品下。参见《新唐书》卷48《志第三十八·百官三》，第1256—1257页。
② （宋）薛居正：《旧五代史》卷91《晋书十七·列传第六》，第1201页。

活层面上,门阀士族渐成为上流社会成员的代名词,即使在魏晋以降,门阀政治及门阀地主地位渐行衰落的情况下,门阀士族的社会影响力依然强烈。北魏正始年间,宣武帝元恪为其弟元愉选宣武顺皇后氏之妹为妃,元愉不同意这门亲事,因其在任徐州时已纳李氏为妾。李氏本姓杨,出身微贱,元愉请托右中郎将李恃显为其养父,抬高其身份,才得以纳为妃子。① 唐文宗朝,皇帝求婚于宰相郑覃,然而,郑覃却拒绝了皇家而将其孙女嫁与了官阶九品的崔皋,文宗叹曰:"民间修婚姻,不计官品而尚阀阅,我家二百年天子,顾不及崔、卢耶!"②后唐庄宗之皇后刘氏,家世寒微。系李克用攻取魏州成安后偶得,时年五、六岁,养于宫中,后赐与庄宗为妃。数年后,有成安人自称为刘妃之父,并且内臣刘建丰认出就是夫人之父。但是,时刘氏方与嫡夫人争宠,拒认其父,对庄宗曰:"妾回乡之时,妾父死于乱兵,是时环尸而哭。妾固无父,是何田舍翁诈伪及此!"③

　　门阀政治衰亡后,社会上对于门阀的崇尚是一种文化意义上的崇尚。五代之沙陀,本西域之胡族,9世纪初内迁至河东,居于神武川之黄花堆。因唐末之庞勋之乱、黄巢之乱,得以登上晚唐五代的政治舞台。究其根本,是以武功而显达的游牧部族,在文化的层面上,与门阀不可相提并论。康福及庄宗之刘皇后对于门族及门第的定位,显然是基于政治的定位。沙陀因骁勇善战,自9世纪初已为雁北诸胡族部落所畏伏,至李克用出镇太原,灭朱梁、立后唐,沙陀既是雁北诸部心中的英雄,也是他们仕途显达、荣登富贵的保障。骆评事因其先祖曾与沙陀同列,在康福心中亦是门第高贵之人。对于闻之者的"窃笑",康福是无法理解的。究其根本在于文化认同之差异。

　　(二)文化歧视

　　如果将"窃笑"视作一种歧视,那么类似的现象在五代时期比较多见,且文化歧视往往是政治冲突的根源。

　　段文楚之亡。乾符五年(878年)二月,以李克用为首的沙陀三部落发动斗鸡台事变,斩杀了大同防御使段文楚。④ 起事前,云州沙陀兵马使李尽忠曾对参与事变的康君立等人说:"段公儒者,难与共事。方今四方云扰,皇威不振,丈夫不能于此时立功立事,非人豪也。"⑤段文楚出身世宦之家,自其五代祖段师濬起,世代为官,忠孝传家。

---

① (北齐)魏收:《魏书》卷22《京兆王传》,第589-591页。
② 欧阳修、宋祁:《新唐书》卷172《列传第九十七·杜兼》,第5205-5206页。
③ (宋)薛居正:《旧五代史》卷49《唐书二十五·后妃列传第一》,第674页。
④ 斗鸡台事件之始末及影响参见本书第一章第二节。
⑤ (宋)司马光:《资治通鉴》卷253,第8197页。

### 表二十五：段文楚家族世系表①

| 行辈 | 姓名 | 职官 |
|---|---|---|
| 五代祖 | 段师濬 | 陇州刺史 |
| 四代祖 | 段达 | 左卫中郎 |
| 曾祖 | 段行琛 | 洮州司马、赠司空 |
| 祖 | 段秀实 | 司农卿、检校礼部尚书、赠太尉 |
| 父 | 段巕 | 滑州节度使、检校礼部尚书、兼御史大夫、赠太尉 |
| 叔父 | 段伯伦 | 福建观察使、太仆卿 |
| 本人 | 段文楚 | 大同军防御使、检校吏部尚书兼御史大夫 |
| 兄（弟） | 段珂 | 颍州司马 |
| 子 | 段景融 | 太原少尹 |

　　祖父段秀实更以忠孝标列青史。史载其六岁时，母生病，"不勺饮至七日，病间乃肯食，时称'孝童'。"②长以明经入仕，后弃文从武。天宝、大历年间，征战西北，屡立军功。大历末，官至泾源节度使、检校礼部尚书。建中初，因得罪宰相杨炎，转任司农卿。建中四年（783年），泾源兵变，朱泚以段秀实失兵权，必对朝廷不满，遂遣人迎之。段秀实至镇，对朱泚曰："将士东征，宴赐不丰，有司过耳，人主可与知？公本以忠义闻天下，今变起苍卒，当谕众以祸福，扫清宫室，迎乘舆，公之职也。"③朱泚知其不与同谋，遂杀之。兴元元年（784年），赠太尉，谥忠烈。时誉："自古杀身利社稷，未有如秀实者。"④段文楚承忠孝门风，为家国栋梁。初以门荫入仕，任京兆府参军事。"一考，丁先公之忧，哀毁过礼，杖不能起。"⑤一生官职十

---

① 本表史料来源：《新唐书》卷153《列传第七十八·段秀实》，第4847－4853页；《旧唐书》128《列传七十八·段秀实传》，第3583页；《唐故大同军防御使金紫光禄大夫检校吏部尚书兼御史大夫上柱国武威郡开国伯食邑七百户段公墓志铭并序》，胡耀飞：《斗鸡台事件再探讨——从〈段文楚墓志〉论唐末河东政局》，第257－258页。

② （宋）欧阳修、宋祁：《新唐书》卷153《列传第七十八·段秀实》，第4847页。

③ （宋）欧阳修、宋祁：《新唐书》卷153《列传第七十八·段秀实》，第4851页。

④ （宋）欧阳修、宋祁：《新唐书》卷153《列传第七十八·段秀实》，第4853页。

⑤ 胡耀飞：《斗鸡台事件再探讨——从〈段文楚墓志〉论唐末河东政局》，《唐故大同军防御使金紫光禄大夫检校吏部尚书兼御史大夫上柱国武威郡开国伯食邑七百户段公墓志铭并序》，第257－258页。

八任,允文允武,恪尽职守。"未尝以喜滥赏一卒,未尝以怒恣罚一夫。"①六任咸阳令,咸阳因京畿之地,贵势之人不安其分,段氏至县,"不畏台御,征敛如一,邑人赖之,幼艾感如慈父母。"②十六任天德军防御使,"到官,戎务修整,训练无亏,边尘无北顾之忧,戎马绝南牧之患。"③诏令加工部尚书,转户部尚书,改任大同军使,加兵部尚书,遇害于是任。据相关史料考证,所谓"时岁荐饥,文楚稍削军食,诸军咸怨"④系沙陀举兵之借口。以段文楚之家世及职官经历而言,断难于沙陀同流,段氏之亡,就文化层面而言,是胡人之丛林法则与汉人之忠孝理念的冲突;或曰胡人对于汉法之不屑。

郭崇韬之亡。郭崇韬,代州雁门人,自大顺元年(890 年),任河东教练使起,历沙陀李氏父子两代,对后唐之建立有不世之功。同光元年(923 年)四月,庄宗即位,任兵部尚书、枢密使。同年,因平定朱梁之功,以枢密使兼领镇、幽州节度使,进封赵郡公,食邑二千户,"赐铁券,恕十死。"⑤同光三年(925 年),率兵平蜀,再立战功。同光四年(926 年)正月,立后唐、平巴蜀之功臣、名相郭崇韬被庄宗之刘皇后下令杖杀,株连三子,家产籍没。

对于郭氏之败亡,后人多有评说。大权独揽,军功等身,惹众人嫉羡,是其一;刚愎自用,行事专断,冒犯别人而不自知,是其二;不识时务,蔑视宦官及权贵,断其财路,是其三。听信谗言,渐别流品,阻断勋旧仕进之路,是其四。其中,第四点揭露了当时社会的一大问题——中原门士与雁北武人之间的矛盾。郭崇韬因不世之功权倾天下,趋炎附势之人纷至沓来,如宰相豆卢革,因其郭姓,曾对曰:"汾阳王代北人,徙家华阴,侍中世在雁门,得非祖德欤?"⑥崇韬对曰:"经乱失谱谍,先人常云去汾阳王四世。"⑦自是,郭崇韬以为郭子仪之后,征伐前蜀时,路经郭子仪之墓,郭崇韬"下马号恸而云,闻者颇以为笑。"⑧郭崇韬不仅自已攀附门第、优礼士族,而且将门第高下引为选官仕进之标准。曾有幕僚谋求仕进,郭氏对曰:

---

① 胡耀飞:《斗鸡台事件再探讨——从〈段文楚墓志〉论唐末河东政局》,《唐故大同军防御使金紫光禄大夫检校吏部尚书兼御史大夫上柱国武威郡开国伯食邑七百户段公墓志铭并序》,第 257 – 258 页。

② 同上。

③ 同上。

④ (宋)薛居正:《旧五代史》卷 25《唐书一·武皇纪上》,第 333 页。

⑤ (宋)薛居正:《旧五代史》卷 57《唐书三十三·列传第九》,第 766 页。

⑥ (宋)薛居正:《旧五代史》卷 57《唐书三十三·列传第九》,第 772 页。

⑦ 同上。

⑧ (宋)欧阳修:《新五代史》卷 24《唐臣传第十二·郭崇韬》,第 251 页。

"公虽代邸之旧,然家无门阀,深知公才技,不敢骤进者,虑名流嗤余故也。"①唐末五代,门阀士族之政治地位已如明日黄花,门阀士族及其所代表的门阀文化的社会影响力已渐次下降,所谓"官有簿状,家有谱系。官之选举必由于簿状,家之婚姻必由于谱系"②的情势已基本不复存在。但是,后唐建立之初,对于唐代旧门阀的任用,引起了以武功起家的雁北勋贵的不满,文臣与武将、汉人与胡人之间文化层面的歧视和矛盾亦因此而凸显。以卢程及豆卢革为例。卢程,出身唐朝名族,唐昭宗时进士及第。唐末,避乱于燕、赵,遇豆卢革及卢汝弼,因门第相近,两人共推举其为河东节度推官。史载其"偏浅无他才,惟矜恃门地,口多是非,笃厚君子尤薄之。"③庄宗曾诏令其起草文书,卢程以不能推辞。其后,庄宗欲为河东军选掌书记,在一次公宴上,举起酒杯对监军张承业说:"吾以厄酒辟一书记如坐。"④于是手持酒杯至巡官冯道面前。卢程之官位本在冯道之上,因其之前的拒绝,庄宗遂弃之不用。卢程因此愤曰:"用人不以门阀而先田舍儿邪!"⑤豆卢氏,为唐代名族,唐末,豆卢革流落河东。庄宗即位,以其唐代名族之后,拜同中书门下平章事。与卢程相类,虽身出高门,然并无学术,只知品评门第,不以勤能为务。平日专注于长生之术,曾因服食丹砂垂亡。天成初,将葬庄宗,以其为山陵使。庄宗已祔祭宗庙,豆卢革仍未赴任。枢密使安重诲诉之于朝堂之上:"山陵使名尚在,不俟改命,遽履新朝,以我武人可欺邪!"⑥

李从荣之亡。长兴四年(933年)十一月,后唐明宗李嗣源病重,其次子秦王李从荣恐不得承继大统,举兵逼宫,事泄,被杀。秦王虽为明宗次子,因其兄长李从璟已于同光末身亡,故实为皇位之第一顺位继承人。明宗对其寄以厚望,天成初,任邺都留守、天雄军节度使。三年(928年),任北京留守、河东军节度使。四年(929年),任河南尹。长兴元年(930年),以河南尹兼任天下兵马大元帅。然而,其为人轻狂,行事张扬。自任天下兵马大元帅后,自节度使以下,凡领兵者,皆着櫜鞬服⑦以军礼觐见;位至宰辅者,初见秦王亦要行礼。每次入朝,数百骑兵张弓挟矢、前后簇拥,威风不可一世。朝廷为诸亲王选任师傅,宰相因秦王权重不敢行事,请秦王自作主张。秦王遂自辟翰林学士崔棁、刑部侍郎任赞为元帅府判官,

---

① (宋)薛居正:《旧五代史》卷57《唐书三十三·列传第九》,第772页。
② (宋)郑樵:《通志》卷25《氏族略》,中华书局1987年版,第687页。
③ (宋)薛居正:《旧五代史》卷67《唐书四十三·列传第十九》,第887页。
④ (宋)欧阳修:《新五代史》卷26《唐臣传第十六·卢程》,第304页。
⑤ 同上。
⑥ (宋)欧阳修:《新五代史》卷26《唐臣传第十六·卢程》,第303-304页。
⑦ 櫜鞬,收藏弓、箭的器具。櫜鞬服,系唐代一种佩带櫜鞬的戎服。

明宗否之，秦王由是不悦。宋王李从厚与秦王为同母兄弟，为人谦和，素有德望。秦王恐其沮己继嗣，深忌之。

　　回顾秦王之败亡，骄横跋扈，将相大臣敬而远之；鹰视狼顾，屡逆明宗之意；手足猜忌，兄弟之间渐生嫌隙，均系其缘由。然而，更为重要的一点是秦王府表面强盛之下的隔膜和内讧。史载，秦王李从荣好文喜儒，善为诗，曾著诗千余首，名曰《紫府集》。平时所交多文学之士，赋诗饮酒，相互唱和。因其重视文士，府内武将渐生不满之意。天成二年(927年)九月，明宗曾对枢密使安重诲说："从荣左右有矫宣朕旨，令勿接儒生，恐弱人志气者。朕以从荣年少临大藩，故择名儒使辅导之，今奸人所言乃如此！"①并欲杀矫诏之人，安重诲恐引起秦王府内更大的不稳定，遂请求宽言者之罪，仅严惩而已。然而，此次事件的严肃意义并未引起秦王及明宗的重视，在其兴兵逼宫之前，武人所策划的一次逆谋，进一步暴露了秦王府及当时社会的矛盾所在。据《五代史补》记载，秦王职任河南府尹时，曾辟高辇为僚属。高辇尤善为诗，宾主相见甚欢，时常诗酒唱和。除高辇外，还有张杭、高文尉、何仲举等名士亦为其所重用。"时武夫用事，睹秦王所为，皆不悦。于是康知训等窃议曰：'秦王好文，交游者多词客，此子一旦南面，则我等转死沟壑，不如早图之。'"②高辇获知其预谋，劝秦王先下手除去康知训等武将，秦王犹豫未决。逼宫兵败后，高辇逃匿民间，落发为僧。被捕后，形象难辨，康知训令其着官帽、官袍，验明真伪后，将其斩杀。

　　上述事件所反映出的秦王府内文臣与武将之间的矛盾，固然系秦王亲近文士所致，但是，它更是当时沙陀治下武将领风骚的时风写照。非但将相臣僚以武人为重，即使是循中原汉王朝之足迹，以儒家之君臣上下、纲常礼教为治政之指归，兴邦建国的沙陀王室对于儒文化的认同亦有所取舍。天成年间，明宗曾与秦王对话，"明宗问曰：'尔军政之余，习何事为业？'对曰：'有暇读书，与诸儒讲论经义尔。'明宗曰：'经有君臣父子之道，然须硕儒端士，乃可视之。吾见先帝好作歌诗，甚无谓也。汝将家子，文章非素习，必不能工，传于人口，徒取笑也。吾老矣，于经义虽不能晓，然尚喜屡闻之，其余不足学也。'"③显然，明宗所重仅为儒家所强调的建立一个统一有序的国家所必须的父子君臣、上下尊卑的礼教之道，至于诗赋文章乃汉家习俗，对于以武功起家之沙陀人而言非素习之业，不足挂齿。

---

① （宋）司马光：《资治通鉴》卷276，第9008页。
② （宋）薛居正：《旧五代史》卷51《唐书二十七·宗室列传第三》，第695页。
③ （宋）欧阳修：《新五代史》卷15《唐明宗家人传第三·秦王从荣》，第163页。

## 第二节　文化认同的自然过程——以墓志为视角

文化认同不是绝对的同化，而是不同民族之间在理解基础上的相互认可和尊重，以及进一步的模仿、借鉴、浸染和交融。这个过程是自然而漫长的。此节将通过相关墓志的记载，展示文化认同的自然过程。墓志作为一种私人文书，自唐代以来蔚然成风。雁北胡人墓志就书写内容而言呈现以下特点。

### 一、祖述三代

自魏晋以降，门阀士族成为社会之精英阶层，其在社会文化方面的影响跨越朝代；渗透于社会生活的多个层面。谱学的发达、婚姻之阀阅无一不是门阀文化社会化的表现。隋唐以来，墓志序文渐次繁复，起始即追述先祖之仕宦经历以彰显门楣的做法，既是门阀文化之痕迹，也是时尚之标志。雁北胡人亦不例外，从初唐至五代，循时风未变。丸珍，葬于调露元年（679 年），其先人为乌丸酋帅之后，随拓跋氏入仕平城（今山西大同），至唐代，子孙相承居于马邑。"曾祖生北齐显州刺史……祖兴隋任会川府膺扬。父通皇朝尚德府左果毅，并以耀武戎班扬名。"[1]慕容曦皓，吐谷浑慕容王室成员，约于上元年间任大同军使。宝应元年（762 年），亡于任。"曾祖□，大父忠烈，考宣超，世袭可汗。"[2]石神福，长于蔚州，亡于元和八年（813 年），"曾祖试鸿胪少卿□用，祖授左翊府中郎将臣思，父何罗烛，试云麾将军蔚州衙前大总管。"[3]孙汉韶，本名李汉韶，后唐明宗朝复原姓。后蜀广政十八年（955 年）亡，"昔周武王克商，成王定之，选建明德，以藩屏周。封康录于卫，至武公子惠孙曾耳，仕卫为卿，因以为氏。公即唐云州别驾讳□之曾孙，岚州使君司徒讳昉之孙，后唐振武节度使、赠太尉讳存进之长子。"[4]《九国志》载其祖父名为孙昉，曾任岚州刺史；《旧五代史》中记祖父名为孙佺，"世吏单于府"。[5] 据此，

---

① 雷云贵编著：《三晋石刻总目·朔州市卷》，《丸珍墓志》，第 3 页。

② 周绍良、赵超：《唐代墓志汇编》（上），《唐故慕容府君墓志铭》，第 697 页。

③ 周绍良、赵超：《唐代墓志汇编》（下），《大唐故成德军节度下左金吾卫大将军试殿中监石府君墓志铭并序》，第 1991 页。

④ 吴纲：《全唐文补遗》第七辑，《大蜀故匡时翊圣推忠保大功臣武信军节度使遂合渝泸昌等州管内观风营田处置等使开府仪同三司守太傅兼中书令使持节遂州诸军事守遂州刺史上柱国乐安郡王食邑三千户实封二百户赠太尉梁州牧赐谥忠简孙公（汉韶）内志》，第 204 页。

⑤ （宋）薛居正：《旧五代史》卷 53《唐书二十九·列传第五》，第 717 页。

《旧五代史》所载有误。以上李存进之子孙汉韶墓志之内容较为复杂，在祖述三代之前，还追述孙氏之由来。此种做法在唐代墓志中较为多见，在雁北胡人墓志中较少。另有少数墓志不提及先祖，如石善达，朔州兴唐军军将，天复元年（901年）亡，志云："承司徒□□□，□季伦之胤续。是以宗族芳荣，枝连勋业。"①西晋武帝时司徒石苞，其第六子石崇，字季伦。② 西晋石氏是当然的门阀贵胄，来自凉州的粟特石氏以石苞、石崇父子为其先祖，足见当时攀附门第风气之炽烈。其志中不书祖上官职，或无官；或无名。后周护国军节度行军司马安重遇墓志中，详列祖、父及其兄之名讳及官职。祖父名安弘璋，银青光禄大夫、检校尚书右仆射、兼御史大夫；父名安福迁，金紫光禄大夫、检校司空、兼御史大夫；兄名安重诲，推忠致理佐命保国功臣、河中护国军节度管内观察处置等使、开府仪同三司、检校太师、兼中书令、行河中尹、上柱国、汧国公、食邑二千五百户、食实封三百户。③ 安重诲为后唐明宗朝重臣，在两《五代史》有传，传记中只记其先人本为北部酋长，父名福迁，没于晋汴之战。安重诲于长兴二年（931），被明宗下令斩杀，其祖、父并无赠官记录。④ 安氏一族起家于安重诲，其祖、父之官职应书志时捏造。此外，一般墓志中并不列举志主兄弟之职官，安重遇志对其兄安重诲官职的强调亦有故意彰显门楣之嫌。

### 二、忠孝为本

葬礼作为古代五礼之凶礼之一，本就是先秦以降儒家忠孝文化的礼仪再现，墓志作为其中的一个元素，忠孝理念及其传扬自然是题中应有之义。通常，这一部分的内容包含两个层面的内容，其一，志主夫人或志主（妇女墓志）之德言荣功之描述；其二，志主子嗣孝行之肯定。雁北胡人墓志中大多有此内容，有两例只叙子嗣孝行，不书夫人名讳。唐上元年间大同军使慕容曦皓，宝应元年（762年）亡于任，"嗣子崇、信、岗、述、近、迥、遨、遂等，狎贯义方，不损休绪，乃粗述景行，访余缀集。"⑤石神福，元和八年（813年），亡于战场。"男乃泣血，女孝绝浆。"⑥

① 《石善达墓志》，载殷宪：《大同新出唐辽金元志石新解》，第117页。
② （唐）房玄龄等：《晋书》卷3《帝纪第三》，第50页。
③ 吴纲：《全唐文补遗》第二辑，《大周故护国军节度行军司马金紫光禄大夫检校司徒御史大夫上柱国武威县开国男食邑三百户安公（重遇）墓志铭并序》，1995年，第450页。
④ （宋）薛居正：《旧五代史》卷42《唐书四十二·列传第十八》，第873－876页；（宋）欧阳修：《新五代史》卷24《唐臣第十二·安重诲》，第251－257页。
⑤ 周绍良、赵超：《唐代墓志汇编》（上），《唐故慕容府君墓志铭》，第697页。
⑥ 周绍良、赵超：《唐代墓志汇编》（下），《大唐故成德军节度下左金吾卫大将军试殿中监石府君墓志铭并序》，第1991页。

### 三、本贯之冒名及变迁

本贯是每一方墓志必书之内容。就唐代汉人墓志而言,即使因故迁转他乡,本贯亦不改变。如贞元年间蔚州刺史张任,本南阳(治今河南南阳)人,其远祖因避仇至陕州(治今河南三门峡),遂为家焉。然其志明言:"虽枌榆寄于新邑,而姓氏系乎旧邦。"①雁北胡人之本贯则多有冒名及变迁。

(一)冒名陇西

陇西即陇西郡,自秦始置,沿习而下,唐代武德元年(618年),改称渭州。天宝元年(742年),复为陇西郡。乾元元年(758年)后复为渭州。治襄武(今甘肃陇西东南),领襄武、陇西、鄣、渭源四县。② 其地自魏晋门第崇尚以来,被视为李氏之本贯,俗称陇西李氏。李唐建立,以西凉王李暠为其七世祖,自认为陇西成纪人。③ 陇西李氏遂成为高门望族之代名词。唐廷为了笼络入唐之胡族将领,往往赐之以李姓,归于宗室。于是,胡人多以李为汉姓,并以陇西成纪为其本贯成为一时之潮流。

雁北胡人冒名陇西者较多。唐故果毅都尉李仙,大历七年(772年),终于大同军私第,"望陇西郡人也"。④ 唐故同十将李海清,贞元九年(793年),亡于云州城北平坊私第,"其先陇西成纪人也"。⑤ 李像恩,贞元十四年(798年),葬于大同军城,"出自陇西老君之胤"。⑥ 老君即先秦道家之代表人物老子,名李耳,系楚国苦县(今河南鹿邑县)厉乡曲仁里人。⑦ 李唐尊崇道教,奉老子为祖先,⑧老君之胤绪即李唐皇室之后代。唐故河东节度都游弈军左一将李英华,宝历元年(825年),亡于大同军营内之私第。"公之胤叙本望陇西,即是皇帝之苗裔。"⑨

① 吴纲:《全唐文补遗》第六辑,《唐故蔚州刺史兼殿中侍御使张府君(任)墓志铭并序》,第115页。
② (后晋)刘昫:《旧唐书》卷40《志第二十·地理三》,第1632页。
③ (宋)欧阳修、宋祁:《新唐书》卷1《本纪第一·高祖》,第1页。成纪,战国置县,秦属陇西郡,汉属天水郡,东汉属汉阳郡,北魏废置,北周复置,仍属陇西郡。隋属天水郡,唐属秦州。
④ 《李仙及夫人墓志》,殷宪:《大同新出唐辽金元志石新解》,第15页。
⑤ 《李海清墓志》,殷宪:《大同新出唐辽金元志石新解》,第24页。
⑥ 《李像恩墓志》,殷宪:《大同新出唐辽金元志石新解》,第33页。
⑦ 《中国通史》,人民出版社1949年版,第241页。
⑧ 王永平:《道教与唐代社会》,首都师范大学出版社2002年版。
⑨ 《李英华墓志》,殷宪:《大同新出唐辽金元志石新解》,第69页。

（二）本贯变迁

1. 从西域至凉州

粟特之本源在西域，凉州自魏晋北朝以来即是其迁转中原之地。因此，凉州为入华粟特人所认定的本贯之一。雁北粟特亦不例外。唐故河东节度厢副使曹洽，祖父曾为归义府长史，父为九州厢副使，本人于大和六年（832年）亡于云州，并葬于云州，志言其为"凉州武威郡人也。"① 石善达，生前为朔州兴唐军军将，天复元年（901年）亡于兴唐军，葬于应州。志载："府君善达公，高皇本自凉州武威郡人也。"②

2. 从应州至雁门

应州，其地原属大同军节度。唐末，晋王李克用分云州所置，领金城、混源二县。后唐明宗天成元年（926年），置彰国军节度于应州。③ 次年（927年）十二月，明宗诏令追谥其四代先祖，并在其出生地应州金城县建立陵寝。④ 应州遂为雁北胡人之本贯之一。后唐明宗朝枢密使安重海，《旧五代史》载"其先本北部酋长"，⑤《新五代史》明确其为"应州人也"。⑥ 后唐末帝李从珂之皇后刘氏，应州人。枢密使刘延皓，应州浑元人。后晋泾州刺史李德珫，自幼与后唐明宗共事武皇李克用，应州金城人。后晋郑州防御使梁汉璋及其弟梁汉瑭，应州人。后周太子太师周密，应州神武川人。⑦

安重海之弟安重遇墓志中则言其为"雁门人也"。⑧ 雁门即雁门郡，始置于战国，其后辖地及治所有变。隋代，雁门郡治雁门县（今山西代县）。唐改为代州，其地处雁门关以南。安重遇自同光元年（923年）入仕，历任邢州长史、安国军节度行军司马、洺州团练使、郑州防御使。长兴中，因安重海受牵连，罢官。后晋、后汉两朝，历任成德、河阳、护国军行军司马。后周广顺元年（951年），病亡于西京福善坊私第，享年六十一。葬于河南县平乐乡朱阳村。后周都东京开封府，西京即

---

① 《曹洽墓志》，殷宪：《大同新出唐辽金元志石新解》，第83页。

② 《石善达墓志》，载殷宪：《大同新出唐辽金元志石新解》，第117页。

③ （宋）司马光：《资治通鉴》卷275，第8990页。

④ （宋）司马光：《资治通鉴》卷276，第9012页。

⑤ （宋）薛居正：《旧五代史》卷42《唐书四十二·列传第十八》，第873页。

⑥ （宋）欧阳修：《新五代史》暖水瓶民24《唐臣列传第二十·安重海》，第251页。

⑦ （宋）薛居正：《旧五代史》卷49《唐书二十五·后妃列传第一》，第678页；卷69《唐书四十五·列传第二十一》，第921页；卷90《晋书十六·列传第五》，第1191页；卷95《晋书二十一·列传第十》，第1262页；卷124《周书十五·列传第四》，第1632页。

⑧ 吴纲：《全唐文补遗》第二辑，《大周故护国军节度行军司马金紫光禄大夫检校司徒御史大夫上柱国武威县开国男食邑三百户安公（重遇）墓志铭并序》，第450页。

河南府,治今河南洛阳。以安重遇之职官经历,雁门既非其职官迁转之地,也不是其居所及葬地。本贯雁门或许是因为自后晋立国,应州归属契丹,雁门是距其最近的中原属地。

3. 从朔州至河南

安重荣家族本贯变迁。安重荣,两《五代史》载其为朔州人。祖父安从义,曾任利州刺史;父安全曾任胜州(治今内蒙古托克托西南)刺史、振武蕃汉马步军都指挥使。后晋朝,安重荣官至成德军节度使。天福六年(941年),因谋反被杀。①其子安德裕出生于成德军治所真定(今河北正定),时年二岁,为逃避追杀,乳母抱其藏入水洞中,后被守卫军士抓获,交与军校秦习。秦习与其父有旧谊,遂将安德裕藏匿,并交由其养子石守琼抚养,改秦姓。秦家世代习武为业,而安德裕自幼即喜笔砚,看到文字即诵读出声,秦习遂送其就学。几年后,即精通礼、传,尤好《汉书》。秦习亡,安德裕服丧三年后复其本姓。秦家以白金万两与之,安德裕拒之,曰:"斯秦氏之蓄,与我何有。丈夫当自树功名,以取富贵,岂屑于他人所有耶!"②宋开宝二年(969年),以进士甲科及第。历归州军事推官、大理寺丞、著作左郎、秘书丞、知广济军(治今湖北济县)、太常博士、秦州(治今甘肃天水)通判、以主客员外郎直史馆、金部员外郎、知开封县、直昭文馆、司勋员外郎、金部郎中、知睦州、判太府寺。宋咸平五年(1002年)亡,享年六十三岁。有文集四十卷传世。安德裕一生十六任,大部分任职在东京开封府。史传中载其为河南人,河南即河南府(治今河南洛阳),亦称西京。

以安重荣家族四代官职迁转的经历,主要涉及四个地方——利州、胜州、恒州、开封府。利州,唐山南西道属州,治绵谷(今四川广元)。胜州,唐关内道属州,治榆林(今内蒙古托克托西南)。恒州,唐河北道属州,治真定(今河北正定)。开封府,北宋都城,治今河南开封。安氏所认定的本贯有二——朔州、河南府。朔州、胜州相近;河南府、开封府相近,朔州及河南被安氏认定为本贯所在地,概因其为安氏职官迁转之定居之地。本贯之改变,安氏家族之家风亦因之而变,由尚武改为尚文,安德裕之子安守亮,为北宋开宝五年(972年)之状元,与其父安德裕被誉为宋初之"父子状元"。

4. 从振武至太原

李存进家族本贯变迁。李存进,本名孙重进,振武人。李克用攻破朔州得之,因以为养子,赐名李存进,为义儿军使。跟从李克用征讨黄巢,出镇太原。累历

---

① (宋)薛居正:《旧五代史》卷98《晋书二十四·列传第十三》,第1301-1304页。

② (元)脱脱等:《宋史》卷440《文苑传二》,第13036页。

石、邠、慈、泌等州节度使。天祐十八年(919 年),任振武节度使。十九年(922年),阵亡于镇州。振武,即振武军节度,至德二载(757 年),始置于单于都护府城内,领北大都护府、麟州及胜州。① 治今内蒙古和林格尔。

李存进之长子李汉韶,少隶庄宗帐下为安定军使,后官至蔡州刺史。后唐明宗朝,复姓孙氏,官至洋州节度使。应顺元年(934 年),潞王李从珂举兵叛唐,孙汉韶率军讨之,唐军败,诸军皆降于潞王,汉韶独不降,率军投蜀,孟知祥以其为永平军、武信军节度使,遂州刺史,后官至中书令,封乐安郡王。后蜀广政十八年(955 年),亡于成都县武檐坊之私第,享年七十二岁。② 其墓志中明言为太原人。太原,即太原府,治今山西太原东北,时为河东节度治所。另据其志及相关史料,孙汉韶曾祖名孙□,云州别驾;祖名孙昉,曾任岚州刺史。长子孙晏琮,为右威卫大将军、眉州刺史;次子孙晏琦、孙晏珍,为东头供奉官。"东西头供奉官,本唐从官之名。自永徽以后,人主多居大明宫,别置从官,谓之'东头供奉官'。西内具员不废,则谓之'西头供奉官'。"③据此,其两子应为后蜀皇宫之内侍官员。后蜀都成都府(治今四川成都)。成都县,唐蜀郡属县,位于今四川成都市北。眉州,治眉州(今四川眉山),唐成都府属州。④ 蔡州,唐河南道属州,治汝阳(今河南汝南)。洋州,唐山南道属州,治西乡(今陕西西乡)。

**表二十六:李存进家族官职迁转简表**

| 班辈 | 姓名 | 官职迁转 | 属地 |
|---|---|---|---|
| 一世 | 孙□ | 云州别驾 | 河东道 |
| 二世 | 孙昉 | 岚州刺史 | 河东道 |
| 三世 | 李存进 | 慈州、沁州刺史、振武节度使 | 河东道、单于府 |
| 四世 | 孙汉韶 | 蔡州刺史、洋州节度使、永安军、武信军节度使、遂州刺史 | 山南西道、剑南道 |

---

① (宋)欧阳修、宋祁:《新唐书》卷 64《表第四·方镇一》,第 1766 页;(宋)薛居正:《旧唐书》卷 39《志第十九·地理二》,第 1488 页。

② (宋)薛居正:《旧五代史》卷 53《唐书二十九·列传第五》,第 719 - 720 页;《新五代史》卷 36《义儿传第二十四·李存进》,第 394 页;吴纲:《全唐文补遗》第七辑,《大蜀故匡时翊圣推忠保大功臣武信军节度使遂合渝昌等州管内观风营田处置等使开府仪同三司守太傅兼中书令使持节遂州诸军事守遂州刺史上柱国乐安郡王食邑三千户食实封二百户赠太尉谥忠简孙公(汉韶)内志》,第 204 - 205 页。

③ (宋)沈括:《梦溪笔谈》卷 1《故事一》,三秦出版社 2008 年版,第 12 页。

④ (后晋)刘昫等:《旧唐书》卷 41《志第二十一·地理四》,第 1663 - 1668 页。

| 班辈 | 姓名 | 官职迁转 | 属地 |
|------|------|----------|------|
| 五世 | 孙晏琮 | 右威卫大将军、眉州刺史 | 剑南道 |
| 五世 | 孙晏琦 | 东头供奉官 | 剑南道 |
| 五世 | 孙晏珍 | 东头供奉官 | 剑南道 |

李存进一家五代因官职迁转主要涉及两个区域——河东道之雁门关以北地区、剑南道之成都府。其本贯认定为振武及太原，振武是李存进官职迁转之终地，太原则是李存进跟随李克用自雁北兴起，发迹于晚唐五代的转折之地。太原是许多雁北胡人之本贯所在，如康思立，本为阴山部落人，志载为"晋阳人"。① 张彦泽，其先人出于雁北突厥部落，"后为太原人也"。② 张从训，"本姑臧人，其先回纥别派，随沙陀徙居云中，后从武皇家于太原，从训遂为太原人。"③

## 第三节　婚姻视角下的文化认同与民族融合
### ——以石敬瑭家族为例的个案研究

婚姻是文明社会建构的基本方式，以婚姻为线索，因新成员的加入，家庭及家族的扩大也意味着家文化在一定程度上的丰富和发展。就胡族而言，其婚姻圈层的扩展过程，即多元文化在家庭及家族单元内的交流及融合。

表二十七：石敬瑭家族姻亲简况表

| 世系 | 姓名 | 姻亲概况 |
|------|------|----------|
| 一世 | 石璟 | 秦氏。 |
| 二世 | 石郴 | 安氏。 |
| 三世 | 石翌 | 米氏。 |
| 四世 | 石绍雍 | 何氏。 |

---

① （宋）薛居正：《旧五代史》卷70《唐书四十六·列传第二十二》，第932页。
② （宋）薛居正：《旧五代史》卷98《晋书二十四·列传第十三》，第1305页。
③ （宋）薛居正：《旧五代史》卷91《晋书十七·列传第六》，第1204页。

续表

| 世系 | 姓名 | 姻亲概况 |
|---|---|---|
| 五世 | 石敬瑭 | 李氏,后唐明宗第三女永宁公主。 |
| | 宋国大长公主 | 石敬瑭妹,夫杜重威,朔州人,晋权臣。 |
| | 石敬儒 | 石敬瑭兄,妻安氏,雁北人,石重贵母。 |
| | 鲁国长公主 | 石敬瑭妹,嫁史匡翰,雁门人。 |
| 六世 | 石重贵 | 冯氏,定州人。父名冯濛,明宗朝郏都副留守。 |
| | | 张氏,父张从训,太原人,后晋绛州刺史。 |
| | 石重信 | 石敬瑭次子,白氏,父名白奉进,昭信军节度使。 |
| | 石重义 | 石敬瑭子,李氏,父名李卲,汾州刺史。 |
| | 长安公主 | 石敬瑭女,夫名杨承祚。 |
| 七世 | 石延煦 | 石重贵长子,赵氏,涿州人,父名赵在礼。 |
| 不明 | 石金俊 | 石晋之宗室,夫人元氏,怀州成怀人。 |
| 不明 | 石氏 | 石金俊之长孙女,适太原王氏。 |

石氏一族之婚姻情况以其政治地位及生活空间的改变,可分为四段。

**一、一世至四世**

石敬瑭之四代祖石璟于元和年间,随沙陀朱耶氏自灵武入附唐朝,任河东阴山府裨校、朔州刺史。三代祖石郴,早亡。祖石翌,曾任振武防御使。父石绍雍,曾隶于后武皇及庄宗帐下,历任平州、洺州刺史,亡于任所。石敬瑭于景福元年(892 年)出生于太原汾阳里。① 平、洺二州均为唐河北道属州,且,洺州与河东道接壤。② 由此,石氏之前四代主要生活在雁北地区,平、洺二州是石绍雍随沙陀出镇河东后的官任之地。其妻室之家世不明,但从其姓氏——秦、安、米、何来看,有粟特族内婚之嫌。

**二、五世**

石氏自石敬瑭起主要的生活空间在太原府、开封府。石敬瑭之皇后李氏为后唐明宗之女,天祐初期,明宗任代州节度使时,以爱女妻之。石敬瑭之兄石敬儒,妻安氏,雁北人,家世不详。因子石重贵被尊为太妃。石敬瑭妹宋国大长公主之

---

① (宋)薛居正:《旧五代史》卷75《晋书一·高祖纪第一》,第 977 – 978 页。
② (后晋)刘昫等:《旧唐书》卷39《志第十九·地理二》,第 1497、1519 页。

夫名杜重威,本为朔州人,后随沙陀迁居太原。祖、父均为沙陀李氏帐下军将,本人少事后唐明宗,因娶妻石氏,石晋一朝屡历要职。乾祐元年(948年),被后汉高祖刘知远斩杀于邺城。① 鲁国长公主,嫁雁门人史匡翰。共祖父史敬思,为李克用任雁门节度时帐下裨将,后随镇太原,上源驿之战,为救李克用身亡。父史建瑭因父功入仕,屡历战功,天祐十八年(921年),阵亡于镇州。因骁勇善战,被时人誉为"史先锋"。史匡翰亦以军功著称,且好读书,尤好《春秋左氏传》,在郑州防御使任上,"每视政之暇,延学者讲说,躬逢执卷受业焉,时发难问,穷于隐奥,流辈戏为'史三传'"天福六年(941年)亡于任,年四十。② 石氏之第五世均为9世纪末或10世纪初生人,因其祖辈或父辈之功,自雁北或雁门南下太原,虽仍以武功见长,但已有文风显现,如史家父子从"史先锋"至"史三传"。

### 三、六世及七世

石重贵,于天祐十一年(914年)生于太原汾阳里,系石氏在太原的第二代。好骑射,不喜读书。③ 皇后冯氏,定州人。父冯濛曾为明宗朝邺都副留守,兄冯玉因冯皇后由中书舍人外任节帅,并迁端明殿学士、户部侍郎。然冯玉并无学术,"玉尝以'姑息'字问于人,人则以'辜负'字教之,玉乃然之,当时以为笑端。"④定州,唐河北道属州,治安喜(今河北定县)。⑤ 张妃,其先祖为回纥人,随沙陀朱耶氏内迁至云州,又从其迁太原。曾祖张君政为云州长史,祖张存信曾任河东蕃汉马步军都指挥使。父名张从训,喜儒书、精骑射,历唐、晋两朝,任石、宪、德等州刺史。⑥ 石重信妻白氏,祖父名达子,世居朔野以游猎为生。父名白奉进,云州清塞军人,随沙陀出镇太原,历唐、晋两朝,累有军功。⑦ 石延煦妻赵氏,涿州人。曾祖不仕,祖为卢台军使,父名赵在礼,起家为燕帅刘仁恭帐下小校。后降晋军,经唐、晋两朝,官历十余镇,积财巨万。⑧ 涿州,唐河北道属州,治范阳(今河北涿鹿)。

①　(宋)薛居正:《旧五代史》卷109《汉书十一·列传第六》,第1433-1437页。
②　(宋)薛居正:《旧五代史》卷88《晋书十四·列传第三》,第1150-1152页。
③　(宋)薛居正:《旧五代史》卷81《晋书七·少帝纪第一》,第1067页。
④　(宋)薛居正:《旧五代史》卷89《晋书十五·列传第四》,第1173-1174页。
⑤　(后晋)刘昫等:《旧唐书》卷39《志第十九·地理二》,第1511页。
⑥　(宋)薛居正:《旧五代史》卷91《晋书十七·列传第六》,第1204-1205页。
⑦　(宋)薛居正:《旧五代史》卷95《晋书二十一·列传第十》,第1263页。
⑧　(宋)薛居正:《旧五代史》卷95《晋书十六·列传第五》,第1178页。

### 四、石晋灭亡后的宗室——以石金俊为例

石金俊,朔州神武川上方城人。自幼善骑射、习兵法,入仕武皇李克用,庄宗朝官到北京飞胜五军都指挥使。明宗即位,因其为故人,授资州刺史,固辞不赴。长兴七年(936 年)七月,亡于太原之私第,享年五十八岁。天福三年(938 年),卜迁于西京河南县平乐乡朱阳里。其嗣子石仕赟,"当晋高祖潜跃之际,以宗属授□骑右第三军指挥使及剌京邑。"①天福七年(942 年),因平定安从进之乱,升兴顺左第三军都指挥使。乾祐元年(948 年),迁任护胜左第二军都指挥使、德州刺史。广顺元年(951 年),改授义州刺史。其母元氏,怀州成怀人,广顺三年(953 年)亡于义州官舍,享年八十三岁。子八人,其中名怀德、怀密、怀忠、怀义者,分为右番殿直、义州衙内指挥使、义州衙内都虞候、义州子城使;女五人,长适太原王氏。

以其墓志记载,石金俊应为石晋之远宗,属于南迁太原之第一代石氏。怀州,河南府属州,治河内(今河南沁阳)。② 位于西京洛阳和东京开封之间。德州,横海节度辖州,治安德(今山东临县)。义州,五代彰义节度辖州,今甘肃平凉南。石晋灭亡后,义州为其主要为官及居住之地,其姻亲以地域而言,仍然没有离开太原、开封这两个中心。

综上,在石氏一族婚姻圈层变化和扩展的两个阶段中,其一世至四世的生活空间为雁北,其时,石氏尚为雁北以沙陀为中心的胡族当中的一支,在政治上还没有凸显,其婚姻对象亦主要为雁北粟特人。自五世始,太原成为石氏出生及成长地,其政治地位因随从沙陀出镇太原而有所提升,婚姻对象主要为太原的雁北沙陀集团后裔,还有一支是出于雁门的史氏,但在政治上亦属于沙陀集团。六世至七世石氏的婚姻对象较之前有所变化,一部分是太原的沙陀集团后裔,如回纥人张氏、吐谷浑人白氏;一部分是来自卢龙及义武节度的武人后代,如赵氏、冯氏;一部分来自太原以南之汾州。石晋灭亡后,皇室及宗室大部分成员在史记中没了踪迹,以石金俊为代表的石氏远宗,其姻亲来自太原及开封附近的怀州。

---

① 吴纲:《全唐文补遗》第二辑,《大周北京飞胜五军都指挥使银青光禄大夫检校司空兼御使大夫上柱国赠左骁卫将军石公(金俊)妻河南郡夫人元氏墓志铭并序》,第 454 – 455 页。
② (后晋)刘昫等:《旧唐书》卷39《志第十八·地理一》,第 1421 页。

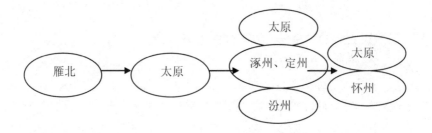

　　纵观石氏家族七世姻亲圈层的扩展,以地域而言,雁北和太原是两个中心,整体的范围在黄河中游以南的华北平原。以职业和出身而言,云、燕一带的武人是其主要的姻亲对象,尤其是出身于雁北的沙陀集团的后人。石氏一族的家族文化亦因其婚姻圈层的扩展,以地域和人群为线索,得到了一定程度的拓展和丰富。

# 结　论

　　以大同军为视角的雁北社会,根据其历史演进的特点,在七世纪80年代至11世纪中叶的三个半世纪的历史进程中,可分为三个时段——"唐代的北疆""沙陀的根据地""契丹的桥头堡"。

　　唐代的北疆(679—894年)。自五世纪末北魏迁洛以后,以大同及其周边为核心的雁门关以北地区的政治中心地位不复存在。在北魏洛阳时期、东魏北齐及西魏北周时期,以及其后的隋唐时期,雁北相对于王朝的政治中心,一直是其北方的边要之地。唐高宗调露元年(679年),因后突厥汗国的兴起,引起了唐王朝北边民族及民族关系的连动变化,王朝北部边疆的边防压力陡然上升,雁北遂建立起以大同军为标志的由25个军镇组成的边防体系。以大同军为线索,雁北社会作为唐朝的北疆,其历史表现主要集中在四个阶段。七世纪中叶至八世纪中叶,就雁北而言,北边的军事压力主要来自于突厥及奚、契丹。开元之前,雁北的军事防务及作用随突厥的活动而变化;开元以后,突厥汗国渐衰,九姓铁勒之诸部大量入居雁北,雁北之防务因东北之奚及契丹两蕃的不时侵扰而由北面转向东北。安史之乱期间,雁北为河东节度使安禄山所掌控之地,大同军使高秀严所部作为安史叛乱的雁北武装,顽固坚守达两年之久,对安史之乱的历史进程及其结果均具有一定的影响。唐武宗会昌年间,因回纥汗国的衰落,雁北边地烽烟再起。自咸通九年(868年)庞勋之乱起,雁北的历史始进入沙陀时代,沙陀军因唐王朝内忧外患之契机,登上了唐末的历史舞台,经过一系列的政治及军事斗争,至乾宁元年(894),李克用灭掉吐谷浑之赫连部落后,雁北就成为了沙陀的天下。

　　沙陀的根据地(894—936年)。自乾宁元年(894)始,沙陀以雁北为根据地,开启了南下争雄的历史进程。期间,雁北先后为唐及后唐河东节度下属地。后唐建立之前,雁北之政治及军事冲突主要来自幽州之刘仁恭及其北面的契丹。在李克用用兵赫连铎,控制云州的过程中,幽州之势力一直扮演着帮凶及阻挠的角色。所以,平灭赫连铎之后,李克用积极以武力扶持幽州节度李匡筹手下之将领刘仁恭,于乾宁二年(895年)正月,攻占幽州,并上表朝廷以刘仁恭为卢龙留后。然而,刘仁恭亦有乱世称雄的打算,并不满足于在沙陀的卵翼之下苟且偷生,遂反复于晋、汴之间,欲享渔翁之利。因此,作为沙陀后院之雁北屡受其害,蔚州等地在乾化元年至三年间(911—913年)间,一度成为桀燕之属地。与此同时,在晋、汴争霸的背景下,唐王朝东北之契丹势力渐强,频繁活动于东北之边境,雁北亦是其不时侵扰之地。不论是开平元年(907年)的"兄弟之盟",还是贞明二年(916年)的"叔侄之礼"都没能阻止契丹南下的脚步。后唐建立以后,雁北是契丹武力攻伐的主要区域之一。在同光元年至清泰三年(923—936年)间,契丹曾27次交火后唐,近一半的战事涉及雁北或发生在雁北。

契丹的桥头堡(936—1044年)。在契丹强大的军事及政治压力下,沙陀内部分裂,河东节度使石敬瑭举燕云十六州之地,换取了契丹的支持,建立了后晋。雁北遂成为契丹南下进攻的桥头堡。自后晋起,雁北战事一直持续到北宋仁宗雍熙三年(986年)。期间,战争的主题不尽相同。后晋高祖朝,以雁北将帅武力反叛契丹统治为主,将帅对于石敬瑭卖国行径的不满,以及契丹对于燕云之地归附民众的严苛统治,是引发战争的主要原因。后晋出帝朝,因石重贵"称孙不称臣"之国策的改变,契丹三伐后晋,雁北成为当然之战场。后汉一朝与雁北相关的战事,主要缘于后汉与契丹在定州、易州一带的边境纠葛。后周期间雁北的三次战火,前两次均因北汉而起,最后一次,是显德六年(959年)的周世宗北伐。北宋建国后,继续后周世宗未竟之业,意欲收复燕云十六州之地,遂引发多次战事,宋朝在对辽战争中虽有胜绩,但是,其收复燕云十六州之理想终未实现。

纵观大同军视角下的雁北历史,无论是在唐朝、后唐,还是辽朝,无论从政治、军事还是经济的角度来考量,雁北都是边疆,战争是雁北的生活常态。由此,因战争而引起的民族流动及民族交融是雁北地域的一大特点。唐代开元时期,因后突厥的衰落,拔曳固、回纥、同罗、霫及仆固等九姓铁勒诸部的人口大量入居雁北。七世纪60年代以降,因唐蕃关系的变化,首先是吐谷浑部落大批内迁,雁北是其主要入居地之一。其次是沙陀及粟特人口自9世纪初开始东迁,并入居雁北。唐武宗会昌年间,因回纥汗国的衰落,大量回纥人入迁雁北。10世纪以后,雁北又成为奚及契丹人往来、居留之地。因此,雁北社会的变迁史,就是多民族交流互动、融合的历史。在中国自先秦以来"大一统"的政治文明理念下,在中原王朝与四周夷狄的二元政治格局下,在华夷之辨的场域下,以胡人为着眼点,雁北社会的国家认同及民族认同均以个人或群体利益为指归,呈现善变、矛盾的特点。但是,长时段、宏观视角下,雁北胡人的国家观念及民族观念渐渐由丛林法则之下的利益驱动,改变为忠孝理念之下的理性思考。换言之,胡人的相关认知逐渐汉化。但是,仍然具有其自身的特点。他们对于正统或非正统的认定,对于汉或夷的认定原则相统一,既不作道德的考量,也不论道统的追溯,更没有夷夏之分,谁占据了中原,谁把握了中原政权,谁就是正统,谁就是汉。

综上,雁北社会作为边疆社会的一个代表,其历史价值主要体现在两方面。首先是边疆的政治价值。将雁北置入中古这一长时段内观察,会发现一个现象:每当皇权衰落之际,雁北地区就会有一股多民族的军事力量凸显出来。如:西晋末,拓跋猗卢率其部众进入雁北核心区;北魏末,六镇首燃叛乱战火;隋末,刘武周领导的地方武装割据雁北;唐中叶,大同军使高秀严率领的安史叛军雄踞雁北;唐末,雁北诞生了以李克用为首的武人集团。在明了其历史面相之前,姑且称之为雁北民族军事共同体,它具有血缘性、地缘性、民族性。每当王权衰落之际,它就会以政治军事集团的面目,脱离地方社会,进入国家政治体系,进而对中古政治及社会的发展产生影响。此一群体的产生具有强烈的地域文化因素,而这也正是边疆的社会文化价值所在。作为多民族交流的孔道,雁北就是游牧与农耕交互的一个动态的边缘,这一边缘正是我们观察民族交融,以及多元一体民族形成过程的一个重要窗口,就此而言,"西有敦煌、东有朝阳"①的说法,或可变更为"西有敦煌、中有大同、东有朝阳"。

---

① 罗新:《关于"西有敦煌,东有朝阳"的几点说明》,载《今日辽宁》,2017 年第 4 期,第 21 页。

# 参考文献

## 一、古籍

(宋)司马光:《资治通鉴》,中华书局 1956 年版。

(唐)杜佑:《通典》,中华书局 1988 年版。

(宋)王溥:《唐会要》,上海古籍出版社 2006 年版。

(宋)欧阳修、宋祁:《新唐书》,中华书局 1975 年版。

(唐)李吉甫:《元和郡县图志》,中华书局 1983 年版。

(宋)薛居正:《旧五代史》,中华书局 1976 年版。

(清)董诰等:《全唐文》,中华书局 1982 年版。

(宋)王钦若:《册府元龟》,凤凰出版社 2006 年版。

(清)周景桂:《代州志》,载《中国地方志集成·山西府县志》辑 11,凤凰出版、上海书店、巴蜀书社 2005 年版。

(清)王昶:《金石粹编》,北京市中国书店 1985 年版。

(后晋)刘昫等:《旧唐书》,中华书局 1975 年版。

(宋)欧阳修:《新五代史》,中华书局 1974 年版。

(北魏)郦道元:《水经注》,江苏古籍出版社 1986 年版。

(清)吴辅宏:《乾隆大同府志》,载《中国地方志集成·山西府县志》辑 4,凤凰出版、上海书店、巴蜀书社 2005 年版。

(宋)赞宁:《宋高僧传》,中华书局 1992 年版。

(唐)李林甫等:《唐六典》,中华书局 1992 年版。

(清)吴辅宏纂辑:《大同府志》,大同地方志办公室重印,2007 年版。

(清)汪嗣圣、王霭修撰:《雍正朔州志》,载《中国地方志集成·山西府县志》辑 10,凤凰出版、上海书店、巴蜀书社 2005 年版。

(宋)志磐撰、释道法校注:《佛祖统纪校注》,上海古籍出版社 2012 年版。

（宋）李昉等:《太平广记》,中华书局1961年版。

（唐）释道宣:《广弘明集》（四部丛刊本）,上海商务印书馆,1936年版。

（宋）李昉等:《文苑英华》,中华书局1966年版。

（清）洪汝霖、鲁彦光:《光绪天镇县志》,载《中国地方志集成·山西府县志》辑5,凤凰出版、上海书店、巴蜀书社2005年版。

（唐）魏徵、令狐德棻:《隋书》,中华书局1973年版。

（唐）释道宣:《续高僧传》,中华书局2014年版。

（元）脱脱等:《辽史》,中华书局1974年版。

霍殿鳌、陈廷章:《民国马邑县志》,载《中国地方志集成·山西府县志》辑10,凤凰出版、上海书店、巴蜀书社2005年版。

（北齐）魏收:《魏书》,中华书局1974年版。

（明）田惠、王有容:《应州志》,山西应县县志办公室,1984年版。

（元）脱脱等:《宋史》,中华书局1977年版。

（清）刘士铭、王霈:《雍正朔平府志》,载《中国地方志集成·山西府县志》辑9,凤凰出版、上海书店、巴蜀书社2005年版。

（清）胡文烨:《云中郡志》,大同地方志办公室,1988年版。

（明）刘以守:《崇祯山阴县志》,载《中国地方志集成·山西府县志辑》7,凤凰出版、上海书店、巴蜀书社2005年版。

（清）宋起凤原本、岳宏誉增订:《康熙灵丘县补志》,载《中国地方志集成·山西府县志》辑6,凤凰出版、上海书店、巴蜀书社2005年版。

（清）雷棣荣、严润林修、陆泰元纂:《光绪灵丘县补志》,载《中国地方志集成·山西府县志》辑6,凤凰出版、上海书店、巴蜀书社2005年版。

（明）罗贯中:《残唐五代演义》,山西人民出版社2009年版。

（清）王夫之:《读通鉴论》,中华书局2004年版。

（清）庆之金、杨笃:《光绪蔚州志》,载《中国地方志集成·山西府县志》辑6,凤凰出版、上海书店、巴蜀书社2005年版。

（清）黎中辅:《大同县志》,山西人民出版社1992年版。

（唐）李肇:《唐国史补》,中华书局1986年版。

（宋）田况:《儒林公议》,中华书局2016年版。

（清）毕沅:《续资治通鉴》,中华书局1979年版。

（宋）范祖禹:《唐鉴》,上海古籍出版社1984年版。

（清）阮元:《十三经注疏》,中华书局2009年版。

(北魏)杨衒之著、杨勇校笺:《洛阳伽蓝记校笺》,中华书局 2006 年版。

(宋)郑樵:《通志》,中华书局 1987 年版。

(唐)房玄龄等:《晋书》,中华书局 1974 年版。

(宋)沈括:《梦溪笔谈》,三秦出版社 2008 年。

二、今人论著

(一)著作

卢勋等:《隋唐民族史》,四川民族出版社 1996 年版。

孙继民:《唐朝行军制度研究》,文津出版社 1996 年版。

吴纲:《全唐文补遗》第一至九辑、千唐志斋新藏专辑,三秦出版社 1994、1995、1996、1997、1998、1999、2002、2005、2006、2005 年版。

周绍良、赵超:《唐代墓志汇编续集》,上海古籍出版社 2001 年版。

谭其骧:《中国历史地图集》,地图出版社 1982 年版。

孙瑜:《唐代代北军人群体研究》,社会科学文献出版社 2012 年版。

张焯:《云冈石窟编年史》,文物出版社 2006 年版。

雷云贵:《三晋石刻总目·朔州市卷》,山西古籍出版社 2006 年版。

严耕望:《严耕望史学论文集》,上海古籍出版社 2009 年版。

张国刚:《唐代政治制度研究论集》,文津出版社 1994 年版。

樊文礼:《唐末五代的代北集团》,中国文联出版社 2000 年版。

樊文礼:《李克用评传》,山东大学出版社 2005 年版。

严耕望:《唐代交通图考》第一卷《京都关内区》、第五卷《河东河北区》,上海古籍出版社 2007 年版。

张希舜:《隋唐五代墓志汇编》山西卷第一册,天津古籍出版社 1991 年版。

唐长孺:《唐书兵志笺正》,科学出版社 1957 年版。

山西省考古研究所:《山西碑碣》,山西人民出版社 1997 年版。

周绍良、赵超:《唐代墓志汇编》(上、下),上海古籍出版社 1992 年版。

新文丰出版公司编辑部:《石刻史料新编》,(台湾)新丰文出版公司 1986 年版。

郁贤皓:《唐刺史考》,江苏古籍出版社 1987 年版。

殷宪:《大同新出唐辽金元志石新解》,山西出版传媒集团、三晋出版社 2012 年版。

王寿南:《唐代藩镇与中央关系之研究》,(台湾)大化书局 1978 年版。

杨远:《唐代的矿产》,(台湾)学生书局 1989 年版。

李芳民:《唐五代佛寺辑考》,商务印书馆,2006 年版。

贾志刚:《唐代军费问题研究》,中国社会科学出版社 2006 年版。

石云涛:《唐代幕府制度研究》,中国社会科学出版社 2003 年版。

王寿南:《隋唐史》,(台湾)三民书局 1986 年版。

廉慧斌、郝溪若:《同朔佛道志》,山西出版传媒集团、山西人民出版社 2013 年版。

陈述辑校:《全辽文》,中华书局 1982 年版。

员小中:《云冈石窟铭文楹联》,山西出版传媒集团、山西科学技术出版社 2014 年版。

山西寺庙大全编辑委员会:《山西寺庙大全》,山西经济出版社 1995 年版。

严耕望:《魏晋南北朝佛教地理稿》,上海古籍出版社 2007 年版。

王利民:《平城文物精萃》,江苏凤凰美术出版社 2016 年版。

傅璇琮:《唐才子传校笺》,中华书局 1987 年版。

钟声扬:《朔州历代名人录》,通讯出版社 1997 年版。

王仲荦:《隋唐五代史》,上海古籍出版社 2003 年版。

岑仲勉:《隋唐史》(上册),中华书局 1980 年版。

章群:《唐代蕃将研究》,(台湾)联经出版事业公司 1986 年版。

山西省地方志编纂委员会:《山西通志》,中华书局 1995 年版。

高凤山主编:《三晋石刻大全·大同市灵丘县卷》,山西出版集团、三晋出版社 2010 年版。

朱玉龙:《五代十国方镇年表》,中华书局 2005 年版。

许德合:《三晋石刻大全·大同市南郊区卷》,山西出版传媒集团、三晋出版社 2014 年版。

林幹:《中国古代北方民族通史》,内蒙古人民出版社 1998 年版。

周伟洲:《吐谷浑史》,宁夏人民出版社 1985 年版。

夏鼐:《考古学论文集》,河北教育出版社 2000 年版。

吴钢:《隋唐五代墓志汇编》陕西卷第四册,天津古籍出版社 1991 年版。

吴廷燮:《唐方镇年表》,中华书局 1980 年版。

刘美云:《十至十三世纪北方游牧民族探析》,中国文联出版社 2006 年版。

陈学峰:《三晋石刻大全·大同市浑源县卷》,山西出版传媒集团、三晋出版社 2012 年版。

王明珂：《游牧者的决择》，广西师范大学出版社2008年版。

新华词典编纂组：《新华词典》，商务印书馆1982年版。

白寿彝：《中国通史》，上海人民出版社1999年版。

王永平：《道教与唐代社会》，首都师范大学出版社2002年。

（二）论文

董延寿、赵振华：《唐代支谟及其家族墓志研究》，载《洛阳大学学报》，2006年第2期。

桂齐逊：《唐代河东军研究》，私立中国文化大学史学研究所硕士论文，1997年版。

冻国栋：《唐前期的岢岚镇与岢岚军》，载《魏晋南北朝隋唐史资料》第14辑，1996年版。

殷宪：《〈唐石善达墓志〉考略》，载《唐研究》，2006年第十二卷，2006年版。

孙瑜：《唐代代北范围考论》，载《山西大学学报》，2011年第1期；

胡学忠：《唐代苏承悦墓志》，载《山西大同大学学报》（自然科学版），2011年第4期；

辛长青：《云冈石窟的辽代修建工程》，大同东方历史文化研究院：《云冈探索》，山西人民出版社2004年。

孙瑜：《唐慕容曦皓墓志考释》，载《山西师大学报》，2010年第3期。

胡耀飞：《斗鸡台事件再探讨——从〈段文楚墓志〉论唐末河东政局》，中国中古史集刊编委会：《中国中古史集刊》第三辑，中华书局2017年版。

［日］堀敏一：《藩镇亲卫军的权力结构》，刘俊文：《日本学者研究中国史论著选译》第4卷，中华书局1992年版。

孙瑜：《巨变前的骚动：风势论下的斗鸡台事件》，载《山西大学学报》，2017年第4期。

黄英士：《沙陀与晚唐政局》，中国文化大学硕士论文，2011年版。

郑学檬：《试论唐代的屯田和营田》，载《厦门大学学报》，1962年第3期。

何汝泉：《唐代户部别贮钱的来源》，武汉大学中国三至九世纪研究所：《魏晋南北朝隋唐史资料》第21辑，2004年版。

孙瑜：《唐代代北军人与东南地区的关系》，载《唐史学会及"海上丝绸之路"国际学术研讨会论文集》，2015年11月。

辛德勇：《唐代高僧籍贯及驻锡地分布》，《唐史论丛》第四辑，1988年版。

殷宪：《大同地区出土唐代墓志中的大同城》，载《魏晋南北朝史论文集——中国魏晋南北朝史学会第八届年会暨缪钺先生百年诞辰国际学术研讨会论文集》，2004年。

邓喆:《从郭虚已墓志看唐代颜真卿书法艺术》，载《兰台世界》，2014年第12期。

仇鹿鸣:《读者还是观众:石刻景观与中国中古政治》，载《文汇报》，2016年5月27日。

张元林:《粟特人与莫高窟第285窟的营建》，云冈石窟研究院:《2005年云冈国际学术研讨会论文集》，文物出版社2006年版。

吴丽娱:《助葬必执绋——唐代挽郎一角》，载《首都师范大学学报》，2014年第2期。

孙瑜:《唐代大同的历史地位及其作用》，载《中国历史上的区域与社会国际学术研讨会论文集》，2014年11月。

马志强、李志春:《大同出土唐代武氏墓志略论》，载《大同职业技术学院学报》，2005年第3期。

孙瑜:《隋末唐初以刘武周为首的代北民族共同体的产生及作用》，载《山西大同大学学报》，2013年第1期。

高文文:《唐河北藩镇粟特后裔汉化研究——以墓志材料为中心》，中央民族大学2012年博士论文;

大同市考古研究所:《山西大同西北郊五代墓发掘简报》，载《文物》，2016年第4期。

钟焓:《辽代东西交通路线的走向——以可墩墓地望研究为中心》，载《历史研究》，2014年第4期。

孙瑜:《唐代代北民间社会胡汉之间的认同与融合——以代北军人为例的考察》，载《晋阳学刊》，2011年第1期。

吕秀琴:《大同军事地名琐谈》，载《今日大同》，2008年第3期。

张卫平:《由太山李存孝墓说起》，载《太原晚报》，2016年3月27日(15版)。

李文:《五代名将周德威研究》，河北大学2008年硕士论文。

曹彦玲、王银田:《许从赟墓志考略》，载《文物世界》，2009年第3期。

王银田等:《山西大同市辽代军节度使许丛赟夫妇壁画墓》，载《考古》，2005年第8期。

山西云岗古物保养所清理组:《山西大同市西南郊唐、辽、金墓清理简报》，载《考古通讯》，1958年第6期。

白艳芳:《山西大同振华南街唐墓》,载《文物》,1998 年第 11 期。

刘俊喜:《大同市南关唐墓》,载《文物》,2001 年第 7 期。

伊刚:《山西大同新发现的 4 座唐墓》,载《文物》,2006 年第 4 期。

大同市考古研究所:《山西大同浑源唐墓发掘简报》,载《文物世界》,2011 年第 5 期。

张家口市宣化区文物保管所:《河北宣化纪年唐墓发掘简报》,载《文物》,2008 年第 7 期。

岳敏静:《唐薛莫夫妇墓出土塔式罐风格考》,载《文博》,2014 年第 5 期。

李雨生:《山西隋唐五代墓葬析论》,载《西部考古》第 6 辑,三秦出版社 2012 年版。

大同市考古研究所:《山西大同西北郊五代墓发掘简报》,载《文物》,2016 年第 4 期。

王银田等:《再议"下颌托"》,马明达、纪宗安:《暨南史学》(第 9 辑),广西师范大学出版社 2014 年版。

冯恩学:《下颌托——一个被忽视的祆教文化遗物》,载《考古》,2011 年第 2 期。

王银田等:《山西大同辽墓的发掘》,载《考古》,2007 年第 8 期。

大同市考古研究所:《山西大同机车厂辽代壁画墓》,载《文物》,2006 年第 10 期。

解廷琦:《大同金代阎德源墓发掘简报》,载《文物》,1978 年第 3 期。

宁立新、雷云贵:《朔州市朔城区发现金代僧人丛葬墓》,张畅耕主编:《辽金史论集(第六辑)》,社会科学文献出版社 2001 年版。

孙瑜:《隋唐大同地区的佛教信仰形态》,晋学会:《第二届晋学与区域文化国际学术研讨会暨荀学与诸子学论坛论文集》,2015 年版。

殷宪:《北魏石棺墨书"四耶耶骨"》,载《书法丛刊》,2005 年第 3 期。

袁胜文:《塔式罐研究》,载《中原文物》,2002 年第 2 期。

张秉仁:《山西大同卧虎湾四座辽代壁画墓》,载《考古》,1963 年第 8 期。

李玉林:《一代豪酋李克用的汉化》,载《民族研究》,1990 年第 2 期。

房忠伟:《沙陀突厥对唐的态度的变化及其原因与影响》,载《民族研究》,1990 年第 2 期。

李锋敏:《唐五代时期的沙陀汉化》,载《民族研究》,1990 年第 2 期。

樊文礼:《李克用的尽忠唐室及其背景分析》,载《民族研究》,1990 年第 2 期。

李鸿宾:《沙陀贵族的汉化问题》,载《民族研究》,1990 年第 2 期。

郭玲娣、樊瑞平:《正定出土五代巨型石龟碑座及残碑》,载《文物》,2003 年第 8 期。

王晴佳:《中国史学的元叙述:以"文化中国"说考察正统论之意涵》,载《江海学刊》,2017 年第 1 期。

陈茂荣:《论"民族认同"与"国家认同"》,载《学术界》,2011 年第 4 期。

姚大力:《中国历史上的民族关系与国家认同》,载《中国学术》,2002 年第 4 期。

罗新:《关于"西有敦煌,东有朝阳"的几点说明》,载《今日辽宁》,2017 年第 4 期。

# 后　记

　　雁门关以北地区自古以来就是北方游牧民族和中原汉民族交流、融合的重要区域，先后有三个北族王朝在此建立都城。因此，以大同地区为中心的雁北之核心区域素有"三代京华、两朝重镇"的美誉。这句话概括了大同作为北魏都城、辽、金陪都，以及明、清北边军事重镇的辉煌历史。从北魏到辽、金跨越了近四百年的历史时期——隋唐五代时期。唐代是一个隆盛时代，在这样一个盛世王朝，大同地区又有着怎样的历史地位及作用？这是一直以来萦绕于心间的一个问题。因此，读博后，即以唐代代北地区的社会文化面貌及族群关系作为学术研究的领域。经过三年的史料搜集、分析及整理，创建了"代北军人"这一概念，通过对其内涵和外延的界定和研究，揭示了唐代活跃在雁门关以北地区的军人群体的历史轨迹及其作用，完成了博士论文——《唐代代北军人群体研究》。唐代代北地区的相关研究因史料所限，一直以来，较少受到学界的关注，该书作为代北地区的专门研究、唐代区域社会文化史研究的一个成果，在一定意义上具有补白的作用，因此，获评为当年首都师范大学优秀博士论文。然而，雁北地区在唐末五代及宋辽时期的历史表现及作用依然值得深入探究。到大同大学任教后，遂继续相关问题的思考和探索，在近五年的史料积累的基础上，终于完成了《大同军与雁北社会》一书的写作。该书以大同军为线索，展现了雁北社会自唐代调露元年至辽代重熙十三年（679－1044年）间的"多元一体"的形成过程，对"中华民族多元一体"理论展开了基于区域视角的思考和印证。辽代重熙十三年（1044年）十一月，云州升为西京，大同军节度遂改名为西京大同府。其后，因女真、蒙古等民族因素的进入,大同府的继续及大同路、大同镇的建立,雁北社会在近古历史上,就民族关系、边疆及其相关问题而言,仍然具有深远的历史意义及研究价值,这也是下一阶段雁北区域史研究的方向。此外,因学识有限,书稿虽几经斟酌,仍难免纰漏和讹误,敬请指正。最后,在本书付梓之际,向我的家人及朋友致以深切的谢意!感谢他们在书稿修撰过程中给予的关爱和帮助。